U0592519

龜山先生集

（宋）楊時 著

明萬曆十九年刊

鳳凰出版社

1

圖書在版編目（CIP）數據

龜山先生集 / (宋) 楊時著. -- 南京 : 鳳凰出版社,
2019.4
ISBN 978-7-5506-2828-1

Ⅰ. ①龜… Ⅱ. ①楊… Ⅲ. ①楊時（1053-1135）—
哲學思想—文集 Ⅳ. ①B244.991-53

中國版本圖書館CIP數據核字(2018)第211440號

龜山先生集

著　者　(宋)楊　時
責任編輯　崔廣洲
出版發行　鳳凰出版社(原江蘇古籍出版社)
發行部電話 025—83223462
出版社地址　南京市中央路165號，郵編：210009
出版社網址　http://www.fhcbs.com
印刷裝訂　三河友邦彩色印裝有限公司
三河市高樓鎮喬官屯村
開　本　十六開
出版日期　二〇一九年四月第一版
二〇一九年四月第一次印刷
書　號　ISBN 978-7-5506-2828-1
定　價　貳仟陸佰肆拾圓整(全三册)

出版説明

人是一種會思想的動物，無論是要適應環境，克服生存的困難，抑或爲了生活得更有意義，思想皆不可或缺。在一般的中文習慣中，思想的涵義比『哲學』更寬泛，這種語用習慣的差異，也影響到學者對學術視野的選擇。一般而論，思想史的範圍也較哲學史爲廣闊，雖然很少得到清晰地界定，但它不失爲一種有效的學術視野。

在近代中國學術史上，思想史研究的興起與哲學史大約同時。一九〇二年三月，梁任公在其創辦的《新民叢報》連續發表了《論中國學術思想變遷之大勢》系列論文，這可能是最早由國人撰著發表的思想史論文。而第一本由國人撰寫的中国古代哲學通史，則爲一九一六年謝無量的《中國哲學史》。這兩種早期著述自有其學術史的意義，但其中對學科的性質與研究方法等多無明確的説明。事實上，無論是學者的闡述，還是其實際的操作，在思想史與哲學史之間都不易劃出清晰的界限，直到當代也仍然如此。拋開細節不論，就語用習慣及有關實踐而言，思想史表徵一種對歷史文化廣闊而深入的關照，其研究方法，關注的問題，都較哲學史爲多元，史料基礎也不可同日而語。尤其是在郭沫若、侯外廬等人建立起來的研究傳統中，思想史有明确的社會史取向，或因其與傳統的文史之學有親和性，以至在今天，這種思路仍然很有吸引力。

文獻發掘向來是思想史研究的基本環節。爲了促進有關研究，我們選輯多種文本編爲『中國古代思想史珍本文獻叢刊』，全編選目包括經典文本，如儒、道二家的經解，重要思想家作品的早期刻本，和某些并不廣泛受到關注的作家文集的舊刻本。本編中也選録了數種記録古代民俗信仰的文獻，如《關聖帝君聖跡圖志》等。此外，本編也著意收録了數種通常被視爲藝術史史料的文本，如《寶綸堂集》、《徐文長文集》等，我們認爲對思想史關注而言，範圍與深度同樣重要。

選集本編，也有文獻學上的意圖。中國古代有悠久的文獻學傳統，大量古籍文本的傳刻與整理造就了古代中國輝煌的文化。本編收録的這些刻本不僅是古代學術發生、衍變的物質證據，也是古代文化的重要部分。本編所收録的全部作品皆爲彩版影印，最大限度地保存了文獻的細節。其中有部分殘卷，視具體情況，或者補配，或者一仍其舊。本編的選目受制於編者的認識與底本資源，有不妥、不備之處，希望讀者不吝指正。

《龜山先生集》總目録

（宋）楊時　著　　明萬曆十九年刊

第一册

第二册

第三册

第一册

龜山先生文集叙

後學楚黄耿定力譔

有宋中葉篤生真儒道州一傳而爲河洛河洛之間從者如雲先生之歸也伯子獨目送之曰吾道南矣自是閩學日起斯文垂統後學北面而神明之伯子之言斯其驗哉先生初謁

自子即悖異端曲學之斡拳拳以尊
師振教爲言既得伯子真傳兢兢步
趨正姝罔敢越軼其器固能載道而
行也晚近學者守櫝遺珠指蹄爲兎
斤斤膠常滯器固不足道即稱有聞
矣德不足以命世行不足以淑人譬
之隙光爝火乍明乍滅亦何述焉百

◎

二

家之學折衷元晦然詮次既繁時所
出入人亦以此置喙先生論著引而
不發不欲標揭指示令不肖者藉爲
口實此所以深於道也先生晚年一
出與伯子爲條例同元晦猶然有
疑毋乃正舛不載條例意與豈覬濂
洛真傳則籍具在潮陽林子今將樂

求先生全集得之官司理家藏因授
剞劂盖其邦之文獻也仰止前脩嘉
惠後學知所先矣
明萬曆十八年歲在庚寅冬日

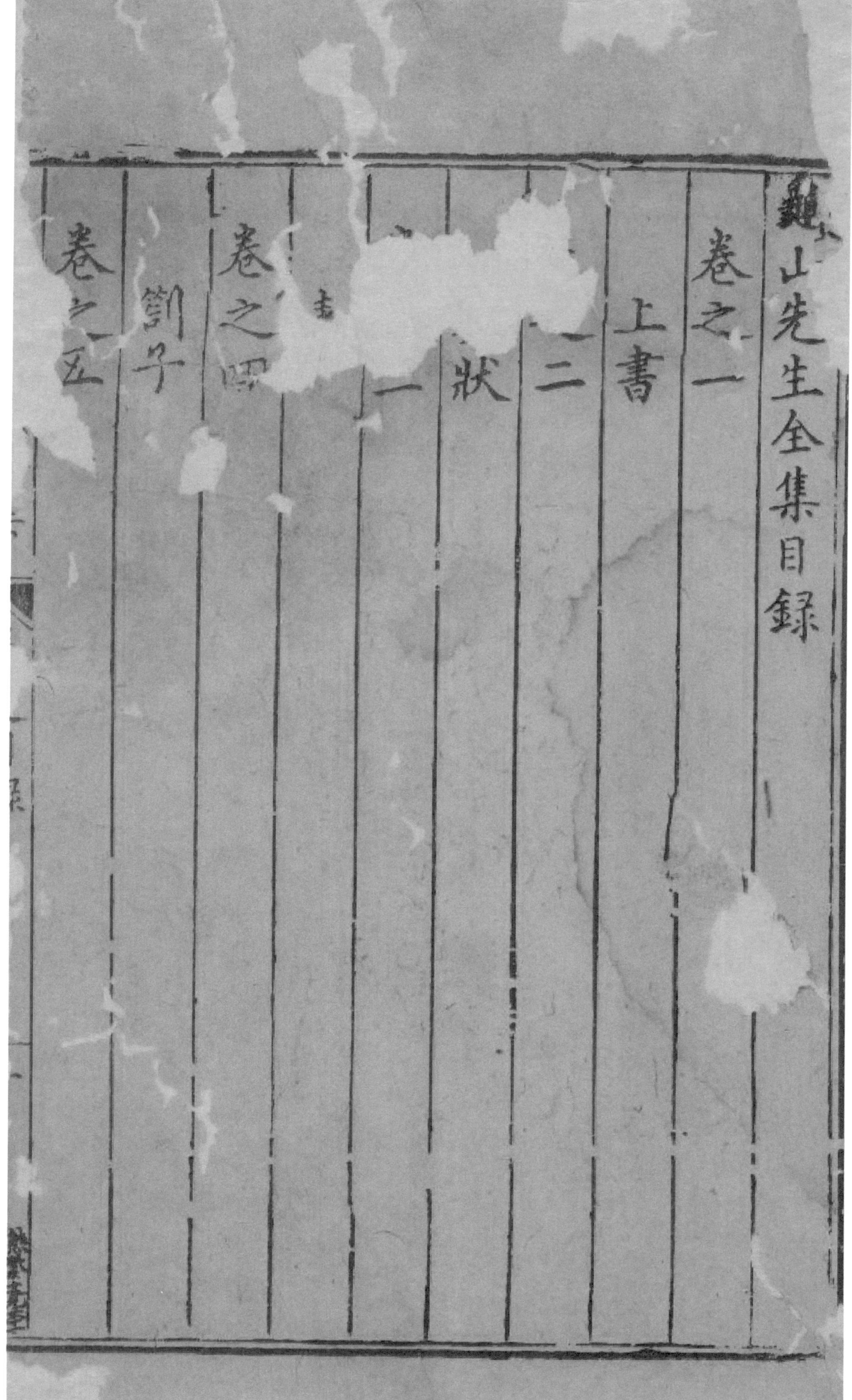

龜山先生全集目録

答問

卷之十六

書一

卷之十七

書二

卷之十八

書三

卷之十九

書四

卷之二十

龜山先生全集目録終

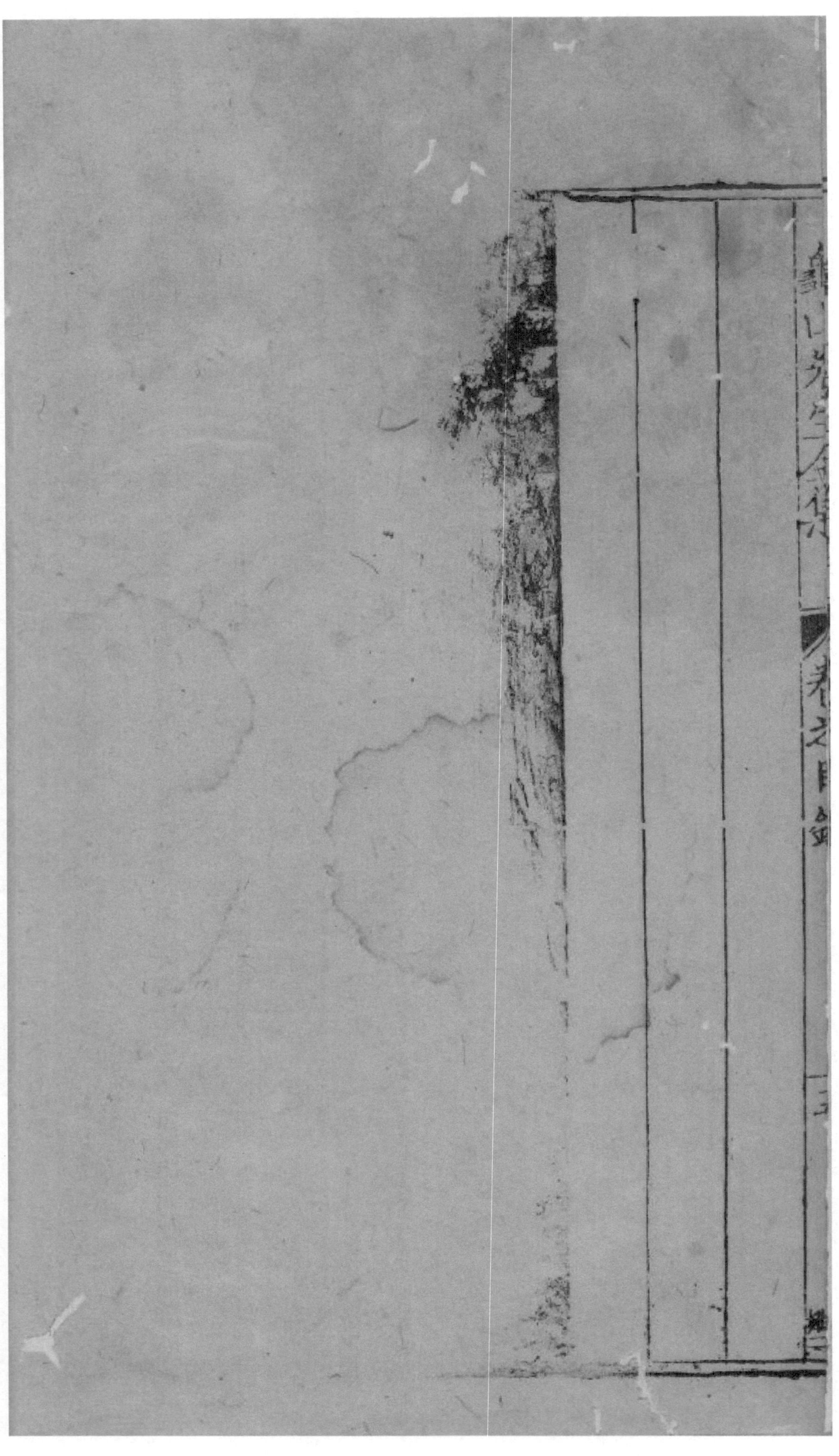

龜山先生集卷第一

上書

上淵聖皇帝

臣以凡庸之才叨被誤恩擢寘諫垣仍侍經幄絲毫未有所補而迫以桑榆晚暮衰病日侵不足以任職引年之請屢瀆天聽伏蒙陛下眷憐未忍擯棄授以宮祠之祿使畢此餘生天地之恩無以報稱念將去國恐自此遂填溝壑無復再瞻清光犬馬之情不能自已謹竭所聞以獻伏望 陛下清閑之燕俯賜覽觀庶或補於萬分臣不勝幸甚臣聞古之欲明明德

於天下者先治其國欲治其國者先齊其家欲齊其家者先脩其身欲修其身者先正其心欲正其心者先誠其意欲誠其意者先致其知致知在格物物格而後知至知至而後意誠意誠而後心正心正而後身修身修而後家齊家齊而後國治國治而後天下平自一身之修推而至於天下無二道也本諸誠意而已臣竊觀陛下育德東宮十有餘年惟詩書是習玩好聲色之奉不接於耳目雖名實未加於上下而恭儉之德天下已孚矣臨御之初東寇未平虜騎尋至城無樓櫓士不素練守禦之具闕如也城中之民

[illegible]恃而無恐者惟陛下盛德耳未平之寇皆投戈賓[illegible]
復為力耕之農豈一人一日之力所能勝哉誠意感通
而人自服從其效可見也自古願治之君惟在慎一相
蓋宰相人主之心膂也臺諫耳目也百執事股肱也心
膂之謀慮不深耳目之視聽不明股肱之宣力不彊而
能安其身者未之有也臣竊謂君臣相與之際尤當以
誠意為主一有不誠則任賢不能勿貳去邪不能勿疑
忠邪不分鮮克以濟昔在仁祖時韓琦為諫官論四執
政一日而盡去之有唐陳師合言人主不可假宰相以
事權太宗曰是欲間吾君臣也遂逐之故正觀嘉祐之

治幾至三代此任賢去邪之効也若仁祖而不明則必以韓琦之言為已甚太宗而懷貳則以師合之言為忠豈不殆哉近見臺諫有言宰相者陛下兩置而不問使言之無實而不罪則讒邪譖愬者得以肆其姦言之有實而不行則鄙夫患失者得以安其位如是而求治臣知其難矣唐中宗時崔琬對仗彈宗楚客故事大臣被彈則俯伏趨出立朝堂待罪楚客更憤怒自陳忠鯁為琬所誣中宗不窮問命琬與楚客結為兄弟以和解之故中宗卒有和事之名和事非人主之美稱也可不監之哉臣願陛下明是非辨邪正有罪則去之

言必誅則小大之臣有所懲戒咸懷忠良矣如是而天下不治未之有也夫舜之命禹徂苗也禹以益賛之言而班師二臣未嘗禀命也而安行之舜友誕敷文德而算之間以後世言之二臣遂事之誅宜無所逃也非君臣相與以誠無間言　烏有是哉人君之任臣當慎其始而已苟非其人雖一日居其位不可也疑而用之其弊有不可勝言者初德宗在藩邸親見代宗爲政之弊嬖溺奄宦爲繒紳禍及其即位痛懲之省四方不急之貢罷梨園樂工及獻珍禽奇獸怪草異木縱馴象四十有二于荊山之陽又出宮女

數百人中外聳觀謂太平可以立致淄青軍士至投戈相顧曰明主出矣吾屬猶反手踈斥宦官親任朝士張涉薛邕之徒俱以儒雅入侍已而二人繼以贓敗於是始疑在庭之臣無可倚信者而宦官因得藉口故近習用而朝士踈矣蓋其任臣其始不慎擇故也夫南北司相為輕重此重則彼輕此輕則彼重理之必至也其後歛天下之財歸之大盈以為私藏借商除陌稅間架之令行而天下騷然矣其弊益甚於代宗之時奄人用事至持天下之柄授之卒有門生國老之稱可勝痛哉蓋其初出於一時之銳無至誠

厥己之心以持之未有終不變者也此前世覆車之轍可以為監矣近聞百工技巧雖盡廢罷猶私畜於宦臣之家覬幸異時投間而入不可不察也竊聞道路之言頓異前日雖細民無知矣朝廷有以召之也自正月以來屢降德音盡復 祖宗之舊賦外征斂並行蠲除閭巷歡忻鼓舞日需膏澤今既數月矣未有一事如 祖宗之時者賦外征斂率由舊貫自崇寧迄于宣和寬恤之詔歲一舉之宣之通衢而人不聽揭之墻壁而人不覩以其文具而實不至故也 陛下嗣守神器克宜慎始詔令如此是亦文具而已後

雖有德意人誰信之孟子曰得天下有道得其民斯得天下矣得其民有道得其心斯得民矣夫民者邦本也一失其心則邦本搖矣不可不慮也然邊陲未寧勤王之師無慮數十萬計萃于朔方日費不貲而邊郡殘破十無一二消流積之而尾閭泄之臣知其不易供也朝廷未能一如詔旨不取於民者亦事有不可得已耳而遠方百姓蓋未之知也人君高拱於一堂之上而四方萬里之遠欲上之德戶知之臣恐非智力所及也周官擇人掌誦王忠道國之政事巡天下邦國而語之正為此也臣願 陛下修擇人之

官每路遣使一員慎簡忠信可任者使諭上志道國
之政事徧歷所部而語之候邊事稍寧兵革衰息則
賦外繇除悉如前詔不爲虛文使百姓曉然知息肩
之有期則人將和悅而正王面矣此今日之急務也
仍令詢究民之利病可以興除者吏之能否可以升
黜者弊政良法可以罷行者條具以聞方嬖倖持權
官吏出其門者日求珍貨以媚悅之姦贓狼籍無敢
誰何者上下相蒙賄以成俗汙染之久未易遽革臣
嘗論其一二雖蒙施行不過放罷而已未嘗究治也
昔成王以商之頑民封康叔則告之曰欽明乃罰人

有小罪非眚乃惟終自作不典式爾有厥罪小乃不可不殺聖人豈樂於殺人哉道之弗從令之不服非有嚴刑重誅不能禁也既歷三紀世變風移而後康王以成周之衆命畢公則告之曰惟德惟義時乃大訓先王之施德刑非有異也因時而已凡諸路姦贓之吏當究見情實稽成王告康叔之意甚者肆諸市朝投之嶺海庶乎人懲少伸咊氣充塞矣自崇寧以來為害之甚無如茶塩二法臣嘗論之詳矣今復轉般而鈔法不變未見其利也祖宗設置發運司蓋得劉晏之遺意朝廷捐數百萬緡與為糴本使總六路

之計通融移用以給中都之費六路豐凶變有不常一路豐稔則增糴以充漕計饑凶去處則罷糴使輸折斛錢而已故上下俱寬而中都不乏最爲良法自胡師文以糴本爲羡餘以獻而制置發運司拱手無可爲者此直達之議所從起也今復轉般而糴本乃取之諸路昔在諸路每歲一路所得鹽課無慮數十萬緡自鈔法行鹽課悉歸榷貨務諸路一無所得漕計日已不給今又歛取之非出於漕臣之家亦取諸民而已民力困敝徒爲紛紛無補於事臣近詢之民間謂朝廷雖有復轉般之名而直達之實猶在諸路

來至真楊楚泗未嘗入敖徒於文曆內為收支文具
而已此尤非更法之意也臣竊謂塩法與轉般相因
以為利自行直達而塩法隨變所謂相因為利者兩
失之矣祖宗時荆湖南北江東西漕來至真楊下卸
即載塩以歸交納有剩數則官以時直售之舟人皆
私市附載而行陰取厚利故以船為家一有罅漏則
隨補葺之為經遠計太宗嘗謂侍臣曰僥門如鼠穴
不可塞篙工柁師有少販鬻但無妨公不必究問非
洞見民隱何以及此自直達抄塩之法行而回綱無
所得沿江州縣亦無批請故毀舟盜賣以充日食而

敗舟亡卒處處有之轉爲賊盜不可勝計其爲害非
細也臣竊謂轉般塩法爲發運司職事之根本二者
不可偏舉不捐數百萬以爲糴本無回運以養舟人
則雖復轉般無異直達矣近見發運司漕米至汴中
損失者十幾五六蓋人船皆處之非其道也昔劉晏
於揚子置十場造舡每船給錢千緡或言所用實不
及半虚費太多晏曰不然論大計不計小費凡事必
爲永久之慮今始置船場執事者至多當使之私用
無窮則官物堅好矣異時有患吾給錢多減之過半
則不能運矣至咸通中有司計費而給無羨餘舡益

脆薄易壞漕運遂廢矣聞真揚起綱凡治舟所須之物調夫庸直皆不以例給篙工挽卒逃亡四出沿汴以清河兵遞行牽挽清河兵素非綱官所轄肆行盜竊不可禁止加之上漏下濕非沈溺則腐敗而不可食其損失多矣皆惜小費不論大計之過也臣欲乞朝廷嚴立法制船場不得減尅工料優給支費庶得堅實無疎漏之虞復運鹽之利使篙工梢師以船爲家則官物自無損折矣自漢唐以來善治財賦者必以劉晏爲稱首晏之言曰理財當以養民爲先戶口衆多賦稅自廣此至論也然晏專用鹽利以充軍國

之用其爲法止於出鹽鄉置官收買鹽戶所煮之鹽轉鬻商人任其所之無餘事也其始江淮鹽課歲不過四十萬緡季年乃至六百餘萬緡不啻相什百也豈當時可行而今不可行耶臣嘗任越州蕭山縣令境内有錢清鹽場亭戶多窮乏至追捕拘縶之乃肯就役嘗究問其故蓋鹽之入官一斛不過四五錢積鹽之久必有耗折官吏往責則入鹽加耗理所不免計其工力之費不償其二三又所至置之錢不時得此亭戶所以多窮乏也饑寒所迫非私鬻之無以自給故盜販十百爲羣被甲荷戈名褁送者不下數十

人官司畏其生事護送出境浮無侵擾已倖矣夫濱山窮谷有經季不食鹽者至附郭之民不可一日無也抄鹽之價高而私販賤故食私鹽多而歲課所以不敷也非抑配編戶則鹽抄無肯售者此其弊根也朝廷若於出鹽鄉增價售之使其私用無窘則亭戶孰肯冒禁與鹽販者私市哉弊根既去則歲課自敷矣夫天之所生地之所藏普常有餘而今不足其弊必有自矣朝廷蓋未之究也建隆之初荊湖江浙河東川廣福建皆非朝廷有也所有者淮南京東西數郡而已承五季之亂干戈日尋然未嘗以用不足為患

今尺地莫非其有也一民莫非其臣也貢賦之入十倍於前時而日以不足爲憂何哉處之未得其道故也昔皇祐嘗爲會計録以總核天下財賦之出入百官饟廩之奉軍儲邊計凡邦國之經用皆有常數元豐之備對元祐之會計皆放此爲之臣伏望　陛下明詔大臣爲靖康會計録取皇祐元豐元祐三書以爲式吏員之增減兵旅之多寡戶口之登耗賦入之盈虛與凡經用之數以三書參較之有餘不足之本可以究見矣然後從而救治之宰相歲終制國用量入以爲出而憂國用之不足非臣所知也臣在闕門

之外廟堂之論臣不得而與聞焉然得之於道路之言以為執政大臣治文書寬細務日不暇給其如天下之大計何臣竊謂今日之急務惟政事之未修邊陲戰守之未備皆闕然不講此臣之所深憂也臣願陛下敕諭大臣濶略細務付之有司專務修政事振軍律練兵選將為戰守之備庶乎綱舉而萬目自張矣臣不勝幸望之至

上欽宗皇帝其一

一乞太統帥

臣竊見虜人駐兵城外須求無厭遷回不去戎狄豺

狼之心請和之議未可盡信尤當嚴爲之備如聞勤王之師漸有至者宜召將領一至城中議戰守之計恐其言或有可用者艱難之際謂宜廣行咨訪庶有一得不可忽也諸葛亮曰有制之兵無能之將不可以敗無制之兵有能之將不可以勝臣恐諸路烏合之衆不相統一非有制之兵也臣謂當立統帥以一號令示之紀律而後士卒始用命矣昔唐九節度之師無統帥雖李郭之善用兵猶不免敗衂不可不慮也仍乞檄遣使臣倍道兼程督諸路兵之未至者有逗遛不進以軍法從事則無敢後矣援兵稍集則軍

聲益張戰守惟吾所欲而虜氣自懾矣臣聞湯以七十里文王以百里而興未聞以天下之廣而畏人也特在處之如何耳

一乞肅軍政謹斥堠明法令

臣聞古之善言兵者莫如孫武武之言將孰有能法令孰行賞罰孰明以是而知勝負臣竊謂軍無紀律士不用命雖有百萬之師無益於敗亾童貫爲三路統帥虜人侵疆棄軍而歸在軍法誅戮之有餘辜矣朝廷置而不問故梁方平何灌皆相繼而遁大河天險也棄而不守使虜騎得以長驅而前其誤國已甚

矣謂將之有能可乎剝延置而不問軍政如此何以
用人書曰左不攻于左汝不恭命御非其馬之正汝
不恭命用命賞于祖不用命戮于社予則孥戮汝夫
左不攻左右不攻右不過失伍離次耳皆以不用命
戮之況未嘗接戰而邀逃乎此先王仁義之兵著之
於經以為萬世法非臣之私言也釋而不誅則將士
不復可用矣周世宗征河東斬樊愛能而下數十人
士氣始振此前事可監也然軍律之不嚴非特此而
已虜騎之來也至城下而朝廷不知使敵人掩其不
備乘間而入則拱手付之矣言之可為寒心今幸無

事蓋宗社之福非人謀也邊事之興奏報當日至急脚遞於法日行五百里則千里外二日可至豈有慮人數萬行數千里而朝廷不知乎此斥堠不明帥臣失職無甚於此者法令不行故也近見出使城外者未有絲毫之効子弟濫職受厚賚尤無理也有罪不誅無功受賞則賞罰可謂明乎使敵人議覘國則勝負已决臣願陛下嚴飭邊吏謹斥堠明法令無功不賞有罪必罰則下有勸懲而軍政肅矣仍乞速詔中外明示已罷宣撫司即凡事非出三省樞密院者皆不得承受若猶循舊轍[illegible]邦之安危未可知也

一乞責宰執不忠

臣伏讀上皇聖詔自崇寧以來爲大臣所誤凡蠹國害民之事輕費妄用剗革殆盡雖成湯改過不吝無以加此其視天下如棄敝屣此堯舜之用心者前世未之有也君爲元首臣爲股肱君臣蓋一體也 上皇痛自引咎至託以倦勤遜于位其克己內訟可謂至矣人主避位而宰臣各叙遷安受而不辭此何理也自昔有旱乾水溢之災宰相必引過待罪況有此大變乎夫外鎮撫四夷內親附百姓宰相之職也以今之事觀之其鎮撫之效可見矣虜兵在境上貽陛

下宵旰之憂竭府庫民力遣之屈為城下之盟亦已甚矣主憂臣辱主辱臣死此宰相宜任其責也而皆謀為竄亂以自全之計無一人為社稷謀者雖身在朝廷而家屬已遁矣獨 陛下后妃皇子留居宮中其狗國忘私心果安在哉平時以高爵厚祿尊養於廟堂之上天步艱難之際各為身謀 陛下孤立何賴焉念之至此不覺涕泗之橫流也雖 祖宗以來未嘗戮一大臣此 陛下之家法所當守也然亦宜稍正典刑以為臣子不忠之戒詢求貞賢以居其任精神之至必有聖賢不待夢卜而至者惟 陛下早圖

之天下幸甚

一乞罷奄寺防城

臣竊考自古奄人用事未有無後患者漢之竇武何進以腑肺之親因天下怨怒收攬英豪如李膺陳蕃諸人共起而誅之卒不勝皆駢頸受戮唐之昭宗信狎宦者至東宮之幽其為歷世之禍大矣國家童貫握兵為國生事一十餘季覆軍敗將朝廷不聞中外各竭而資之私藏停積不可以千萬計人怨神怒馴致今日 陛下之親見也臨御之初謂宜屏去此曹使與輿臺皂隸服掃除之役而已不可復近比聞防城

所仍用奄人提舉授以兵柄此覆車之轍不可復蹈也使氣燄一熾則後不可制矣夫恩倖持權貪饕得志　上皇雖悔悟而追救不及不可不監也

一乞謹號令

書曰慎乃出令令出惟行弗惟反欲令之不反當謹其始始之不謹而輕以示人雖欲不反不可得也比見勑榜索金銀於士庶之家不納者許人告訐既而不行未一二日又復前詔崇盜以來令有朝下而夕改者故寬恤之詔率一舉之徒掛墻壁而已而民不信令　陛下即位之初一言出臣下禀令四海觀聽

尤不可不謹不宜後蹈前轍乎其言有曰庶免吾民肝腦塗地何遽至是耶雖事出倉卒猶當婉其辭少存國體示之以怯懼之形使狄人輕侮中國無復忌憚其失言甚矣皆不謹令之過也孔子曰自古皆有死民無信不立夫兵食可去而信不可去聖人之垂戒深矣臣願 陛下凡詔告中外當詳議而後行稽孔子無信不立之言謹乃出令以一民聽天下幸甚

其二 疏上欽宗大喜二月八日除諫議大夫兼侍講公具辭不允二月十三日上殿進此

臣昨蒙賜對妄以狂瞽之言上論宰相 陛下不加斧鉞之誅寘之言路臣雖糜捐無以報稱比聞士民

伏覩以數萬計詬詈大臣發其隱慝無所不至蓋國人之所共棄也夫爵刑天之所以命有德討有罪雖人君不得而私焉書曰天聰明自我民聰明天明畏自我民明威則人君所以奉天者亦因諸民而已民之所棄天實討之方 陛下臨御之初遭當艱難之際宰相尤宜考擇內修政事外攘夷狄非得真賢不足勝其任也惟 陛下早留意焉天下幸甚

其三 虜騎初退主和議者欲賂以三鎮十八日公上殿極論不可專守和議亦宜命將出師并乞召用种師中劉光世問以方畧可否

臣竊惟河朔為 朝廷重地三鎮又為河朔之要藩

自周世宗迄于　藝祖　太宗百戰而後得之其艱難甚矣一旦棄之虜庭姑以舒目前之急則可以爲經遠之計則未也方虜騎之來士不素養欲戰則無其人艘艫未修欲守則無其具割地賜金勢有不得已者臣故曰以紓目前之急則可也河朔郡縣犬牙相錯今以三鎮二十州之地與之貫吾腹中則一方邊面裂而三矣建城壁備器械練兵積穀未易以歲月計也其距京城無藩籬之固虜騎疾驅不數日而至又非前日之比矣不殆哉臣故曰以爲經遠之計則未也四方勤王之師逾月而後集使之無功而去

厚賜之則無名不與則生怨後有緩急召之宜有不受命者不可不慮也姚平仲之出殺傷相當未為大衂勝負兵家之常數未足為深戒傳聞三鎮之民欲以死拒之萬一不守則數州之衆肝腦塗地矣　朝廷寧忍坐視而不救乎臣竊謂三鎮拒其節吾以重兵躡其後使之腹背受敵宜若可為也臣本書生軍旅之事未之學也不敢自信其說有如种師中劉光世之徒皆一時名將始至而未用臣欲乞　陛下召至榻前問以方略可否必有定論茍有萬全之計不可失也朝廷欲專守和議以契丹百年之好猶不能

保寧能保此強虜乎然朝廷許與金銀以千萬計高馬肥乘間而來責其償者彼不爲無辭矣當是時金銀不可復取之於民援兵不可以卒致其患有不可勝言者孔子與蒲人盟曰要盟神不聽卒渝之不以爲不可也今良將勁卒咸欲自效失此不爲則後將噬臍矣惟 陛下留神而審處之

其四 欽宗乃詔出師襲虜而議者多持兩端公再上疏乞出師不可專守和議

臣竊觀自漢迄唐待戎狄之道無如 祖宗之時百年之間民生戴白不見兵革姧臣要功爲國生事與惡而棄好馴致今日方虜騎逼城備禦無素卑辭厚

禮以紓目前之急蓋勢有不得已而然者割要害之地以為盟好則非經遠之計也臣固嘗論矣比聞金人駐兵磁相刼擄無有紀極破大名成安一縣驅掠子女二千餘人殺令佐二人而厺擦書之墨未乾而背不旋踵吾雖欲專守和議不可得也昔趙割六縣之地使趙郝約事於秦虞卿謂趙王曰秦之攻王也倦而歸乎王以其力尚能進愛王而不攻乎王曰秦不遺餘力矣必以倦而歸也虞卿曰秦以其力攻其所不能取倦而歸王又以其力之所不能取以送之是助秦自攻也今日之事正類於是夫去其巢穴遠

數千里之遠而犯人之國都蓋危道也使其力能攻之則城中之物皆其有也尚何事求哉彼見吾高城深池不易輕犯勤王之師四面而至姚平仲固嘗與之交鋒矣恐而不敢怒請和而去則其情可見蓋亦懼而歸非愛我而不攻也朝廷割三鎮二十州之地與之是反助寇而自攻也聞肅王初與約及河而返今挾之而往此敗盟之大者臣竊謂朝廷宜以肅王為問責其敗盟必得肅王後已三鎮之民以死拒之於前而吾以重兵擁其後勢必得所欲若猶未從則聲言其罪而討之夫師以直為壯是舉直在我矣三鎮

聞之士氣必振此萬全之計不可失也若三鎮陷虜而王師不救則其民必謂朝廷視其塗炭而莫之恤則戴后之心懈而大事去矣不可不慮也竊聞出師之令廟筭不一屢行而屢反如是則士氣必懈惰欲其成功難矣唐憲宗平淮西韓愈謂凡此蔡功惟斷乃成未有舉大事不斷而能成也伏望斷自宸衷無惑於浮議則天下幸甚

其五

臣竊惟太原天下之根本也唐高祖起晉陽後唐莊宗石晉劉智遠輩皆據有太原而取天下自古以來

未有不以爲重地也罕一舉而取幷州劇賊也今圖
太原累月頓兵不移包藏禍心豈易量哉姚古擁重
兵爲援逗遛不進萬一太原不守其禍有不可測者
軍政如此何以用人昔周世宗伐李筠諸將望風而
奔世宗自力戰大敗歸卧帳中不起太祖曰何不盡
誅大將以偏裨代之世宗大喜起坐曰正合朕意於
是斬樊愛能以下數十人一舉而取高平自是兵威
震天下遂以平諸國今姚古坐視太原危急而不救
死有餘辜釋而不誅則無以振國威矣臣願陛下用
太祖之言法世宗之斷誅姚古以肅軍政拔偏裨之

可將者代之明示賞罰使士各用命庶乎太原可全也

其六

臣嘗論姚古逗遛當以軍法從事未嘗施行令太原圍閉累月危急甚矣訪聞大兵尚在威勝軍無一人一騎入太原境者唯范瓊不受姚古節制獨能引兵稍前則諸將逗留古實爲之也柰何惜一姚古不誅坐視要重之地而不救乎萬一太原之民以王師不救必謂朝廷棄之別生異心則禍起肘腋非特僉人之比不可不慮也云云臣願 陛下明詔大臣悉力措

盡速正姚古逗留之罪誅之以肅軍政遂東有武略可任者代之偏裨猶有不用命者一以軍法從事庶幾士氣稍振使敵人有所忌憚若朝廷未欲遽誅大將姑用前代故事盡行削奪使白衣從事以責後效猶之可也不爾則秋冬之交風勁草衰強寇長驅而南益無所忌憚悔無及矣惟 陛下留神而審聽之

其七

臣伏見蔡京用事二十餘年蠹國害民幾危宗社人所切齒而論其罪者曾莫知其所本也蓋京以繼述神宗皇帝爲名實挾王安石以圖身利故推尊安石

加以王爵配享孔子廟庭而京所爲自謂得安石之意使無得而議其小有異者則以不忠不孝之名目之痛加竄黜人皆結舌莫敢爲言而京得以肆意妄爲則致今日之禍者實安石有以啓之也臣謹按安石挾管商之術飾六藝以文姦言變亂　祖宗法度當時司馬光已言其爲害當見於數十年之後今日之事若合符契其著爲邪說以塗學者耳目敗壞其心術者不可縷數姑即其爲今日之害尤甚者一二事以明之則其爲邪說可見矣昔　神宗皇帝嘗稱美漢文惜百金以罷露臺曰朕爲天下守財耳此謹

乃儉德惟懷永圖正宜將順安石乃言　陛下若能以堯舜之道治天下雖竭天下以自奉不爲過守財之言非正理曾不知堯舜茅茨土階未嘗竭天下以自奉其稱禹曰克儉于家則竭天下以自奉者必非堯舜之道其後王黼以應奉花石之事竭天下之力號爲享上實安石竭天下自奉之說有以倡之也其釋梟鷖守成之詩於末章則謂以道守成者役使羣衆泰而不爲驕宰制萬物費而不爲修孰弊弊然以愛爲事夫梟鷖之五章特曰梟鷖在亹公尸來止熏熏旨酒欣欣燔炙芬芬公尸燕飲無有後艱詩之所言正

謂能持盈則神祇祖考安樂之而無後艱矣自釋古云者未有爲泰而不爲驕費而不爲侈之説也安石獨倡爲此説以啓人主之侈心其後蔡京輩輕費妄用專以侈靡爲事蓋祖此説耳則安石邪説之害豈不甚哉臣伏望

睿斷正安石學術之繆追奪王爵明詔中外毁去配享之像使淫辭不爲學者之惑實天下萬世之幸

龜山先生集卷第一

龜山先生集卷第二

奏狀

辭免邇英殿說書

右臣伏蒙　聖恩除臣充邇英殿說書者聞命震驚罔知所措切惟　陛下聖學高明勸講之官宜得深於經術之士以充其選如臣淺陋其敢冒居伏望聖慈追還成命以安愚分所有　勑命未敢祇受已送秘書省納

乞上殿

右臣伏覩　陛下即阼之初適當國家多事之際凡

在臣子苟有見聞咸宜自竭况臣備員勸講義豈敢默輒有所見利害欲面奏陳伏望 聖慈特降 睿旨令臣上殿敷奏

辭免諫議大夫

右臣二月初八日准尚書省劄子三省樞密院同奉聖旨除臣右諫議大夫日下供職者聞命震恐不知所措切惟諫諍之臣以繩愆糾繆為職宜得剛明之士以充其選顧臣何人其敢冒處伏望 聖慈追還成命以允公議

舉呂好問自代

右臣伏見朝奉大夫呂好問勳德之後蔚有典刑篤實而多聞踐道而守正論議氣節凜然有古諍臣之風非特臣所不如亦當代難得之士舉以代臣實允公議

辭免諫議侍講其一　五月初十日

右臣准閤門告示奉　聖旨學官等並罷臣自罷權祭酒切念臣遯伏田廬杜門待盡十有餘年誤蒙上皇召自閒廢之中寘之館閣陛下即位復被眷知擢居諫省仍侍經幄兼權祭酒碩雖糜捐無以報稱而臣自供職以來論事無補人微望重學術謬悠無

以鎮服士心自取悔吝尚賴　天度包荒未加竄殛
私自省循無所容措所有諫垣經筵之任尤難冒居
伏望　聖慈特賜罷免除臣福建路一合入差遣或
宮祠任便居住以安愚分

其二　五月十四日

右臣誤蒙　陛下擢寘諫垣仍兼勸講皆　朝廷高
選顧臣庸虛不足任職加以老病交侵目視昏眊兩
脛痺弱行立俱艱雖欲貪榮冒居力所不逮已嘗具
狀乞賜罷免除臣福建路合入差遣或宮祠任便居
以安愚分未蒙指揮伏望　聖慈特賜矜憫檢會

前奏施行

其三　十六日

右臣伏蒙　陛下以臣奏乞福建路差遣或宫觀任便居住賜詔不允者特恩曲被感激涕零切念臣年逾七十疾病交侵目昏不能遠視足弱難於久立近有章疏皆封以入不請對亦常冒聞　天聽　陛下所知之實恐因此曠敗旁招人言　陛下迫於公議雖欲終始保全不可得也伏望　聖慈特賜矜憫檢會前奏施行

其四　二十四日

右臣准尚書省今月二十四日劄子以臣累奏乞福建路差遣或宮觀任便居住奉　聖旨不允者臣不避嚴誅再瀝血誠上干　天聽伏念臣陋學淺聞論事無補不惟德薄望輕不足任職而犬馬之齒已逾七十加以疾病交攻日虞顛仆雖欲貪榮冒居實所不逮伏望　聖慈檢會前奏施行

乞致仕　六月四日

右臣累上封章乞福建路合入差遣或宮祠任便居住伏蒙　聖慈未賜俞允者切念臣犬馬之齒已逾七十禮律皆當引年辭禄　陛下聖度優容未加廢

作天地之恩無以論報近於疾病交攻腰膝痺疼乘騎不便日有顛仆之憂在告幾月久廢職事坐縻餼廩義實難安不敢再有陳請乞守本官致仕以安愚分

辭免給事中其一 六月九日

右臣准尚書省劄子伏蒙 聖恩除臣給事中者聞命震驚無所容措伏念臣老病交侵不任朝謁方乞解官致仕求去而獲遷是美官要職可以要致也豈惟於臣私義不安實恐上累 朝廷名器有濫授之失伏望 睿慈追還成命檢會前奏施行

其二　十八日

右臣准尚書省劄子以臣辭免給事中恩命奉　聖旨不允者聞命惶懼罔知攸措不敢高避煩瀆之誅須至再竭悃誠上干　天聽伏念臣年逾七十已上封章乞解官致仕誤蒙　睿恩除臣前件要遷臣雖至愚豈不知貪戀聖明進居要職足為榮耀實以衰病交侵不任朝謁老不知止貽笑縉紳伏望　聖慈追還成命令臣致仕以安愚分

其三　二十八日

右臣伏蒙　聖慈以臣辭免給事中乞解官致仕賜

詔不允者　睿恩誤被蔀屋生光寵逾分涯但深感
涕切惟七十致仕著在禮律士夫所宜循守也而臣
犬馬之齒七十有四背經違律負罪多矣豈不知還
伏田廬躬耕食力孰若日近清光坐享廩祿之為安
榮也實以衰病筋力不支無臣方引年辭位遂蒙還
擢使臣黽勉扶病就職必致入言冒寵之誅無以自
遑伏望　聖慈察臣誠懇特降　睿旨令臣致仕以
安愚分

辭免徽猷閣直學士其一　七月五日

右臣准尚書省劄子七月四日三省同奉　聖旨除

臣徽猷閣直學士差提舉西京嵩山崇福宫者叨被聖恩榮愧交集伏念臣以衰病乞骸特蒙　睿慈曲垂矜憫未即棄捐尚畀宫祠之禄天地生成之恩無以論報所有直學士之職非臣涼薄所堪伏望　陛下追寢成命乞守本官提舉崇福宫以安愚分

其二十七日

右臣伏蒙　聖慈以臣辭免徽猷閣直學士恩命賜詔不允者祗奉　宸綸益深震懼切惟直學士之職自　祖宗以來未有自諫省躐等而授者臣雖蒙除給事中郎亦曾供職資淺望輕義難冒處伏望　陛

下特降　睿旨追寢成命庶協公議

其三　二十六日

右臣伏蒙　聖慈以臣辭免徽猷閣直學士賜詔不允者臣愚屡竭悃誠上干　天聽煩瀆之罪宜無所逃夙夜憂惶罔知攸措然臣義有未安不敢苟止切惟延閣之命尤為華選　祖宗以來未嘗輕授方朝廷脩明百度一循舊制裁抑僥倖理宜謹始臣豈敢以螻蟻之微首犯名分貪榮冒居上紊典憲伏望陛下特降　睿旨追還成命以寔公議

辭免召赴行在七月二十一日中省狀附後

右臣准尚書省劄子奉　聖旨令臣乘遞馬疾速發
來赴行在者切念臣昨蒙　淵聖皇帝誤恩自諫省
還給事中臣以衰老久患腰膝乘騎不便累表懇辭
補外蒙恩得請除待制提舉嵩山崇福宮未及一年
伏遇　皇帝陛下嗣登寶位在臣子之分義當入覲
況蒙促召敢不奔走奉命緣臣實以痼疾如舊乘騎
未得伏望　聖慈矜察許臣免赴行在臣見已乘舡
起發前去楚泗間聽候指揮

申省

右某先於七月十五日准尚書省劄子令乘騎赴行

在某昨蒙　淵聖皇帝誤恩除給事中某以久患腰膝乘騎不便累表懇辭得請除待制提舉西京嵩山崇福宫主上即位複蒙　睿旨召赴行在某爲舊疾未安尋具前項因依七月二十一日自常州附遞奏聞辭免不敢居家坐待朝旨仍一面乘船自去楚泗州聽候指揮今已到楚州日久未蒙指揮切念某犬馬之齒七十有五加以痼疾間作拜履俱艱不任朝謁謹具申尚書省伏乞檢會前施行

辭免工部侍郎　十二月二十六日

右臣今月二十五日准尚書省吏房帖子三省同奉

聖旨除臣工部侍郎日下供職聞命震驚罔知所措
伏念臣犬馬之齒七十有五衰病筋力不支不足以
任職伏望　聖慈追還成命除臣一在外宮觀差遣
庶沾薄祿畢此餘生不勝幸願之至

舉曾統自代

右臣伏見奉議郎守尚書工部員外郎曾統名臣之
後能世其家舉以代臣實允公議

乞宮祠其一　建炎二年二月十五日

右臣以凡庸之材叨被誤恩擢寘貳卿之列顧雖糜
捐不足報稱重念臣行年七十有六素有足疾拜履

俱艱日虞顛仆觸事昏忘雖以任職欲望　聖慈俯
恤除臣一在外宮觀差遣任便居住

其二　三月二日

右臣伏蒙　陛下以臣乞宮觀差遣任便居住賜詔不允者伏念臣自熙寧中叨竊科第五十餘年晚始蒙　淵聖皇帝誤知擢居禁從鑾輿北狩臣以老病在外無以自效偷生忍死負罪宜無所逃　陛下嗣位特蒙矜貸召寘貳卿之列受恩逾分雖靡捐未足以報稱萬一臣雖至愚豈敢飾辭避事以求便安重念臣犬馬之齒七十有六筋骸衰痺心志耗昏兩脛

痺攣日虞顛仆故不避煩瀆之誅再干　天聽伏望
聖慈察臣誠懇除臣一宮觀差遣任便居住庶沾薄
祿使垂盡之年不至失所

其三　兼辭免侍講

右臣以老病上干　天聽乞一宮祠差遣未賜俞允
方欲再具陳情伏蒙　聖恩除臣兼侍講聞命驚惶
無所容措伏念臣逮事　淵聖皇帝復侍經席臣以
衰病目昏不能遠視足弱不能久立辭免職任蒙
淵聖皇帝矜憫除臣提舉西京嵩山崇福宮任便居
住今已逾三年精神昏眊手足攣痺又甚於前日豈

敢貪冒寵榮復居此職伏望　聖慈察臣誠懇追還
成命俾臣一宮觀差遣以安愚分

其四　四月六日

右臣伏蒙　陛下擢寘貳卿仍侍經幄皆一時高選豈惟陋學淺聞不足以任職而臣犬馬之齒七十有六衰病日增雖欲貪榮冒居精力不逮伏望　聖慈矜察除臣一宮觀差遣任便居住庶沾薄祿畢此餘生

其五　十五日

右臣今月十三日准　尚書省劄子以臣乞宮觀差遣

奉聖旨不允者臣以凡庸之才誤蒙　睿恩擢侍經幄遂獲日近清光臣非土木豈不知幸重念臣年齡遲暮精力衰殘舊學荒蕪十忘八九仰見聖德日躋非陋識淺聞足以上裨萬一懼局招尤言自貽悔咎加之目視昏花兩脛痺弱晨趨殿陛每慮顛仆徒以食貧指衆仰祿爲生未能引秊辭仕冒寵僥求負罪多矣恭惟　皇帝陛下天度并容無物不覆察臣誠懇除臣一宮觀差遣任便居住庶沾厚祿以盡餘秊

辭免龍圖閣直學士

右臣伏准尚書省劄子奉　聖旨除臣龍圖閣直學士提舉杭州洞霄宮者叨被誤恩榮愧交集所有直學士之職　朝廷清選如臣衰朽曷敢冒居伏望
聖慈追還成命庶安愚分

乞致仕　建炎庚戌

右臣昨蒙誤恩擢寘貳卿之列老病不足以任職冒
聞　天聽竊冀祠宮之禄畢此餘生伏蒙　陛下睿
慈矜憫俞其所請仍加延閣之命顧臣何人有此遭遇捐軀未足報稱坐縻廩已逾二季方時艱難而薾然衰瘠力不能自效疚心靦顏無所容措伏乞守

本官致仕以安愚分

代虔守薦楊孝本

右臣猥以非才謬當郡寄竊惟事君之義莫尚以人而不祥之實蔽賢為大苟有所知臣敢不勉伏見虔州進士楊孝本學富行純為輿論信服曩游京師一時忠義之士多從之學裋褐不完飯蔬飲水而東脩之饋悉以市書捆載而歸自晦巖穴不求仕進鄉閭故舊憐其貧協力周之非其義不受也此雖古人操履無以過之當路柄臣亦嘗論薦然久未蒙旌擢伏望聖慈不以臣言之輕特加收采錫之一命以稱

朝廷尊德勵善之實

龜山先生集卷第二

龜山先生集卷第三

表

謝除邇英殿說書

臣某言伏蒙　聖恩除臣充邇英殿說書尋具狀辭免奉　聖旨不允者備員東觀曾未逾時講經宸庭薦膺異數懇辭上瀆成命弗渝省分非宜以榮為懼中謝伏念臣仕惟為祿學不知方自憐挾策以亡羊奚殊博塞幾類畫墁而志食有愧輪輿拓落一官踐更三世偶以桑榆之晚景親逢　睿聖之誤知擢寘書林復陪經幄嗟伏生之已老徒誦遺編顧申公之

無文寧堪待問此蓋伏遇　皇帝陛下至仁天覆盛德日新雖小善而不遺無一夫之弗獲致兹庸陋亦預甄收非堯舜之道不陳敢忘訓獎惟虞夏之書具在益懋前聞期自竭於埃涓庶或逃於尸素

謝除諫議大夫兼侍講

臣某言伏奉　制命除臣試右諫議大夫兼侍講仍賜紫章服者擢居諫省叨被誤恩進侍經筵允慚非據寵榮過分循省若驚中謙竊以懷經世之忠者常患無其時有遇時之卞者常患無其位況值離明之繼照仍丁泰吉之大來周道砥平舜聰四達寔在七

人之列是為十載之逢如臣者識昧趨今學惟泥古
鼫頭鼠目何意求官馬勃牛溲寧堪待用顧天下之
事惟諱臣得以盡言遭聖人之時非賢者曷勝其任
此蓋伏遇 皇帝陛下涓流必受大壑益深端一德
以當天奉三無而撫世故兹獧妄獲與選掄敢不勉
勵前脩仰酧洪造居官任職自知無以踰人補過盡
忠庶勉全於晚節

謝賜詔乞致仕不允

臣某言伏蒙 聖慈以臣辭免給事中乞致仕賜詔
不允者異恩俯及省分非宜祗服訓辭惟知感涕中

謝伏念臣賦林謭薄禀命奇窮遺時清明誤被掄選空坐糜於餼廩訖無補於絲毫老病交侵神志俱耗筋骸痺弱跛履如還頭目眩昏看朱成碧日懷丘首之念亟圖曳尾之安屢竭悃誠未回　天聽與蓋
皇帝陛下舉無棄物常善救人凡在鈞陶之中不遺尾𮖠之賤致玆庸陋未棄捐雖老馬已疲尚羈於伏櫪而殺帷之賜終冀於洪仁

謝除待制　二

效職無聞自宜力太錫恩甘寵尤在牢辭尚叨近閣之華仍竊直祠之廪拊存甚至感激難言中謝伏念

臣材不適時學惟泥古久安朴野已難彊於筋骸[illegible]
際休明固願張其肝膽既不能媚俗以網羅又無以
揚己而取名頋蒲柳之已衰夜風波之畏加之疾
疢重積凌兢念　公朝當責實之時而諫省非養閑之
地粗知出處進退之節敢不乞身畢圖終始憫憐之
私未令失禄暨丐還於祕職遂冒貢以悅辭雖盡力
於循墻猶忝榮於持橐向非全度何以曲成茲益伏
遇　皇帝陛下盛德溥臨大明旁燭欲招徠於忠直
庶興起於治功故於諫諍之官務盡優容之禮倘不
能而知止亦終惠之有加致此摧頹薦膺眷遇臣謹

當祗承大賜欽頌至言景迫桑榆勉報丘山之重心傾葵藿敢忘雨露之施

賀皇帝即位

胡寇逆天痛二聖之播越民心戴后來　九廟之再安中賀恭惟　皇帝陛下體舜聰明躬湯勇智憂勤爭於內外孝弟通乎神明踐寶位於艱難之中安神器於傾側之際臣叨塵法從莫效微勞願恩高祖之好謀仍奮文皇之英武　兩宮返國徐當責效於俟公醜虜成擒終見收功於李靖

賀復辟

元凶肆逆寰宇震驚妖氛廓清宸居復正中賀恭惟

皇帝陛下膺圖御極經德體元信順式孚天人協暢

雖有太盈之意雖迯如市之歸大明既升輿情共慶

總師入覲率多方將之壯猷遺澤在民行遂先王之復

古

謝除工部侍郎

臣某言准告除臣試尚書工部侍郎仍賜對衣金帶者賜環薦至方力疾以造朝出綍遽膺瑕辭難於就職甄收甚渥刻厲無能中謝伏念臣智不競時學惟泥古素行貧賤付憂患之薰心備歷險艱見盛衰之

反掌畫圖遲暮獲預選掄荷二聖之深知當一時之

大變擢繇學省寘在諫垣念當效命之秋何暇多言

之恤乞身去國凝睇闔城空懷天地之恩無從報塞

已進桑榆之景徒極殞傷賴神聖之有臨致邦家之

再造眷惟銷患無競淂人招徠下及於衰殘奔赴莫

先於艱厄屬有負薪之疾阻於叱馭之驅仰被寬隆

載加超越未及瞻光於黼陛已令貳事於官曹雖主

憂臣辱之時不求營繕而內脩外攘之際專賴謀猷

弗許牢辭曷勝重拜兹蓋伏遇 皇帝陛下憂勞圖

治剛健繼明深懷播越之艱克篤孝恭之實凡側身

而修朽皆應天而順人期瞻見於兩宮庶肅清於四海廣收羣策用翊丕基有如疲曳之餘友在簡求之末臣敢不追惟舊學佩服至仁持慮奉身益盡論思之職[illegible]戈勵志更輸憂憤之心

謝賜詔乞出不允

臣某言伏蒙　聖慈以臣乞除一在外宮官賜詔不允者綸言俯及朽質生光祇荷寵靈惟深感涕中謝伏念臣親逢聖旦叨被誤恩耄無能為竊曠職業老不知止有靦面顏以居有食指之繁而退無周身之策尚資薄祿以畢餘生恃君父之眷知披腹心而上

瀆愚衷已竭　天聽未俞此蓋伏遇　皇帝陛下端
一德以當天奉三無而撫世神威不怒聖武布昭擴
大度以并容恥一夫而不獲致兹庸髮支未棄捐荷
天地之至仁宣恩論報迫桑榆之兔景徒積兢慙𣪁
不勉服訓辭益堅素守庶幾晚節無忝前修

謝除侍講

臣某言准告除臣兼侍講者叨奉宸綸進陪經幄寵
榮過分愧懼交并中謝伏念臣以乘盡之季遭多艱
之際濫竊不虞之譽初非有用之材疾病交攻神志
共耗日懷丘首之念亟圖曳尾之安自今竊已絶

榮望眷恩俯逮奚殊罔象之得珠天祿坐靡幾類夐雖而受粟此蓋伏遇　皇帝陛下舜聰四達湯德日新雖大明之非容光必照而清問所及下民不遺致兹妄庸亦與掄選涓流何有無裨溟渤之深老馬已疲終冀敝帷之賜

辭除龍圖閣直學士

臣某言伏奉告命除臣龍圖閣直學士依前朝散大夫提舉杭州洞霄宮仍賜對衣金帶者綸言下逮朽質生光誤膺華袞之褒濫廁昔賢之列寵恩逾厚榮懼交并中謝伏念臣才不適時學惟泥古投身世網

流落半生擢寘經帷歷侍 三聖顧桑榆之已晚驚歲月之屢遷神志俱昏筋骸難彊罄懇衷而上訴荷天聽之俯從冐延閣之清資竊琳宮之榮祿錫之鼂服束以精鏐夫何妄庸有此遭遇此蓋 皇帝陛下體乾坤之博施推日月之至明成物不遺均洫動植容光必照無間隱微致茲衰殘夫未捐棄豈不益堅晩節上副滲仁雖餘齡無路以效勤而圖報尚期於結草

謝轉官致仕

引年辭祿已愧後期進秩叨榮益慙非據恩逾始望

感極涕零中謝伏念臣家世羈寒性姿凡陋麞頭鼠目何意求官馬勃牛溲寧堪待用偶直離明之繼照荐膺列聖之誤知爰自書林入侍經幄擢寘七人之列復玷貳卿之聯無補毫分空糜餼廩寖以年齡晚暮衰病交侵竊食祠宮踐更歲律姑遂投閑之請苟逃寵冒之羞誠意上通俞音下逮退伏田廬之陋處猶隸延閣之清名頋臣何人辱兹異數此蓋 皇帝陛下體乾坤之覆幬擴日月之照臨大德并容神功不宰凡厥禀生之類一陶化育之仁致兹駑乘之已疲亦獲斂帷而不棄雖謳吟藪澤阻陪獸舞於虞庭

涵泳恩波奚異魚潛於文沼容身有地圖報無階

賀正旦代虔守作

陳輅鳴鑾揭示漢儀之盛獻琛效職允懷舜德之敷中謝恭惟 皇帝陛下聖敷日新勇智天錫大明繼照御六氣以乘乾百辟在庭共衆星而環極脩禮文之廣備表 聖日之光華碩惟履地而戴天孰不詠仁而蹈德臣叨兹眷命附以名藩玉陛稱觴莫廁鸞鷺之侶兩城向日但傾葵藿之誠

賀坤成節代作

膺興帝業天開淵石之祥周兆王基詩詠生民之什

斯人神之協應繫夷夏以交欣恭惟　太皇太后坤
德含洪離明旁燭正始有光於京室代終益裕於孫
謀萬國承規普被關雎之化羣黎徧德一趨麟趾之
風臣備位藩臣馳心魏闕一人有慶均溢天地之仁
萬壽無疆願效崗陵之祝

貢物代作

分職任民不遺於嬪婦因土制貢敢廢於玄纖前件
經緯有常質文中理用紊庭實愧非前列之寶龜庶
廣至仁推作萬夫之衣被

賀收復代漕臣作

甪士鷹揚屈人於不戰羗戎鳥竄交臂而來臣遐荒震驚四國交慶蠢爾吐蕃之種世為西夏之雄螳怒當前鴟張茀茹蔘成封豕之惡久逃京觀之誅迨茲舜德之誕敷始效苗頑而來格連雲蔽野千里桑麻被髮遺黎一日冠帶此葢 皇帝陛下淵泉溥溥聖武布昭莫敢不來繼湯孫之遺緒無思不服廣文考之休聲臣叨被明恩謬持使節悵捧觴之無路徒向日以傾葵盡復故封行謝玉關之質告成清廟僕聞天馬之歌

鼇山先生集卷第三

龜山先生集卷第四

劄子

論時事 宣和七年三月

某衰晚退伏田廬杜門待盡無復餘念今茲誤蒙論被旨召對踈遠賤吏得一見君父臣子之榮矣而到闕累月未得對班私自念言陋儒陳腐不足為世用加之衰病薾然無以自効日想東歸為首丘計惟是憂國愛君之心不能忘也今士大夫不敢盡言天下之事不過為保身之謀耳不知所以謀國乃所以謀身天下不寧而保其身者未之有也某

以踈遠雖欲有言無由上達輙條具十數事皆今日之急務儻可少裨國論望閤下爲朝廷留念幸甚

一愼令

書曰令出惟行弗惟反欲令之不反當愼其始之不愼而輕以示人雖欲不反不可得也近覩榜示宣和六年未納税賦租賦沿納和買預買並放免又曰今年放免租税等尚慮監司州縣别作名目科納致民人不被實惠仰所屬監司具放免過實數聞奏當議朝廷支降錢物應副即不聲說只爲流移及盜賊人戶方免今廣濟軍以放税降官銜替則前日 詔令

皆為虛文耳夫安土服業之民不為盜賊皆不被患
澤惟流亡轉為盜賊者獨免租賦則百姓何憚不流
亡而為盜賊乎是朝廷以詔令誘致之也其為患豈
小哉孔子曰自古皆有死民無信不立以今日之事
視之兵與食皆不可去獨以信為可去不亦異乎以
孔子言為不可用則已如以為可用則存信尤當謹
也今撫諭之使方行而失信如此雖有至意人誰信
之則使者徒為此行耳某竊謂其失未遠尚可追改
宜如前詔一切放免蠲取中都所有支降應副庶幾
民信而從之則流亡盜賊亦有衰息之期矣不爾恐

四方聞之冀免租賦皆相率爲盜賊不可不慮也

二茶法

榷茶自唐末始有祖宗蓋嘗行之矣而官自鬻之積年之久流弊滋甚仁祖令有司會榷茶淨利均爲茶租而戶輸之弛其禁使自興販縣官坐收榷茶之利而民得自便無冒禁之患可謂公私兩利也故當時詔書有曰民被誅求之困日惟咨嗟官受濫惡之入歲以陳腐私藏盜販犯者寔繁嚴刑重誅情所不忍是於江湖數千里設陷穽以害吾民也間遣使者往流聞之而皆歡然頗弛榷法歲入之課少時上官歷

鹽之弊一旦以除著為經常不復更制尚慮喜於立
異之人緣而為姦之黨妄陳奏議以惑官司必寘明
刑以戒狂謬其誣告可謂至矣後世所宜守也今茶
租錢輸之如故而榷法愈密另榷之又榷也趨今之
變若未能盡弛其禁猶當少寬之也二浙窮荒之民
有經歲不食鹽者茶則不可一日無也一日無之則
病矣昔時晚春採造謂之黄茶每觔不過三二十錢
故細民得以啜食今買引之直已過數倍矣未有茶
也民間例食賫茶而細民均受其害行法之初良刻
之吏以配買引數多為功苟冒恩賞今以歲課最高

為額上戶有數及下戶數引者一引陪費無慮十數千則人不易供矣諸犯榷貨不得根究來歷違者以故入人罪論自祖宗至于熙豐未之有改也今茶法獨許根究來歷盜販者皆無賴小民一為捕獲則妄引來歷以報私怨官司不敢沮抑追呼蔓延狴犴充斥經時不能決良可憫也某竊謂宜革去根究來歷之法無追呼之擾蠲最高之額以平歲課罷增羨之賞懲貪吏希功厲民之虐庶乎民少安其生矣

三　塩法

榷塩自漢有之非一日也周世宗征河東河朔之民

遮道詐鹽法之不便世宗會所得鹽法息均之人户
歲輸之從民願也熙寧閒有獻議再榷者方神考大
有爲之時凡可以益國而利民者知無不爲以是爲
不可沮其議而不行是終不可行也河朔與遼爲鄰
祖宗優卹之特異於他路蓋養之於無事之時以備
緩急也困之於無事之時則於有事之際何賴焉今
日之寇盜是也鹽息之數在人户者支輸之如故而
又設官置司與他路等恐非祖宗優卹之意也江浙
蠶鹽於春初均與之爲蠶繰之用蠶熟以絹償之不
爲厲民也今蠶鹽不支而償絹不免則鹽之利入官

已多矣山谷之民食鹽之家十無二三而州縣均敷鹽鈔民間賠費與茶引等迫於殿最之嚴往往計口授之以充歲額人何以堪今朝廷不立歲額免比較其裕民之意厚矣然不比較使民得自便則鹽課必虧朝廷不資鹽息之用則可若猶未免則鹽事司安得坐視其虧欠而恬不加察乎前此方賊之後二浙葢嘗不立額比較矣而歲額大虧鹽事司切責州縣不覺察私販致有虧欠州縣苟逭譴責不免敷派取辦雖名不比較而比較之實仍在也某竊謂宜酌中立額使州縣易辦則民亦少紓矣若不立額則鹽

司皆責必以舊額為責襃剋之吏務以應辦為功則務取無有限度其為害益深矣征入之課以五年酌中數為額祖宗以來自有常法不可改也

四轉般

轉般蓋得劉晏之遺意朝廷捐數百緡與為糴本使總六路之計通融移用以給中都之費六路豐凶變有不常一路豐稔則增糴以充漕計饑凶去處則使之輸折斛錢而已故公私俱寬而中都不乏最為良法也自胡師文以糴本為羨餘以獻而制置司拱手無可為者直達之議所從起也今欲復轉般而糴本

取之諸路漕計猶且不足而又歛取之非天降地出又非出於漕臣之家取於民而已二浙兵火夷傷之餘瘡痍未合民窮無告則其患有不可測者前日之事是也安可不為之慮哉欲復轉般至遵舊制捐數百萬緡與為糴本則其事濟矣不然徒為紛紛無益於國也

五糴買

糴買之名不一非特均糴結糴之類而已取之雖多而州郡無一月之積祖宗時預買紬絹每疋支錢一千限正月十五日以前支訖方春匱乏之時民間得錢

頗以為便是時浙絹每疋之直千二三百錢預支一千於人戶無所虧損矣今江浙雖云預買而錢不時得郡縣蓋有白取之者產絹縣分每疋不下二千三四百足錢而上戶有數及百餘疋者民力固未易辦矣又有非時拋買如燕山絲絹之類所須不一秋成穀米上場而催科之吏已及門矣力耕之民日食糠粃而輸官常恐不足欲民之不流亡不可得也昔熙寧中三司與發運司相為表裡三司有餘粟則以粟轉為錢為銀絹以充上供之數他物亦然故有無相資無偏重之弊而發運司常為邦用之根本

今預買實得一千民間陪費已多况又未必得也若今發運司通融六路之計有無相補於出絹州郡用常法依在市中價於人戶量行折科減預買之數亦足以少寬民力尋常折變多爲民害蓋州郡不依時值高估常賦合納之物低估絹價故受其弊若嚴約束穀價雖依發運司和糴之利不得故爲低昂比之預買一千又未必得錢則利害亦相遠矣今浙絹兩貫三四百足錢一疋方可以官縱胥吏爲姦只與時直之半所省亦多矣

六坑冶

坑冶利之所在有礦苗去處不待勸率而人自尋逐矣凡坑戶皆四方游手未有貲錢本而往者全藉官中應副令烹鍊到銀銅入官而錢不時得則坑戶無以自給散而之他此歲課所從耗失也取鑛皆穴地而入有深及五七里處僅能容身一有摧陷則無遺類矣非有厚利人誰為之縱大興發亦民間私自貨易官中亦無所得雖有重法不能禁也若以數千萬緡分在諸場中使以時給與則坑冶自興不須他求也泉布所以權物重輕通有無其利柄當操之在上禁私鑄非以取利也今錢一千重六觔銅每觔官買

其直百錢又須白鑞和之乃能成錢除火耗剉磨損折須六七觔物料乃得一千銅自涔水永與數千里運致其脚乘又在百錢之外薪炭之費官兵廪給工匠率分其支用不貲一二細計千四五百錢本方得一千何利之有方財用匱乏之時欲與鼓鑄取利以紓目前之急非長策也然比年鼓鑄歲額不敷非特官吏弛慢所致無銅故也但取會諸監虧欠因依其說自見今遣使諸路未必有新坑可採鼓鑄亦未必有銅使者持節而往必不肯坐視不為之計也不過督責州縣認定歲額取諸民而已一不應辦則以不

鐵範之誰敢不從銅非民間所有督迫之嚴不免毀錢爲銅以輸官更舊爲新徒費工力所損多矣元符中亦嘗遣使踏逐坑冶姦吏詭妄百出乃以新坑銅量增價市之歲終與舊坑銅通融以充歲額監官無虧課之責不復檢柬而坑戶得以自便以舊爲新冒取善價而新坑實無有也其欺罔莫此爲甚或恐諸路引此例施行不可不察也至令諸路如坑冶不至興發或無銅鼓鑄不得令諸郡虛認歲額州郡亦不得依隨虛認數目庶幾不至大段搔擾而民不受弊矣

七 邊事

今月之事無急於邊事盜賊者然二者盖相因而至居者困於調斂壯者疲於饋輓財力俱弊則流亾轉而盜賊理勢然也既往無可咎而来者猶可圖竊謂燕雲之師宜退守内地以受餽餉之入使燕軍更番請給於此庶幾出納自我無大入折欠之虞征夫免稱貸備償之擾則民力不至大困矣今雲中得百里之地則增百里轉輸之費徒敝吾民出倍稱之息以資黠虜其害非小也夫軍以常勝名之則驕其心糧以計口授之則滋其欲狄人何厭之有比聞道路言

惑朝廷授與之田鮮有肯耕者雖流言未盡可信以理推之恐或有之也夫力田與安坐而食其勞佚相反矣其不耕固不足恠者縱能使之力耕不知遂能辦計口之食乎若未能辦是徒富之資其桀驁也如聞燕地尚多閑田不若募邊民為弓箭手如陝西例蠲其租賦使習騎射支足救常勝軍之勢仍立定額無使增置不三五年可漸消矣近見端門外優戲百技率多燕人異時歸附在州郡者皆識察其出入自有常法其周防非無為也不知今燕人在中都知其數否竊知無姦細溷處其中乎識察之法不可廢也

戎狄豺狼之心未可盡信昔唐太宗從溫彥博之議處降虜於河南魏鄭公以為不可力爭之不能得不二三秊卒為亂如鄭公之議此前事可監也

八盜賊

聞楚泗有兵為東寇捍禦然淮南州郡如通泰漣水之類皆與東州隣室皆有備不獨楚泗也若通泰有警則維揚逼矣揚楚泗皆當湖南北江東西二浙餉道之衝中都所仰一犯其境則餉道難矣不可不為之深慮也如聞東寇數萬欲就降若古之受降如受敵未可輕也不知數萬之衆欲處之何地必使之有

丁師之業得以温飽然後無事處之失當則其患亡甚於不降矣此尤當審處也今山東之兵不立統帥討蕩與招安者各自為計盜賊安所適從乎昔唐以九節度之師不立統帥雖李郭之善兵猶不免敗衂況餘人乎某竊謂宜立統帥使一路之兵咸受節制可招則招可討則討庶乎措置歸一則事克有濟矣

九擇將

將帥猶難其人本兵之地當預養之非一旦倉卒可得也昔侯君集學兵於李靖靖曰中原無事吾教君集禦戎狄而已則用兵中原與禦戎狄異矣今東北

之冠用兵於中原也燕雲之帥禦戎狄者不識知其說者今有其人否宜令兩制而上各舉所知堪為將帥者有智勇足以敵愾待暴久沉下僚未為世用者令監司郡守皆得以名聞或自負材武不為人知者亦使得自陳詢事考言有可採者不次用之則鼓刀販繒之傑必有為時而出者未嘗求之不可謂天下之廣咸無其人焉此尤宜留意也

十軍制

都城居四達之衝無高山巨浸以為阻固所恃者兵而已凡衛士皆天子之爪牙不宜有闕也近見駕前

有常入祇候者巾服稍異又聞有御前備緩急者是衛士分為二三矣名號既殊則待之必異待之有異則人懷異心不可用也承平之久亦何緩急之有而兵之彊弱在統之得其人而已昔李光弼於軍中無所更置一號令之氣色為之精明則兵之彊弱豈不以其人哉祖宗以來軍制最為詳密不可增損也

論金人入寇其一　十二月二十六日

切謂今日事勢如臥之積薪之上火已然矣安危之機間不容息度事之可為者宜速為之不可緩也緩之則必有後時之悔時方艱危當自奮勵進賢退姦

竦動觀聽庶或可爲若示之以怯懼之形委靡不振則事去矣不可不勉也山有虎豹藜藿爲之不採故汲黯在朝淮南寢謀視公孫弘輩如發蒙耳論黯經世之才未必能過弘輩也特其直氣足以鎭壓姦雄之心耳朝廷威望弗振使姦雄一以弘輩視之則無復可爲也如某人某人若置之言路必有可觀如某人某人雖一時忤旨得罪而節義素爲中外所矚召還則足以收人望也天下有道守在四夷今縱未能如是當於要害處嚴爲守備訖至都城之下尚何及哉無徒紛紛動搖人心無益於事也

兵二

其切計虜人條往條來如禽獸然必不能具糗糧越數千里而窺我也近邊州軍宜堅壁清野勿與之戰使抄略無所得則當自困矣若攻城畧地本路帥司當遣援兵兼應必未能朝夕下也若彼不爲攻城之計候其過則附近城寨連兵以躡其後如中山真定之類有堅城重兵然後出與之戰使之腹背受敵則可以制勝矣要之虜人必不能持久也然今日之事當以收人心爲先人心不附雖有高城深池堅甲利兵不足恃也邊事之興免夫之後均被海內人怨神

怨馴致今日誤國之罪宜有歸矣小人剝民希寵其事不一而西城聚斂東南花石其害尤甚聞有旨一切罷去此甚盛舉也然前此蓋嘗罷之詔墨未乾而花石應奉之舟已啣尾至矣今雖復申前令而禍根不去人誰信之欲杜禍根恐大臣難言但言路得人必有爲朝廷出力者宿姦巨蠹借應奉之名豪奪民財益不可以數計天下之人含怒積忿鬱而不得發幾二十年矣欲致人和去此三者正今日之先務也

夫天地之藏取之不竭寶在山澤摘山煑海之利天下財計所從出也今榷貨務入歲以千萬計皆諸路

昔日之經費也收之中都諸路一毫不可得則歲用安得不窘耶凡上供之所須與一路之經費悉出於漕臣之家取諸民而已此民力所由弊也今雖蠲免歲額罷比較漕計無與焉終無益也不若一循舊制歸之漕司則歲用足而民力自紓矣論者必謂舍此朝廷必至於乏用某切以謂不然若臺諫有人必能為朝廷謀之則財貨可不求而自足然此事須得人而後見非毫楮可以預言也祖宗之時轉般與鹽法相因以為利若盡復祖宗之法則天下事思過半矣今河北山東民之凋弊已甚雖欲取之無所取也所

仰者東南而已二浙夷傷之餘瘡痍未合變誅求不已則前日方臘之事可以爲監者昔唐方用兵之時裴度復相則先以延見士夫爲急故能有成功夫稽于衆舍己從人舜之爲舜以此而已況其下者乎蓋天下之事非廟堂之心可以獨運合天下之智則事無不濟矣唐元和以後數用兵宰相不休沐或繼火乃得罷李德裕在位雖遽書警奏從容裁決率午漏下還第休沐如平時德裕豈任獨智自運悤然不以軍務爲念哉蓋鎮安人心不得不如是耳此皆前事可驗也今一有警則脩城池試掛搭得無動搖人

忍乎兼燕人之走中都者填溢衢巷濩不知其數雜夷夏有異而念墳墓懷廬井其心則同也豈無姦細伺隙於其間乎人心一摇則其禍有不可測者昔唐太宗寘降虜於內地仍擇酋長備官京師正與今日之事類不數年卒爲亂然後驅之塞外則已晚矣此已事之驗不可不監也當今則不可遽爲之當徐爲之謀庶無後患也

乞宫觀

某叨被詔恩擢侍經幄遂獲切近清光其雖至愚長不知辛特以衰病侵凌兩脛痺弱跪拜俱艱不任朝

謁年逾七十旦暮人也食貧累重未能引年辭位忍
耻僥求冀得宮祠之祿盡此餘年置罪多矣伏望均
慈察其誠懇特爲奏除一宮觀差遣任便居住使乘
盡之年不至失所不勝幸甚

龜山先生集卷第五

經筵講義

尚書

吉人爲善節

德惟一動罔不吉德二三動罔不凶所謂吉人者以其德惟一也所謂凶人者以其德二三也蓋誠則一不誠則矯誣妄作故二三此吉凶所由分也舜鷄鳴而起禹思日孜孜寸陰是惜爲善惟日不足也丹朱惟慢遊是好傲虐是作罔晝夜額額爲不善惟日不足也舜爲法於天下可傳於後世孔子於禹無間然

人君所當法者舜禹而已夫世之亂亾之君非盡無欲善之心而天下卒至於不治者以其見善不明而所謂善者未必善故也古之欲明明德於天下者必先於致知致知所以明善也欲致其知非學不能故傅說之告其君曰念終始典于學以此

播棄犂老節

犂老宜親而播棄之罪人宜遠而昵比之冒色而至於淫沉湎而至於溺敢行暴虐而至於肆則益甚矣罔有悛心故也夫下之化上猶影之隨形也播棄犂老昵比罪人故臣下化而為朋淫湎肆虐故臣下化

而相滅上下相比為惡則無辜陷刑者無所赴愬籲天而已夫淫湎肆虐行之於身則流毒未遠至於臣下化之則害之加乎人者廣矣此穢德所以彰聞也

惟天惠民節

惟天地萬物父母惟人萬物之靈亶聰明作元后元后作民父母夫盈天地之間皆物也而人居一焉人者物之靈而已天地予萬物其生養之具皆天之所以惠民也元后繼天而為之子其聰明足以乂民民之父母也其子民也授之常產使寒而衣饑而食蓋天而惠民者也夏王弗克若天流毒下國則自絕于

天矣天所以佑命成湯降黜夏命也然湯放桀封其後於杞非勦絕之降黜而已

惟受罪浮于桀節

剥喪元良賊虐諫輔非特敷虐于萬方百姓而已謂已有天命謂敬不足行謂祭無益謂暴無傷其慢神虐民非特矯誣上天布命于下而已此紂之罪所以浮於桀也天之降黜夏命如是則殷監不遠在彼夏王而已夫人君昵比小人則讒諛日進而法家拂士衆所共嫉也分而為用則並其禍必至於相滅顛治之君可不戒之哉

論語

巧言令色章

剛毅木訥不爲儀容辭令以外騖故近仁巧言非訥也令色非木也故鮮仁記曰服其服則文之以君子之容有其容則文之以君子之辭容辭以文之則非木訥也文之而實其德則雖或巧令未爲過矣故記曰辭欲巧詩仲山甫則以令儀令色稱之則巧令非盡無仁也鮮而已矣然二者之不仁巧言爲甚故巧言之詩爲傷於讒而作也蓋讒人之言常巧矣故能變亂是非之實中傷善類以蔽惑人主之聽不可不

察也

吾日三省吾身章

仁之於人無彼已之異謀之在人猶在我也謀而不忠違仁遠矣朋友之交與君臣父子夫婦兄弟同謂之達道蓋人之大倫也交而不信違道遠矣傳而不習非尊其所聞也口耳之學難與進德矣君子進德以忠信為主故曾子之省其身以此夫民生之初無相生養之道寒而求衣饑而求食不能自為之謀謀之其在人君乎先王為之正經界而授之田制里廬而與之居植桑麻於牆下蓄雞彘於其間使之衣帛

食肉養生送死而無憾凡此皆為人謀也若夫征求無藝擅天下之利而有之以為己私坐視民之流亡凍餒而莫之恤非為人謀而忠者也伐木之詩曰自天子至於庶人未有不須友以成者親親以睦友賢不棄此交朋友之道也苟無尊德義之誠心使賢者不獲自進雖有輔仁之友無益矣人君能以是省其身而患德之不修天下之不治未之有也

道千乘之國章

滕文公問為國孟子曰民事不可緩也故道千乘之國以欽事而信為先蓋不欽則下慢不信則下無適

從而事卒不立矣崇寧大臣輕變　祖宗故事而不能朞月守如掀引之法是也其害有不可勝言者故寬恤之詔季一舉之徒掛之牆壁而民不聽以其易爲而無信故也此前日之覆轍可不監之哉易曰節以制度不傷財不害民蓋用不節則必至於傷財傷財必至於害人故思愛人必先節用節用而不以制度則儉而或至於廢禮非所以爲節也夫先王所謂理財者非盡籠天下之利而有之其取之有道用之有節而各當於義之謂也取之不以其道用之不以其節而不當於義則非理矣故周官以　職任民而

從以九賦斂之九賦之入各有所待不相侵紊而太宰又以九式均節之下至公事芻秣之微匪頒好用咸有式焉雖人主不得而逾也歲終制國用則量入而為出此之謂制度有不如式則太宰得以均節之所謂王及后世子不會者特有司之事耳蓋有司當稟令而已不可得而會也崇寧以來汙吏持不會之說以濟其姦私竊橫斂而莫之禁故費出無經而上下困矣尚何愛人之有古之於民春析夏因秋夷冬隩各以其時其使之也家無過一人歲無過三日則數口之家常有餘力矣既蜡則休老勞農君子不興

功此愛人之道也用之或違其時使力本者不獲自盡雖有愛人之心而民不被澤矣故言節用愛人而繼之以此也

君子不重則不威章

正其衣冠尊其瞻視儼然人望而畏之則重而有威矣不重則易為物遷故學則不固主忠信求諸己也尚友取諸人也取諸人以為善而友非其人則淪胥而敗矣故無友不如己者合志同方營道同術所謂如己者也聞善則相告見不善則相戒故能相觀而善也過憚改夾不足以成德矣夫古之聖人前旒蔽

明非禮勿視黈纊塞聰非禮勿聽行車則有和鸞之音行步則有佩玉之聲出入起居容節必比於禮樂人君所以自重其身也故能不怒而民威於鈇鉞如是而物能遷之無有也中庸曰天之所以為天文王之所以為文純亦不已老子曰公乃王王乃天蓋王之與天無二道也一於誠而已誠者忠信之成名也言而天下則之動而天下道之由是道也可不主忠信乎一失之則天下相率而為偽矣其禍有不可勝言者有天下者其可忽之哉舜曰臣作朕股肱耳目蓋與之為一体也則其有賢無不如己者又曰予違

汝弼汝無面從有違而臣得以弼之則過宜不憚改矣故能亮天功而成帝業此人君所宜法也末世之君好臣其所教而不好臣其所受教則所友不如已者耳故法家拂士遠而諛諂面諛之人至所以不聞其過而天下日入於亂也可不戒哉

愼終追遠章

曾子者孔子弟子曾參也孟子曰養生不足以當大事惟送死足以當大事則大事人子所宜愼也故三日而殯凡附於身者必誠必信勿之有悔焉耳矣三月而葬凡附於棺者必誠必信勿之有悔焉矣耳夫

一物不具皆悔也雖有悔焉無及矣此不可不慎也春秋祭祀以時思之所以追遠也齋之日思其居處思其笑語思其志意思其所樂思其所嗜齋三日乃見其所爲齋者則孝子所以盡其心者至矣今夫孩提之童無不知愛其親也則其生厚矣有妻子則慕妻子知好色則慕少艾仕則慕君而不能終身慕父母者因物有遷也至於追遠猶且慎之而不怠則終身慕可知矣以是而帥之民德其有不歸厚乎歸者反其生之謂也孟子曰大孝終身慕父母五十而慕者予於大舜見之矣蓋舜自三十登庸至於五十則

備此三者而未足以解憂惟順父母爲足以解憂故五十而慕孟子獨於舜見之矣舜之爲法於天下可傳於後世者無盛於此也人君所宜取法者舍舜奚以哉

夫子至於是邦也章

子禽弟子陳亢也字子禽子貢弟子端木賜字子貢也溫也者暴慢之氣不設於身体也良者善也生而有之不假於外也與良知良能之良同惟君子爲能有之恭則不侮儉則不奪遜則不爭五者之德夫豈音咲貌可爲哉和順積中而英華發外晬然可見

而人樂與之也以是而求求在我也所以異於人之求之與天溫良恭儉遜蓋常德也非有甚高難行之事仲尼不為已甚者如是而已世之人猒常不為而不知常德之為貴故賢知者過之而道終不明不行矣為天下國家者欲與之共政舍常德宜無足與也故書曰彰厥有常吉哉此之謂也

君子食無求飽章

君子無終食之間違仁則是心不可須臾離也食而飽居而安夫人情之所同欲者君子豈獨異於人哉蓋有求焉則違是遠矣故不為也夫敏事則有功慎

言則無口過又能就有道而正焉則其自視常若不及矣斯其所以為好學也與夫食無求飽居無求安非忠於道者不能也古之聖人以天下為心其於居食之際非徒若是而已食而飽必思天下之有未飽者居而安必思天下之有未安者當禹之時烝民未粒故菲飲食雖欲求飽有未暇也民未得乎土而居故卑宮室過門不入雖欲求安有不可得也聖人之以天下為心者蓋如此後之為天下者可不監之哉

貧而無諂章

貧而無諂則貧不至於濫富而無驕則富不至於淫

夫貧而諂富而驕蓋有間矣然孔子可之而未善
也故又以貧而樂富而好禮告之夫貧樂非有道學
者不能也富而好禮非自脩者不能也故子貢以切
磋琢磨言之治骨曰切治角曰磋切磋者資利器而
為之者也孔子曰工欲善其事必先利其器居是邦
也事其大夫之賢者友其士之仁者仁賢所謂利器
也故道學如之治玉曰琢治石曰磨琢磨用石以為
錯則以石治石也故自脩者如之夫善教人者使人
繼其忠孔子以貧而樂富而好禮告之而子貢於切
磋琢磨之義自得於言意之表可謂能繼其忠也其

知來矣其間一以知二於斯見之也夫人君擧天下之富而有之凡海含地負之珍畢陳於前流僻之音靡曼之色日接乎耳目苟無禮以節之則徇物而忘返雖竭天下之奉不足以厭其欲矣傷財害民其弊有不可勝言者富而好禮其可忽諸惟古之聖人爲能反求之於身則無倫之富萬物備焉無待於外也而禮在其中矣而何好之足云乎人君唯能以徇物爲戒以古聖人爲法動容周旋無非禮者則上下辨而民忠定而憂天下之不治未之有也

不患人之不己知章

君子求為可知而已人雖不知而吾之可知者固自若也無加損焉何患之有不知人則仁賢不肖混淆而不知所以親遠之則為患也孰甚焉然不知人自天子至於庶人其患一也而天子為尤甚蓋君子小人之用舍治亂之所由分也故皋陶為帝陳謨曰在知人在安民則安民之道以知人為先故也四凶之不誅十六相之不舉雖欲安民其可得乎然心有偏係則不得其正不得其正則便嬖寵暱之私得以自近而正士遠矣夫公則明私則蔽公天下之善惡而無容心焉則君子小人之情得矣亦何患之有

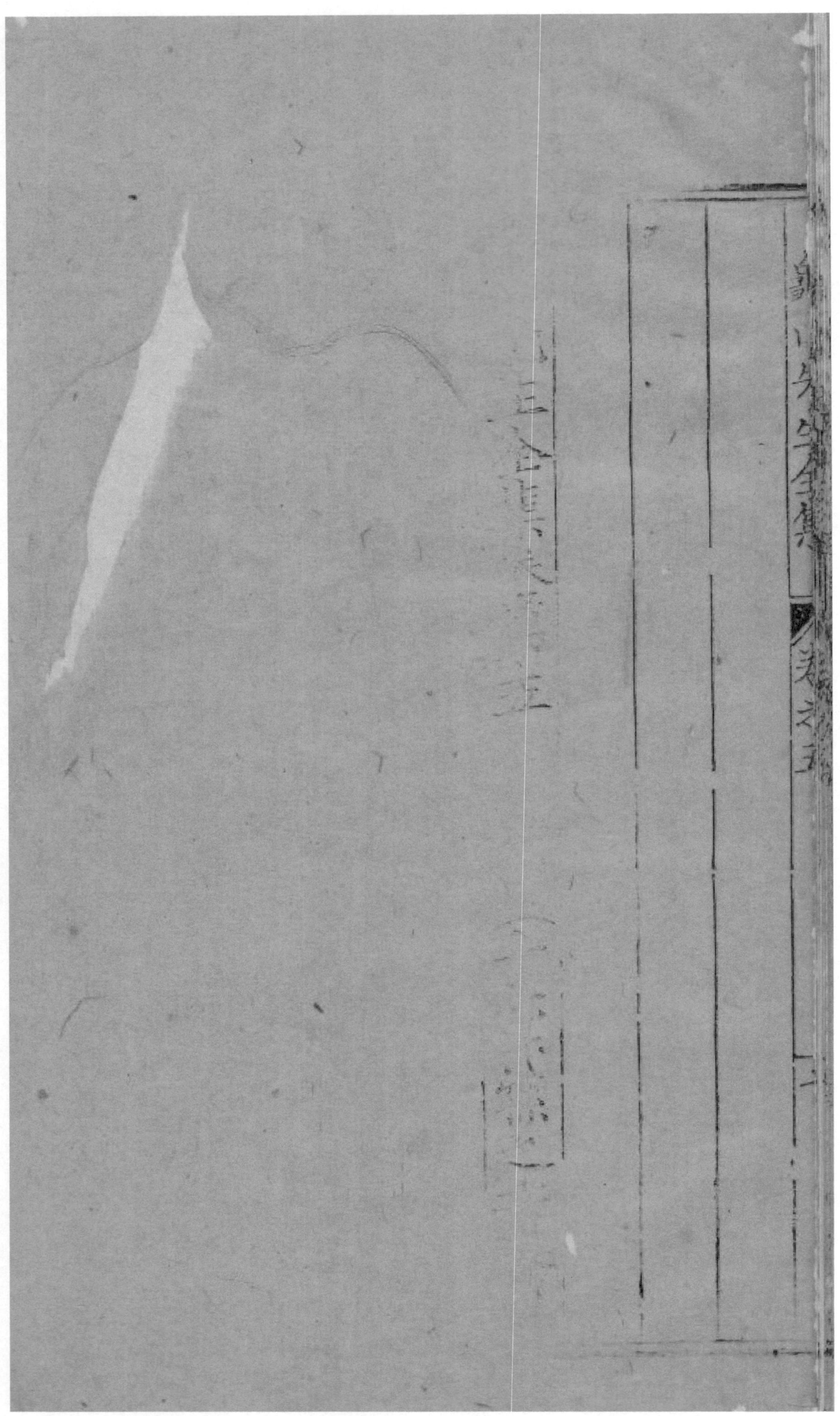

龜山先生集卷第六

辨一

上問唐神宗日録辨太宗如何主對曰陛下當以堯舜爲法唐太宗所爲不盡合法度末世學士大夫不能通知聖人之道故常以堯舜爲高而不可及不知聖人經世立法常以中人爲制也

夫道止於中而已矣聖人經世立法非固貶損以中人爲制道固然也故堯舜禹三聖相授皆曰允執厥中而已蓋立法失中其過與不及皆非聖人之道也

上問周公用天子禮樂有之乎對曰於傳有之然則人臣固可僭天子曰周公之功衆人之所不能為天子禮樂衆人所不得用若衆人不能為之功報之衆人所不得用之禮樂與所以為稱也然周用騂而祭周公以白牡雖用天子禮樂亦不嫌於無別

周公之所為皆人臣之所當為也為人臣之所當為是盡其職而已若人臣所不當為而為之是過也豈足為周公哉使人臣皆能為衆人之所不能即報之以衆人所不得用之禮樂則朝廷無復有等威矣故

記曰魯之郊也周公其衰矣又曰周用騂周公白牡雖用天子之禮樂不嫌於無別是猶放飯流歠而問無齒決為有禮非通論也然周公用白牡見於明堂位所載凡四代之服器魯兼用之別白牡商禮也夏尚黑周騂則魯無用也以是為有別亦陋矣

上問張端河北監議對曰亦恐未可為上言韓琦亦有文字曰此事恐須少待今且當以變通財利為先上曰但理財節用亦足以富如此事不為可也曰今諸路皆用刑辟擢監令北雖擢似未有妨因言理財誠方今所先然人主當以

禮義成廉耻之俗為急凡利者陰也陰當隱伏
義者陽也陽當宣著此天地之道陰陽之理也
若宣著為利之實而禮義廉耻之俗壞則天下
不勝其弊恐陛下不能得終於逸樂無為而治
也

取之有藝用之有節先王所以理財也故什一天下
之中制自堯舜以來未之有改也取其所當取則利
即義矣故曰國不以利為利以義為利則義利初無
二致焉何宣著隱伏之有若夫宣著為義之名而陰
收為利之實此五霸假仁義之術王者不為也故青

苗意在於取息而以補助爲名市易欲盡籠商賈之利而以均濟貧乏爲説皆此意也昔哀公問年飢用不足而有若對曰盍徹乎孔子之徒其理財蓋如此使後世之士言之人必以爲迂也非深知先王之道者何足以語此

上問如何得陝西錢重可積邊穀對曰欲錢重當修天下開闔斂散之法因爲言泉府一官先王所以摧制兼并均濟貧弱變通天下之財而使利出於一孔者以有此也其言曰國事之財用取具焉蓋經費則有常賦以待之至於國有

事則財用取具於泉府後世桑弘羊劉晏粗合此意自秦漢以來學者不能推明其法以為人主不當與百姓爭利又因請内藏可出幾何以為均輸之本上曰三二百萬或三五百萬可出也

桑弘羊為均輸之法置大司農丞數十人分主郡國令遠方各以其物如異時商賈所轉販者為賦而相灌輸盡籠天下之貨物貴則賣之賤則買之是將擅天下商賈之利而取之也先王以九職任萬民昇通貨財商賈之職也今為法盡籠天下之貨而居之商

賈豈不失職乎余嘗考泉府之官以市之征布斂市之不售貨之滯於民用以其價買之物揭而書之以待不時而買者夫物貨之有無民用之贏乏常相因而至也不售者有以斂之蓋將使行者無滯貨非以其賤故買之也不時買者有以待之蓋將使居者無乏用非以其貲故賣之也此商賈所以願藏於王之市而有無贏乏皆濟矣其法豈與桑弘羊同日議哉然泉府所以斂貨者以市之征布而已市之征布廛人所斂者是也其斂能幾何以市之征布與市人交易乃其宜耳今乃欲借內藏之錢何也夫關市之賦

以待王之膳服此經費也邦之大用内府待之小用外府待之大用謂大故大事也泉府所謂國事之待用者特内外府之所待與夫經費之外者耳其所用而取具蓋亦可知矣而謂以是通變天下之用皆飾說也

王氏云陛下誠能慎察義理而左右不循理之人敢為妄言以沮亂政事誠宜示之以好惡經

或言知仁勇或言仁知勇未有先言勇者獨稱湯曰天乃錫王勇知者何也書曰肇我邦于有夏若苗之有莠若粟之有秕小大戰戰罔不懼

于非辜矧予之德言足聽聞湯以七十里起於
衰亂之中其初爲流俗小人不悅艱難如此若
非勇知何能自濟所以能自濟尤在於勇陛下
揀今日之弊誠患不可以不勇今朝廷異議紛
紛小有未而不便於朝廷任事之人者不過數
人支不必人人有意但如今朝士不識理者衆
合爲異論則舉朝爲所惑
湯之克寬克仁彰信兆民故能東征西夷怨南征北
狄怨非有流俗小人不悅也爲其一怒安天下之民
故以勇知言之小大戰戰罔不懼于非辜矧予之德

言足聽聞蓋言譬邪于有夏如此若夫太法造事不爲衆論所與一以力勝之而能成天下之務未之有也

上問程顥言不可賣祠部添常平本錢事如何

余曰顥所言以爲王道之正臣以爲顥所言未達王道之權男女受受不親禮也嫂溺援之以手權也嫂溺不援是豺狼也今祠部所可救粟

四五十萬若凶年人貸三石可全十五萬性命

今欲爲凶年計當以凶歲爲之而國用有所不

暇故賣祠部所剩三千人頭而所可救活者十

五萬人性命若以爲不可是不知權也

鬻祠部三千益六十餘萬緡固非三千人所能自具也取之於力本之民而已由是得以不蠶而衣不耕而食亦取貲於力本之民而已故其徒益繁則其害益甚是未及賑饑而先困吾民以資游手也先王之時三年耕必有一年之積故凶年饑歲民免於死亡以其豫備故也不知爲政乃欲髡其人而取其貲以爲賑饑之術正孟子所謂雖得禽若丘陵弗爲也以是爲王道之權豈不謬哉詩云誰生厲階至今爲梗

上固問誠則明矣明則誠矣何謂也余曰能不

以外物累其心若誠也誠則於物無所蔽於物無所蔽則明矣能學先王之道以解其心之蔽者明也明則外物不能累其心外物不能累其心則誠矣人之所以不明者以其有利欲以昏之如能不爲利欲所昏則未有不明也明者性之所有也

誠若天之道也非外物不能累其心者所能盡也告子之不動心豈利欲能昏之哉然而未嘗知義也未嘗知義非明也然則所謂明者非物格知至烏足與此哉荊公自謂能不以外物累其心故其言每以是

爲至益以其未嘗知天道故也

前一日陳升之言制置三司條例司升之雖爲
變簽書只總領商量余曰如此則合令誰簽書
升之曰只諫議與押余不答既起與之同行歸
廳余曰相公不欲簽書制置司文字何意升之
曰體不便余曰參知政事恐非參知宰相政事
參知天子政事於是升之欲令孫莘老吕吉甫
領局余與升之提舉余曰臣熟思之此事但可
如故向時陛下使輔臣領此局令亦只是輔臣
領局有何不可升之曰臣待罪宰相無所不統

所領職事雖稱司余曰於文反后為司后者君道也司者臣道也人臣稱司何害於理升之曰今之有司曹司皆領一職之名非執政所稱余曰古六卿即今執政故有司徒司馬司空各名一職何害於理曾公曰今執政古三公六卿只是今六尚書余曰三公無官只以六卿為官如周公只以三公為冢宰蓋其它三公或為司馬或為司徒或為司空古之三公猶今之三師古之六卿猶今兩府也宰相雖無不統然亦不過如古冢宰只掌邦治即不掌邦教邦政邦禮邦

刑邦事則雖冢宰亦有所分掌今制置三司條例豈是卑者之事掌之有何不可又云制置條例是人主職業所謂制度也禮記曰非天子不制度臣不知制置條例使宰相領之有何不可

周官六卿皆以上大夫為之而冢宰掌邦之六典雖掌邦治實兼總六職蓋教禮政刑事皆治之具故也故冢宰施法于官府而小宰以六職辨邦治則其兼總可知矣故周公以三公為之蓋宰相之任也未聞有三公為司徒司馬司寇司空者舜曰疇咨若予采蓋天下之事無非王事也故舜自謂予采則凡所以

成天下之事皆天子之職業矣今之勑令所以誅賞廢置人主之大柄也夫以有司為之何止三司一司條例獨為天子職業而使宰相專領之乎以宰相為有司於體誠非宜此但以口給禦人取勝同列非篤論也一云於理誠非宜曾子曰出納之吝謂之有司則有司非所以處宰相也

凡興事造業振救衰弊誠須臨事而懼若顧恤流俗人情畏其不安即不能為周公所為商人與三監畔征之三秊若畏人情不安則必大赦以安之及事平乃变遷其世族庶士居之洛邑彰善癉惡以教訓之初無畏衆之意此所以能

制禮樂而成周之太平也紫世宗一日斬大將
樊愛能以下二十七人以能者代之當時人情
豈得帖然無不安者古之有為者上如周公下
如紫世宗皆不苟畏人情而但務因循所以能
各隨其材分興起功業
周公東征三秊而東人欲其留西人欲其歸遷其世
族庶士居之洛邑使蠻邇王室以教訓之非厲之也
人情何為而有不安者紫世宗方用兵討伐斬二十
七人以正軍律故能有功非安平無事之時可為也
夫興造事業不稽乎衆而欲以辨給勝之一有異已

則指為流俗而妄引周公世宗之事以惑聖聽不亦異乎

上患内藏三司見錢少余曰納絹匹多而不知變轉見錢則積日月至於不可勝多今秊三司以斛斗合納見錢乃令變轉金銀匹帛上京在京已患金銀匹帛多於見錢乃更令送金銀匹帛外方既折納到見錢却須要金銀匹帛諸路不免科買民被科買至買銀一兩用錢千七八此皆有司不知開闔斂散輕重之權所致曾公曰只為人人皆言諸路若般却見錢則錢荒不

偃又曰王安石常以為今錢不少然人皆患錢
少余曰假令錢少亦無可患在唐正觀中米斗
數錢可謂錢少然其時變為樂歲人無所苦唯
唐中世用兩稅法令百姓以錢為稅然后人始
苦錢少此由責人必變粟帛為錢輸官則人人
皆當以粟帛易錢則不得不以錢少為患此乃
上設法為患非錢少為患也今二稅令人輸粟
帛至今令輸錢則取情願何由能致人患陽叔
曰於古輸誠然今如官中給賜用錢不少若斗
米五錢則斗米可折得五錢官中合用錢何由

辦給則錢少矣不得不以為患余曰今官司用
錢為多若算如糧草若錢少而重則糧草更不
費錢今近邊百萬貫不能糴得百萬石米若斗
米五錢則五萬貫足致百萬石至於其它用見
錢亦豈能多於糧草訖令用見錢處多若錢重
自可如今合賜錢處折以它物此乃人主輕重
之權何至更以錢少為患
二稅用錢故民間以錢少為患三司以斛斗折錢何
與一稅和不以錢少為患此何理也今兩稅輸粟帛
折有常數若輸錢取其情願則斗米五錢所輸無幾

官司豈得不以錢少爲患乎若必令輸粟則是不[illegible]情願非法也若不以時直輸錢則民受弊矣皆不可也夫錢重則物輕若用處折以它物則用物亦多矣用物多則它物亦恐不足以給也民之所有粟帛而已而錢者官中所積也終歲勤動而斗粟尺帛不過數錢雖遂儲百萬石可鈎其傷農甚矣而謂錢少不足患尤非理也

呈程顥奏王廣淵不當　妄意迎合俵粟乞俵絲錢及折税絹作納錢云云　呈孫覺劄子至周公時天下已無兼并文公私富實故爲此法陰相之不專用此爲治余曰無兼并文公私富實尚須此相民

隸并多民乏絶者衆則此法豈可少且覺言周公不專用此為治今豈全廢餘事專行此法又讀至周公所以取息者歛民勤生節用不妄稱貸故也余曰覺言今法則以為搢利言周公之法則以為歛民勤生節用不妄稱貸若說今法之意如說周法則今法何由致人異論又至象箸玉杯及作俑之說以為今法雖未有害及至後世必有剝膚椎髓者余曰此周公所不以為慮而孫覺慮後世乃過於周公此可謂私憂過計也覺所言無理至多讀不至終而止

周官平頌其興積新義曰無問其歛否槩與之也故謂

者則俵粟不取情願蓋其本旨也故臺諫言廣淵亦然不以廣淵為非乃更以為盡力夫周官所謂平者出粟與之謂哉謂無備險而已為是說者特矯誣先王之法以為巳資耳泉府凡民之貸者與其有司辨而授之以國服為之息蓋貸民所以助不給田不耕宅不毛猶使之出屋粟里布則游惰之民自致困乏與夫實非不給而妄冒稱貸者有司辨之宜若弗授也又以國服為之息則民不輕貸矣華老所謂歛民勤生節用不妄稱貸未為過論也今兼并之家能以其貧困細民者初非能抑勒使之稱貸也皆其自願耳然而其求之艱其出息重非迫於其急不得巳則人孰肯貸也今比户之民

賖與之豈盡迫於甚急不得已哉細民無遠慮率多願貸者以其易得而息輕故也以易貸之金資不急之用至期而無以償則荷校束手爲囚虜矣乃復舉貸於兼幷之家出倍稱之息以償適明年復貸於官以還私債歲歲轉易無窮已也款推鎌幷其實助之興利之源蓋自茲始而衰老之比作福者亦不爲過論也余以謂青苗利害不在願與不願正在官司以輕息誘致之也孟子曰徒善不足以爲政徒法不能以自行青苗其意乃在取息而已行周公之法而無仁心仁聞是謂徒法然則周公法今法安得不爲異

呈朱越乞小郡上問　朱越僉取實對又問越何

處人因甚人說它余曰朱越是江寧人臣久居江寧與之相識言者或以爲臣欲薦此人知建州建州地遠事繁無職田無錫賜無酬獎朱越素廉潔有行居官無敗寧又是大卿比輩申王秉彝輩只有過之即無不及理須與一郡如建州者上曰聞友應介可殺李老余言其不老上曰若在京好一見之余曰雖在京陛下友何須見建州知州自來只是中書差何足掛聖念如臣者忠信誕謾之實陛下乃當審察右臣誕謾不足信任優攺命忠信之人付之政事以天下

之大臣無忠信何任以差除建州知州者上曰非為如此只是人言欲考實余曰陛下每事欲考實甚善然所當考實乃有急於建州者又曰人主防人臣為姦當博見人窮理道考事實窮理道考事實則雖見姦人無害博見人則人臣不能為朋黨蔽欺人臣為姦尤惡人主博見人故李逢吉之黨相與謀以為人主即位當深防

次對官上說

荊公每言人主博見人則人臣不能為朋黨蔽欺至朱不越建州則固拒人主使不得見此何意也朱越

果材耶見之何害果不材則罔拒人主不得見非蔽歟而何觀其言之殭悖雖同列不可堪也況君臣乎夫君子和順積中而英華發外故暴慢之氣不設於身体於君臣之間狠慢如此其所養益可知矣

上論不尚賢余曰尊尊親親賢賢兹用先王之政事也老子不尚賢是道德之言書曰德惟善政孔子曰為政以德離道德而為政事非先王之政事也

上曰用兵須有名如何余以為無名則不可用兵上曰恐但顧力如何不計有名無名余曰苟

可以用兵不患無名非隸弱攻昧則取亂侮亡
欲加兵於弱昧亂亡之國豈患無名但患德與
力不足耳
弱昧亂亡之國不足以有其民而上無政刑慘誅不
加焉而後隸取之則有名矣此書稱湯於桀之時為
然也乃曰用兵不患無名此乃管仲責包茅不入之
說耳王佐不為也
上曰使釋老之說行則人不務為功名一切倫
惰則天下何由治余曰如老子言道德乃人主
所以運天下但中人以下不明其旨則相率亂

俗隋為偷惰如西晉是也上曰乃人主所以運
天下非所以訓示衆人者也余曰誠如此若夫
功名爵禄乃先王所以役使羣衆使人人薄功
名爵禄上何以使下故先王所以運天下必有
出於功名爵禄之外者而未嘗示人以薄功名
爵禄也
聖人人倫之至也於君臣父子夫婦兄弟朋友之間
各盡其道所謂至也至以其身為天下用豈為功名
爵禄哉蓋君臣者人倫之大為臣義當如此也故三
代之學皆所以明人倫人倫明於上則人知自盡雖

有高明超卓之士出於功名爵祿之外者亦孰敢不爲用也哉先王所以運天下用此道而已外是皆謬悠荒唐之說也夫名位爵祿天之所以待有德人主不得而私焉者也故書曰天命有德五服五章哉五服五章不以命有德乃欲以是役使羣衆非所以奉天也葢其學不足以知天故其論每如此

上曰商鞅何嘗變詐余曰鞅爲國不失於變詐一失於不能以禮義廉恥成民而已

商鞅挾持浮說以帝王之道干孝公其術葢本於變詐尚何禮義廉恥成民之有哉謂其失不在於變詐

亦不究其本矣故其操術每以鞅爲是

上聞酸棗有升下戶入上戶手敕如此則是有免第四等役錢之名而無其實云云於是司農有狀乞約束升降並須約見今等第物力如或假將物力不及今下等第之人升作上等務要足約定之數則官吏並科違制不在去官赦降原減之限上以爲然從司農所奏余曰治百姓當知其情僞利害不可示以姑息若驕之使紛紛妄經中書御史臺或打鼓截駕恃衆爲僥倖則亦非所以爲政天下事大計已定其餘責之

有司有不當則罪有司而已今每一小事陛下輒再三較覈問臣恐此躰傷於叢脞則股肱惰

辨於上不得不惰也

升降等第最為役法利害之要平時差役不到下戶今升下戶為上戶使之輸錢則貧弱受弊而上戶免役為法之害孰大於此而人主不得質問質問則以為叢脞此何理也堯之時天下大計已定矣然而設諫木詢蒭蕘豈固示之姑息耶蓋上下之情不通而能審知其情偽利害者未之有也必使斯民無所赴愬而后可以為政則誤國多矣

呂公著正所謂靜言庸違象恭滔天又云如吐
襄姦邪附下罔上雖放流竄殛自其常分又云
歐陽永叔乞致仕馮國留之上弗許余論永叔
以韓琦爲社稷臣則脩爲忠良否則脩不免爲
附麗邪人故如脩輩尤惡綱紀壞風俗變又云
如此人與一州即壞一州留在朝廷則專附流
俗壞朝廷政令留之何所用又云鯀以方命殛
共工以象恭流竄弼轢此二罪止奪使相誠爲
未盡法
自韓富而下皆元勳世臣名儒碩德天下仰之如泰

山北斗一有異巳則指為姦邪待以四凶詆誣大臣顛倒邪正葢自此始也作偏之禍抑又甚焉

保甲

先王為比閭族黨州鄉以立軍政居則為力耕之農出則為敵愾之士葢當是時天下無不受田之夫故均無貧焉而人知食力而已游惰姦凶不軌之民無所容於其間也自井田之法廢民無常產久矣富者饜膏粱被文繡酣豢逸樂未嘗知有服勞也貧者終歲勤動僅能糊其口一有失職則饑殍隨之游惰之人往往應募而為兵一繫軍籍則上下臨制如束濕

新雖有姦凶無所逞也自祖宗以來討平禍亂隸制
夷狄用此而已未聞有它虞也今欲什伍其民以代
募兵則富者安於逸樂脆軟而不可用貧者憂番月
閱則老弱無所賴轉爲溝中瘠矣游惰姦凶無所拘
條則散而爲盜賊皆理之必至也比戶之民既已輸
賦租以充軍食矣而身又不免焉豈不重困民乎若
以賦租可減則自熙寧至元豐十有餘年未聞有減
也乎以謂井田既不可復而欲一兵農未見其可也

三司節略劄呂嘉問趣請儀鸞司供内中絲帛

文字劄奏請爲擬呂嘉問趣請乞指揮其意欲

以內東門要絲供上元禁中用而嘉問延請毅
妨關中傷嘉問又歸咎於中書立法云云余曰
如此等事非陛下躬儉即人臣豈敢如此立法
臣見陛下於殿檻上蓋氊尚御批減省以此知
不肯用上等匹帛靡費於結絡上曰本朝祖宗
皆愛惜天物不忍橫費如此靡費圖作甚漢文
帝曰朕為天子守財耳余曰人生若能以堯舜
之政澤天下之民雖竭天下之力以充奉乘輿
不為過當守財之言非天下之正理
舜作漆器羣臣咸諫況竭天下之力以自奉乎雖庸

人知其不可爲也荊公以師臣自任爲天下儒宗而所以導其君如此百世而下謏臣得以藉口爲天下禍庸非斯言乎

余奏既立結吳延征即須處分王韶招撫木征然後蕃部無向背專附延征云云潞曰夷狄自是夷狄略近勤遠非義即自己深入險阻費運饋不可不計下梢曰秦漢以後事不足論如詩稱高宗奮伐荊楚深入其阻如火烈烈則莫我敢遏非是不攻夷狄如火烈烈其師必衆師衆必用糧食非是不費運饋如鎮洮受自是中國地

久為夷狄所陷今来經略夫不至勞費

先王之於夷狄至於不得已而用兵蓋有之矣爭城爭地而戰則孟子所謂服上刑者而引詩以為證不亦異乎

上曰市易賣果子煩細且令罷却如何余曰市易司但以細民為官科買所困下為兼并取息所困故自投狀經市易司乞借官錢出息行倉法供納官果子自立法以来販者比舊皆優得見錢無留滯云云陛下為其煩細以為有傷國體臣愚竊謂不然今設官監酒一升夫沽設官

監稅一錢亦稅豈非細碎人不以爲非習見故也臣以爲酒稅如此不爲非義何則自三代之法固已如此周官固已征商然不云幾錢以上乃征之泉府之法物貨之不售貨之滯於民用者以其價買之以待不時而買者亦不言幾錢以上乃買賣周公制法如此不以煩細爲恥者細大並舉乃爲政體尊者任其大卑者務其細此先王之法乃天地自然之理如陛下朝夕檢察市易務事乃似煩細非帝王大體此乃書所謂元首叢脞也

古之為市也以其所有易其所無者有司者治之耳征商古無有也蓋自賤丈夫始恐無一錢攴稅也先王之時惟祀兹酒故曰羣飲汝勿佚盡執拘以歸于周予其殺雖紂為人君數其罪亦不過沈湎于酒耳必不設法招致使民酣醟而日較其增虧也摧酤之法曰桑弘羊為之當時以謂烹弘羊乃雨則人情可知矣以為因襲之久國計賴之未能遽已可也以為三代之法已如此其欺我哉周官泉府斂市之不售貨之滯於民用以其價買之以待不時之買者所以昇通貨賄也若果予非有不售而滯於民用者而官

管榷之比與賤丈夫登龍斷而罔市利者何異哉以是為政體不亦謬乎夫柄臣受命於人主議法度而授之有司有司不奉法柄臣察之可也柄臣議之矣其旨其誰當正之固人主所當察也故上無壅蔽而下情得以上通而民被其澤矣論道之官議法罔利額細如此實傷國體而人主不得聞問之則以為叢脞果何理哉

余曰陛下正當為天之所為知天之所為然後能為天之所為為天之所為者樂天也樂天者然後能保天下不知天之所為則當畏天畏天

者不足以保天下故戰戰兢兢如臨深淵如履薄冰者為諸侯之孝而已所謂天之所為者如河決是也天地之大德曰生然河決以壞民屋而天不恤者任理而無情故也故祁寒暑雨人以為然而天不為之變以為非祁寒暑雨不能成歲功故也惟天為大惟堯則之堯使鯀治水汨陳其五行九載以陛下憂恤百姓之心宜其寢食不甘而堯晏然不以為慮此能為天之所為任理而無情故也

堯之時天下猶未平洪水橫流泛濫於中國孟子謂

獨變之舉弊而數漁焉亦安石乃曰堯舜然不遑為慮不知何所據而然也以憂恤百姓為不急之所為則文王視民如傷蓋不知亦甚矣夫民窮而主不恤下怨而上不知蓋土潰之勢也保丁責襖以置弓箭甚者斷指以免丁其愁怨可知矣而導其君以為不必恤不亦誤乎

今日如今要作事何能免人紛紜三代以前盛王未有無征誅而治也文王侵阮徂共以至伐崇乃能成王業用兵亦行危事爲不得已何況

流俗議論

周之王業肇基太王厥太王避狄去豳未聞有征誅也先王用凶器行危事蓋有不得已若以謂必有征誅乃能成王業此何理必使后世希功要利之臣藉斯言爲興王之本以欺其君其禍天下豈淺哉

呈內藏庫紬絹許人戶情願納見錢事因曰上今歲兩浙被三司令人戶情願納見錢折税紬絹薛向近奏添俵顜買紬絹錢乃得平準輕重之意

顜買紬絹每匹俵錢一千三司以納絹折納見錢必高其估此與王廣淵俵綠錢折納税紬絹一般聚斂

之臣國民取利以贍朝廷故民間常以折變為患今乃以折納見錢添倀額買為得平準輕重之意恐非先王裕民之道也

魯公曰議者以為提舉官將先催常平如王廣淵義倉事余曰先催常平物固無害與義倉事不同義倉是朝廷令勸誘豈可先以百姓稅物充常平是出官本貸與先催有何不可若不許先催則是令稅足之后方以枷棒催常平貸物則自然致人議論又云枷棒夫不可廢今和買紬絹若不納可不決否今民間賒貸亦須以枷

棒理之若明示百姓不可以枷棒理即一撒之后何由可歛既情願貸官物又收息少縱使枷棒催之夫何所妨

先催是常平而后催税則税必欠雖不用枷棒催督物必用枷棒催税矣此乃朝三暮四之説而民受其弊則一也私債於法不受理而兼并之家初非有枷棒催貸物也已是以困細民則此固可知矣夫和買用枷棒蓋州縣之過非法意也常平斂散自謂先王補助之法竊意先王補助必無取息用枷棒追索之理不務出此乃引州縣之過以自況不亦異乎

論常平陳曰此只是財利事不行得有何所妨臣在政府日夕紛紛校計財利臣實恥之余曰理財用者乃所謂政事冢宰相之職也何可以為恥若為大臣而畏流俗浮沉不能為人主守法者臣亦恥之

周官大宰以九賦斂財用以九式疏節財用以九貢致邦國之用則理財眞宰相之職也蓋古之制國用者量入以為出故以九賦斂之而後以九式均節之使用財無偏重不足之處所謂均節也取之有藝用之有節然後足以服邦國以致其用致猶致人之致

使其自至也若天王求車則非致也然則先王所謂理財者亦均節之使當理而已徒紛紛較其贏餘以為宰相之職則非其義也

濮王不稱皇乃御史之力上曰稱皇是不得耶余曰無臣而為有臣孔子以為欺天濮王以人臣終而稱皇是無臣而為有臣之類且孝子慈孫事死如事生事亡如事存推濮王之心豈敢當褒崇然則如此褒崇非事死亡如生存之道也

濮廟非帝業所基與太王王季興故褒崇之禮不宜

稱皇得禮之正也荆公謂濮王以人臣終而稱皇是無臣而爲有臣之類蓋未嘗深考周公追王之意也周公豈欺天乎

陝西諸帥稍探得西人欲作過即勾下番兵馬余以爲當約束勿使其然慶曆中西事所陷殺不過十萬人計天下一歲飢饉疾疫所死何啻十萬人於天下未覺有損也而天下以西事故大困餽者妄費糧餉最方今所宜戒邊吏不能捍敵致陷殺無辜之民而以飢饉疾疫死亡者爲比人以一路殺傷之數與合天下較其多寡

此尤爲無理夫以十萬之衆合天下之廣言之宜未
覺有損也以陝西一路言之安得不以爲多乎昔者
太王之避狄也以爲君子不以其所以養人者害人
故去之今乃以妄費糧餉爲宜戒而十萬無辜之民
肝腦塗地爲無所損非謀國者之所宜言也

上召兩府對資政殿出慶州軍變文字潞言朝
廷多所變更人不安云云馮言府界淤田又脩
差役又作保甲人極勞弊不易云云余曰云云
更張事誠非得已但更張去人害則爲之更張
而更害人則不可爲又有事誠可爲而時勢之

宜未可以爲者夫未可以爲如討夷狄招邊境於今時事之宜是未可爲者禮記以爲事前定則不跲今天下事要須前定不臨時爲人議論所移

用王韶以開邊招生羌團結蕃户爲功乃曰討夷狄招邊境於今時事之宜是未可爲者與言果何爲也方子華之西也荊公嘗自請往未嘗一言及與因一敗衂輒出與言以自蓋然則咎將焉歸爭是欲以人自任也平時與同列爭議雖小事必勝而後已興師動衆安危所繫心知未可爲而不言尤非理也

潞言人多言仁義鮮能行上曰實能言仁義者不爲多仁義之實亦自難知余曰楊朱不知義墨翟不知仁惟孟子乃能知仁義

楊氏爲我不知仁也墨氏兼愛不知義也至於無父無君乃其末流自非其本也仁義之實難知其信矣乎

上曰朝廷亦無阿蔽但外方亦未免有用意不均事如何上曰河事官員乃猶邀却程昉云云余曰云云今秉常幼國人饑饉困弱已甚陛下不能使之即叙陛下不可不思其所以然非不

察於小事乃不明於帝王之大畧故也陛下以今日所爲不知終能調一天下兼制夷狄否臣愚竊恐終不能也陛下若謂方今人材不足臣又以爲不然臣蒙陛下知獎拔擢在羣臣之右臣但敢言不欺陛下若言爲陛下自竭臣實未敢

荊公行一事太一洗朝廷必從乃肯已於君臣之際殆不可磯也至或比神考爲元帝爲桓靈論一程昉用意不均事則以爲不明帝王之大略終不能調一天下兼制夷狄亦可謂盡言矣其言之悖雖敵己以

下有不能堪者猶以爲未敢自竭不知何如乃可以自竭也蓋其得君如彼其專行乎國政如彼其久而功烈乃無足稱者故增爲此言以自蓋耳恐非當時言也

山先生集卷第七

辨二

王氏字說辨

空 無土以為穴則空無相無丁以穴之則

空無作無相無作則空名不立

作相之說出於佛氏吾儒無有也佛之言曰空即無相無相即無作則空之名不為作相而立也工穴之為空是滅色明空佛氏以為斷空非真空也大空之空豈工能穴之耶色空吾儒本無此說其義於儒佛兩失之矣

倥侗　真空若離人焉倥異於是特中無一隋

有耳大同者離人焉侗異於是特不能爲異

耳

眞空者離人焉是離色則空非即空也大同者離人焉有離則非大同也列子曰味者大同於物夫亙味非一也相得而後味有離焉則非味也萬物固非一類也各於類而同之則所稠廣矣合而和之然後爲大同

同　彼亦一是非也此亦一是非也物之所以不同门一口則是非同矣

此亦一是非彼亦一是非非同其一口所能同也防民之口甚於防川川壅必潰矣何同之有唯君子爲能通天下之志乃能同也同異之名不爲是非而有也如樂統同禮辨異同姓異姓之類何是非之有

金銅　金正西也土於此終水於此始銅者金也爲火所勝而不自守反同乎火

月令於金木水火皆以成數言之惟土曰其數五而已蓋五行皆主土而後成故土王於四季無終於正西之理水土俱生於申則正西爲非水土始終之所也五金皆爲火所勝而不能自守反同於火非特銅

而已。然謂之銅者，蓋五金皆金，正謂黄金爲金，銅亦黄也，同於金而已。

童　始生而蒙，信本立矣。方越而釋仁，端見矣。

四端皆根於人心，與生俱生也，非特信仁而已。以蒙爲信，本釋爲仁，端皆無是理也。

中　中通上下，得中則制命焉。

中者，天下之大本，非特通上下而已，是未知中之爲中也。

忠　有中心，有外心，所謂忠者，中心也。

心無中外以忠爲中心無是理也禮器曰禮以多爲
貴者以其外心也以少爲貴者以其內心也蓋用心
之有內外耳非心有內外也

洪　洪則水共而大洪範所謂洪者五行也

夾共而大

洪範所謂洪者五行也夾共而大夫五行有休因廢
王無共大之理

鴻　大曰鴻小曰鴈所居未嘗有定可謂一反
矣然而大夫贄此者以知去就爲義小者隨
時如此而已乃若大者隨時則能以其智與

事造業矣鴻以水言智工言業故又訓大易
曰隨時之義大矣哉若大夫者不能充也
鴻鴈一物也有小大之異鴻爻無興事造業之理若
大夫者不能充此周官大宰卿一人卿即上大夫也
故王制曰上大夫卿而周官有中大夫而已則上大
夫卿是也大宰所謂一相也不能充此其孰能充之
公　公雖尊位爻事人爻事事
三八　論道經邦燮理陰陽非事事事故也
松栢　松華猶槐也而實亦玄然華以春非
公所以事上之道栢視松也猶伯視公伯用

誅所執躬圭者以此公用直所執桓圭者以此

松華猶槐也而實夾玄然華以泰非公所以事上之道不知孰爲事上之道耶桓視松也猶伯視公伯執躬圭公執桓圭無取諸松桓之義皆私意之鑿也

籠 从竹从龍内虛而有節所以籠物雖若龍者夾可籠焉

龍非可籠之物也

[illegible] 冬 春徂夏爲天出而之人秋徂冬爲人反

[illegible] 而之天

四時之遲終則有始天行也無之天之人之異

天示　一而大者天也二而小者示也又曰

天得一而大地得一而小

一而大者天也二而小者示也又曰地得一而小何

也夫域中有四大而地居一焉何小之有

義和歛仁氣以為義散義氣以為味

犧牲　殘而殺之和所以制物完而生之義

所以物始

歛仁以義以為柴又曰殘而殺之味所以制物散義氣

以為義又曰完而生之義所以始物殊無理也

戲　自人道言之交則用豆辨則用戈慮而後動方可戲也戲實生患自道言之無人焉用豆無我焉用戈無我無人何患之有用戈用豆以一致爲百慮特戲事耳戲非正事故又爲於戲傾戲之字

自人言之君臣之義夫婦之別皆辨也何用戈之有禮之用豆無非道也以用豆用戈爲盡事則先王所以交神人討有罪皆戲耳此何理也

置罷　上取數備有以门下則直者可置使無貳適惟我所措而已能者可罷使無妄作

惟我所爲而已

孔子曰舉直錯諸枉能使枉者直未聞直者可置使無貳適惟我所措而已孟子曰尊賢使能俊傑在位則天下之士願立於其朝矣未聞能者可罷使無妄作惟我所爲而已熙寧之初賢能不容於朝紛更祖宗之法惟我所爲而已用此說也其爲害豈淺哉使其說行則其禍天下後世商君之法不如是烈矣

終　無時也無物也則無終始

終則有始天行也時物由是有焉天行非有時物也

中庸曰誠者天之道也又曰誠者物之終始蓋惟無

悳故爾又奚特物之有

聽　於事則聽思聽於道則聽忽矣

事道初無二也故孔子之相師亦道也聖人憲天之

聽天非有事也何多事而聽之有

思　出思不思則思出於不思若是者其心

未嘗動出也故心在焉

誠者天之道思誠者人之道思之至於無思則天之

道也故思則得之不思則不得出思不思則思出於

不思無是理也與所謂出怒不怒異矣

咮葢藉　咮一艸而五味具焉即一即五非

一非互故謂之荃器而出乎一夫反乎一故

謂之藉

未有一物而具互味者即一即互非一非互皆謬悠之辭也

之　有所之者皆出乎一或反隱以之顯或戻靜以之動中而卜者所之正也

莫見乎隱莫顯乎微則隱顯一理也非反隱以之顯也寂然不動感而遂通天下之故則動靜一體也非戻靜以之動也非夫通幽明之故知神之所為孰能與於此

懿徽　壹亦恣之若懿也俊德之美也徽而

糾之者徽也玄德之美也

俊德非恣之所能玄德非糾之所及

除　有陰有陽新故相除者天也有處有辨

新故相除者人也

一日之頃一身之中而有陰中之陽陽中之陰新新

不窮未嘗相除也有處有辨與陰陽異矣

蟋蟀　蟋蟀陰陽帥萬物以出入至於蟋蟀

其率之爲悉蟋蟀能帥陰陽之悉者也故詩

妄況焉

陰陽之運萬物由之而生成焉非帥萬物以出入也

陰陽亦非隱蔽所能帥也

紅紫　紅以白入赤也火華金以工器成焉

凡色以系染也紫以赤入黑也赤與萬物相見黑復而辨於物爲此而已夫有彼也乃有此也道所費故在系上工者事也此者德之

白受柔五柔皆以白爲質非特火華金爲紅也赤與萬物相見黑復而辨於物爲此而已不知爲此者紹義也

豐　豐者用豆之時

蕃鬼藪之位豐䨥不奢凶季不儉用豆非於豐之時而已

崇高　高言事崇指物陰陽之義

崇高無陰陽之義

龜山先生集卷第七終

龜山先生集卷第八

經解

春秋義

始隱

孟子曰王者之迹熄而詩亡詩亡然後春秋作春秋之時詩非盡亡黍離降而爲國風則雅之詩亡矣雅亡而無政春秋所以作也故曰春秋天子之事詩亡適在平王之終而隱公之初春秋所以始隱

不書即位

天子崩嗣子爲天子則朝諸侯布命於明堂此即位之

禮也康王之誥是已天子有天下諸侯有一國小大雖殊其所以承宗廟之重則同耳以天子之事考之則諸侯繼世爲君若其大若此歟故春秋於諸公所以書即位也然隱莊閔僖不書即位何也穀梁曰繼弑君不書即位正也繼弑君而行即位是與聞乎弑也此說是已蓋寢苫枕塊終身不仕而恥讎之不復者人子之志也況先君不以其道終而嗣子遽可以行即位乎此不書即位所以爲正也然隱非繼弑君而亦不書何也以三傳考之皆謂有讓桓之志則不書即位者蓋所以成公志也古者君薨而世子生則

百官總已以聽冢宰隱之不敢爲公也蓋亦有冢宰之事乎矣必踐南面而稱公也不知出此而徒謂有讓桓之忠則其貽禍也不亦宜乎夫禮諸侯一娶而九女元妃卒則次妃攝行内事而已未聞有再娶之禮也用是言之則仲子非夫人桓公非嫡子隱何爲而不敢爲公也然則蔿氏之禍隱實爲之也隱之不即位其失遠矣故春秋著之其有旨哉

鄭伯克段于鄢

不勝其母以害其弟弟叔失道而公弗制比其得衆也雖欲制之反畏人之多言則克段非國人之忠也

故不稱國討而書鄭伯以譏之夫為人君不能明義以詭俗使不義者得衆則鄭伯之過大矣孔子曰我戰則克克者勝敵之辭也書克以見段之盛彊也段不弟故不言弟所以參譏之也

秋七月天王使宰咺來歸惠公仲子之賵

惠公仲子喪不見於春秋於此始賵不及事也

九月及宋人盟于宿

及者內為主也宋人外之微者也屈千乘之尊而與微者盟故不書公蓋諱也

冬十有二月祭伯來

祭伯來不稱使非王命也私來也書之者惡其外交也

二年春公會戎于潛

戎狄之道徑情而直行非可以禮信結也與之會盟失之矣蓋中國微然后戎狄始與諸侯抗與之會盟非得已也至是而王綱可知也

夏五月莒人入向

入者以兵入也公羊論得向不居是也

九月紀裂繻來逆女

譏不親迎也以文王親迎于渭諸侯不親迎非禮也

三年春王二月己巳日有食之

日之盈虧有數存焉此巧歷者所知也何與於人事而先王爲之恐懼修省者謹天戒而已蓋於其常也賓餞出納欽致其至所以若天道秩民事尤重於此則其有變也可不爲之警戒乎故春秋日食必書之所以重其變也然或言朔或言日或不言朔日或朔日兹書之史失之詳略異也

三月庚戌天王崩

王崩國之大事故書之不書葬魯不會葬故也新王即位不書魯不朝也蓋以書考之則王既尸天子二

猶各帥諸侯入應門左右禮也魯之不朝則諸侯之不臣可知矣

夏四月辛卯尹氏卒

外卒皆名而此言尹氏者譏世爵也古者為臣不敢貳其君故非銜君命則束修之問不出境所以致臣節也生無相問則其死也何訃告之有乎不書可也後世國亂君昏而為大夫者交政於中國故生或同盟死或相訃非禮也故春秋於其訃告而書之所以正臣子之分

秋武氏子來求賻

武氏子者未命也父死子將襲爵故稱武氏子以譏之不稱使王有喪未出命故也夫邦有大事而魯不賻雖罔罪可也德不足以致之反求焉則天子微魯之踐邑不臣可知矣求者穀梁謂得不得未可知之辭是也

莊元年三月夫人孫于齊

奔謂之孫內諱也文姜之於齊父母之國也雖父母亡無歸寧之義猶不當以奔忠之也溢文姜通於齊侯而殺其夫則於義有可絕而兄弟之倫喪矣故不書姜氏而以奔忠之明其義當與齊絕也姜氏齊姓

也。獨此不書姜氏者，於其始奔正之也。

夏，單伯逆王姬。

天子嫁女于諸侯，必使諸侯同姓者主之，禮也。單伯，大夫之命乎天子者也。魯君弑於齊，而使之主婚姻，與齊爲禮，則天子固失義矣。仇讎之人，非所以接婚姻；衰麻，非所以接冕弁，則魯之臣子不當受也。故書曰單伯逆王姬，以罪魯之臣子不辭而往逆也。

秋，築王姬之館于外。

王姬之館，於廟則已尊，於寢則嫌，於羣公子之舍則已卑，爲之改築，禮也。主王姬者必自公門出，則築于

外非禮也魯之主王姬違義悖禮其惡大矣

王使榮叔來錫桓公命

桓公在所誅絕而反追錫之則王綱之紊甚矣

紀侯大去其國

大去者舉國而去之之辭也紀季以酅入于齊事之以土地也猶不免焉故舉國以違其難此智者之事畏天者所爲也春秋善之書曰大去與夫書奔者異矣或曰世守也非身之所能爲也故國君死社稷義之不得避也然則紀侯之去國無亦傷世守之義乎曰昔者大王避狄而去邠非擇而取之不得已也孟

子所以毅滕文公者夫如是而已此古人皆然何獨

至於紀侯而疑之乎

詩義

將仲子

孟子曰取之而燕民悦則取之古之人有行之者武王是也取之而燕民不悦則勿取古之人有行之者文王是也文王之所為不遑民而已夫共叔段繕甲治兵國人說而歸之而詩人以刺莊公何也曰叔段以不義得衆其失在莊公之不制其早也君明義以正衆使衆知義則雖有不義者莫之與也雖有僭竊

者算之助也尚何使人說而歸之哉民說而歸之則其取之也固不說矣故莊公雖以仲叔爲可懷而終畏人之多言也夫取之而燕民不悅則勿取文王固嘗行之矣將段得衆而民說則勿取不亦可乎曰彼其得衆以不義也則民化而爲不義不義則後其君矣勿取則危亾之本也

叔于田

仁且有禮矣而又有武焉固宜國人之所說而歸之也雖使之一天下朝諸侯無不可矣而詩猶以爲不義得衆何也曰先王之迹微而禮義消亾政教不明

而國俗傷敗故人之好惡不足以當是非而毀譽不足以公善惡則其所譽而好之者未必誠善也所毀而惡之者未必誠惡也叔段不義而為衆所說者夫以衰俗好惡毀譽不當其實故也然則所謂仁者豈誠有仁哉所謂禮者豈誠有禮哉所謂武者夫若此而已盖孟子曰未有仁而遺其親者也未有義而後其君者也而禮者節文斯二者而已莊公之於叔段以仁言之則兄也以義言之則君也彼誠仁且有禮矣則孰肯遺而後之哉以是觀之則俗之所好惡可知矣

狡童

不與我言兮是弗與治天職也不與我食兮是弗與食天禄也爲人臣任君之事然後食君之禄者義也故弗與治天職則其憂至於不能飱弗與食天禄則不與賢人國事又甚矣故其憂又至於不能息也

孟子解

梁惠王問利國

君子以義爲利不以利爲利使其民不後其君親則國治矣利孰大焉故曰亦有仁義而已何必曰利

賢者亦樂此乎

人君當樂民之樂臺池鳥獸豈足以樂哉

移民移粟

移民轉粟荒政之所不廢也不行先王之道而徒以是爲盡心宜孟子之不與也夫有仁心仁聞而民不被其澤者不行先王之道故也自不違農時而下使民養生送死無憾者仁心仁聞而已未及爲政也故爲王道之始自五畝之宅而下至黎民不饑不寒然制民之產先王之政也如是而後王道成矣故曰不王者未之有也夫有仁心仁聞而不行先王之道是謂徒善徒善不足以爲政行先王之政而無仁心仁

聞是謂徒法徒法不能以自行二者不可偏舉也故

曰堯舜之道不以仁政不能平治天下其斯之謂也

仁者無敵

一視而同仁夫誰與爲敵

無道桓文之事

齊宣王見孟子於雪宫曰賢者亦樂此乎而孟子對

以晏子之言則霸者之事非無傳也君子務引其君

於當道則桓文之事不足爲也已蓋大匠不爲拙工

改其繩墨故曰無以則王乎

是心足以王矣

爲天下舉斯心加諸彼而已其王也孰禦焉然雖有仁心仁聞而民不被其澤者不行先王之道故也故又以制民之產告之使民不饑不寒而後曰不王者未之有也

今樂猶古樂

魏文侯曰端冕而聽古樂則唯恐卧聽鄭衛之音則不知倦則今樂與古樂固異矣而孟子之言如與者蓋樂者天地之和也而樂以和爲主人味則氣味氣和則天地之和應之矣使人聞鍾鼓管絃之音舉疾首蹙頞則雖奏以咸英韶濩無補於治也故孟子告

之以此姑正其本而已

憂以天下樂以天下

憂民之憂民亦憂其憂樂民之樂民亦樂其樂出乎爾者必反之理之固然也

徵招角招

角為民徵為事巡所守述所職省耕歛皆民事也故齊景公作君臣相說之樂曰徵招角招是也

王欲行王政則勿毀之矣

世儒或以孟子教齊宣王行王政為臣不忠與孔子尊王之意異蓋未嘗論世故也春秋之時名位未亡

天下猶以爲君也故孔子曰如有用我者吾其爲東周乎至孟子時諸侯皆僭王則天下不復有周也然爲東西君之位號亦亡矣雖欲尊之尚可得乎聖賢之趨時合變各有所當也世儒不論其世而謬爲之說失其旨矣

好色好貨

知仁勇天下之達德也知知之仁守之勇行之三者闕一焉非達德也則人君固不可無勇矣而齊王以是爲有疾故孟子告以文武之事使廓而大之則安天下無足爲者矣若夫好貨好色則生于人君之邪

心不可爲也然而孟子不以爲不可者蓋譬之水逆行中流而遏之其患必至於決溢因其勢而利道之則庶乎其通諸海也故以公劉太王之事告之陳古之善而閉其邪心引之於當道也其自謂齊人莫如我敬王者以此易之睽曰遇主于巷亦斯之謂也

闢誅一夫

三仁未去紂非獨夫也三仁去則天下不以爲君矣是誅一夫也何弒君之有世儒有謂湯武非聖人也有南史之筆則鳴條牧野之事當書曰篡弒蓋其智不足以知聖人而妄論之矣

姑舍女所學而從我

此皆好臣其所教而不好臣其所受教故其言如此

亦遲而已矣

民之去燕猶避水火也故簞食壺漿以迎王師齊王又殺其父兄係累其子弟是水益深火益熱矣民將復避之也故曰亦運而已運者反覆運轉之謂也

君請擇於斯二者

國君死社稷故告之以效死勿去正也至其甚恐則以大王去邠之事告之非得已也然君子創業垂統為可繼也在彊為善而已故太王去邠民從之如歸

市不知為善而去國則民將遷彼樂土矣尚誰從之哉然滕文公未必能如太王也使其去國而遂亡則不若效死勿去之為愈也故又請擇於斯二者

不遇魯侯天也

孟子之遇不遇治亂興衰之所繫天實為之非人所能也夫何慭尤之有

尔何曾比予於管仲

孔子謂由也千乘之國可使治其賦稱管仲曰九合諸侯一匡天下民到于今受其賜則管仲之功非子路所能也而曾西謂子路孰賢則曰吾先子之所畏

也門管仲則艴然不説曰爾何曾比予如是何也曰
昔者王良與嬖奚乘爲之範驅馳終日而不獲一爲
詭遇一朝而獲十若子路者爲之範也雖不獲一而
不爲歟管仲詭遇也雖得禽若丘陵躬者弗爲也仲
尼之門羞稱管晏丸猶是耳

不得於言勿求於心不可

齊王不忍牛之觳觫而易之以羊非愛其財而易之
也而百姓謂王爲愛無以自解所謂不得於言也不
求其心則齊王誠爲愛其財而易之矣故不得於言
勿求於心不可夫志者心之所之也而志爲氣之帥

則氣從之矣故不得於心勿求於氣可

夫志氣之帥也氣体之充也夫志至焉氣次焉

志氣之帥則氣從志而已故曰志至焉氣次焉氣之從志則持其志可也又曰無暴其氣者蹶者趨者是氣也而反動其心氣一亦能動志故也

其為氣也至大至剛

通天下一氣耳天地其体也氣体之充也人受天地之中以生均一氣耳故至大集義所生故至剛氣之剛大以直養而無害則塞于天地之間益氣之本体

也氣無形聲之可名故難言也而以道義配之所以著名之也

勿忘勿助長

必有事焉勿忘也勿正勿助長也助長老子所謂益生也益生不祥忘與助長所趨雖異而其為害則同矣循其自然而順養之無加損焉則無二者之害矣

伯夷柳下惠

伯夷柳下惠之風聞之者莫不興起故可為百世師至其流風之弊隘與不恭則君子不由也

孟子將朝王

齊王欲見孟子孟子辭以疾明日出弔於東郭氏公孫丑曰昔者辭以病今日弔或者不可乎夫孟子將朝王則見王固所欲也爲其召之故不往明日出弔蓋取瑟而歌之意欲其知之也雖公孫丑猶不諭其旨况餘人乎此景丑氏所以問也夫天下有大戒二臣之事君義也無適而非君也無所逃於天地之間是之爲大戒先王之時天下定于一尺地莫非其有也一民莫非其臣也則士於其時無適非君也無所逃於天地之間則君命召不俟駕行矣禮也周衰諸侯各擅其土地士不遇於齊則之楚之魏無不可者

一國所能專制也故士於斯時有不為臣之義時君苟無尊德樂道之誠心不足與有為則雖欲亟見之且不可得況得而召之乎

請野九一而助國中什一使自賦

夏后氏五十而貢殷人七十而助周人百畝而徹徹者徹也蓋兼貢助而通用也故孟子請野九一而助國中十一使自賦方里為井井九百畝八家皆私百畝其中為公田所謂九一而助也國中十一使自賦則用貢法矣此周人所以為徹也鄭氏謂周制畿內用貢法邦國用助法有得於此歟

舜使益掌火益烈山澤而焚之

舜之臣子十有二人而孔子曰舜有臣五人而天下治所謂五人者孟子所言者是也夫洪水橫流草木暢茂禽獸偪人則禹雖欲施功未可也故孟子論五人者命益使烈山澤而焚之在禹之先天下既平則命益若鳥獸草木乃在皐陶之後蓋治人與若鳥獸草木其先後之常叙宜如此也不同夫時焉而已矣

予天民之先覺者也

道一而已矣人心之所同然無二致也聖人先得人心之所同然者故伊尹曰予天民之先覺者也衆人

特夢而未始覺耳而伊尹以斯道覺斯民非外襲而取之以與民也特覺之而已矣

百世而下聞者莫不興起

伯夷柳下惠道不行於天下而流風足以澤世起後而已故百世而下有聞風而起者伊尹德被生民功施後世夫子自生民以來未之有也門人謂賢於堯舜則冀其流風不足道也

遲遲吾行也

孔子之去魯曰遲遲吾行也去父母國之道也然燔肉不至不稅冕而行何遲遲之有曰孔子之欲去魯

也久矣欲以微罪行不欲為苟去故遲遲其行也燔肉不至則得以微罪行矣過此復無辭以去故不稅冕而行非速也

惟義所在

孔子曰言必信行必果硜硜然小人哉故孟子曰大人言不必信行不必果惟義所在以發明孔子之意

不失赤子之心

赤子之心發而未離夫本也故言大人以此而已語化之則未也

薛居州善士也

政不足與閒也人不足與適也惟大人為能格君心之非則雖一人可與王為善矣薛居州善士而已不足以與此故一薛居州其如宋王何

是皆已甚

段干木踰垣而辟之泄柳閉門而不內皆已甚也孔子不為已甚者故陽貨先不得不見然陽貨矙孔子之亡而饋蒸豚孔子矙其亡而往拜之夫是之謂

稱楊子謂詘身以伸道非也

若合符節

舜之事瞽叟與文王之事紂其揆一也易地則皆然

故曰若合符節

君之視臣如犬馬

臣之視君如國人若鄭以忽爲狂狡之童是也視君如寇讎若子胥之於楚平是也世之爲臣蓋有如此者孟子爲齊先王言之使知爲君而遇其臣不可不以其道也若夫君子於君臣之際無是理也

天下之言性

天下之言性則故而已矣告子曰生之謂性是也列子曰生於陵而安於陵故也生之謂性氣質之性也孟子不謂之性則故而已矣故者以利爲本如禹之

治水因其勢而利道之行其所無事是也不知行其所無事而用私智之鑿是以故滅命也所謂命者列子謂不知吾所以然而然是也苟求其以利為本則雖天之高星辰之遠千歲之日至可坐而致也

孔子作春秋

王者之迹熄而詩亡詩亡然後春秋作春秋之時詩非盡亡也黍離降而為國風則雅之詩亡矣雅亡則無政春秋所以作也然孔子曰述而不作竊比扵我老彭而孟子曰孔子作春秋何也蓋當是時周雖未亡所存者名位而已慶賞刑威不行焉孔子以一字

為褒貶以代刑賞前此未有也故曰春秋天子之事也故謂之作然其事則齊桓晉文其文則史其義則竊取之是亦述之而已

堯舜之道孝弟而已

堯舜之道豈遠乎哉孝弟而已矣弟不弟乃在乎行止疾徐之間人病不求耳伊尹樂堯舜之道即耕于有莘之野是已寒而衣饑而食日出而作晦而息無非道也孔子之相師友道也百姓日用而不知耳知之則無適而非道也

盡心

盡其心然後能存心知其性然後能養性知天然後能事天此其序也世儒謂知我則敵事我則卑失其旨矣

執中無權猶執一也

禹思天下之溺猶己溺之稷思天下之饑猶己饑之至於股無胈脛無毛不當其可與墨子摩頂放踵無以異也顔子在陋巷人不堪其憂回也不改其樂未嘗仕也苟不當其可則與楊氏之爲我亦無以異也子莫執中執爲我兼愛之中也執中而無權猶執一也鄉鄰有鬭而不知閉戸室中有鬭而不知救是亦

猶執一耳故孟子以為賊道禹稷顏回易地則皆然以其有權也權猶權衡之權量輕重而取中也不能易地則皆然是亦陽墨而已矣

柳下惠

不惡汙君不辭小官可謂和矣而不以三公易其介則雖咊而不流此所以為柳下惠也

同道不同道

禹稷顏回曾子子思易地則皆然故曰同道三聖人其行不同不可以易地故曰不同道雖不同其趨則同歸於仁而已與商之三仁或去或不去同謂之仁

其揆一也

五十而慕

舜其至孝矣五十而慕蓋人少則慕父母而鮮能終身慕因物有遷也故知好色則慕少艾有妻子則慕妻子仕則慕君舜生三十徵庸至五十則是數者具有之矣而不足以解憂惟順父母爲足以解憂則終身慕可知矣言五十而慕蓋以此也

五霸假之

堯舜性之由而行者也湯武身之躰之者也五霸則假之而已非已有也若管仲責包茅不入王祭不供

昭王南征不反非誅伐之本意假此爲說耳

形色天性

形色即天性也則踐形斯盡性矣故惟聖人爲能與釋氏色空之論一也吾聖人以爲天下自然之理而以常事言之故言近而聞者無懼焉異端之學自以爲精微之論其徒累千百言不能竟其義故學者莫知適從而去道益遠矣此儒佛之辨也

龜山先生集卷第八終

龜山先生集卷第九

史論　藺相如

周室之季天下分裂爲戰國游談之士出於其間各挾術以干時君視其喜怒悲懼而捭闔之徼名射利固無足道者閒有感憤激昂以就一時之功其材力有足過人而鮮克自重其身者何多耶予讀藺相如傳未嘗不壯其爲人而惜其如此也夫秦籍累世之資肆虎狼之暴搏噬天下有并呑諸侯之心非可與禮義接而論曲直也相如區區掉三寸舌入眦睚不測之秦卒能以完璧歸亦足壯哉然當其捧璧睨柱

示以必死葢亦摩厲牙矣夫死非難死不失義不傷勇君子所難也且秦趙之不敵葢雄雌之國也身之存亾非特一璧之重而社稷安危之機亦不在夫璧之存亾也然則趙之有璧存可也亡可也初相如捧璧入秦趙之君臣計議非有親秦之心特迫其威彊耳夫以小事大古之人有以皮幣犬馬珠玉而不得免者至棄國而逃況一璧乎雖與之可也相如計不出此迺以孤單之使逞螳怒之威抗辟秦庭當車轍之勢其危如一髮引千鈞豈不殆哉當是時使秦知趙璧終不可得則欲徼幸不死難矣若是則尚安得為

不失義不傷勇乎不三數年趙卒有覆軍陷城之禍者徒以璧為之祟也然則全璧歸趙何益哉至於澠池之會則其危又甚矣方趙王之西也廉頗約以一月不返則立太子以絶秦望則是行也非有萬全之計矣雖無往可也傳曰智者慮義者行仁者守然後可以會三者一闕焉則危事矣挾萬乘之君蹈危事非得計也相如為趙卿相其智勇不足重趙使秦不敢惴焉乃欲以頸血濺之豈孔子所謂暴虎馮河死而無悔者歟嗚呼周道衰士無中行久矣區區戰國之際尚足追議其失哉予於相如惜其椎傑俊偉於

戰國士有足稱者而其失如此故特爲論著云

項羽

予讀漢紀至高祖謂項王有一范增不能用故爲我擒常以爲信然及讀項羽傳觀范增所以佐羽者然後知羽雖用增無益於敗亡也夫秦人齮齕其民天下背而去之莫肯反顧當是時民之就有道正猶饑者之嗜食不必豢稻粱而皆可於口也項籍以閭閻匹夫之資首天下豪傑西向而兹爭視秦車之覆曾不知戒猶蹈其故轍欲以力制天下所過燒夷殘滅是以秦攻秦也范增曾無一言及此乃區區欲立楚

檄為足以懷民望何其謬哉其後項王卒有弑義帝之名為敵國之資增實兆之也增之得計不過數欲害沛公耳使項王不改其轍則前日之亡秦是也借令沛公死天下其無沛公乎

張良

子房起布衣徒步以三寸舌為帝者師其奇謀祕計轉敗為成出於困急之中者數矣故高祖稱之配蕭韓為三傑天下既平功高者往往以卞見忌疑釁一開雖韓信有解衣推食之誠猶不克終竟以葅醢蕭何雖能以功名自全而見疑亦屢矣是三人者惟子

房功成智隱不邇權勢視夫權利如脫敝屣雖寄身朝市而翛然如江湖萬里之遠鴻冥鳳舉矰繳不及方諸范蠡其優矣哉夫漢興將相於去就之際皆中機會而不違理義者吾獨於子房得之矣

蕭何

高皇帝收民於纍秦傷殘之餘而何秉國鈞盡革秦苛法與之更始天下定之作畫一之歌其法令終漢世守之莫能損益也班固謂爲一代宗臣豈虛語哉然高皇帝既平天下於功臣尤多忌刻何爲宰輔至出私財以助軍買田宅以自汙以是媚上僅能免其

甚至於械繫之猶不知引去豈工於為天下而拙於謀身耶蓋不學無聞暗於功成身退之義貪冒榮寵惴惴然如持重寶惟恐一跌然而幾踣者亟屢矣蓋高皇帝慢而侮人而輕與人爵邑故不能得廉節之士而一時頑鈍嗜利無恥者多歸之以何之賢猶不免是惜夫

曹參

曹參從高帝起豐沛間與之茲驅者皆一時熊羆之士而陷敵攻堅必以參為首盖其勇悍獷鷙果於擊斷天下已定參為齊相乃遏然不自用盡召長老諸

先生問所以安集百姓者既得蓋公避正堂舍之尊用其言而齊大治其後爲漢相亦以治齊者治天下故其效如之觀參所爲其始以戰鬬爲功而終則以清淨無爲自守何其不相侔也非其資務學問樂用人言而勇於自克其何能爾若參者可不謂賢矣夫初參與蕭何有隙何且死所推賢唯參參代何爲相國舉事無所變更一遵何法二人者苟無躰國之誠心忘一己之私念則排陷紛更將無所不至推之以爲賢守之而勿失尚何有哉其卒爲一代宗臣蓋有以也

陳平

呂后問宰相高祖曰陳平智有餘難以獨任王陵少戇可以佐之則高祖固有疑平之心矣然終其世不見其隙蓋天下初定國家多故諸侯内叛夷狄外陵平爲護軍常從征伐不據重兵不親國柄故能免也然高祖謂平難獨任王陵可以佐之而陵終以戇見踈無益於國其後平專爲丞相天下無間言卒以功名終不其反歟知人惟帝難之信矣夫

周勃

將視軍如臂指然唯所用耳以義驅之雖赴水火可

也絳侯之入北軍也乃令之曰為劉氏者左袒為呂氏者右袒使呂氏能得士心軍皆右袒則斯言豈不召亂乎蓋不學無術居其位而不知其任皆此類也至其以列侯就國也嘗自畏恐誅每河東郡守尉行縣至絳必被甲令家人持兵以見是果欲何為耶使天子欲誅之也則被甲持兵將拒之耶其後人有上書告勃欲反者乃其自召也以文帝之寬仁故卒能全宥使在高帝呂氏之時而所為若是猶欲以功名自全難矣

張耳　陳餘

遷固謂耳餘為勢利之交非也張耳鉅鹿之圍責餘以俱死黶釋没於秦軍耳大不信以為殺之二人所以相失也是豈有勢利之交耶予謂耳餘之友蓋失於相結之深而相知淺也使其相知如管鮑寧有是耶

韓信

韓信以機變之才因思歸之衆以臨關東而燕代趙齊之間無堅城彊敵矣其用奇無窮所向風靡自漢興名將未有倫擬也至其軍脩武也又輔以張耳二人皆勇略蓋世余竊怪漢王自稱漢使晨馳入壁即

卧内奪其印符麾召諸將易置之而耳信未之知也此其禁防闊踈與棘門霸上之軍何異耶使敵人投間竊發則二人者可得而虜也豈古所謂有制之兵者信亦有未逮歟

彭越

天下之禍莫大乎不明分分之不明由較材程力之過也余觀韓彭之亡皆以此歟蓋西漢之初高皇帝以匹夫起阡陌之中一時名將非屠販亡命輕猾之徒則里巷齷齪布衣之交也其平居握手素非有君臣等威也論其材力亦豈逺相過哉天下未平而大

若已王小若已侯皆連城數郡一搓足則秦項之爭復構矣漢方收民於百戰凋瘵之餘而臨諸侯王之上凜乎其猶蹈春氷而常恐其潰也故疑隙一開則菹醢隨之矣嗚呼是豈知先王所以維持天下者哉雖朝委裘植遺腹而不亂者有名義以正其分耳故君君臣臣而天下治如將較材程力以彊弱勝負為君臣則天下之禍何時已哉漢之君臣不知出此卒至相夷而不悟悲矣

季布

桓公殺公子糾召忽死之管仲不死孔子稱其仁管

仲之不死縲以春秋之法則其義固有在矣世莫有能窺之者方季布髡鉗奴辱於朱家非有深計遠慮也期以免死而已班固謂賢者誠重其死夫死非其所固賢者所重也然君子固有舍生而取義者固之為此說豈非以管仲之事與之乎是皆未明春秋之著楊子曰明哲不終事項其義得之矣

趙堯　周昌及

余讀漢史至呂戚之事未嘗不為之廢卷太息也以高皇之明惓惓於趙王其念深矣然卒用趙堯之策可謂以金注也且呂后以堅忍之資濟之深怨積怒

其於趙王也欲得而甘心焉久矣雖韓彭之強有弗利於己太之猶發蒙耳一賢強相何足以重趙哉蕭爲高皇計者盍亦反諸己而已不以衽席燕好之私亂嫡妾之分使貴者不陵賤者不逼夫夫婦婦而家道正矣是將化天下以婦道如關雎之時豈特無毋禍而已哉

叔孫通

叔孫通欲徵諸生共起朝儀而魯有兩生不從夫叔孫通量君之能以爲禮阿世苟合其道不足尚也不從誠宜然天下新出於戰爭之餘朝廷之間皆武夫

壯士非復有禮文相際也以至醉或妄呼拔劍擊柱其漸焉可久哉故叔孫通所欲起者朝儀而已非如先王之制作也二生拒之如此失其旨矣楊雄謂魯有大臣豈其然乎

張蒼

斗綱之端連貫營室織女之紀指斗牛之初其次爲星紀五星起其初日月起其中其時爲冬至其辰居丑故子丑可以爲正者以日月五星所從起也子爲正者得天統以時言也丑爲正者得地統以辰言也孔子曰行夏之時蓋三代之時惟夏時爲正而人取

則焉故得人統也三正之相循猶忠質文之尚不可增易也至秦以十月為正失其旨矣張蒼吹律調樂定律令若百工作程品其有意乎推本之也當是時漢廷公卿皆武夫軍吏無能知書者唯蒼自秦時為柱下史明習天下圖書尤邃於律曆有所建明宜無不從也然其術學疎陋猶以漢當水德之盛正朔宜因秦弗革卒以此絀惜夫

酈寄

諸呂之王非漢約天下莫與也產祿擅兵欲危劉氏忠臣所共切齒而酈寄固與之交譱而商亦莫之禁

何也其謀呂祿也刼之而後從則商寄之罪均矣雖絳侯賴之以入北軍功不足以贖其罪也使商不執刼而呂氏得志則寄之父子將無非望乎其賣友非其本心也

朱虛侯

予讀高后五王傳至劉章言田事及誅諸呂一人亡酒者未嘗不為之寒心也方高后欲強諸呂雖大臣平勃等皆俛首取容而已其忠非忘漢也觀王陵之事則可監矣使章以才見忌不得宿衛禁中則後雖欲有為也尚何及哉然章之獲全於呂后之時而卒

能成功亦幸而已

田叔

班固謂田叔隨張敖赴死如歸彼誠知所處余謂田叔之隨王雖身死之何益於趙此與婢妾賤人感慨自殺者何以異哉烏在其爲知所處孟舒爲雲中守而士爭臨城死敵此誠長者而田叔乃以隨張王事首稱之斯言豈特爲舒而發抑亦自賢耳夫譽人以自賢是豈長者之言乎

婁敬

婁敬建和親之策欲以嫡長公主妻單于且謂冒頓

在固為子壻子壻死外孫孫為單于豈聞孫敢與大父亢禮哉可毋戰以漸臣也其說何謬哉且子壻與外孫孰與父子親也彼且殺父以代立況妻之父乎其何足恃哉然屬人主厭兵故以一言之謬而遂成千載之患惜夫

賈誼

賈誼以少年英銳之質抱負其器頗見識拔慨然遂以身任天下而絳灌之徒出於織簿販繒之武夫先王之典章文物彼烏足與議哉高皇帝所以平天下定法令又皆其身親見之也誼以疎遠晚進之人欲

一日悉更易之彼其心豈能慤然耶此讒釁之所由起也古之君子自重其身常若不得已而後進非固要君也蓋天下重器不可易為之王業之大必遲久而後成故人君非有至誠不倦之心則不足與有為也其尊德樂義一有不至則引而去之萬鍾於我何加焉非急天下道固然也誼之草具儀法與夫二表五餌其術固疏矣當是時人君方且謙讓未遑也誼身非宰輔乃汲汲然自進其說蓋亦不自重矣在我者不重故人聽之也輕及夫以卞見忌不容于朝出為王傅其論國事猶曰陛下曾不與如臣者議之則

是欲嬰撫在庭之臣而出其上也𡙇不召禍與孔子曰爲國以禮其言不讓於誼有之矣

賈山

孝文之恭儉慈仁而賈山乃借秦爲喻盛言其侈靡貪狼暴虐宜若過矣然君臣儆戒正在無虞之時故舜之臣猶以丹朱戒其君則山之借秦不爲過也後世驕君諛臣恃天下無虞而不知儆戒有聞斯言必以爲訕矣其取禍敗不亦宜乎

申屠嘉

文帝以竇廣國有賢行欲相之恐天下以爲私不用

用申屠嘉此乃文帝以私意自嫌而不以至公處已也廣國果賢耶雖親不可廢果不賢耶雖踈不可用吾何容心哉當是時承平日久英林間出擇可用者用之可也必曰高帝舊臣過矣

馮唐

馮唐謂文帝不能用頗牧其言雖有激然友溪中其病也夫李牧之爲趙將也軍市之租皆自用賞賜皆決於外不從中覆故能有成功魏尚守雲中上功首虜差六級文吏即以法繩之以是較之文帝不能用李牧信矣楊椎謂文帝親誅帝尊以信亞夫之軍曷

為不能用頗牧夫孫武斬吴王之寵姬穰苴斬齊君之寵臣與其使者僕車之左駙馬之左驂皆在軍不受君令也古之為將者皆然豈獨亞夫乎然則文帝未嘗詘而亞夫之軍未嘗信也謂之有激云爾則淂矣

張釋之

君子欲訥於言而敏於行利口捷給古人賤之若上林尉居其位不知其任至十餘問不能對是謂不任職非訥於言者也釋之以絳侯張相如方之過矣文帝問絳侯天下一歲決獄幾何絳侯不能對又問天

下錢穀一歲出入幾何又不能對帝以問陳平平條析甚辨文帝善之絳侯愧汗洽背自以其能不及平遠甚若是以絳侯爲賢乎爲喋喋可乎余謂上林尉真亡賴而虎圈嗇夫雖口對響應亡窮然上所問乃其職事非利口捷給也豈足深過之歟

袁盎

淮南王之驕恣其萌禍久矣然徼之即至則反形未具以檻車遷之是將置之必死也不早辨之養成其禍卒至乎敗國亡身文帝不無罪也鄭共叔不義得衆詩人以刺莊公而春秋交譏之正謂此也然則人

君不幸有弟如淮南者宜奈何若舜之於象放之有庳可也盎不能明義以正其君乃以無稽之言謂之不友過乎若七國之反聞晁錯之欲治已也反以奇禍中之此戰國策士之常也然二人之相賊其忠一也特繫其發之先後耳不念國家之大計乃欲因禍以釋一已之私然若二人又何足誅哉而班固謂盎仁心為質誤矣

晁錯

晁錯曰人君必知術數又曰五帝神聖其臣莫能及而自親事操是說蓋未嘗知治體也夫天下大器非

智力所能勝也舜之惇五典庸五禮用五刑皆因天
而已未嘗爲也雖股肱耳目付之臣而不自用況以
術數而自覩事乎使後世懷諂者誤其君挾術以自
用必質是言也其爲禍豈淺哉若吳楚之反不在錯
天下已知之矣景帝用讒邪之謀以誅錯其失計不
已甚乎當是時兵之勝負國之安危未可知也而誅
其謀首豈不殆哉而在庭之臣無一人爲錯言者蓋
變起倉卒各欲僥倖於無事而莫敢以身任之也然
而錯亦有以取之矣夫漢之有七國未若魯之三家
也孔子隨三都之城而三家無敢不受命者則其處

之必有道矣孟子曰予以為有王者作則魯在所損乎在所益乎孟子而得志固將損之也錯無碩德重望以鎮服其心而強為之謀其召亂而取禍蓋無足恠者武帝時淮南王欲反獨畏汲黯之節義視公孫弘輩如發蒙耳則天下果非智力可為也以一汲黯猶足以寢淮南之謀況不為黯者乎

鄒陽　枚乘

吳王怨望陰有邪謀鄒陽枚乘之徒不能明義以導其君而區區以利說之宜乎其無益也及吳兵西嚮而枚乘猶以民之輕重國之大小為言則是使吳重

大而漢輕小則吳兵可得而進也吳以乘不及禍而
卒以取重於世幸矣夫

竇嬰　灌夫　田蚡

景帝燕兄弟欲以天位傳梁王竇嬰以漢約阻之忤
太后旨可謂不阿矣及爲丞相推轂士類專用儒術
雖藉福之辯不能遷惑其所守直己以往不撓權貴
其節義有足稱者至晚節末路失位不得志而與灌
夫相爲引重二人者竝位公侯顯名當世其平生意
氣何其壯哉田蚡以外戚進顯溪奢無度尊己以下
人壯夫義士宜恥出其門而二人者乃幸其臨況以

為名高其志慕又何其汙也葢鶩勢榮者勢窮則辱而氣隨以奪其理然矣若灌夫者勇悍不遜有死之道焉終以一朝之忿亾其身非自取與竇嬰區區復銳於為救果何益哉故卒與俱滅是亦不知量也田蚡覬利賣國其不族幸矣

劉向

初孝宣循武帝故事招置名儒而更生以通達善屬文與選中可謂遇主矣其後上復興神僊方術之士而更生淂淮南枕中鴻寶祕書獻之言黃金可成其所為未免長君之過也豈其逢世希合而為之歟抑

年少學猶未能無惑於異端歟其後與望之堪猛竝
竝立于朝爲羣小側目更生乃令外親上變事其義
安在哉夫君子小人相爲盛衰蓋天地之大義也消
息盈虛天地且不能不以其漸況於人乎且許史恭
顯之於漢也憑籍私昵寵嬖之恩非一日矣其培根
深其滋蔓廣非所以朝升而暮罷而君子之去小人又非
智謀之足恃也夫有吾之仁義而已彼方欲肆欺以
罔吾之信爲數以敗吾之義而吾且欲決而去之而
自爲不信其見棄也不亦宜乎予讀更生傳見其惓
惓於其君未嘗不爲之歎息也惜其不知義命之歸

故一蹶而不振悲夫

朱穆

蔡邕謂朱穆貞而孤有羔羊之節觀其立朝論議有足稱者然乃從梁冀之辟何也孟子曰觀近臣以其所爲主觀遠臣以其所主以穆之賢而主梁冀爲在其爲貞孤哉然邕之從董卓無異於梁冀宜其不以朱穆爲過也

臧洪

臧洪初爲張超功曹後遇袁紹以爲青州刺史二人之遇洪其義均矣而洪之報二人者何其異哉方曹

圍超於雍丘洪欲赴難而請兵於紹袁曹方睦而紹之與超素無一日之歡則雍丘之圍非切於己也欲其背好用師以濟不切之難則紹之不聽未為過而洪之絶紹豈亦不量彼己歟其不屈而死也蓋亦匹夫匹婦之為諒也已

〇竇武　何進

桓靈之間昏弱相仍女后臨朝權移近習久矣王甫曹節以臺廝之賤優孌寵昵之私竊弄神器固天下之所同疾也竇武倚元舅之親操國重柄招集天下名儒碩德布在王庭相與仗義協謀勦絶凶類正猶

因迅風之勢以揚稃粃耳豈不易哉然而身敗功頽貽國後患者幾事不密而禍成於猶豫也方武之不受詔馳入步軍營召會北軍五校士數千人勢猶足以有爲也張奐北州之人豪素非中人之黨可以義動也不能乘機決策收爲己用而乃遲回達旦使逆賊得與奐等合豈不惜哉何進親見竇氏之敗而不用陳琳鄭公業之諫蹈覆轍引姦凶而授之柄卒成移鼎之禍進實兆之也范曄乃引天廢商之言豈不謬哉

荀彧

厲王流彘周召二公共和爲政迨及宣王卒有中興之功天下之存亡豈不以其人哉當桓靈之衰其禍未甚於流彘也董卓之亂天之未厭漢德豈有異於共和之時乎而議者謂曹公非取天下於漢其說非也方曹公以強忍之資因亂假義挾主威以令諸侯其包藏禍心天下庸人知之矣而荀彧間關河冀擇其所歸卒從曹氏志欲扶義奮謀以紓倒懸之急迨其行事可謂勇智兼人矣乃獨不知曹氏之無君乎其拒董昭之議何也夫豈誠有忠貞之節歟抑以晚節蓋之歟由前則不智由後則不忠不智不忠而求

免於亂臣空手其難矣嗚呼荀彧安得無罪歟觀其臨大謀操弄強敵於股掌之間輔成曹氏霸業至其威加海內下陵上逼乃欲潛杜其不軌是猶汪瀾潰堤以成滔天之勢而後徐以一葦障之尚可得乎而范曄猶謂彧有殺身成仁之美吾不知其說也

郊祀

漢武元鼎元封之間燕齊之士爭言神仙祭祀致福之術者以萬數故淫祠於漢世為多雖當時名儒碩德繼登宰輔莫有能定正之者元成之際衡譚用事始奮然欲盡去淫祠正以古義又幸世主從之其志

行矣未幾以劉向一言而廢祠復興豈不惜哉蓋人情狃於禍福而易動鬼神隱於無形而難知以易動之情稽難知之理而欲正百年之謬宜乎其難矣以劉向之賢猶溺於習見况餘人乎

汲黯

周勃起布衣蓋椎朴鄙人以其重厚故可屬大事則天下重任固非狷忿褊迫者所能勝也武帝時淮南王欲反獨畏汲黯之節義至論公孫弘輩若發蒙尒夫汲黯之直爲天下敬憚如此乎獨疑其狷忿褊迫臨大事不能無輕動輕動則失事機難與成功故武

帝謂古有社稷臣顯近之矣其有得於此乎

周世宗家人傳

予讀周世宗家人傳至守禮殺人世宗不問史氏以爲知權予竊思之以謂父子者一人之私恩法者天下之公義二者相爲輕重不可偏舉也故恩勝義則誳法以伸恩義勝恩則掩恩以從法恩義輕重不足以相勝則兩盡其道而已舜爲天子瞽叟殺人皋陶執之而不釋爲舜者豈不能赦其父哉蓋殺人而釋之則廢法誅其父則傷恩其意若曰天下不可一日而無法人子亦不可一日而亡其父民則不患乎無

君也故寧與其執之以正天下之公義竊負而逃以伸已之私恩此舜所以兩全其道也方守禮殺人有司不能執之而徒以閭故世宗得而不問也有如皐陶者執之而不釋則雖不問得乎哉然世宗取天下於百戰之餘未易以舜之事望之者然則宜奈何亦寘諸法而已矣法有八議而貴居一焉爲天子父可謂貴矣此禮律之通義也一寘諸法而兩不傷焉何爲不可哉

龜山先生集卷第九終

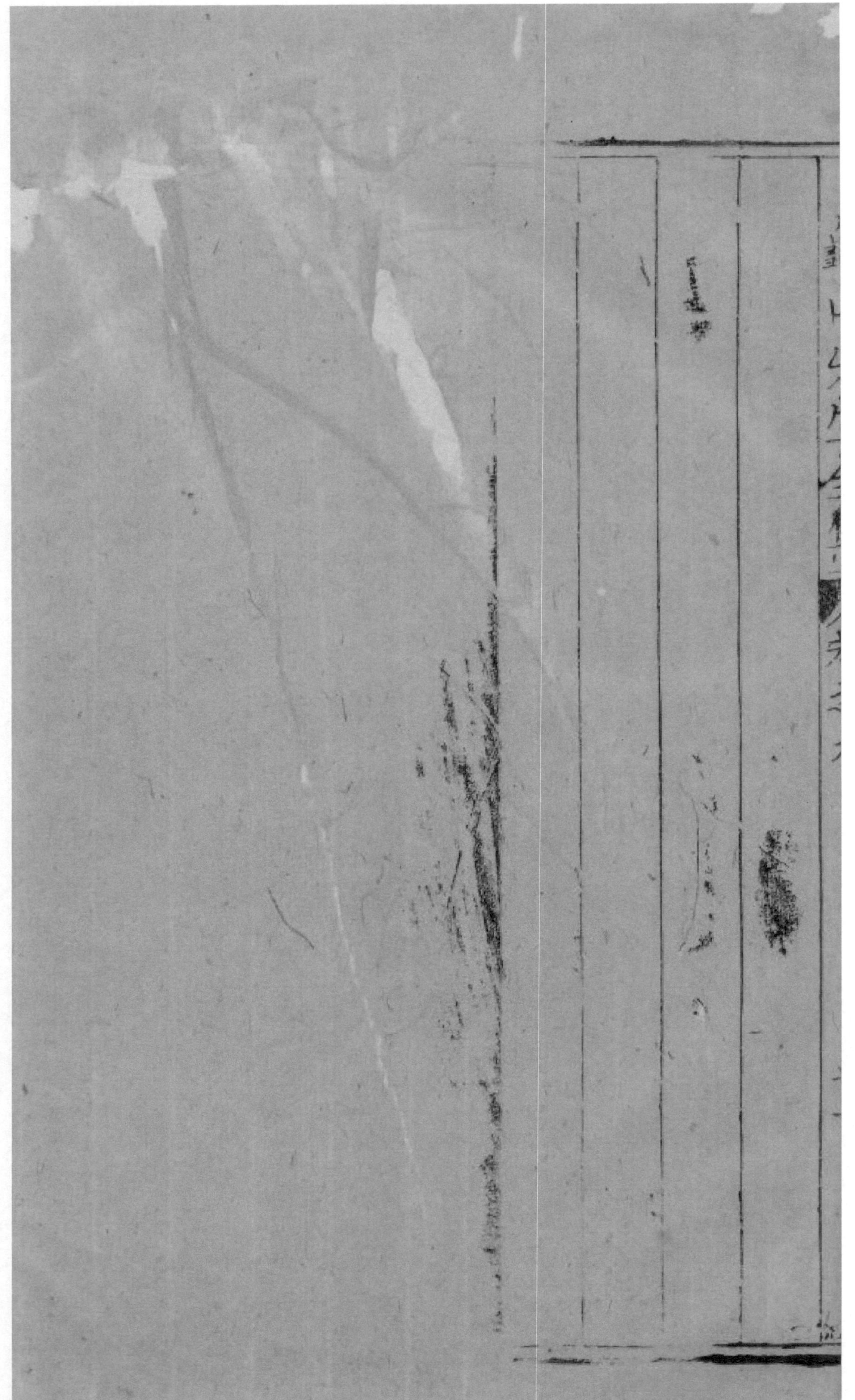

象山先生集卷第十

語錄

荆州所聞　甲申四月至乙酉十一月

先生曰自堯舜以前載籍未具世所有者獨宓犧所畫八卦耳當是之時聖賢如彼其多也自孔子刪定繫作之後更秦歷漢以迄于今其書至不可勝記人之所資以為學者宜易於古然其間千數百年求一人如古之聖賢卒不易得何哉豈道之所傳固不在於文字之多寡乎夫堯舜禹皐陶皆偁若稽古非無待於學也其學果何以乎由是觀之聖賢之所以為

聖賢其用心必有在矣學者不可不察之也

觀孔門弟子之徒其事師雖至於流離困餓瀕於死而不去非要譽而規利也所以甘心焉者其所求也大矣流離困餓且瀕於死有不足道者學者知此然後知學之不可已矣

古之學者以聖人為師其學有不至故其德有差焉人見聖人之難為也故凡學者以聖人為可至則必以為狂而竊笑之夫聖人固未易至若舍聖人而學是將何所取則乎以聖人為師猶學射而立的然的立於彼然後射者可視之而求中若其中不中則在

人而已不立之的以何爲準
問曾西不爲管仲而於子路則曰吾先子之所畏或
曰蓋管仲之所已爲慕子路之所未就此說是否曰
孔子曰由也千乘之國可使治其賦也使其見於施
爲如是而已其於九合諸侯一匡天下固有所不逮
也然則如之何曰管仲之功子路未必能之然子路
譬之御者則範我馳驅者也若管仲蓋詭遇耳曾西
仲尼之徒也蓋不道管仲之事
六經不言無心惟佛氏言之夫不言脩性惟楊雄言
之心不可無性不假脩故易止言洗心盡性記言正

記言正心尊德性孟子言存心養性佛氏

咊順於道德之意蓋有之理於義則未也

聖人以爲禱常事者莊周則夸言莊周之愽乃禪家

呵佛駡祖之類是也如逍遥游養生主曲譬廣喻張

大其説論其要則逍遥游一篇乃子思所謂無入而

不自得而養生主一篇乃孟子所謂行其所無事而

已○問孔子曰中庸之爲德其至矣乎何也曰至所

謂極也極猶室之極所處則至矣下是爲不及上焉

則爲過或者曰高明所以處已中庸所以處人如此之

則是聖賢所以自待者常過而以其所賤者事君親

也而可乎然則如之何曰高明即中庸也高明者中庸之體中庸者高明之用耳高明夫猶所謂至也

問或曰中所以立常權所以盡變不知權則不足以應物知權則中有時乎不必用矣是否曰知中則知權不知權是不知中也曰旣謂之中斯有定所必有權焉是中與權固異矣曰猶坐於此室室自有中移而坐於堂則向之所謂中者今不中矣堂固自有中合堂室而觀之蓋又有堂室之中焉若居今之所守向之中是不知權豈非不知中乎又如以一尺之物約一寸而執之中也一尺而厚薄小大之體

殊則所執者輕重不等矣猶執五寸以爲中是無權也蓋五寸之執長短多寡之中而非厚薄小大之中也欲求厚薄小大之中則釋五寸之約唯輕重之知而其中得矣故權以中行中因權立中庸之書不言權其曰君子而時中蓋所謂權也一連下段

舜跖之分利與善之間也利善之間相去甚微學者不可不知○爲文要有溫柔敦厚之氣對人主語言及章疏文字溫柔敦厚尤不可無如子瞻詩多於譏玩殊無惻怛愛君之意荊公在朝論事多不循理惟是爭氣而已何以事君君子之所養要令暴慢衰僻

之諷不設於身體

陶淵明詩所不可及者沖澹深粹出於自肰若曾用力學肰後知淵明詩非著力之所能成

私意去盡肰後可以應世老子曰公乃王

儒佛深處所差杪忽耳見儒者之道分明則佛在其下矣今學之徒曰儒者之道在其下是不見吾道之大也爲佛者既不讀儒書或讀之而不深究其義爲儒者又自小也肰則道何由明哉

君子無終食之間違仁説者曰飲食必有祭是也曰如是則造次顛沛之際遑遽急迫甚矣欲不離仁仁

之道安在且飲食必有祭小人亦然豈能仁哉

孔子以其子妻公冶長以其兄之子妻南容說者曰君子之處其子與處其兄之子固不同也曰兄弟之子子也何擇乎誠如所言是聖人猶有私意也聖人不容有私意若二女之少長美惡必求其對所妻之先後未必同時安在其傷於兄而薄於己邪記此者特言如是二人可託以女子之終身且聖人爲子擇配不求其它故可法也

或謂孔子登東山而小魯登泰山而小天下此言勝物而小之曰使聖人以勝物爲心是將自小安能小

物聖人本無勝物之心身之所處者高則物自不得不下耳○葉公以證父之攘羊為直而孔子以為吾黨之直者父為子隱子為父隱夫父子之真情豈欲相暴其惡哉行其眞情乃所謂直反情以為直則失其所以直矣乞醯之不得為直亦猶是也

周禮王燕則以膳夫為獻主說者曰君臣之義不可以燕廢曰是不然此孟子所謂養君子之道也禮受爵於君前則降而再拜燕所以待羣臣嘉賓也而使之有升降拜揖之勞是以犬馬畜之矣故以膳夫為獻主而主不自獻酧焉是乃所以為養君子之道而

廩人繼粟庖人繼肉之義也
周禮凡用皆會唯王及后不會說者曰不得以有司之法制之曰有司之不能制天子也固矣然而九式之職冢宰任之王恣其費用有司雖不會冢宰得以九式論於王矣故王后不會非蕩然無以禁止之也制之有冢宰之義而非以有司之法故也
或曰書之終秦誓以見聖人之樂人悔過也故凡過而能悔者取其悔而不追其過可也今有殺人而被刑者臨刑而曰吾惟殺人以至此也仁者於此夫必哀而捨之曰書之有秦誓二誓以誌帝王之誥命於

是絶故也其大意則言有國者不可縻擯於擯之中其事又有可取者則如秦之罪已而不責人是也若曰取其悔而已不卹其過其既悔而有過也亦不當羿乎聖人以恕待人於人之悔也嘉之可也如以悔爲是而不問其改與不改則改過者尠矣故君子之取人也取其改不取其悔且殺人至於被刑而自狀其過葢傷其死之不善也使殺人而不必死其肎悔乎崤之戰不敗則秦自以爲功矣何以知之以濟河之師知之也濟河之師何義哉

君子務本言凡所務者惟本而已若仁之於孝悌其

本之一端耳蓋爲仁必自孝悌推之然後能爲仁也其曰爲仁與體仁者異矣體仁則無本末之別矣孔子曰老者安之朋友信之少者懷之此無待乎推之也孟子曰老吾老以及人之老幼吾幼以及人之幼此推之也推之所謂爲仁

問子貢貨殖誠如史遷之言否曰孔門所謂貨殖者但其中未能忘利耳豈若商賈之爲哉曰樊遲請學稼學圃如何曰此亦非爲利也其所願學正許子並耕之意而命之爲小人者蓋稼圃乃小人之事而非君子之所當務也君子勞心小人勞力

先生嘗夜夢人問王由足用爲善何以見語之曰齊王只是朴實故足以爲善譬如好貨好色好勇與夫好世俗之樂皆以直告而不隱於孟子其朴實可知若乃其心不然而謬爲大言以欺人是人終不可與入堯舜之道矣何善之能爲

狼跋之詩曰公孫碩膚赤舄几几周公之遇謗何其安閒而不迫也學詩者不在語言文字當想其氣味則詩之意得矣

孟子言説大人則藐之至於以己之長方人之短猶有此等氣象在若孔子則無此矣觀鄉黨一篇與上

大夫言誾誾如也與下大夫言侃侃如也以至見冕者與瞽者雖褻必以皃如此何暇藐人禮曰賓賓爲其近於君也敬長爲其近於親也故孔子謂君子畏大人○孔子言由求爲具臣曰弑父與君亦不從也由求如是而已乎曰弑父與君言其大者葢小者不能不從故也若季氏旅泰山伐顓臾而不能救之之事是已然則或許其升堂且皆在政事之科何也曰小事之失亦未必皆從但自弑父與君而下或從一事則不得爲不從若弑父與君則決不從矣進此一等便爲大臣如孔孟之事君是也故孔孟雖當亂世

而遇庸暗之主一毫亦不放過
事道與祿仕不同常夷甫家貧召入朝神宗欲優厚
之令䕀數局如登聞鼓染院之類庶幾俸給可贍其
家夷甫一切受之不辭及正叔以白衣擢爲勸講之
官朝廷亦使之䕀它職則固辭蓋前日所以不仕者
爲道也則今日之仕須是官足以行道乃可受不然
是苟祿也然後世道學不明君子之辭受取舍人鮮
能知之故常公之不辭人不以爲非而程公之辭人
亦　以爲是
王逢原才高識遠未必見道觀其所著乃高論怨誹

之流彼使用之夫何能為春秋昭如日星但說者斷以己意故有異同之論若義理已明春秋不難知也春秋始於隱其說紛紛無定論孟子有言王者之迹熄而詩亡詩亡然後春秋作據平王之崩在隱公之三年也則隱公即位實在平王之旹自幽王為犬戎所滅而平王立於東遷當是時黍離降而為國風則王者之詩亡矣此春秋所以作也

易於咸卦初六言咸其拇六二言咸其腓九三言咸其股九五言咸其脢上六言咸其輔頰舌至於九四一爻由一身觀之則心是也獨不言心其說以謂有

心以感物則其應必狹矣唯忘心而待物之感故能無所不應其繇辭曰貞吉悔亡憧憧往來朋從爾思夫思皆緣其類而已不能周也所謂朋從者以類而應故也故孔子繫辭曰天下何思何慮天下同歸而殊塗一致而百慮天下何思何慮夫心猶鏡也居其所而物自以形來則所鑒者廣矣若執鏡隨物以度其形其照幾何或曰思造形之上極過是非思之所能及故唯天下之至神則無思也無思所以體道有思所以應世此爲不知易之義也易所謂無思者以謂無所事乎思云耳故其於天下之故感而通之而

已令而曰不可以有思又曰不能無思此何理哉

或曰聖人所以大過人者葢能以身救天下之弊耳昔伊尹之任其獘多進而寡退茍得而害義故伯夷出而救之伯夷之清其弊多還而寡進過廉而復刻故柳下惠出而救之柳下惠之咊其弊多洿而寡潔惡異而尚同故孔子出而救之是故伯夷不清不足以救伊尹之任柳下惠不咊不足以救伯夷之清此三人者因時之偏而救之非天下之中道也故久必弊至孔子之時三聖人之弊各極於天下故孔子集其行而大成萬世之法然後聖人之道無獘其所以

無弊者豈孔子一人之力哉四人者相爲終始也使三聖人者當孔子之時皆足以爲孔子矣曰何不思之甚也由湯至於文王之時五百有餘歲其間賢聖之君六七作其成就人才之衆至其衰世尤有存者使伊尹有弊當時更世之久上之爲君下之爲臣皆足以有爲獨無以革之乎由周至于戰國之際又五百有餘歲文武周公之化不爲不深使伯夷之弊至是猶在則周之聖人所謂一道德以同風俗者殆無補於世而獨俟一柳下惠邪況孔子去柳下惠未遠若柳下惠能矯伯夷之清使天下從之其弊不應繼

踵而作而孔子救之又何其遽也且孔子之時荷蓧荷蓧接輿沮溺之流必還者尚多也則柳下惠之所爲是果何益乎故爲聖人救弊之説者是夫不思而已矣夫伊尹固聖人之任者然以爲必於進則不可也湯三使往聘之然後幡然以就湯不然將不從其聘矣則伊尹之不必進可見伯夷固聖人之清者然以爲必於還則不可也方其辟紂居諸海濱以待天下清聞西伯善養老者則歸之則伯夷之不必還夫可見若柳下惠孔子蓋以謂直道而事人孟子夫偁其不以三公易其介矣夫豈以同爲咊乎由是觀之

其弊果何自而得之邪君曰孔子之道所以無弊者四人者相為終始使三聖人當孔子之時亦皆足以為孔子此尤不可孟子曰伯夷伊尹不同道又曰自生民以來未有盛於孔子而伯夷伊尹不足以班之而其所謂同者得百里之地而君之皆能以朝諸侯有天下行一不義殺一不辜而得天下皆不為而已彼為任為清為咊一節之至於聖人者也其可以為孔子乎夫以三人為聖者孟子發之也而孟子之言其辯如彼今釋孟子之言安得彊為之説乎雖然此孟子之言也學者於聖人又當自有所見自無所見

縱得孟子之旨何與吾事

問伊尹五就湯五就桀何也曰其就湯也以三聘之勤也其就桀也湯進之也然則何爲事桀曰既就湯則當以湯之心爲心湯豈有伐桀之意哉其不得已而伐之也人歸之天命之耳方其進伊尹以事桀也葢欲其悔過遷善而已苟悔過遷善則吾北面而臣之固所願也若湯初求伊尹即有伐桀之意而伊尹遂相之是以取天下爲心也以取天下爲心豈聖人之心哉

問伯夷伊尹柳下惠之行固不同矣使伯夷居湯之

世就湯之聘乎曰安得而不就然則湯使之就桀則
就之乎曰否何以知其然曰伯夷聞文王作興則歸
之空其就湯之聘然而横政之所出横民之所止不
忍居也使之事桀蓋有所不屑矣然則其果相湯也
胥伐桀乎曰至天下共叛之桀為獨夫伯夷伐之夫
何卹哉

或曰湯之伐桀也衆以為我后不卹我衆舍我穡事
而割正夏而湯告以必往是聖人之任者也文王三
分天下有其二以服事商是聖之清者也曰非也湯
伐桀雖其衆有不悅之言憚勞而已若夏之人則不

然曰時日曷喪予及汝皆亡故彼祖之民室家相慶簞食壺漿以迎王師湯雖不往不可得矣文王之時紂猶有天下三分之一民猶以為君則文王安得而不事之至於武王而受罔有悛心賢人君子不為所殺則或為囚奴或去國紂之在天下為一夫矣故武王誅之亦不得已也孟子不云取之而燕民不悅則勿取古之人有行之者文王是也取之而燕民悅則取之古之人有行之者武王是也由此觀之湯非樂為任而文王非樂為清也會逢其適而已

孟子與人君言皆所以擴其善心而革其非不止就

事論事如論齊王之愛牛而曰是心足以王論王之好樂而使之與百姓同樂論王之好貨好色好勇而陳周之先王之事若使爲人臣者論事每如此而其君肎聽豈不能堯舜其君

又曰孟子對人君論事句句未嘗離仁此所謂王道也曰安得句句不離乎仁曰須是知一以貫之之理曰一以貫之仁足以盡之否曰孟子固曰一者何曰仁也仁之用大矣今之學者仁之體亦不曾體究得

○齊王顧鴻雁麋鹿以問孟子孟子因以爲賢者而後樂此至其論文王夏桀之所以異則獨樂不可也

世之君子其賢者乎則必語王以憂民而勿爲臺沼苑囿之觀是拂其欲也其佞者乎則必語王以自樂而廣其侈心是縱其欲也二者皆非能引君以當道唯孟子之言常於毫髮之間剖析利害之所在使人君化焉而不自知夫如是其在朝廷則可以格君心之非而其言易行也

或曰居今之世去就之際不必一一中節欲其皆中節則道不得行矣曰何其不自重也枉己者其能直人乎古之人寧道之不行而不輕其去就如孔孟雖在戰國之時其進必以正以至終於不得行而死是

矣頃令之世獨不如戰國之時乎使不卹其否然可以行道孔孟當先爲之矣孔孟豈不欲道之行哉

或曰以術行道而心正如何曰謂之君子豈有心不正者當論其所行之是否爾且以術行道未免枉已與其自枉不若不得行之愈也

宋牼以利說秦楚使之罷兵以息兩國之爭其心未爲過也然孟子力拒之蓋君子之事君其說不可惟利之從苟惟利之從則人君所見者利而已彼有軌吾謀者其說又利於我吾說必見屈矣故不若與之談道理道理既明人自不能勝也所謂道理之談孟子之

仁義是也王霸之佐其利義之間乎一毫爲利則不足爲王矣後世道學不明人以顏子伯夷只作一節之士若孟子之論則是兩人者豈清修介潔者邪如伯夷直許之以朝諸侯一天下顏子直許之以禹稷之事○方太公釣於渭不遇文王特一老漁父耳一及朝用之乃有鷹揚之勇非文王有獨見之明誰能知之學者須體此意然後進退隱顯各得其當

或曰德而已矣奚取於聰明曰徒取其德或有有德而不聰明者如此則人得以欺罔之何以濟務故書稱堯舜禹湯文武皆言其聰明爲是故也

黄叔度學充其德雖顔子可至矣

一介之與萬鍾若論利則有多寡若論義其理一也伊尹惟能一介知所取與故能禄之以天下弗顧繫馬千駟弗眎自後世觀之則一介不以予人為太吝一介不以取諸人為太潔然君子之取予適於義而已予之嗇取之微雖若不足道矣然苟害於義又何多寡之間乎孔子於西赤之富不卹其請於原憲之貧不許其辭此知所予者也孟子言非其道則一簞食不可受於人如其道則舜受堯之天下不以為泰此知所取者也

孟子偁舜象憂亦憂象喜亦喜此語最宜味之夫舜之意唯恐不獲於象也則象喜舜自喜夫豈有僞乎是之謂不藏怒不宿怨

問象日以殺舜爲事而舜終不爲所殺何也曰堯在上天下豈容有殺兄者乎此語自是萬章所傳之謬據所載但云象傲而已觀萬章之言傲何足以盡之其言殺舜之時堯已妻之二女又使其子九男百官皆事舜於畎畝之中象必不敢但萬章所問其大意不在此故孟子當時亦不暇辯

孟子言舜之怨慕非淺知舜之心不能及此據舜惟

不順於父母不謂其盡孝也凱風之詩曰母氏聖善我無令人孝子之事親如此此孔子所以取之也孔子曰君子之道四丘未能一焉若乃自以為能則失之矣○顏子所學學舜而已蓋舜於人倫無所不盡也以為父子盡父子之道以為君臣盡君臣之道以為夫盡夫道以為兄盡兄道此孟子所謂舜為法於天下可傳於後世者也孟子所憂亦憂不如舜耳人能以舜為心其學不患不進

問將順其美後世之說或成阿諛恐是引其君以當道曰然此正如孟子所謂是心足以王若曰以小易

大則非其情以謂見牛未見羊而欲以羊易牛乃所以爲仁引之使知王政之可爲是謂將順又曰詳味此一章可見古人事君之心

韓信用兵在楚漢之間則為善矣方之五霸已自不及以無節制故也如信之軍脩武高祖即其卧内奪之印易置諸將信尚未知此與棘門霸上之軍何異但信用兵能以術驅人使自為戰當時亦無有以節制之兵當之者故信數得以取勝也王者之兵未嘗以術勝人然亦不可以計敗後世惟諸葛亮李靖為知兵如諸葛亮已死司馬仲達觀其行營軍壘不覺

歎服而李靖惟以正出奇此爲得法制之意而不務僥倖者也古人未嘗不知兵如周官之法雖坐作進還之來算不有節若平時不學一旦緩急何以應敵如此則學者於行師禦衆戰陣營壘之事不可不講

○史言成安君儒者故爲韓信所勝成安君豈眞儒者哉若眞儒必不爲韓信所詐如曰吾行仁義云耳人得而罔之是木偶人也夫兵雖不貲詐及人所不得而詐然後爲善觀戰國用兵中原之戰也若今之用兵禦夷狄耳力可以戰則戰勢利於守則守來則拒之去則勿追則邊鄙自然無事今乃反挑之且侵

其地已非理矣其決勝必取而至於用狙詐也又何足怪若賢將必不以窮鬬遠討為事何用狙詐蓋夷狄之戰與中原之戰異夷狄難與較曲直是非惟持力耳但以禽獸待之可也以禽獸待之如前所為是矣○問今之為將帥者不必用狙詐固是柰兵官迭人之有智略者莫非狙詐之流若無狙詐如何使人曰君子無所往而不以誠但至誠惻怛則人自感動曰至誠惻怛可也然今之置帥朝除暮易若以至誠為務須是積久上下相諳其效方見卒然施之未必有補曰誠動於此物應於彼速於影響豈必在久如

郭子儀守河陽李光弼代之一號令而金鼓旗幟爲之精明此特其號令各有體耳推誠亦猶是也

正叔先生過范堯夫治所謂堯夫曰聞公有言作帥當使三軍愛之如父母是否曰然非歟曰公第能言之耳未必能行也曰何以言之曰聞舊帥方卒公始代之便設筵張樂犒軍此所以知公之必不能使三軍愛之如父母也曰當時自合打散設筵張樂卻是錯曰打散亦不可彼卒伍之所利者財食也使其不得財食則知新帥之所以不給賜財食者爲舊帥之亡也夫舊帥亦父母也今其亡未久而給賜如常卒

伍之愚忽其上以此耳然則不能使之觀舊帥如父母則必不能使之以我為父母矣堯夫是日追送正叔曰若不遠出不聞此言

祖宗能用人命故 太祖嘗曰我以一縑易一胡人首不過十萬匈奴之衆可盡唯能如此所以能取天下今獲一劫盜尤須以數十千賞之若只使一縑欲易一胡人首人必不為用唯不能用人命此所以必至於厚賞也觀祖宗時江南擅強河東未服兩浙川廣尚守巢穴方是時所有財賦特中原之地耳其求斂科派蓋不若今之悉也其後祖宗削平僭亂只

用所有不患之財使如今日停賞安能取天下

陸宣公當擾攘之際說其君未嘗用數觀其奏議可見欲論天下事當以此為法宣公在朝自以不䘏其身知無不言言無不盡至於遷貶唯杜門集古方書而已可謂知進退者

呂晦叔真大人其言簡而意足 孫莘老嘗言裕陵好問且曰好問則裕晦叔曰好問而裕不若聽德而聽人有非鑑向強聒而不舍者呂晦叔曰鑑向賢戚之卿此語可謂忠厚然向之眷眷於漢室而不忍去則是也至於上變論事亦可謂不知命矣

問以臣夫一日而見天子天子問焉盡所懷而陳之則事必有窒礙者不盡則為不忠如何曰事或須量淺深孔子曰信而後諫未信則以為謗己也易之恒曰浚恒凶此恒之初也故當以漸而不可以浚浚則凶矣假如問人臣之忠邪其親信者誰歟遽與之辯別是非則有失身之悔君子於此但不可以忠為邪不以邪為忠語言之間故不無委曲也至於論理則不然如惠王問孟子何以利吾國則當言何必曰利宜王問孟子卿不同則當以正對蓋不直則道不見故也世之君子其平居談道甚明論議可聽至其出處

朝廷之上則其行事多與所言相戾至有圖王而實霸行義而規利者蓋以其學得之文字之中而未嘗以心驗之故也若心之所得則曰吾所以爲己而已是故心迹常判而爲二心迹既判而爲二故事事違其所學

人臣之事君豈可佐以刑名之說如此是使人主失仁心也人主無仁心則不足以得人故人臣能使其君視民如傷則王道行矣

或曰特旨乃人君威福之權不可無也曰不然古者用刑王三宥之若案法定罪而不敢赦則在有司夫

惟有司守法而不敢移故人主得以養其仁心今也法不應誅而人主必以特旨誅之是有司之法不必守而使人主失仁心矣

荊公在上前爭論或為上所疑則曰臣之素行似不至無廉恥如何不足信且論事當問事之是非利害如何豈可以素有廉恥刼人使信己也夫廉恥在常人足道若君子更自矜其廉恥亦淺矣蓋廉恥自君子所當為者如人守官曰我固不受贓不受贓豈分外事乎○理財作人兩事其說非不善然世儒所謂理財者務為聚斂而所謂作人者起其奔競好進之

心而已易之言理財詩之言作人似不如此
周官平須其興積說者曰無問其欲否槩與之也故
假此爲青苗之法當春則平須秋成則入之又加息
焉以謂不取息則舟車之費鼠雀之耗官吏之俸給
無所從出故不得不然此爲之辭耳先王省耕斂而
爲之補助以救民急而已方其出也未嘗望入豈復
求息取其息而曰非漁利也其可乎孟子論滕以謂
凶秊糞其田而不足則必取盈焉使民終歲勤動不
得以養其父母又稱貸而益之是爲不善令也無問
其欲否而須之又無問秊之豐凶而必取其息不然

則以刑法加焉周官之意果如是乎
朝廷設法賣酒所在官吏遂張樂集妓女以來小民此最爲害教而必爲之辭曰與民同樂豈不誣哉夫誘引無知之民以漁其財是在百姓爲之理者當禁而官吏爲之上下不以爲怪不知爲政之過也且民之有財者須上之人與之愛惜不與之愛惜而巧求暗取之雖無鞭笞以强民其所爲有甚於鞭笞矣余在潭州瀏陽方官散青苗時凡酒肆食店與夫俳優戲劇之罔民財者悉有以禁之散錢已然後令如故官賣酒舊嘗至是時者必以妓樂隨處張設頗得民

利或以請不許徃徃民間得錢遂用之有方

常平法州縣寺舍歲用有餘則以歸官賑民之窮餓

者余爲瀏陽日方爲立法使行旅之疾病飢踣於道

者隨所在申縣縣令寺舍飲食之欲人之入吾境者

無不得其所也其事未及行而余以罪去官至今以爲恨

錢塘內造作物守臣不知其數恣官所爲至數年

未已傷財害民莫此爲甚使其罷用一一得以奉御

茲固無嫌其實公得其一私得其十其十者非以自

奉則過奇技淫巧以自獻於上與夫宮嬪之嬖幸者

此弊尤不可言使予守錢塘必先奏上乞降所造之

數付有司爲之以進庶幾官不得容其姧是雖於事未有大補亦守臣安百姓節國用之一端也如此而得罪則有名矣

或勸先生解經曰不敢易也曾子曰吾日三省吾身爲人謀而不忠乎與朋友交而不信乎傳不習乎夫傳而不習以處已則不信以待人則不忠三者胥失也昔有勸正叔先生出易傳示人者正叔曰獨不望學之進乎姑遲之覺耄即傳矣蓋已耄則學不復進故也學不復進若猶不可傳是其言不足以垂後矣六經之義驗之於心而然施之於行事而順然後爲

得驗之於心而不能施之於行事而不順則非所謂經義今之治經者為無用之文徼幸科第而已果何益哉

今所謂博學者特通歷代之故事而已必欲取堯舜三代之法兼明而默識之以斷後世所為之中否而去取焉蓋未能也孟子之學蓋有以為不足學而不學者也余觀熙寧元豐之君子皆通曉世務而所取以為證者秦漢以下之事而已故有為秦漢以上之說者與之爭輒不勝若今之論事者多以三代為言其實未必曉有能以三代之法一一與之剖析是非

有不戰而自屈者。然此須深知三代致治之意方可。若周官之書，先王經世之務也，不可不講。若有意於世，須是事事明了，胸中無疑，方能濟務。如馬周以一介艸茅，言天下事若素宦於朝，若非嘗學來，安得生知？因論馬周言事，每事須開人主一線路，終是不如魏徵之正。如諫太宗避暑事，親之道甚善。然又曰鑾輿之出，有日不可遽止，願示還期，若事非是，即從而止之，何用如此？正孟子所謂月攘一雞者，豈是以堯舜望其君乎？

褚遂良脩起居注，唐太宗曰：朕有不善，汝當記之乎？

或爲之言曰借使遂良不記天下亦當記之曰此語亦善但人主好名則可以此動之耳未盡也夫君子居其室出其言善則千里之外應之出其言不善則千里之外違之故言行君子之樞機不可不慎縱使史官不記而民之應違如此雖欲自掩其不善其可得乎

試敎授宏辭科乃是以文字自售古人行已似不如此今之進士使豪傑者出必不肯就然以謂舍此則仕進無路故爲不得已之計或是爲貧或欲緣是少試其才既得官矣又以僥求榮達此何義哉

朝廷立法臺察不許言天下利害諫官不許論人士
命爲臺諫是使之言也而又禁之何理哉如命以中
書舍人或升黜不當繳還詞頭則更屬它中書舍人
爲之命以給事中或有必行之事則不復過門下而
所謂中書舍人給事中者夫更不整理且如此是不
得其職矣不得其職則當奏而令之君子安爲之其
義焉在常平司有支用雖是赦取法當執奏近又免
執奏之法關防甚密何可免也使吾輩得爲常平官
如此等事尤當辨明則知今之要路大抵難處也先
王之時工執藝事以諫自此推之則當是時凡有職

者皆得執其事以諫矣若人人有職事皆能思其利害以諫法度何憂不完政事何憂不成且古者百工猶能信度以申其說而今之侍從監司蓋內外之達官人主所親信者反未嘗知諫此又何理也

天生聰明時乂所謂天生者因其固然而無作之謂也無所作聰明是謂憲天聰明憲天云者任理而已矣故伊尹曰視遠惟明聽德惟聰知此然後可與論人君之聰明矣或曰為人君須聰明有以勝人然後可以制人而止其亂曰天聰明期於勝人非也如人聽訟必欲即擿知其情狀是非友或屢中若不任理

只是億度而已非所謂聰明故孔子曰聽訟吾猶人也必也使無訟乎人君如不聽德每事卽揣知情狀是非所中雖多失人君之道矣謂之不聰明可也

作詩不知風雅之意不可以作詩尚譎諫唯言之者無罪聞之者足以戒乃為有補若諫而涉於毁謗聞者怒之何補之有觀蘇東坡詩只是譏誚朝廷殊無溫柔敦厚之氣以此人故得而罪之若是伯淳詩則聞之者自然感動矣因舉伯淳和溫公諸人禊飲詩云未須愁日暮天際乍輕陰又泛舟詩云只恐風花一片飛何其溫厚也

考槃之詩言永矢弗過說者曰擔不過君之朝非也矢陳也友曰永言其不得過耳昔者有以是問常覔甫之予应之對曰古之人蓋有眎其君如寇讎者此无害理何則孟子所謂君之眎臣如犬馬則臣眎君如寇讎以爲君言之也爲君言則施報之道此固有之若君子之自處豈處其薄乎孟子曰王庶幾改之予日望之君子之心蓋如此考槃之詩雖其時君使賢者退而窮處爲可罪夫苟一日有悔過遷善之心復以用我我必復之其朝何終不過之有大抵今之說詩者多以文害辭非徒以文害辭也又有甚者今

析字之偏傍以取義理如此豈復有詩孟子引天生烝民有物有則民之秉彛好是懿德故曰有物必有則民之秉彛也故好是懿德其釋詩也於其本文加四字而已而語自分明矣今之說詩者殊不知此郭汾陽不問發墓之人雖古之齊物我者不能過

問謙安屐齒折事識者不信是否曰此事未必無但変於此亦失之億度安知其非偶然乎若破賊而喜在謙安固不足怪然屐齒必不為一時遑遽而致折也〇或謂人當無利心然後為君子曰以此自為可也以此責人恐不勝責矣人但能於得處知辨義理

友自難得故孔子以見利思義稱成人而以見得思義偁士焉此其辨也

物有圭角多刺人眼目友易玷闕故君子處世當渾然天成則人不猒棄矣

湋涵之量不可以容江河江河之量不可以容滄海有所局故也若君子則以天地爲量何所不容有能捐一金而不顧者未必能捐十金能捐十金而不顧者未必能捐百金此由所見之熟與不熟非能真知其義之當與否也若得其義矣雖一分不妄予亦不妄取

世之事鬼神所以陷於淫謟者皆其不知鬼神之情狀祭祀之深意也學者當求知之漢儒言祖有功宗有德不毀所以勸也曰非也子孫之祭其親豈有功德而後祭之乎若以為有功德然後祭是子孫得揀擇其祖宗而尊之也豈事親之道哉秦少游以韋元成為腐儒惡其建毀廟之議其說曰君子將營宮室宗廟為先廐庫為次居室為後夫營之先親而後身則毀之先身而後親可知矣漢之離宮别館長楊五柞已大侈靡未聞其毀乃取韋元成毀廟之說亟行之此元帝寢疾所以夢祖譴責也其後又復豈終可

乎曰審宗廟也則不容以所未當毀者而毀之矣先王之禮天子祭天地諸侯祭社稷父爲士子爲大夫葬以士祭以大夫父爲大夫子爲士葬以大夫祭以士支子不祭有事則祭于宗廟之家明非繼體也如是則祭與不祭皆不可茍矣漢之廟在郡國蓋以千數歲時皆諸侯王主祭豈古禮哉使漢祖宗有靈當不享矣太無度之廟致不享之祭以與事神尚不欲毀邪以夢寐而復既未知鬼神之情狀引之爲證其說陋矣且誠如所論先王當行之矣先王豈不敬神哉○耳餘之交相責之深相知之淺耳故不終

知合內外之道則顏子禹稷之所同可見葢自誠意正心推之至於可以平天下此內外之道所以合也故觀其意誠心正則知天下由是而平觀其天下平則知非意誠心正不能也兹乃禹稷顏回之所以同也○問師也辟何以見曰語云堂堂乎張也難與竝爲仁矣葢幾於辟然此其初也學於孔門者皆終有進焉若子張後來論交曰我之大賢歟於人何所不容此豈介僻之流

孟子曰人之有四端猶其有四體也夫四體與生俱三才體不備謂之不成人闕一不可夫無先後之次

老子言失道而後德失德而後仁失仁而後義失義而後禮禮者忠信之薄是特見後世爲禮者之弊耳先王之禮本諸人心所以節文仁義是也顧所用如何豈有先後雖然老子之薄而末之者其意欲民還淳反樸以救一時之弊而已夫果能使民還淳反樸不亦善乎然天下豈有此理夫禮文其質而已非能有所增益也故禮行而君臣父子之道得使一日去禮則天下亂矣若去禮是去君臣父子之道也而可乎唯不可去此四端所以猶人之有四體也

今學者將仁小卻故不知求仁孔子曰若聖與仁則

吾豈敢孔子尚不敢當且罕言之則仁之道不亦大乎然則所謂合而言之道也何也曰由仁義則行仁義所謂合也洪範傳曰道萬物而無所由命萬物而無所聽唯天下至神爲能與於此此爲不知道與命也孔子之言道曰誰能出不由户何莫由斯道也其言命曰道將行也歟命也道之將廢也歟命也夫道非能使人由之命非能使人聽之人自不能違耳聖人雖至神以謂體道而至於命則可也若曰無所由無所聽將焉之乎且聖人未嘗不欲道之興以無可柰何故委之於命如使孔子必可以爲周公之事其

不爲之乎可爲而不爲則是欲道之廢矣豈孔子之心哉故曰道萬物而無所由命萬物而無所聽者不知道與命之言也

洪範傳論水火金木土自然之數配諸人之一身皆有先後之序此有序乎失五行在天地之間有則俱有故曰闕一不可今曰有水然後有火有火然後有木有木然後有金有金然後有土雖常人皆知其不然矣然則謂精神魂魄意爲有序失之矣

或問臺諫官如何作曰剝之象曰不利有攸往小人長也順而止之觀象也君子尚消息盈虛天行也夫

君子之於小人方其進也不可以驟太觀剝之象斯可見矣剝坤下而艮上坤順也艮止也此天理之不可易者也順而止之其漸而非暴之謂乎陰陽之氣消息盈虛必以其漸君子所尚益在於此

君子之治心養氣接物應事唯直而已直則無所事矣康子饋藥孔子既拜而受之矣乃曰丘未達不敢嘗此疑於拂人情然聖人慎疾豈敢嘗未達之藥既不敢嘗則直言之何用委曲微生高乞鄰醯以與人是在今之君子蓋常事耳顧友何害然孔子不以為直以所以辭康子之言觀之信乎其不直也維摩經

云直心是道場儒佛至此實無二理學者必欲進德則行已不可不直蓋孔子之門人皆於其師無隱情者知直故也如宰我短喪之問之類

范濟美問讀論語以何爲要曰要在知仁孔子說仁處最宜玩味曰孔子說處甚多尤的當是何語曰皆的當但其門人所至有不同故其荅之亦異只如言剛毅木訥近仁自此而求之仁之道亦自可知蓋嘗謂曾子在孔門當時以爲魯魯者學道尤宜難於它人然子思之中庸聖學所賴以傳者也考其淵源乃自曾子則傳孔子之道者曾子而已矣豈非魯得之

乎由此觀之聰明辨智未必不害道而剛毅木訥信乎於仁為近矣

吕吉甫解孝經義首章云是曾子力所不能問故孔子以其未曉而盡告之曰豈有人未之曉而可以盡告之乎觀孔子門人問為邦者惟顔子一人其它敢為國者尚少今孝經所論上自天子下至庶人無不及者若其力有未至而盡告之在孔子為失言於曾子為無益豈聖賢教與學之道哉孔子云參也魯蓋其初時而後語之以一以貫之曾子於此默喻則其所得深矣猶以為魯是學於孔門者獨無所進乎哉

論語所載曾子將死之言〻孟子推明不事有若之意
又詳考子思孟子傳道之門自是特以魯終其身者
邪學有所患在守陳編而不能斷以獨見之明與其
於古人是非所以多失之也

龜山先生集卷第十終

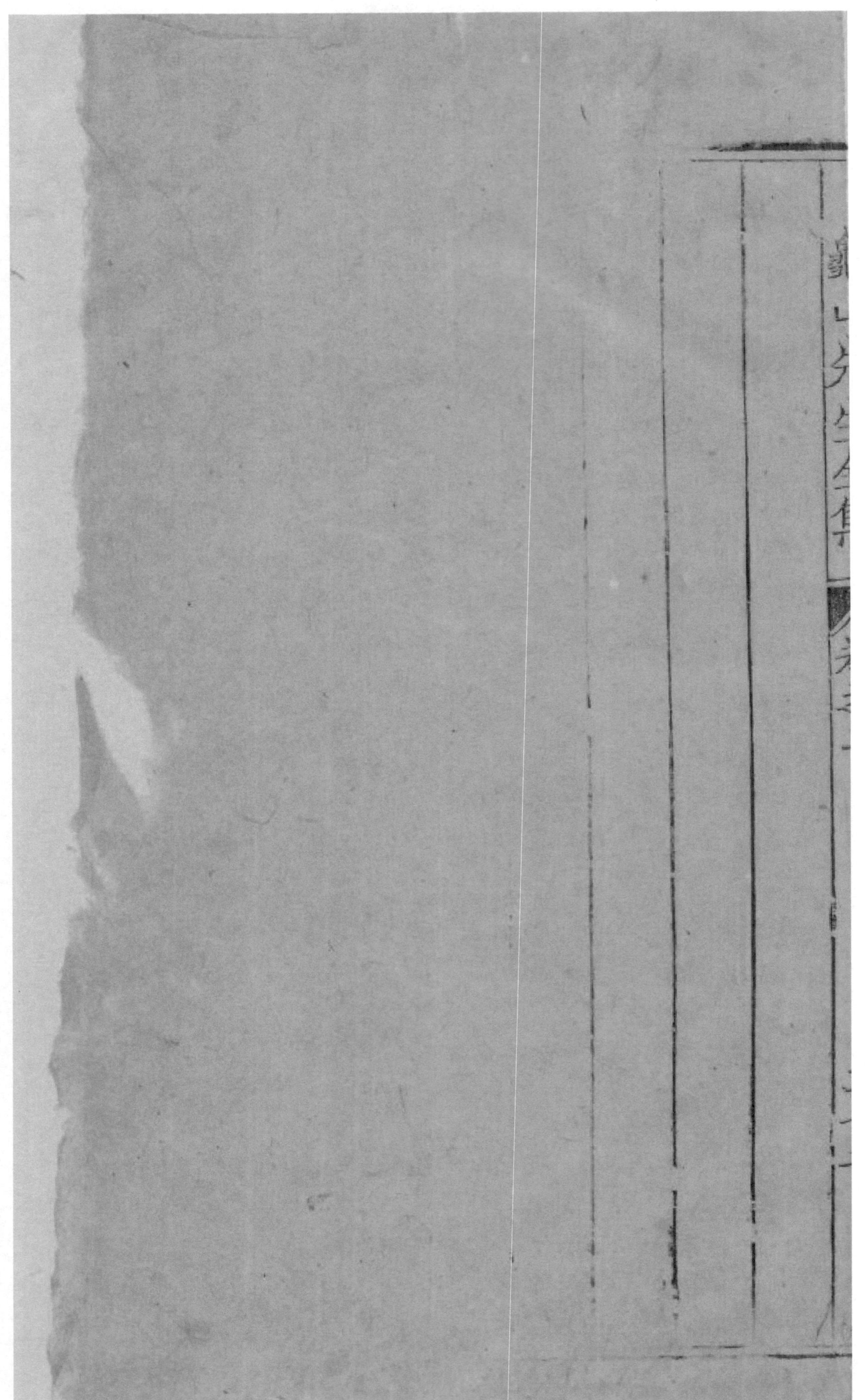

龜山先生集卷第十一

語録二

京師所聞 丙戌四月至六月

季似祖曹令德問何以知仁曰孟子以惻隱之心為仁之端平居但以此體究久久自見因問似祖令德尋常如何說隱似祖云如有隱憂勤卹民隱皆疾痛之謂也曰孺子將入於井而人見之者必有惻隱之心疾痛非在己也而為之疾痛何也似祖曰出於自然不可已也曰安得自然如此若體究此理知其所從來則仁之道不遠矣二人退余從容問曰萬物與

我為一其仁之體乎曰然

問論語言仁處何語最為親切曰皆仁之方也若正所謂仁則未之嘗言也故曰子罕言利與命與仁要道得親切唯孟子言仁人心也最為親切

豐尚書稷嘗言少時見雪竇教人惜福云人無壽夭禄盡則死昔元厚之死而復生於陰府見主吏謂之曰君禄未盡它時官至兩府然須惜福乃可延年厚之一生雖一杯飯亦必先減而後食其餘其養皆不敢過故身為執政壽逾七十雪竇之言於是可驗今日賢人相高以侈視其費用皆是無益畢竟何補公

聞之曰此猶以利言也若以義言之則簞食萬鍾碩
吾所得為者如何耳
吳審律儀勸解易曰易難解曰及今可以致力若後
力衰卻難曰某嘗觀聖人言易便覺措辭不得只如
乾坤兩卦聖人嘗釋其義於後是則解易之法也乾
之初九潛龍勿用釋云陽在下也又曰龍德而隱者
也又曰下也又曰陽氣潛藏又曰隱而未見行而未
成此一爻耳反覆推明至五變其說然後已今之釋
者其於它卦能如是推明乎若不能爾則一爻之義
只可用之一事易三百八十四爻爻指一事則是其

用止於三百八十四事而已如易所詠其果極於此乎若三百八十四事不足以盡之則一爻之用不止於一事亦明矣觀聖人於繫辭發明卦義尚多其說果如今之解易者乎故某嘗謂說易須髣髴聖人之意然後可以下筆此其所以未敢苟也

問邵堯夫云誰信畫前元有易自從刪後更無詩畫前有易何以見曰畫前有易其理甚微然即用孔子之已發明者言之未有畫前蓋可見也如云神農氏之耒耜蓋取諸益日中為市蓋取諸噬嗑黃帝堯舜之舟楫蓋取諸渙服牛乘馬蓋取諸隨蓋噬嗑渙隨

畫卦也當神農黃帝堯舜之時重卦未畫此理真聖人有以見天下之賾故通變以宜民而易之道得矣然則非畫前元有易乎

問牆有茨之詩若以爲勸戒似不必存曰著此者欲知此惡不可爲耳所以不可爲以行無隱而不彰雖幽闇深僻之中人亦可以知其詳也人之爲惡多以人莫之知而密爲之然終不能掩密爲之者其初心也至於不能掩蓋已無如之何耳豈其所欲哉此君子所以戒愼乎其所不睹恐懼乎其所不聞也自非狙詐之徒皆知義足以勝利然不爲利疚而遷

者幾希如管仲夫知義故其所為多假義而行自王者之迹熄天下以詐力相高故常弱於利而不知反由孔子而後為天下國家不以利言者唯孟子一人守得定

九月丁卯子同生曰子同者正名其為桓公之子也猗嗟之詩序曰人以為齊侯之子其詩曰展我甥兮則明莊公非齊侯之子矣以經考之莊公之生桓公之六年也至十八年始書夫人姜氏遂如齊而左傳因載申繻之諫與桓公遂齊之事則前此文姜蓋未嘗如齊也未嘗如齊而人以莊公為齊侯之子春秋

宴得而不辨乎此春秋所以為别嫌明微也

閔二年書鄭弃其師觀清人之詩序可見矣文公惡高克使之將兵禦狄久而不召遂使衆散而歸豈非弃其師乎蓋惡其人而使之將兵以外之兵何罪故止罪鄭

齊桓公攘戎狄而封衛未嘗請命于天子而專封之也故春秋書城楚丘而不言其封衛蓋無取焉然則木瓜美桓公孔子何以取之曰木瓜之詩衛人之詩也衛為狄所滅桓公救而封之其恩豈可忘也欲厚報之不失室乎在衛人之義不得不以為美其取之

也以衛人之義而已若春秋襃貶示天下之公故無取○鄭季常作太學博士言養士之道當先善其心今殊失此意未知所以善之之方曰由今之道雖賢者爲教官必不能善人心曰使荊公當此職不知如何曰荊公爲相其道蓋行乎當季今日學法荊公之法也已不能善之矣季常良久曰如是如是

與季常言學者當有所疑乃能進德然亦須着力深方有疑今之士讀書爲學蓋自以爲無可疑者故其學莫能相當如孔子門人所疑皆後世所謂不必疑者也子貢問政子曰足食足兵民信之矣子貢疑所

可去荅之以去兵於食與信猶有疑焉故能發孔氏民無信不立之說若今之人問政使之足食與兵何疑之有樊遲問仁子曰愛人問智子曰知人是蓋甚明白而遲猶曰未達故孔子以舉直錯諸枉能使枉者直教之由是而行之於智之道不其庶矣乎然遲還而見子夏猶申問舉直錯諸枉之義於是又得舜舉皋陶湯舉伊尹為證故仁智兼盡其說子夏問巧笑倩兮美目盼兮直推至於曰禮後乎然後已如使今之學者方得其初問之荅便不復疑矣蓋嘗謂古人以為疑者今人不知疑也學何以進李常曰某平

生為學友常自謂無疑今觀所言方知古之學者善學○問中庸只論誠而論語曾不一及誠何也曰論語之教人凡言恭敬忠信所以求仁而進德之事莫非誠也論語示人以其入之之方中庸言其至也蓋中庸子思傳道之書不正言其至則道不明孔子所罕言孟子常言之亦猶是矣

易曰君子敬以直內義以方外夫盡其誠心而無僞焉所謂直也若施之於事則厚薄隆殺一定而不可易為有方矣敬與義本無二所主者敬而義則自此出焉故有內外之辨其實義亦敬也故孟子之言義

曰行吾敬而已

問孔子許子路升堂其品第甚高何以見曰觀其死猶不忘結纓非其所養素定何能爾耶苟非其人則遑遽急迫之際方寸亂矣

問宰我於三年之喪猶有疑問何也曰此其所以為宰我也凡學於孔子者皆欲窮究到無疑處方已三年之喪在它人於此不敢發之宰我疑以朞斷故必求質於聖人雖被深責所不辭也

四科之目不盡孔門弟子之賢非可指為定論

楊雄作太玄準易此最為誑後學後之人徒見其言

熹潑其數汗漫遂謂雄真有得於易故不敢輕議其實雄未嘗知易

問必有事焉而勿正心勿忘勿助長既不可忘又不可助長當如何着力曰孟子固曰至大至剛以直養而無害則雖未嘗忘亦不助長

溫良恭儉讓此五者非足以盡孔子然必聞其政者以此耳

毋意云者謂無私意耳若誠意則不可無也

所謂時習者如嬰兒之習書點畫固求其似也若習之而不似亦何用習學者學聖人亦當如此大槩必

踐履聖人之事方名爲學習又不可不察習而不察與不習同若今之學者固未嘗習而況於察

問何謂屢空曰此顏子所以殆庶幾也學至於聖人則一物不留於胸次乃其常也回未至此屢空而已謂之屢空則有時乎不空

億則屢中非至誠前知也故不足取

問操則存如何曰古之學者眎聽言動無非禮所以操心也至於無故不徹琴瑟行則聞佩玉登車則聞和鑾蓋皆欲收其放心不使惰慢邪僻之氣得而入焉故曰不有博奕者乎爲之猶賢乎已夫博奕非君

子所為而云爾若以是可以收其放心爾說經義至不可踐履處便非經義若聖人之言豈有人做不得處學者所以不免求之釋老為其有高明處如六經中自有玅理却不深思只於平易中認了曾不知聖人將玅理只於尋常事說了

曾子曰士不可以不弘毅人須能弘然後有容因言陳述古先生云丈夫當容人勿為人所容

旁招俊乂列于庶位宰相之任也今宰相欲擢任一人必令登對然後取旨用之夫人之賢不肖一見之頃安能盡知此蓋欲於後世宰相不堪委任之過

荊公云利者陰也陰當隱伏義者陽也陽當宣著此說源流發於董仲舒然此正王氏心術之蔽觀其所爲雖名爲義其實爲利

春秋正是聖人處置事處它經言其理此明其用理既明則其用不難知也

聖人作處本分之外不加毫末故以孔子之聖孟子止言其不爲已甚而已

或問操心曰書云以禮制心所謂操也如顏子克己復禮最學者之要若學至聖人則不必操而常存楊雄言能常操而存者其唯聖人乎此爲不知聖人論

及莊周言天人處曰絡馬首穿牛鼻是謂人曰是𠅘
天也若絡牛首穿馬鼻則不可謂之天論西銘曰河
南先生言理一而分殊知其理一所以爲仁知其分
殊所以爲義所謂分殊猶孟子言親親而仁民仁民
而愛物其分不同故所施不能無差等或曰如是則
體用果離而爲二矣曰用未嘗離體也且以一身觀
之四體百骸皆具所謂體也至其用處則履不可加
之於首冠不可納之於足則即體而言分在其中矣
〇吾從周非從其文也從其損益之意而已
易言利見利用而終不言所以利故孔子罕言利或

謂死與鬼神子路所不得而問蓋不曉一致之理故錯認聖人之言

宰我問三年之喪非不知其爲薄也只爲有疑故不敢隱於孔子只此無隱便是聖人作處

問伯夷聖人猶有隘何也曰此自氣禀不同耳若觀其百世之下聞其風者頑夫廉懦夫有立志此是甚力量

餘杭所聞　丁亥三月

周公東征邦君御事皆以爲不可周公徒得十夫之助決意征之禹征有苗會羣后誓之既已出師朝廷

上下宜無不以爲當者而益以一言贊之禹遂振旅而還而苗夷隨格豈周公之德不逮禹乎葢舜之時在廷莫非君子而天下已大治矣其敢逆命者獨有苗而已縱而不治未足爲害如必欲誅之則太平之民自受其病矣故與其勤師遠伐不若脩德以待其來之爲愈也若夫三監之叛其變起王室非可以夷狄待之也況又成王幼沖涖政之初君子之道不勝小人不誅而縱之其禍將不勝救矣當是之時雖無十夫之助周公亦不可已此所以必征之也易曰莧陸夬夬中行无咎其舜之事乎如徃李靖州之師非

出固有名若以舜之事言之其孰為得自靖為郡荊
湖至今被其害

問帝乃誕敷文德則自班師之後然後敷之也敷文
德之事何以見曰舞干羽是也古之旹文武一道故
干戈兵器也用之於戰陣則為武用之於舞蹈則為
文曰敷文德云者已不為武備矣

人之生也直是以君子無所往而不用直直則心得
其正矣以乞醯鄰父為直不得其正者也古之於幼
子常示毋誑所以養其直也其養之也有素如此以
怨報怨以德報怨皆非直也所謂直者公天下之好

惡而不爲私焉耳曰如是則以德報德何以辨之曰所謂德非姑息之謂也友盡其道而不爲私焉耳若姑息則不能無私矣曰人有德於我不幸而適遇所當施之者非吾意之所欲能不少有委曲如庾公之斯之於子濯孺子不友可乎曰然

問舜之旹在廷之臣多矣至傳禹以天下而禹獨推皋陶何也曰舜徒得此兩人而天下已治故也禹總百揆而皋陶施刑內外之治舉矣古者兵刑之官合爲一觀舜之命皋陶蠻夷猾夏是其責也則皋陶之職所施於外者爲詳故皋陶雖不可以無禹禹不可

以無皋陶是以當舜之欲傳位禹獨推之餘人不與焉孟子曰舜以不得禹皋陶爲己憂而子夏亦言舜有天下選於衆舉皋陶不仁者遠矣蓋有見乎此忠信乃爲進德之基本無忠信則如在虛空中行德何以進

問孔子於舊館人之喪遇於一哀而出涕遂脫驂以賻之曰吾惡夫涕之無從也而顔淵死子哭之慟顔路請子之車以爲之椁而不與何也曰遇於一哀而出涕者不期然而然也然哀有餘也故必有以文之此說驂之禮所由起乎顔淵死子曰天喪予天喪予

則其存亾與之爲一矣故其哭之也不自知其慟也其於此奚以文爲文非所以施於顔淵則車之與不與也惟義所在而已

獲乎上有道不信乎朋友弗獲乎上矣信乎朋友有道不順乎親弗信乎朋友矣順乎親有道反身不誠不說於親矣今之君子欲行道以成天下之務反不知誠其身豈知一不誠它日舟中之人盡爲敵國乎故曰不誠未有能動者也夫以事上則上疑以交朋友則朋友疑至於無往而不爲人所疑道何可行哉

葢忘機則非其類可親機心一萌鷗鳥舞而不下矣

○大學一篇聖學之門戶其取道至徑故二程多令初學者讀之蓋大學自正心誠意至治國家天下只一理此中庸所謂合內外之道也若內外之道不合則所守與所行自判而為二矣孔子曰子帥以正孰敢不正子思曰君子篤恭而天下平孟子曰其身正而天下歸之皆明此也

伊尹所以事君更無回互唯知忠而已所以能為放太甲之事然如此而天下不疑者誠意素著故也因問孟子云有伊尹之志則可後世之為人臣者不幸而適遇此事而有伊尹之志不知行得否若行不得

是伊尹之事不可法於後也曰若有伊尹之志其素行足信何為不可但觀蜀先主當時以其子屬諸葛孔明曰嗣子可輔輔之如不可輔君自取之備死孔明操一國之權當時軍國大務人材進退唯孔明是聽而蜀之人亦莫之疑也蓋孔明自非篡弒之人其素行足信也若如司馬懿其誰信之伊尹之事自後世觀之以為異其實亦所謂中道

問成湯放桀惟有慙德何也曰橫渠嘗言湯武之功聖人之不幸也若論君臣之義則為臣而事其君當使其君如堯舜乃是既不能使其君如堯舜至其君

得罪於天下而放之豈其所欲哉成湯之事以言順乎天而應乎人何慙之有然自人情觀之既以堯舜之禪為盡善則征誅而有天下安能無媿乎

問文姜與齊侯淫詩人以不能防閑其母刺莊公莊公固當深罪乎曰固可罪也觀載驅之詩言魯道有蕩則魯之君臣蕩然無以禁止之也夫君夫人之出入其威儀物數甚備其曰齊子夕發又何其易乎禮婦人幼從父兄嫁從夫夫死從子既曰從子子乃不能防閑之恣其淫亂於誰責而可乎許穆夫人思歸唁其兄而義不得其賦載馳之詩曰大夫君子無我

有尤是雖欲歸不可得也曰凱風何以美孝子曰不能安其室是求嫁也嫁猶以正非如姜氏之淫于齊也又此詩之所取特美其負罪引慝而已若叔于田之詩序所謂不勝其母以害其弟其刺之蓋與猗嗟之刺莊公同意

或曰呂吉甫云管仲令人未可輕議之如列子所載仲論隰朋之為人上忘而下不叛媿不若黃帝而哀不已若者又如論語稱管仲奪伯氏駢邑三百飯疏食沒齒無怨言則其所能者亦可謂高矣如仲者但不如孔子耳何可輕議曰此未見仲小器之實也若

管仲只不知孔子曾西何以不為
艮止也止其所也故繫辭曰止萬物者莫善乎艮又曰成言乎艮者萬物之所成終而所成始也止於此矣復出乎震不終止也故艮卦曰時止則止時行則行
觀盥而不薦有孚顒若誠意所寓故也古人脩身齊家治國平天下本於誠吾意而已詩書所言莫非明此者但人自信不及故無其效聖人知其效必本於此是以必由也或曰正心於此安得天下便平治曰正心一事自是人未嘗深知之若深知而體之自有

其效觀後世治天下皆未嘗識此然此亦惟聖人力做得徹蓋心有所忿懥恐懼好樂憂患一毫少差即不得其正自非聖人必須有不正處然有意乎此者隨其淺深必有見效但不如聖人之效著矣觀王氏之學蓋未造乎此其治天下專講求法度如彼脩身之潔宜足以化民矣然卒未逮王文正吕晦叔司馬君實諸人者以其所為無誠意故也明道常曰有關雎麟趾之意然後可以行周官之法度蓋淺達乎此

因問顔子克己欲正心邪曰然

或問經綸天下須有方法亦須卞氣運轉得行曰天

保以上治内采薇以下治外先王經綸之迹也其效博矣然觀其作處豈嘗費力本之誠意而已今鹿鳴四牡諸詩皆在先王所歌以燕羣臣勞使臣者也若徒取而歌之其有效乎然則先王之用心蓋有在矣如書堯典序言克明俊德以至親睦九族平章百姓協咊萬邦法度蓋未及也而其效已臻黎民於變時雝然後乃命羲咊欽若昊天之事然則法度雖不可廢豈所宜先

未見易而玩易之文以言易若說得深即不是聖人作用處若說得淺常人之談耳

因言秦漢以下事曰亦須是一一識别得過欲識别得過須用着意六經不可容易看了今人多言要作事須看史史固不可不看然六經先王之迹在焉是亦足用矣必待觀史未有史書以前人何以為據蓋孔子不存史而作春秋春秋所以正史之失得也今人自是不留意六經故就史求道理是以學愈博而道愈遠若經術明自無工夫及之使有工夫及之則取次提起一事便須斷遣處置得行何患不能識别

盥而不薦初未嘗致物也威儀度數亦皆未舉而已

有孚顒若其所以交於神明者蓋有在矣又云禮莫重於祭祭莫重於灌蓋求鬼神於幽陰之時未致其文於此而能致誠以格鬼神則自灌而往其威儀度數足觀矣若不究其實而徒以縟文從事何足觀乎故孔子嘗曰禘自既灌而往者吾不欲觀之矣蓋歎時也易曰東鄰殺牛不如西鄰之禴祭又曰二簋可用享其不貴物而貴誠如此又云古人所以交神而接人其道一主於誠初無二也故曰明則有禮樂幽則有鬼神幽明本一理故所以感之者亦以一理聖人以神道設教而天下服所謂神道誠意而已誠意

天德也

又云無誠意以用禮則所爲蘇文末節者僞而已故老子絶滅禮學而曰忠信之薄亂之首也

予欲觀古人之象汝明非謂明其禮意也衣服所以章有德五服五章哉非其稱不明孰甚焉

宗族之言朋友不可相責望蓋君子恕以處朋友也若爲人朋友所以自處則不可爾周官以孝友睦婣任卹考人之行若不可責人聖人何以制法夫鄰里鄉黨力足以相助相持猶不敢不勉而況於朋友乎

○問所解論語犯而不校處云視天下無一物非仁

也故雖犯而不校此如四海皆兄弟之義看否曰然仁者與物無對自不見其有犯我者更與誰校如孟子言仁者無敵亦是此理

龜山先生集卷第十一終

龜山先生集卷第十二

語録三

餘杭所聞

楊雄云多聞守之以約多見守之以卓其言終有病不如孟子言博學而詳説之將以反説約也爲無病蓋博學詳説所以趨約至於約則其道得矣謂之守以約卓於多聞多見之中將何守見此理分明然後知孟子之後其道不傳知孟子所謂天下可運於掌爲不妄

正心到寂然不動處方是極致以此感而遂通天下

之故其於平天下也何有

曾子開不以顏色語言假借人其慎重爲得大臣之體於今可以庶幾前輩風流者惟此一人耳

齊戰在聖人何以慎曰齊所以事神戰所以用民命固當慎也曰孔子云我戰則克祭則受福何也曰此非聖人之言王者之兵有征無戰必也臨事而懼好謀而成又敢自謂其能克乎夫祭之爲道初不爲徼福故祭祀不祈君子於其親春秋祭祀以時思之其它所祭報本反始而已何求福之有又曰武王三分天下有其二度德量力皆足以勝受而無疑焉而曰

受克予非朕文考有罪惟予小子無良是不毅必其戰之勝也而記稱孔子之言曰我戰則克必不然矣

○問或謂人主之權當自主持是否曰不爲臣下竊其威柄此固是也書稱湯曰用人惟己而孟子亦曰見賢焉然後用之則人君之權豈可爲人所分然孟子之論用人去人殺人雖不聽左右諸大夫之毀譽亦不聽國人之公是非因國人之公是非吾從而察之必有見焉而後行如此則權常在我矣若初無所見姑信已意爲之夫必終爲人所惑不能固執矣

問或謂衛於王室爲近懿公爲狄所滅齊桓公攘戎

狄而封之當是時夷狄横而中國微桓公獨能如此故孔子曰微管仲吾其被髮左衽矣爲其功如此也觀晉室之亂胡羯猖獗於中原當是時只爲無一管仲故顛沛如此然則管仲之功後世信難及也曰若以後世論之其功不可謂不大自王道觀之則不可以爲大也今人只爲見管仲有此故莫敢輕議不知孔孟有爲規模自別見得孔孟作處則管仲自小曰孔孟如何曰必也以天保以上治内以采薇以下治外雖有夷狄安得遽至中原乎如小雅盡廢則政事所以自治者俱亡四夷安得而不交侵中國安得而

不徹方是時縱能救之於已亂雖使中國之人不至被髮左衽蓋猶賢乎周衰之列國耳何足道哉如孟子所以敢輕鄙之者蓋以非王道不行故也曰然則孔子何爲深取之曰聖人之於人雖有毫末之善必錄之而況於仲乎若使孔子得君如管仲則管仲之事蓋不暇爲矣

問或謂今世直道難行必有術焉若事事要是自立不任道如何行得觀周勃狄仁傑之在漢唐必須優柔浸灌蒙恥忍后俟時而後發故功成事遂如必危言極論則速禍無補矣曰學者當以聖王爲師如周

勃何人而可取法勃之不為祿産戮也幸矣觀其提北軍而入也猶於衆曰為劉氏者左袒此最為無謀設使當時呂氏之黨先有以固結衆心皆為之右袒何以處之非唯皆右袒只使左右袒者相半亦不能決勝矣豈不危乎曰勃須知衆皆為氏故為此說曰既知其皆為氏則此說尤為贅語為勃之計但當問義之所在以義驅之可也如當時平勃兩人俛首以事呂后其在平則或有謀在勃驅之為亂亦固從之矣此何可保觀勃初無學術亦無智略庸謬人耳方文帝諭之就國畏帝以事誅之至使人以兵甲左右

為衛若果君命見誅勦殆將以所自衛者叛乎此尤可笑也後之人多以成敗論人物故如勦者得與忠賢之列夫可謂忝矣狄仁傑在武后時能撥亂反正謂之社稷臣可也然夫何嘗挾數任術觀史氏所載其議論未嘗不以正當時但以母子天性之說告遂后其濱於死者亦屢矣卒至武后怒而言曰還汝太子夫豈嘗姑務柔從以陰幸事之成乎孟子曰君子刱業垂統為可繼也若夫成功則天也人臣之事君或遠或近或去或不去歸潔其身而已可也豈可枉已以求難必之功乎又言西漢之士多尚權謀戰國

餘俗也觀高祖時只有一張子房乃君子人其它少有可取者又言班固稱高祖謂王陵少戇可以佐陳平然安劉氏者必勃此語蓋未驗也陳平獨任事甚久王陵一言而免終不曾佐得陳平平獨任夫無變

○孟子言人不足與適也政不足與間也惟大人為能格君心之非蓋人與政俱不足道則須使人君心術開悟然後天下事可循序整頓然格君心之非須要有大人之德大人過人處只是正己正己則上可以正君下可以正人今之賢者多尚權智不把正己為先縱得好時節終是做不徹或謂權智之人亦可

以救時據其所見正不欲得如此人在人君左右壞
人君心術
因言人君喻臺諫言事若事當言可以言否曰英宗
朝傳欽之奏劄子上不從因言臺諫有合理會事却
不理會欽之曰不知方今合理會者是何事上曰何
不言蔡襄欽之云若襄有罪陛下何不自朝廷竟正
典刑責之安用臣等言上曰欲使臺諫言其罪以公
議出之欽之云若付之公議臣但見蔡襄辦山陵事
有功不見其罪臣身為諫官使臣受旨言事臣不敢
○因言特旨及御筆行遷事曰 仁宗時或勸云陛

下當收攬權柄勿令人臣弄威福　仁宗曰如何收攬權柄或曰凡事須當自中出則福威歸陛下矣　仁宗曰此固是然措置天下事正不欲自朕出若自朕出皆是則可如有不是難於更改不如付之公議令宰相行之行之而天下以為不便則臺諫得言其失於是改之為易矣據　仁宗識慮如此天下安得不治人君無心如天　仁宗是也

曾子開端嚴可畏有大臣之風若其輩流雖佐崇望重少不以言語禮皃牢籠人者殊為失體

章郇公在私第子弟有夜叩門禀事者公曰若是公

事明早来待漏院理會若是私事即於堂前夫人處稟覆在中書一日坐處地陷徐起使人塡之不以爲怪家人聞之甚憂及公還家亦不言至晚公與弟虞部者對飲虞部問公今日聞中書地陷是否曰中書地何干汝事竟不言前輩大抵有此氣象卒乍搖撼不動

爲政要得厲威嚴使事事齊整甚易但失於不寬便不是古人作處孔子言居上不寬吾何以觀之哉又曰寬則得衆若使寬非常道聖人不只如此說了今人只要事事如意故覺見寬政悶人不知權柄在手

不是使性氣處何嘗見百姓不畏官人但見官人多
虐百姓耳然寬大須有制始得若百事不管唯務寬
大則胥吏舞文弄法不成官府須要權常在己操縱
予奪總不由人儘寬不妨伯淳作縣常於坐右書視
民如傷四字云某每日常有媿於此觀其用心應是
不錯央撻了人古人於民若保赤子爲其無知也常
以無知恕之則雖有可怒之事亦無所施其怒無知
則固不察利害所在教之趣利避害全在保者今赤
子若無人保則雖有坑穽在前蹈之而不知故凡事
疑有後害於民所見未到者當與它做主始得州縣

近來勸誘富民買鹽勸誘即須有買者但異時令百
姓買鹽其初或令勸誘百姓名一入官以後便不可
脫爲民父母豈可暫時悞之使之終身受其害
孟子一部書只是要正人心教人存心養性收其放
心至論仁義禮智則以惻隱羞惡辭讓是非之心爲
之端論邪說之害則曰生於其心害於其政論事君
則欲格君心之非正君而國定千變萬化只說從心
上來人能正心則事無足爲者矣大學之脩身齊家
治國平天下其本只是正心誠意而已心得其正然
後知性之善孟子遇人便道性善永叔卻言聖人之

敎人性非所先永叔論列是非利害文字上儘去得但於性分之内全無見處更説不行人性上不可添一物堯舜所以爲萬世法亦只是率性而已所謂率性循天理是也外邊用計用數假饒立得功業只是人欲之私與聖賢作處天地懸隔

問如管仲之才使孔子得志行乎天下還用之否曰管仲高才自不應廢但紀綱法度不出自它儘有用處曰若不使它自爲或不肎還聽時如何曰如此則聖人廢之不問其才因言王道本於誠意觀管仲亦有是處但其意别耳如伐楚事責之以包茅不貢其

言則是若其意豈爲楚不勤王然後加兵但欲楚尊齊耳尊齊而不尊周管仲亦莽之詰也若實尊周專封之事仲豈宜爲之故孟子曰五霸假之也蓋言其不以誠爲之也今蘇州朱沖施貧度僧置安樂院給病者醫藥人賴以活甚衆其置物業則厚其直及其收息則賖衆人所取而輕之此皆是好事只爲其意正在於規利而竊譽於人故人終不以好人許之仲尼之門無道桓文之事而孟子直戳不比數之其意亦猶此也又言自孟子後人不敢小管仲只爲見它不破近世儒者如荊公雖知卑管仲其實亦識它未

盡況於餘人人若知王良善與嬖奚比而得禽獸雖若丘陵弗爲之意則管仲自然不足道又言管仲只爲行詐故與王者別若王者純用公道而已又言霸者之民驩虞如也治民使之驩樂有甚不得但如所謂皞皞如也則氣象便與霸者之世不同蓋彼所以致人驩虞必有違道干譽之事若王者則如天夫不教人喜夫不教人怒

塋中言乘舟事最好然元秖舟不知爲甚椿得太重及紹聖時不知卻如何夫偏多載了據此兩舟所載者因何物得重今當減去何物則適平若被人問到

此須有處置始得如是本分處置得事之人必須立規矩繩墨一一調味得是不令錯了若只說得總腦便休夫不濟事孟子言天下可運於掌如彼所言天下誠可運於掌也

謂曾見志宣云上合下便執得繼述兩字牢叓不可易因言繼述兩字自好但今用之非是當時自合說與眞箇道理且好貨好色孟子猶不鄙其說而推明之而況上有繼述之意豈容無所開道而使小人雜間謬爲邪說以進則其末流激成今日之弊不足怪矣夫繼述之說始於記所偁武王周公今且舉周公

一二事明之文王耕者九一至周公則変而為徹文王關市譏而不征至周公則征之武王克商乃反商政政由舊逮周公七季制禮作樂昔者文武所由之政安在聖人作處唯求一箇是底道理若果是雖紂之政有所不革果非雖文武之政有所不因聖人何所容心因時乘理欲天下國家安利而已且如神考十九季間囏難勤苦制為法度蓋欲以救時弊便百姓也便百姓則其志救時弊則其事此獨不當繼述乎今繼述足以救時弊便百姓也是夫 神考而已釋此一不務乃欲一一以循熙豐之迹不然則為

不孝此何理也且如祖宗有天下百有餘季海内安樂其法度豈皆不善 神考一起而更之 神考夫謂之不孝可乎自唐末至五代禍亂極矣 太祖太宗順人心定天下傳數世而無變此豈常人做得然而法度不免有弊者時使之然爾若謂時使之然則 神考之法豈容獨能無弊補偏救弊是乃 神考所以望乎後世也何害於繼述而傾以爲不孝乎今之所患但人自不敢以正論陳之於上恐有滯礙妨嫌若吾輩在朝廷須是如此說始得其聽不聽則有去就之義焉議論不知道理所在徒有口辯即勝

它識道理人不過如戰國說士遇孟子便無開口處
○問或謂荊公晚年詩多有譏誚 神宗處若下註
脚儘做得謗訕宗廟它日未拈得出曰君子作事只
是循一箇道理不成荊公之徒箋註人詩文陷人以
謗訕宗廟之罪吾輩也便學它昔王文正在中書寇
萊公在密院中書偶倒用了印萊公須勾吏人行遣
它日密院亦倒用了印中書吏人呈覆亦欲行遣文
正問吏人汝等且道密院當初行遣倒用印是否
曰不是文正曰既是不是不可學它不是要不問如
今日所罪謗訕宗廟毀謗朝政者自是不是先王之

時惟恐不聞其過故許人規諫至於舜求言乃立謗木是眞欲人之謗己也書曰小人怨汝詈汝則皇自敬德蓋聖人之於天下常懼夫在己者有所未至故雖小人怨詈亦使人主自反詩三百篇經聖人刪過皆可以爲後王法令其所言譏刺時君者幾乎不知當時遭謗訕之罪者幾人夫禁止謗訕自出於後世無道之君不是美事何足爲法若祖宗功德自有天下後世公議在豈容小己有所抑揚名之曰幽厲雖孝子慈孫百世不能改夫爲人子孫豈不欲聖賢其祖考但公議以惡名歸之則雖欲改之不能得也其

曰名之曰幽厲當時誰實名之玆豈獨其子孫之不孝乎如此在人主前開陳乃是正理今之君子但見人言繼述亦言繼述見人罪謗訕亦欲罪人謗訕之迹罪之如此只是相把持正理安在如元祐臣寮章疏論事今乃以為謗訕此理尤非使君子得志須當理會今分明令反謂它門亦嘗謗訕不唯效尤釀是使元祐賢人君子愈出脫不得濟甚事

言季常在京時嘗問正心誠意如何便可以平天下與之言後世自是無人正心若正得心其效自然如此此心一念之間豪髮有差便是不正要得當 正除

非聖人始得且如吾輩還敢便道自己心得其正否
此須是於喜怒哀樂未發之際能體所謂中於喜怒
哀樂之後能得所謂和致中和則天地可位萬物可
育其於平天下何有因論孟子直以禹稷比方顏子
只顏子在陋巷時如禹稷事業便可爲之無難若正
心誠意不足以平天下則禹稷功巍巍如此如顏子
者如何做得
問伯夷柳下惠如何見得能朝諸侯一天下曰只輪
顏子在陋巷便做得禹稷事業則夷惠之能朝諸一
天下可知聖人之得邦家綏之斯來動之斯和自是

力量不同如夷惠之風能使頑夫廉懦夫有立志鄙夫寬薄夫敦奮乎百世之上百世之下聞者莫不興起則其未有爲之時人固已心説而誠服之矣使得百里之地而君之其效宜何如

叔孫通作原廟是不使人主改過而教之飾過作非也此爲萬世之害今太廟却間了只嚴奉景靈宮是舍先王之禮而從一謬妄之叔孫通也豈不過乎

因讀東坡咏淵明形影神詩其影荅形云君如煙上火火盡君乃别我如鏡中像鏡壞我不滅曰影因形而有無是生滅相故佛嘗云一切有爲法如夢幻泡

影正言其非實有也何謂不滅它日亦嘗讀九成臺銘云此說得之莊周然而以江山吞吐艸木俯仰衆竅呼吸鳥獸鳴號爲天籟此乃周所謂地籟也但其文精妙讀之者或不之察耳

言荊公云天使我有是之謂命命之在我之謂性是未知性命之理其曰使我正所謂使然也然使者可以爲命乎以命在我爲性則命自一物若中庸言天命之謂性性即天命也又豈二物哉如云在天爲命在人爲性此語似無病然亦不須如此說性命初無二理第所由之者異耳率性之謂道如易所謂聖人

之作易將以順性命之理是也

謂常問志寧云至道無難惟嫌揀擇其理是否志寧曰是曰若爾公何不殺人放火志寧無語

揚雄云學所以脩性夫物有變壞然後可脩性無變壞豈可脩乎惟不假脩故中庸但言率性尊德性孟子但言養性孔子但言盡性

因論荊公法云青苗免役亦是法然非藏於民之道如青苗取息雖不多然歲撒萬緡則散民二千緡入官既入官則民間不復可得矣免役法取民間錢雇人役於官其得此錢用者蓋皆州縣市井之人不及

鄉民鄉民惟知輸而已而不得用故今鄉民多乏於財也青苗二分之息可謂輕矣而不見有利於百姓何也今民間舉債其息少者亦須五七分多者或倍而夫不覺其為害曰惟其利輕且官中易得人徒知目前之利而不顧後患是以樂請若民間舉債則利重又百端要勒得之極難故人得已且已又青苗雖名取二分之息其實亦與民間無異蓋小民既有非不得已而請者又有非不得已用之且如請錢千或遇親舊於州縣間須有酒食之費不然夫須置小小不急之物只使二百錢已可比民間四分之息又請

納時往來之用與官中門户之賂遺至少夫不下百錢況又有胥吏追呼之煩非償不行而公家期限又與私家不同而民之畏法者至舉債以輸官往往沿此遂破蕩産業者固多矣此所以有害而無利也或云官中息輕民得之可以自爲經營歲豈無二分之息乎蓋未之思也若用之商販則錢散而難集正公家期逼卒收不聚失所指準其患不細往卒富家知此患也官中抵之請不得已請而藏之比及期出私錢爲息輸之官乃無患然使民如此是無事而侵擾之也何名補助之政乎

霖霖送正叔先生西遷道宿僧舍坐處背塑像先生令轉倚勿背霖問曰豈以其徒敬之故亦當敬邪正叔曰但具人形皃便不當慢因賞此語曰孔子云始作俑者其無後乎為其象人而用之也蓋象人而用之其流必至於用人君子無所不用其敬見似人者不忽於人可知矣若於似人者而生慢易之心其流必至於輕忽人

孟子言仁者如射蓋生於子思射有似乎君子之說

言大人者言不必信行不必果惟義所在蓋生於孔子以言必信行必果為硜硜然小人之說

學校養士反不如居養安濟所費之多如餘杭學今止有三十人而居養安濟乃共有百餘人居養安濟人給米二升錢二十為士者所給如其數加四錢耳而士未必常在學也則其所費固寡於彼矣若其所養實是窮民疾病者誠善然所養止浮浪游手之徒耳夫厲良民而養游手是何政事近詔又收養秊五十者自此往往來者益多所費當益廣矣秊五十則子自可昏女自可嫁安得為無告之窮民乎又其所養多聚異鄉之人不許根問來處則雖有父子夫婦官吏何緣得知故其弊為甚若只許土着人就本貫

收養吏易為檢察而其弊滅矣

因看合浦論無為軍役法曰天下役法多有不同處如所論與潭州處置全別潭州紹聖間所定皆出公之手又言吏有祿本要養其廉恥及不廉故可從而責之此為待之盡然吏須養得過方得若養它不過不如勿給徒費財耳何則彼為吏於此蓋欲以活父母妻子故為之今也養之不過雖有刑戮在前寧免其受賕乎如法曹之俸月十千而法司乃十二千則法吏之祿為過於法官又常平吏人月給六千此乃可責之以不受賕其餘千錢或二三千而已給紙札

尚不足安能活其家則其勢須至乞覓如必若法司
常平吏人重其祿則財用之費無所從出兼是吏祿
亦有不用多給若如學士茶塩司吏人近制祿皆不
減十千彼有何事繇難作何情弊而可以當此祿乎
若此雖謂之妄費可也
民之於上不從其令而朝廷惟以言諭之宜其以為
虛文而莫之聽也今天下非徒不從上令而有司亦
不自守成法觀官吏所奉行惟奉行朝廷之意而已
若皆守法則法亦自足以致治且如役法者長許募
而不許差輒差者徒二年然法當募上戶其傭二千

錢遂州縣定此餘杭所定豈有上户肯利若干錢

願役於官乎上户不願則其勢須至彊使爲之是名

募而實差也其如法何又如近日買翎毛郡不敷諸

縣令買者以於法不許抑派故也然翎毛非人所常

有而郡中文移督責諸縣但使之催人以其所收藏

翎毛輸之官若縣中只依法行遣安得辦集其勢必

須至抑派是名買而實抑派也如此者皆法之不

可行者也法既於不可行則人惟意之從而已

立法要使人易避而難犯則必行而無赦此法之所

以行也今法太嚴密直使人於其間轉側不得故易

犯是以犯法之人官吏多不必行法必宛轉爲犯者之地法如何行得

人各有勝心勝心太盡而惟天理之循則機巧變詐不作若懷其勝心施之於事必以一已之是非爲正其間不能無窒礙處又固執之不移此機巧變詐之所由生也孔子曰不知命無以爲君子知命只是事事循天理而已循天理則於事無固必無固必則計較無所用

神考問伯淳王安石如何人伯淳云安石博學多聞則有之守約則未也又嘗問是聖人否伯淳云詩偁

周公公孫碩膚赤舄几几聖人蓋如是若安石劉歆自任恐聖人不然

問子思之不使白也喪出母也是乎曰禮適子不爲出母服曰何也曰繼體也

問陳莊子死訃於魯縣子謂繆公哭之而曰有愛而哭之有畏而哭之夫哭之也以畏何也曰以言世有然也非古之禮也若古之大夫則束脩之問不出竟故生無相問其死也何訃告之有哉後世國亂而君昏爲臣者交政於中國故生則同盟死則訃告非禮也故春秋因其卒而書之所以著其罪也

仲素問橫渠云氣質之性如何曰人所資稟固有不同者若論其本則無不善蓋一陰一陽之謂道陰陽無不善而人則受之以生故也然而善者其常也亦有時而惡矣猶人之生也氣得其咊則爲安樂人及其有疾也以氣不咊則反常矣其常者性也此孟子所以言性善也橫渠說氣質之性夫云人之性有剛柔緩急彊弱昏明而已非謂天地之性然也今夫水清者其常然也至於汨濁則沙泥混之矣沙泥既去其清者自若也是故君子於氣質之性必有以變之其澄濁而求清之義歟

因見王逢原文集曰此高論怨誹之人也它日嘗曰此子才則高矣見道則未

中庸深處多見於孟子之書其所傳也歟

徐師川歸洪州欲不復來先生問之曰公免得仕宦否若端的有以自贍不必復来固好第亦須着仕宦如何師川曰友以免仕宦未得曰如此則當復来供職仕宦處處一般既未免得須復爲它官逃此之彼彼夫室有不安處是無地可以自容也師川曰来此復爲人所羅織陷於禍桒何曰顧吾所自爲者如何耳苟自爲者皆合道理而無媿怍而不能免者命也

不以道理爲可憑依而徒懼其不免則無義無命矣師川曰極是夫待來此若做不得𡚁之來爲䰟又言人只爲不知命故纔有此事便自勞擾若知得徹便於事無不安孔子曰天生德於予桓魋其如予何固嘗解云使孔子不免於桓魋之難是亦天也桓魋其如何哉葢聖人之於命如此夫富貴死生人無與焉何尤人之有孟子亦嘗爲臧倉所毁不遇於魯侯而以爲不遇非臧倉之力葢知命也列子曰桓公非能用讎也不得不用管仲非能舉賢不得不舉此說得之矣曰列子此說似知命然至其論夷惠以爲矜清

貞之尤以放於餓死寡宗以公孫朝穆之事爲得計以堯舜桀紂之事爲不足較茲豈非其過乎曰其過也若聖人所謂知命義常在其中矣然則彼亦豈得之而不盡者乎曰然

仲素問知微之顯莫只是戒慎乎其所不睹恐懼乎其所不聞否曰然因言有僧入僧堂不言而出或曰莫道不言其聲如雷莊[illegible]之尸居而龍見淵默而雷聲可謂善言者也

孟子直是知命滕文公以齊人築薛爲恐問救之之術而對以君如彼何哉彊爲善而已矣以竭力事大

國則不得免問安之之道而對以太王居邠不以其所養人者害人而繼之以效死不去之策自世俗觀之可謂無謀矣然以理言之只得如此說捨此則必為儀秦之為矣凡事求可功求成取必於智謀之末而不循天理之正者非聖賢之道也天理即所謂命

○語羅仲素云今之學者只為不知為學之方又不知學成要何用此事體大須是曾着力來方知不易夫學者學聖賢之所為也欲為聖賢之所為須是閒聖賢所得之道若只要博通古今為文章作忠信愿慤不為非義之士而已則古來如此等人不少然以

為聞道則不可且如東漢之衰處士逸人與夫名節之士有聞當世者多矣觀其作處責之以古聖賢之道則略無豪髮髣髴相似何也以彼於道初無所聞故也今時學者平居則曰吾當為古人之所為纔有事到手便措置不得蓋其所學以博通古今為文章或志於忠信愿慤不為非義而已而不知須是聞道故應如此由是觀之學而不聞道猶不學也

仲素問詩如何學曰詩極難卒說大抵須要人體會不在推尋文義在心為志發言為詩情動於中而形於言者情之所發也今觀是詩之言則必先觀是

詩之情如何不知其情則雖精解文義謂之不知詩可也子夏問巧笑倩兮美目盼兮何謂也子曰繪事後素曰禮後乎孔子以謂可與言詩如此全要體會何謂體會且如關雎之詩詩人以興后妃之德蓋如此也須當想象雎鳩為何物知雎鳩為摯而有別之禽則又想象關關為何聲知關關之聲為咊而適則又想象在河之洲是何所在知河之洲為幽閒遠人之地則知如是之禽其鳴聲如是而又居幽閒遠人之地則后妃之德可以意曉矣是之謂體會惟體會得故翰詩有味至於有味則詩之用在我矣

語仲素西銘只是發明一箇事天底道理所謂事天者循天理而已

因論蘇明允權書衡論曰觀其著書之名已非豈有山林逸民立言垂世乃汲汲於用兵如此所見安得不爲荆公所薄曰大蘇以當時不奈二虜之患則天下不可爲又其審敵篇引鼂錯說景帝削地之策曰今日夷狄之執是反七國之埶其意蓋欲埽蕩二虜然後致太平耳曰纔以用兵爲事只見擾攘何時是天下息肩時節以 仁宗之世睎二虜豈不勝如戰國時節而孟子在戰國時所論全不以兵爲先豈以

崇虛名而受實弊乎抑必有道矣

問秦少游進卷論所以禦戎乃欲以五路之兵歲出一路以擾夏人之耕如此是吾五歲一出兵而使夏人歲歲用兵此滅狄之道也當時元祐間有主此議者此果可用否曰王者之兵有征無戰必不得已誅其君而弔其民可也豈容如此辣是亦無此理今常以五路之師合攻夏人尚時有不支歲出一路其傾國而來攻城破邑吾其可止以一路之衆當之乎大抵今之士人議論只是口頭說得施之於事未必有

言朱公援上殿　神考欲再舉安南之師公援對願
陛下禽獸畜之蓋夷狄得其地不可居得其民不可
使得已且已須要廣上闢地何益自紹聖崇寧以來
所以待夏人大是失策有德此有人有人此有土有
土此有財有財此有用今不務德以致八徒得其空
地又運中國之財以守之是何所見
君臣之間要當一德一心方作得事古之聖賢相與
以濟大業蓋無不然者觀舜命禹征有苗已誓師往
伐而益以一言贊禹禹遂班師舜以禹之班師優爲
之誕敷文德而有苗格矣舜命禹徂征禹既行而益

有言宜告之舜不告舜而告之禹禹承命於舜及其不遂行也宜先禀之舜乃擅反兵而不疑舜於二人若無責焉可也乃徇其所為從而相之益之意豈不曰禹猶舜而禹之意豈不曰舜猶已也歟夫是之謂一德一心自今觀之則益之言可以謂之沮壞成事而禹之事為逼留君命矣然古之君臣各相體悉如此古人立功所以易而後世成事所以難也

語仲素曰某嘗有數句教學者讀書之法云以身體之以心驗之從容默會於幽閒靜一之中超然自得於書言象意之表此蓋某所為者如此

又云西銘會古人用心要處爲主正如杜順作法界
觀樣
仲素問盡其心者知其性如何是盡心曰未
言盡心須先理會心是何物又問曰心之爲物明白
洞達廣大静一若體會得了然分明然後可以言盡
未理會得心盡箇甚能盡其心自然知性不用問人
大抵須先理會仁之爲道知仁則知心知心則知性
是三者初無異也横渠作西銘亦只是要學者求仁
而已
論及陽城事謂永叔不取純乎取之其言曰陽城蓋

有待而為者也後世猶責之無已其不成人之美亦甚哉此論似近傷曰陽城固可取然以為法則不可裴延齡之欲相其來非一朝一夕何不救之於漸乎至於陸贄之論然後論延齡之姦佞無益矣觀古人遏小人之道不然易之姤卦曰女壯勿用取女夫姤一陰生未壯也而曰壯者生而不已固有壯之理也取女則引而與之齊也引而與之齊則難制矣陰者小人之象也小人固當制之於漸也故當陰之生則知其有壯之理其有壯之理則勿用取女可也是以姤之初爻曰繫于金柅貞吉有攸往見凶金柅止車

之行也陰之初動必有以杷之其制之於漸乎蓋小人之惡制之於未成則易制之於已成則難延齡之用事權傾宰相雖不正名其為相其惡自若也何更云待其為相然後取白麻壞之邪然城之所為當時所難能也取之友是但不可以為法耳

龜山先生集卷第十二終

龜山先生集

（宋）楊時 著

明萬曆十九年刊

鳳凰出版社

2

第二册

龜山先生集卷第十三

語錄四

餘杭所聞

神宗賜金荊公荊公即時賜蔣山僧寺為常住了翁云嘗見人說以此為曠古所難其實能有多少物入所以難之蓋自其眼孔淺耳曰荊公作此事絕無義理古者人君賜之果尚懷其核懷核所以敬君賜也所賜金義當受則受當辭則辭其可名而受之而施之僧寺乎是賤君賜也金可賤君賜不可賤書曰人不易物惟德其物若於義當受而家已足不願藏之

家而班諸昆弟之貧者則合禮矣
眞宗問李文靖曰人皆有密啓而卿獨無何也對曰臣待罪宰相公事則公言之何用密啓夫人臣有密啓者非讒卽佞臣常惡之豈可效訧曰祖宗時宰相如此天下安得不治
因說唐明皇欲取石堡城王忠嗣不可李光弼勸之忠嗣曰石堡城非殺數萬人不可取忠嗣今不奉詔縱得罪天子不過以一將軍歸宿衛其次不過黔中上佐忠嗣豈以一官易數萬人之命哉忠嗣如此極知輕重曰忠嗣之言甚善然不能無過夫人臣之事

君苟利於國死生以之不應以官職之不足顧計為言也謂官職之不足道此猶以利言若是古之賢聖處事只論是非而已如此此利言則禍患有大於一將軍宿衛黔中上佐是將從之乎惜乎忠嗣之處此未盡也然則其言合如何曰當云今得罪主上不過一身之利害危辱耳豈可以一身之重而輕數萬人之命哉如此則其言無病

因言　眞宗朝有百姓爭財以狀投匭其語有比上德為桀紂者比奏御　眞宗令宮中錄所訴之事付有司根治而蓋其狀曰百姓意在爭財其實無它若

并其狀付有司非惟所訴之事不得其直必須先按其指斥乘輿之罪百姓無知亦可憐也曰祖宗慈仁如此書曰小人怨汝詈汝則皇自敬德祖宗分明有此氣象天下安得而不治言真宗時監司有以羨餘進奉者議賞內批云國家賦有常數安得羨餘果有之若非入時大量即是出時減剋安可賞因曰祖宗不為文章然似此語言萬世可傳誦也

謂楊子雲作大玄只據它本名便不是既定却三方九州二十七部八十一家不知如何相錯得八卦所以可變而為六十四者只為可相錯故可變耳惟相

錯則其變出於自然也

問正叔先生云或說易曰乾天道坤地道正是亂說曰乾坤非天地之道邪曰乾豈止言天坤豈止言地又言問乾坤不止言天地而乾卦多言天坤卦多言地何也曰本乎天者親上本乎地者親下則各從其類也乾卦言天坤卦言地只爲語其類耳如說卦於乾雖言爲天又言爲金爲玉以至爲駿馬良馬爲木果之類豈盡言天故繫辭曰伏羲始作八卦以通神明之德以類萬物之情若此者所謂類萬物之情也只如說卦所類亦不止此爲之每發其端使後之學

易者觸類而求之耳蓋作易者仰則觀象於天頫則觀法於地觀鳥獸之文與地之宜近取諸身遠取諸物故孔子繫辭推明之曰此卦於天文地理則爲其物於鳥獸艸木則爲其物於身於物則爲其物各以例舉不盡言也學者觸類而求之則思過半矣不然說卦所叙何所用之

論橫渠曰正叔先生亦自不許它曰先生嘗言自孟子之後無它見識何也曰如彼見識秦漢以來何人到得論與叔曰正叔先生嘗言與叔只是守橫渠說更不肯易才東邊扶得起又倒從西邊去此二人爲

常有疑焉故問
謂孔子曰自古皆有死民無信不立今天下上自朝
廷大臣下至州縣官吏莫不以欺誕為事而未有以
救之只此風俗怎抵當它
謂學校以分數多少校士人文章使之胸中日夕只
在利害上如此作人要何用
謂正叔云古之學者四十而仕未仕以前二十餘年
得盡力於學問無它營也故人之成材可用今之士
十四五以上便學綴文覓官豈嘗有意為己之學去
以不學之人一旦授之官而使之事君長民治事宜

其效不如古也故今之在仕路者人物多凡下不足道以此

謂毛富陽云士人如張孝伯真可謂恬於進取者因說張孝伯好曰愿人也然終無使它處若據此人天資直是美惜其少學耳問孝伯樂正子之流否曰非也彼已無進為撫世之意若樂正子將為政於魯孟子聞之為之喜而不寐孟子不徒喜也蓋望其能有為也如孝伯恐不足以當人望只是一箇愿慤可尚耳問愿與善人如此其異乎曰善人為邦百年亦可以勝殘去殺豈愿者之事因又問九德曰愿而恭蓋

愿必濟以恭然後能成德也然愿者自應恭謹何謂相濟曰愿者自爲之人耳如孟子所謂責難於君愿做不得責難於君愿特皃恭而已

謂與季常言王氏只是以政刑治天下道之以德齊之以禮之事全無它日季常曰細思之實如公言但道以德齊以禮之事於今如何做曰須有會做只爲如今不用着些等人若是他依本分會底必有道理

○君子陽陽之詩序以謂閔周蓋言君子至於相招爲祿仕全身遠害於周不足刺也可閔而已夫賢人才士苟以得祿養父母活妻孥爲事而無致君行道

之心誰與為治此所以亂益亂也尚足刺乎
二南為王道之基本只為正家而天下定故也
問共姜之父母不知夫婦之義不當責邪曰以共姜之自誓不嫁為守義則彼欲奪而嫁之者為不義可知取此則去彼矣
作文字要只說目前話令自然分明不驚恒人不能得然後知孟子所謂言近非聖賢不能也
問父子之間不責善固是至於不教子不亦過乎曰不教不親教也雖不責善豈不欲其為善然必親教之其埶必至於責善故孔子所以遠其子也曰使之

學詩學禮非教乎曰此亦非強教之也如學詩學禮必欲其學有所至則非孔子所以待其子故告之學則不可不告及其不學亦無如之何

因論特旨曰此非先王之道先王只是好生故書曰好生之德洽于民心為天子豈應以殺人為己任孟子曰國人皆曰可殺然後殺之曰國人殺之也謂國人殺之則殺之者非一人之私意不得已也古者司寇以獄之成告于王王命三公參聽之三公以獄之成告于王王三宥然後致刑夫宥之者天子之德而刑之者有司之公天子以好生為德有司以執法為

公則刑不濫矣若罪不當刑而天子必刑之寧免於濫乎然此事其漸有因非獨人主之過使法官得其人則此獘可去矣舜為天子若瞽叟殺人皋陶得而執之舜猶不能禁也且法者天下之公豈宜徇一人之意嘗怪張釋之論渭橋犯蹕事宜罰金文帝怒釋之對曰法者天子所與天下公共也今法如是更重之是法不信於民也此說甚好然而曰方其時上使人誅之則已以謂為後世人主開殺人之端者必此言也夫法既曰天子與天下公共則得罪者天子必付之有司安得擅殺使當時可使人誅之令雖下廷

尉越法而誅之亦可也

因論爲政曰書云毋忿疾于頑若忿疾于頑便失之嚴嚴便非居上之道

問有人問正叔周公欲以身代武王之死其知命乎正叔曰只是要代兄死豈更問命此語如何曰是也曰聖人不應不知天理天理既不然而必行之其誠不幾於無物否曰聖人固知天理然只爲情切猶於此儌倖萬一也故至誠爲之又曰金縢之事有之然其間夫有言語可疑者如云元孫不若旦多材多藝聖人似不應如此說

因言正叔云人言沛公用張良沛公豈能用張良張良用沛公耳良之從沛公以爲韓報秦也旣滅秦於是置沛公關中辭歸韓而已見沛公有可以取天下之埶故又從之已取天下便欲弃人間事從赤松游良不爲高祖之臣可見矣此論甚好以前無人及此曰此論亦未盡張良蓋終始爲韓者方沛公爲灘王之國遣良歸韓良因說沛公燒絕棧道此豈復有事灘之意及良歸至韓聞項羽以良從灘王故不遣韓王成之國與俱東至彭城殺之先是良說項梁以韓諸公子横陽君成可立梁遂使良求韓成立爲韓王

良為韓司徒良以成見殺之故於是又間行歸漢其意蓋欲為韓報項羽也至漢高祖用其謀已破項羽并定天下從高祖西都關中於是始有導引辟穀從赤松子之語蓋為韓報仇之心於是方已故也據良先說高祖絕棧道然後歸韓此亦似有意使韓王成若在良輔之并天下未可知良意以謂可與之平天下有獨高祖高祖既阻蜀不出其它不足慮矣不幸韓王成為項羽所殺故無以自資而卒歸漢也如高祖亦自用張良不盡良之術亦不止於此須要有事在其臣高祖非其心也不得已耳

因言曾與季常論鑄鼎云鼎之為說左傳曾道來後之人得以藉口者以此爾然使如丘明之說不誣亦不過象物之形百物而為之備使民知神姦而已後之人主用方士厭勝祈禳之法此何所據丘明云成王定鼎于郟鄏卜世卜年天所命也然而洛誥周公所作當時所為無不載者若鼎之為物乃社稷重器當載而莫之載者何也鼎鑄于夏時夏之法制莫詳於禹貢之書豈有九牧貢金成此重器欲以協上下承天休而禹貢曾無一語及之乎易六十四卦其在鼎也取象為備如丘明之說略無毫髮相類而況於

後之紛紛者乎故凡事無微者皆不可為也後世如曹參可謂能克己者攻堅陷敵是其所長至其治國為天下乃以清靜無為為事氣質都變了

因論寒士作得官非不曉事便是妄作大抵科舉取人不得間有得者自是豪傑之士因科舉以進耳問李德裕言公卿大夫家子弟可用進士未必可用此論不偏否曰德裕為此論至今人以為偏當時人以德裕用資蔭進身不由科舉故為此論此最無謂以德裕之才應舉之科目極容易自是不為耳且資蔭得官與進士得官孰為優劣以進士為勝以資蔭為慊者此自後世流

俗之論至使人恥受其父祖之澤而甘心工無益之習以與孤寒之士角勝於場屋僥倖一第以為榮是何見識夫應舉亦是寒士無祿不得已藉此進身耳如得已何用應舉范堯夫最有見識然亦以資蔭與進士今優劣建言於有無出身人銜位上帶左右字不可謂無所蔽也其言曰欲使公卿家子弟讀書耳此意甚善但以應舉得官者為讀書而加獎勸焉可也彼讀書者應舉得官而止耳豈真學道之人至如韓持國自是經國之才用為執政亦了得不可以無出身便廢其執政之才曰堯夫所別異者莫非此等人否曰執政不是合下便做亦

自小官以次遷之如後來吳坦求等在紹聖中被黜
了博士以無出身故也彼自布衣中朝廷以其有學
行賜之爵命至其室為博士乃復以為無出身黜之
此何理也資蔭進士中俱有人惟其人用之加一右
字点自沮人為善
朝廷作事若要上下小大同心同德須是道理明叅
天下只是一理故其所為必同若用智謀則人人出
其私意私意萬人萬樣安得同因舉僞記正叔先生
之語云公則一私則萬殊人心不同猶面其蔽於私
乎

自孟子没王道不傳故世無王佐之才既無王佐之才故其治效終不如古若要行道纔説計較要行便不是何故自家先肎一箇不誠了安得事成鎦向多少忠於漢只為做計較太甚纔被看破手足俱露是甚模樣

言季常曾問揚雄來應之曰不知聖人何足道季常駭之淵因語後世學道不明爾被流俗之蔽只如定取揚雄亦未能免流俗也卓乎天下之習不能蔽也程正叔一人而已觀正叔所言未嘗務脫流俗只是一箇是底道理自然不墮流俗中先生曰然觀其論

婦人不再適人以謂寧餓死若不是見得道理分明如何敢説這樣話

南都所聞 乙丑四月自京師回至七月

薛宗博請諸職事會茶曰禮豈出於人心如此事本非意之所欲但不得已耳老子曰禮者忠信之薄荀子曰禮起於聖人之僞眞箇是因問之曰所以召茶者何謂薛曰前後例如此近日以事多與此等稍疏闕心中打不過須一請之曰只爲前後例合如此心中自打不過豈自外來如云辭遜之心禮之端亦只是心有所不安故當辭遜只此是禮非僞爲也

問易曰乾坤其易之門邪所謂門莫是學易自此入否曰不然今人多如此說故有喻易爲屋室謂其入必有其門則乾坤是也爲此言者只爲元不曉易夫易與乾坤豈有二物孰爲内外謂之乾坤者因其健順而命之名耳乾坤即易易即乾坤故孔子曰乾坤毁則無以見易易蕩無乾坤則不見易非易則無乾坤謂乾坤爲易之門者陰陽之氣有動靜屈伸爾一動一靜或屈或伸闔闢之象也故孔子又曰闔戶謂之坤闢戶謂之乾所謂門者如此老子曰天地之間其猶橐籥乎夫氣之闔闢往来豈有窮哉有闔有闢變

由是生其變無常非易而何小蔡云輕清者上爲天
神應之爲乾重濁者下爲地神應之爲坤似此解釋
夢也未夢見易大抵看易須先識它根本然後有得
失易求之吾身斯可見矣豈應外求張横渠於正蒙
中曾略說破云乾坤之闔闢出作入息之象也非見
得徹言不能及此某舊作明道哀辭云通闔闢於一
息兮尸者其誰蓋言易之在我也人人有易不知自
求只於文字上用功要作何用此等語若非以見問
終說不到如某與定夫相會亦未嘗及從問其常疑
定夫學易亦恐出它荆公未得荆公於易只是理會

文義未必心通若非心通縱說得分明徹了不濟事易不比它經須心通始得如龔溪父說易元無所見可憐一生用功都無是處問乾坤即陰陽之氣否曰分明說乾陽物坤陰物既是陰陽又曰乾坤何也曰乾坤正言其健順爾識破本根須是知體同名異自然意義曉然又云天尊地卑乾坤定矣乾坤本無體天地之位定則乾坤斯定不有天地乾坤何辨問天地即輕清重濁之氣升降否曰然天地乾坤亦是異名同體其本一物變生則名立在天成象在地成形亦此物也但因變化出來故千態萬變各自陳露邀

曰在天成象在地成形變化見矣變化神之所為也其所以變化孰從而見之因其成象於天成形於地然後變化可得而見焉云舊常解此義云無象無形則神之所為隱矣有象有形變化於是乎著因問乾坤毀則無以見易如此則易不屬無矣曰易固非無張橫渠深闢老子有無之論莫有見於此否曰然纔說無便成斷滅去如釋氏說空又曰非空到了費力聖人只說易最為的當因言孟子論養氣到此方見有功於前聖曰如孟子者方是能曉易如說必有事焉非見得分明此說如何撰得又問正叔先生以必

有事焉而勿正為一句某嘗疑勿正心似非聖賢語意及見此乃知正叔先生讀書有力曰事說勿正則可心說勿正則不可正叔讀書直是不艸艸它議論方是議論伯思言正叔以至大至剛以直為一句養而無害為一句或云伯淳曾言至大至剛之氣須以直養正叔堅云先兄無此說若曰以直養而無害莫不妨曰嫌於將一物養一物不如養而無害較渾全它門說話須是與它思量體究方見好處

問易有太極莫便是道之所謂中否曰然若是則本無定位當處卽是太極邪曰然兩儀四象八卦如——

自此生曰既有太極便有上下有上下便有左右前後有左右前後四方便有四維皆自然之理也

人君所以御其臣只有一箇名分不可易名分既正上下自定雖有幼沖之主在上而天下不亂若以智籠臣下智有時而困則彼不為用矣其勢須至於誅殛之然後已觀西漢之君臣多尚權謀當時大臣少有能全身者蓋以此某舊作中論曾有一篇及此朝廷上做事須先令學術粗明然後可以有為不然人人說一般話如何做得事

王章論王鳳當時人君非不悮但以力弱被王鳳寸

理會起便推從王章身上去章終被禍人君如此誰敢與它放脚手做事

正叔在經筵潞公入劄子要宰相以下聽講講罷諸公皆退晦叔云可謂稱職堯夫云眞侍講又一人云不知古人告其君還能如此否只爲諸公欽服它它又多悟人所以後來諸生因說正叔經筵開陳故及此所論列有處記

圓覺經言作止任滅是四病作即所謂助長止即所謂不芸苗任滅即是無事

解經大抵須得理會而語簡舊嘗解易簡而天下之

理得云行其所無事不亦易乎一以貫之不亦簡乎如是則天下之理得矣又言行其所無事一以貫之只是一箇自然之理繫辭中語言直有難理會處今人注解只是亂說

問正叔云詩非聖人所作當時所取只以其止於禮義至如比其君狡童碩鼠則已甚其說如何曰此理舊疑來因學春秋遂知其意春秋書突之奔及其歸皆曰鄭伯突其書忽止曰鄭忽蓋不以忽為君故也不以為君故詩人目之為狡童觀褰裳之詩云狂童恣行國人思大國之正己其詩曰子惠思我褰裳涉

漆言人心已離若大國見正國人必從之矣天人之視忽如此尚誰以為君若猶以為君則比之共仅童誠不可矣碩鼠如何曰魏之重歛至使人欲適彼樂國則人心之離亦可見矣又云人心合而從之則為君離而去之則為獨夫

學者若不以敬為事便無用心處致一之謂敬無適之謂一

人言春秋難知其實昭如日星孔子於五經中言其理於春秋著其行事學者若得五經之理春秋誠不難知又云伯淳先生嘗有語云看春秋若經不通則

當求之傳傳不通則當求之經其曾問之云傳不通則當求之經何也曰只如左氏春秋書尹氏卒尹氏乃惠公繼室聲子也而公羊春秋則書曰尹氏傳云大夫也然聲子而書曰尹氏是何義須當以尹氏爲正此所謂求之經

問乾坤用九六荊公曰進君子退小人固非自然之理而正叔云觀河圖數可見何也曰此多有議論少有今明繫辭分明說云參天兩地而倚數九叅天六兩地也

因言了翁說易多以一字貫衆義如何曰易卦用字

有如此者有不如此者如云習坎重險也又言天險地險王公設險則險為善睽乖也又言天地睽而萬物通男女睽而其志同則乖為善蓋一字兩用字非此類則不可如師是師旅之師豈可說為師友之師以來書云爾故及之

形色天性也有物必有則也物即是形色即是天性唯聖人然後可以踐形踐履也體性故也蓋形色必有所以為形色者是聖人之所履也謂形色為天性亦猶所謂色即是空

毗陵所聞辛卯七月十一日自沙縣來至十月去

鑄元承言相之無所不用其敬嘗掛眞武畫像於[illegible]中其不欺暗室可知曰相之不自欺則固可取然以[illegible]置帳中亦可謂不智曰何神以言之曰果有眞武則敬而遠之乃所謂智帳中卧之處至褻之所也何可置神像

君子喻於義小人喻於利所謂喻於義則唯義而已惟義之外非君子之所當務也夫然後所守者約如孟施舍知守氣可謂約矣所以不及曾子者以曾子唯義之從故也

或曰文王所謂至德以不累於高名厚利故也所謂

不累於辱利者三分天下有其二以服事商所謂不累於高名者有其二而弗辭曰如是則武王之取天下以爲累於利而可乎孟子之言曰取之而燕民悦則取之古之人有行之者武王是也取之而燕民不悦則勿取古之人有行之者文王是也此論盡矣蓋文王所謂至德者三分天下有其二矣以取天下何難之有而文王勿取者視天下而已初無用心於其閒也夫是之謂至德

舜在側微堯舉而試之愼徽五典則五典克從納于百揆則百揆時序賓于四門則四門穆穆以至以天

下拔之而不疑觀其所施設舜之所以爲舜其十其德可謂大矣室非濬山之中所能久處而爲舜者當堯未之知方且飯糗茹艸若將終身若使令人有丰氣者雖不得時其能自已其功名之心乎以此見人必能不爲然後能有爲也非有爲之難其不爲尤難矣只如伊尹耕於莘非湯三聘則必不起諸葛亮臥艸廬非先主三顧亦必不起非要之也義當然也以諸葛之智尚知如此又況不爲諸葛者乎然則居畎畝之中而以天下爲己憂可也或不知消息盈虛之運犯分妄作豈正理哉

舜可謂無為有天下初無所與其任九官去四凶覩其功罪如何舜無毫髮之私也

劉向之所謂忠可以為戒不忝似之非所以全德大抵人能住得然後可以有為才智之士非有學力卻住不得

孟子言大人正己而物正荊公卻云正己而不期於正物則無義正己而必期於正物則無命若如所論孟子自當言正己以正物不應言正己而物正矣物正物自正也大人只知正己而已若物之正何可必乎惟能正己物自然正此乃篤恭而天下平之意荊

公之學本不知此
張茂則寔官之賢者也元祐間曾請諸公啜茶觀畫
惟正叔不往辭之曰某素不識畫亦不喜茶如正叔
真箇不去得它人、到此須容情與它茶
或問正叔先生云邵堯夫易數至今無傳當時何不
問它看如何先生曰若是公等須打不過必問它
字說所謂大同於物者離人焉曰揚子言咊同天人
之際使之無間不知是同是不同若以為同未嘗離
人又所謂性覺真空者離人焉若離人而之天正所
謂頑空一通總老言經中說十識第八菴摩羅識唐言

白淨無垢第九阿賴邪識唐言善惡種子白淨無垢即孟子之言性善是也言性善可謂探其本言善惡混乃是於善惡已萌處看荊公蓋不知此

蕭山所聞 壬辰五月又自沙縣來至八月去

橫渠言性未成則善惡混亹亹而繼善者斯為善矣惡盡去則善因以亡故舍曰善而曰成之者性伯思疑此以問公曰不知橫渠因何如此說據此說於易之文夫自不通卻令伯思說伯思言善與性皆當就人言繼之為說如子繼父成乃無所虧之名矣若非人即不能繼而成之曰不獨指人言萬物得陰陽而

生皆可言繼之善夫有多般如乾之四德有仁義禮智之不同後人以配四時若如四時則春固不可為秌冬固不可為夏其實皆善也先者特善之長也固出於道故曰繼之者善性則具足圓成本無虧欠要成此道除是性也今或以萬物之性為不足以成之蓋不知萬物所以賦得偏者自其氣禀之異非性之偏也孔子曰天地之性人為貴人之性特貴於萬物耳何常與物是兩般性

伊川語錄云以忠恕為一貫除是曾子說方可信若它人說則不可信如何曰明道說卻不如此問明道

說曰只某所著新義以忠恕為曾子所以告門人便是明道說問中庸發明忠恕之理以有一貫之意如何曰何以言之曰物我兼體曰只為不是物我兼體若物我兼體則固一矣此正孟子所謂善推其所以為者乃是參彼己為言若知孔子以能近取譬為仁之方不謂之仁則知此意曰即己即物可謂一否曰然

孟子言孔子集大成曰始條理者智之事終條理者聖之事夫仁且智斯之謂聖今以聖之事或不足於智何也曰聖則具仁智矣但此發明中處乃智之事

聖則其所至也未必皆中曰孟子曰智之於賢者則智但可語賢者若乃大而化之則雖智而忘其智矣如所謂從容中道從心不踰矩智何足以名之曰如伊尹伯夷柳下惠只於清任咊處中其它則未必皆中則其智容有所不周

智便是用處曰用智莫非所以言聖人若曰行其所無事則由智行非行智者也曰觀此知是以智爲妙曰聖人之於智見無全牛萬理洞開卽便是從容處豈不謂之妙若伯夷伊尹柳下惠於清任咊處已至聖人但其它處未必皆中其至與孔子同而其中與

孔子異只為不能無偏故也若隘與不恭其所偏歟

○充類至義之盡言不可以謂之盜也獵較猶可則取於民猶禦者受其所賜何為不可

柳下惠不以三公易其分此與聖人之味互相發耶乃所以為味耶曰若觀其味疑若不分故此特言之曰何以知其分曰只不卑小官之意便自可見如柳下惠之才以為大官何所不可而樂於為小官則其剛介可知矣

中心安仁者天下一人而已如伯淳莫將做天下一人看曰固是

東坡言直方大云既直且方非大而何曰直方蓋所以爲大然其辭卻似不達孔子云敬義立而德不孤德不孤乃所謂大德不孤則四海之内皆兄弟之意夫能使四海之内皆兄弟此所以爲大也

東坡云萬物覩乃是萬物欲見之言欲見之便非聖人作而萬物覩如日在天萬物便見聖人唯恐不作作則即時覩矣作與覩同時事也啐啄同作

乾之九三獨言君子蓋九三人之位也履正居中在[illegible]一爻故又言於九四則曰上不在天下不在田中不在人於九三止言上不在天下不在田而已其曰

君子行此四德者蓋乾之所謂君子也曰所以爲君子者乃行此德之人耳

上治如所謂正己也

讀書須斡古人立意所發明者何事不可只於言上理會如萬章問象日以殺舜爲事孟子答舜所以處之之道其意在説聖人誠信無僞此尤不可不知若從枝葉上理會只如象欲使二嫂治朕棲之語此豈可信堯在上不容有此等人若或有之不知則已朕堯於舜既以女妻之其弟如此豈有不知知則治之矣

若使死可以救世則雖死不足卹然豈有殺賢人君
子之人君子能便天下治以死救天下乃君子分上
事不足怪然亦須死得是孟子曰可以死可以無死
死傷勇如必要以死任事為能外死生是乃以死生
為大事者也未必能外生死

鄭季常問孔子去魯曰遲遲吾行也去父母國之道
也然而燔肉不至不脫冕而行豈得為遲遲曰孔子
欲去之意蓋久待燔肉不至而行不欲為茍去乃所
謂遲遲若它國則君不用便當去豈待燔肉之不至
然後行曰何以見其去它國之速曰衛靈公問陳一

語不契明日遂行

孟子所言皆精粗兼備其言甚近而妙義在焉如龐居士云神通并妙用運水與般柴此自得者之言最為適理若孟子之言則無適不然如許大堯舜之道只於行止疾徐之間教人做了

象山先生集卷第十四

荅問

荅胡德輝問

問克伐怨欲不行焉可以爲仁矣子曰可以爲難矣仁則吾不知也克謂其克人也若顏子克己然後可以不克人伐謂伐其功也伐其善也雖大禹猶有待乎告戒所謂汝惟不伐是己怨必如伯夷求仁而得仁然後可以無怨欲必如公綽然後可以謂之不欲夫顏子亞聖者也禹入聖域者也伯夷聖之清者也而公綽不欲又爲成人之質今欲

四者不行宜可以為仁矣今止謂之可以為難不已輕乎求其說而不得

荅克伐怨欲在常情易發難制有而不行焉可以為難矣若夫仁則又何克伐怨欲之有

問思無邪思而後積積而後滿滿而後發詩三百篇大抵思之發也思而無邪詩何不然哉或曰有思皆邪也無思則土木也思無無邪者惟有思而無所思乎佛語以迷眞起妄寂初一念為念之正此理合矣然是說也果聖人當時告門人之意乎

荅書曰思曰睿睿作聖孔子曰君子有九思夫思可

以作聖而君子於貌言視聽必有思焉而謂有思皆邪可乎繫辭曰易無思也無爲也寂然不動感而遂通天下之故非天下之至神其孰能與於此夫自至神而下蓋未能無思也惟無思爲足以感通天下之故而謂無思土木也可乎此非窮神知化未足與議也詩三百出於國史固未能不思而得然而皆止於禮義以其所思無邪而已

問夫子之言性與天道不可得而聞也或謂性也天也道也三者同出而異名知性之未始有物也雖天亦然知天之未始有物也雖性亦然或曰不

然性明其理天道明其事明理之際或疑其無明事之際或疑其有必也理事俱融此其説之難闡也故經言天道皆以禍福善惡焉異乎言性也二説孰是

蓋天命之謂性率性之謂道性命道三者一体而異名初無二致也故在天曰命在人曰性率性而行曰道特所從言之異耳所謂天道者率性是也豈遠乎哉夫子之文章乃所以言性與天道非有二也聞者自異耳子貢至是始與知焉則將進乎此矣

問子曰回也其心三月不違仁心不違仁必不待

見之言行也然非行何自而知之仲尼知顔子亦
有說矣
荅有不善未嘗不知知之未嘗復行則其不違可知
矣
問不逆詐不億不信抑亦先覺者是賢乎逆其詐
將有不勝其詐億其不信將有不勝其不信先覺
之人所病在是不逆詐不億不信此其所賢也不
然先覺遽爲智料隱匿者爾非其賢也或曰不然
孔子謂先覺君子友以是爲賢非獨我也
荅君子一於誠而已惟至誠爲可以前知故不逆詐

不億不信而常先覺也抑亦以是爲賢乎若夫不逆不億而卒爲小人所欺焉斯亦不足觀也已

問回也其庶乎屢空説者謂若莊周所謂忘仁義禮樂與夫坐忘之謂也然下文言賜不受命而貨殖焉則所謂空者非忘仁義之類也然空必謂之屢者何如

荅其心三月不違仁則蓋有時而違也然而其復不遠則其空也屢矣空也者不以一物置其胸中也子貢貨殖未能無物也孔門所謂貨殖者豈若世之營營者耶特於物未能忘焉耳

問子見南子子路不說子路平居受教孔子者也孔子見南子雖如子路者且有不諭他人何自而諭哉蓋聖人用權處平居不以語學者與子路所以疑而不說也南子不可見審矣今見所不見不害為孔子者何說

荅南子衛靈公之妾以妾為妻五霸之所不容況孔子而可以見之乎子路所以不說也然當是時竊為旅人不得而正之者天實厭之也孔子而得位固將正之也然衛之人皆以為小君而謂過吾國者必見吾寡小君則孔子安得而不見否之時包承小人吉

此大人處否而亨之道也

問原壤夷俟以原壤爲賢耶聖人固以不遜弟罪之矣以原壤爲不賢耶然於聖人敢以夷俟聖人不絶之又從而以杖叩其脛則壤果何人者耶或曰聖人如此故者無失其爲故也然則仲尼故亦多矣何獨於壤見之

蓋原壤之母死登木而歌孔子爲弗聞也者而過之其置之禮法之外久矣若原壤蓋莊生所謂游方之外者也故敢以夷俟孔子切責之畏其亂俗也然謂之爲賊而叩其脛不已甚乎而彼皆受之而不辭非

索於形骸之内而不以毁譽經其心孰能如是蓋
惟原壤而後待之可以如此

問一日克己復禮天下歸仁焉孔子終身行仁者
也當時學士大夫有不知奈何顔子一日爲仁而
使天下歸仁焉或曰不然天下歸仁猶皇極之道
天下所共由也顔子克己太過其末將有墨氏之
弊人之樂於爲仁者鮮矣此仲尼所以救之一日
能然者由一日而積也後之知是說者惟孟子其
然乎

荅吕與叔嘗作克己復禮頌曾見之否其略曰洞然

八荒皆在我闥孰曰天下不歸吾仁斯言得之若未見侯尋本録去

問述而不作信而好古竊比於我老彭論語一書未嘗及老氏葢設教不倫也或說此所謂老彭乃老氏與彭籛非謂彭之壽而謂之老彭也然老氏之書果述而不作信而好古者乎

荅老氏以自然爲宗謂之不作可也

問子在齊聞韶三月不知肉味聞樂而至於忘味有之矣至於三月不知豈近人情乎或說聞韶音不知肉味耳葢三月者音字之誤也

荅謂音字誤爲三月伊川之說如此

問樊遲問仁子曰居處恭執事敬與人忠雖之夷狄不可棄也子張問行子曰言忠信行篤敬雖蠻貊之邦行矣其意甚類或說問仁乃問行爾亦字之誤

荅學者求仁而已行則由是而之焉者也其語相似無足疑者世儒之論仁不過乎博愛自愛之類孔子之言則異乎此其告諸門人可謂詳矣然而猶曰罕言者葢其所言皆求仁之方而已仁之体未嘗言故也要當徧觀而熟味之而後隱之於心而安則庶乎

有得非言論所及也

問子曰參乎吾道一以貫之曾子曰唯子出門人問曰何謂也曾子曰夫子之道忠恕而已莊子言南郭子綦隱几而坐仰天而嘘嗒然似喪其耦曾子明夫子之道亦在乎一唯之間蓋與仰天而嘘不異也若爾下文言夫子之道忠恕而已矣理似不然或謂忠恕亦自有理

荅曾子未嘗問而夫子以是告之蓋當其可也故曾子曰唯子出門人問此曾子之門人也未足以語此故告之曰夫子道忠恕而已矣忠恕固不足以盡道

其違道不遠由是求之則於一以貫之其庶幾乎問中庸之爲德也其至矣乎民鮮久矣說者謂有高明之至德有中庸之至德君子以高明者人所難勉中庸者人所易行故以人所難勉者責己而以人所易行者同民將使人人能之其言民鮮久矣蓋上失其道非一日也而考之中庸則曰君子中庸小人反中庸君子之中庸也君子而時中又曰君子依乎中庸遯世不見知而不悔惟聖者能之又曰舜其大知也與執其兩端用其中於民又曰回之爲人擇乎中庸得一善則拳拳服膺而弗

失之矣夫夫君子得是而時中聖人依是而遯世進爲撫世算如舜遏隱就閒算如顏然且有所執有所擇如是果人之所可到然聖人以民鮮久矣言之則中庸者夫人之所易行矣顧究言之使學者有所遠從

答道止於中而已矣出乎中則過未至則不及故惟中爲至夫中也者道之至極故中又謂之極屋極亦謂之極蓋中而高故也極高明而不道乎中庸則賢智者過之也道中庸而不極乎高明則愚不肖者之不及也世儒以高明中庸析爲二致非知中庸也以

謂聖人以高明處己中庸待人則聖人處己常過之道終不明不行與愚不肖者無以異矣夫道若大路行之則至故孟子曰堯舜之道孝悌而已矣其爲孝悌乃在乎行止疾徐之間非有甚高難行之事皆夫婦之愚所與知者雖舜顔不能離此而爲聖賢也百姓日用而不知耳

侍問子曰衣敝縕袍與衣狐貉者立而不恥者其由也與或謂仲由服仲尼恥惡衣之戒故至於是方其言志曰衣輕裘與朋友共敝之而無憾豈非無狐貉之念哉聖人許之何説

吝士志於道於縕袍狐貉何容心哉隨所有而安之耳衣縕袍不以惡衣為恥與朋友共敝之不以小己有私初不相妨也

問子曰語之而不惰者其回也與語之而不惰與子路聞斯行諸不異然未得為顏子之徒何也

荅語之而不惰於吾言無所不說是也與聞斯行之異矣子曰吾與回言終日則所言非一二也今論語所記無幾則孔子與回言蓋有衆人不得而聞者聖人之教人各當其可也故子路雖聞斯行之而孔子猶告之以有父兄在則未得為顏子徒宜矣

問毋友不如己者商也曰進以其好與勝己者處也然我之不賢人將拒我如之何其可相友也

荅所謂如己者合志同方而已不必勝己也

問道不同不相爲謀道一而已不同者何説

荅天下殊塗而同歸故道有不同者途雖殊其歸則同道不同其趨則一也若伯夷伊尹之去就則雖相爲謀矣

問君子貞而不諒君子不諒可乎

荅惟貞故可以不諒所謂貞者惟義所在也

問君子矜而不爭書曰汝惟不矜天下莫與汝爭

能君子可矜乎

荅矜者矜莊之矜非謂矜伐也古人用字各有所當難以一說該也

問君子泰而不驕孟子傳食於諸侯人或以為泰君子可泰乎

荅非侈泰之泰若心廣体胖是也

問放鄭聲遠佞人言鄭聲而不及於慝禮言佞人而不及於讒說何也

荅行夏之時乘殷之輅服周之冕無非禮者則慝禮自放矣佞人禦人以口給則讒說在其中矣

問子路問成人子曰若臧武仲之知公綽之不欲卞莊子之勇冉求之藝文之以禮樂亦可以為成人矣不欲者成人之質也人而有欲雖知如武仲勇如卞莊藝如冉求蓋不足為成人而仲尼之言不欲必先之以知何也

荅雖有其質不先於致知則無自而入德矣

問為仁由己而由人乎哉或謂由己者猶在我而已顏子於仁何待如是告戒或人之說恐不然

荅一視而同仁則天下歸仁矣非由己而何

問祝鮀治宗廟伯夷典天地人之三禮聖人命之

閱其直矣祝鮀之佞頎足以治宗廟者何說

答籩豆之事則有司存雖聖人亦有不知者故子入太廟每事問蓋儀章器數祝史之事有司之職也然禮藏於器治之不得其人亦不足以成禮矣祝鮀所治蓋有司之職非典禮之官也書所謂直哉惟清者若太宗伯然後可以肯此

問堯曰咨爾舜天之曆數在爾躬允執其中書言天之曆數而繼之以人心惟危道心惟微惟精惟一然後至於允執厥中仲尼所叙其略如是將所謂中者包在乎人心道心之間特在夫精一以執

之耶將當時之人不足語是故略之耶未諭其旨
荅道心之微非精一其孰能埶之惟道心之微而驗之於喜怒哀樂未發之際則其義自見非言論所及也堯咨舜舜命禹三聖相授惟中而已孔子之言非畧也

問沈同問燕可伐與孟子對曰可嘗觀孟子對滕文公問爲國孟子對曰民事不可緩也又曰無常産者無常心苟無常心放僻邪侈無不爲已及陷於罪然後從而刑之是罔民也焉有仁人在位罔民而可爲之及沈同問燕可伐與孟子曰可及其

敗也則曰爲天吏則可以伐之民且不可罔而問

伐國如斯何也

荅燕固可伐矣故孟子曰可使齊王因孟子之言而遂伐之誅其君而吊其民何不可之有而其虐至於係累其子弟而後燕人叛之以是而歸罪孟子之言非也

問孟子曰堯舜性之也湯武身之也五霸假之也久假而不歸烏知其非也說者以久假而不歸烏知其非有也亦若固有之也孟子尊王而卑霸矣仁之爲道惟聖人然後能踐之而謂霸者爲固有

果其然乎意以謂外雖久假勉而行之非其本心朕誰知其其中本無有也願詳教之

荅曰管仲伐楚以包茅不入爲辭所謂假之也初非有勤王之誠心卒能以正天下假而不歸者也烏知其非有故孔子以仁與之葢其功可錄也

荅周伯忱問

問書曰惟聖罔念作狂惟狂克念作聖孚先竊謂所謂聖者謂有聖人資質一不念則流入於狂狂者進取曾晳之徒是也借如顏子不能拳拳服膺亦必至於此若是聖人則從心所欲不踰矩雖不

念亦無害也

答曰六德知仁聖義中咊聖通明之稱狂狂愚之稱

問孔子曰知者樂水仁者樂山知者動仁者靜知者樂仁者壽孚先竊謂樂山樂水狀仁智之体動與靜述仁智之用樂與壽明仁智之効智則能知之能知之則務窮物理務窮物理則運用不息故樂水水謂其周流也故動動謂其理之無窮也故樂樂謂其無所凝也仁則能体之能体之則有得扵所性有得扵所性則循理而行之故樂山山謂其安止也故靜靜謂其無待於外也故壽壽謂其

遂生理也

答言意未能体仁智且宜潛思

問孔子曰知及之仁不能守之雖得之必失之知及之仁能守之不莊以蒞之則民不敬知及之仁能守之莊以蒞之動之不以禮未善也孚先竊謂此語是告學者亦是入道之序故知及之者見得到也仁能守之者孳孳於此也莊以蒞之者外設藩垣以遠暴慢也動之以禮觀時應用皆欲中節也或者謂此是事君

答臨政處己莫不皆然所謂仁能守之者孳孳於此

也此言未能体仁且宜致思仁則安矣所謂云仁守
也

問先生舊常語門人云天下至忙者無如禪客市井之人雖曰營利猶有休息時禪客行住坐卧無不在道存無不在道之心便是常忙乎先竊謂此語如孟子所謂必先有事焉而勿正心勿忘勿助長也若正若助長即是忙也或者謂此語非爲學者設謂以聖方之則是禪客未嘗閑若學者須是行住坐卧在道

答存無不在道之心便是助長也其學也固當有

亦當知助長之非

龜山先生集卷第十四　終

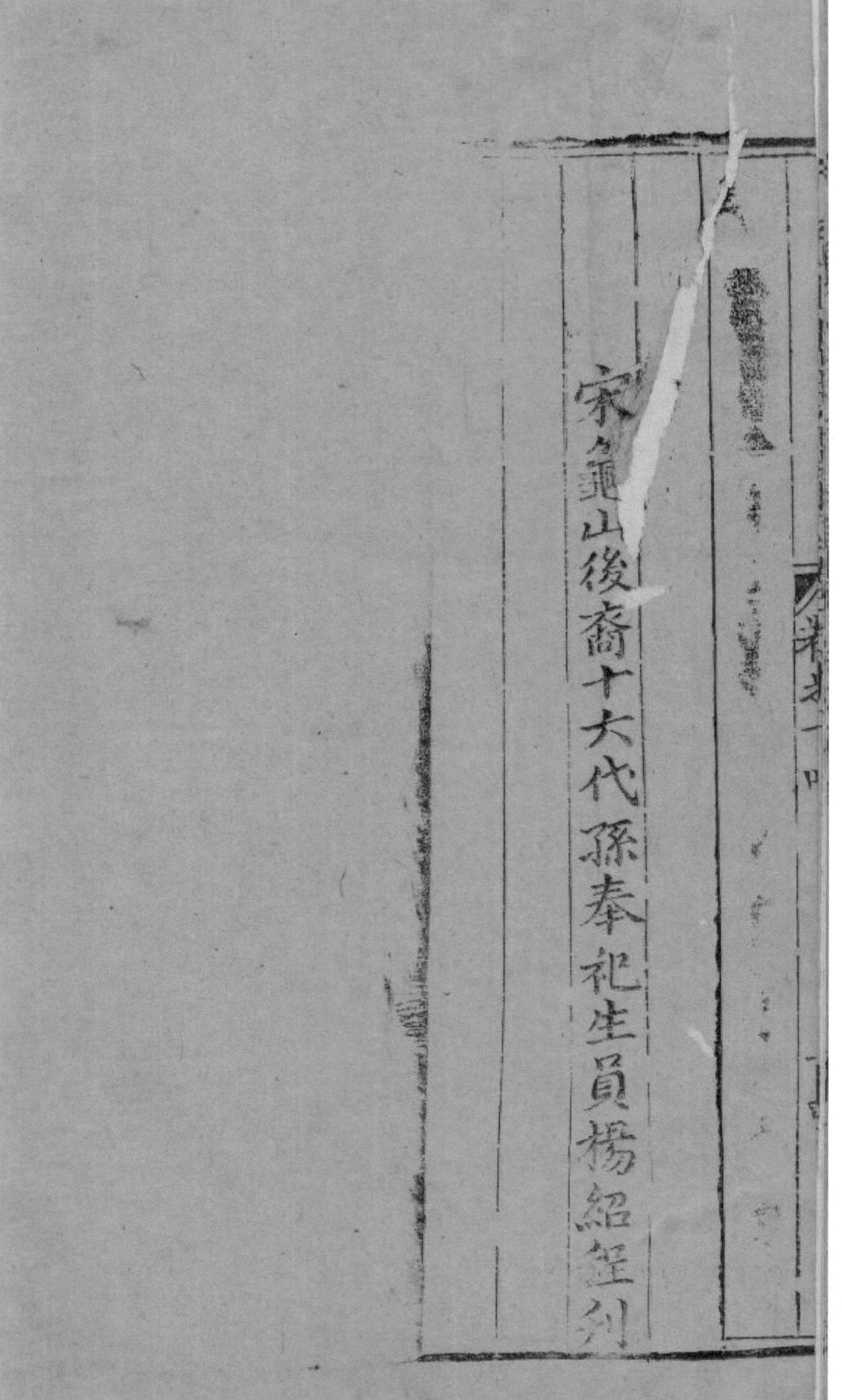
宋龜山後裔十六代孫奉祀生員楊紹筵刊

龜山先生集卷第十五

策問

書契之興至數千百歲其間聖帝明王公侯賢士大夫暴君汙吏擣杌嵬瑣之人賢姬淑女艷妻嬖妾與夫山林居窮處獨之士隱德潛耀見于載籍蓋不可勝記焉然歷世綿遠編脫簡去其存而略可知者夫未易一二數也班固表古今人列為九等之序究極經傳旁質諸子馳騁數千歲之中如度量權衡之較物銖分不遺也抑其書有所受歟將以奮私智而為之歟何其說之詳明也夫由千載而下而上論千載

◎

之人智愚賢否儔列等降若親覿焉斯大難哉其是非得失亦將必有在矣諸君試考而折衷之

孟子沒聖學失傳六經之旨晦蝕於異端諸子之書名家而傳後世者非一人也然而論不詭於聖人者有無幾焉楊雄之太玄王通之續經皆擬聖人之作也二人者亦以斯文爲己任其爲書宜有異於諸子焉然當時之論尚或以雄非聖人而作經猶吳楚之君僭號而僞王蓋貶絶之罪也後之論通者大然予以謂爲此論者是特以名譏之未究其實也使其書不謬於聖人而有補於六經則二子也奚罪焉學者

審其是而已又奚以名爲然觀雄之書三摹四分九
掾樾八十首七百二十九贊其用自天元推一晝一
夜陰陽氣候星日度數律曆之紀無不備具其闡意
紗旨馳騁乎有無之際可謂至矣其於易也何準焉
通之續經其始終之義四名五忠策命誥詔賛議誡
諫斷疑褒貶之法具載於其書可考而知諸君試明
其所以準易之旨與夫續經之作是非得失詳擇而
折衷之以釋論者之疑焉毋或謂其僭擬而不足道
也

古者士不患無名而患實之不至不患無位而患德

之不孚故公卿大夫士至于抱關擊柝乘田委吏之賤皆因實與名量能授位其養之有素考之有漸而賢愚善否不容相殽此三代所以直道而行而士夫無覬覦於其間也周衰教養選士之法廢而縱横之士始相與乘時躭利觀時君之好因其剽忍緩急喜怒愛惡之變陽開陰闔以遷惑其志揺吻動喙卒取卿相者無國無之自是朝無常度而士亦鮮克有廉恥之行矣漢初剗除前弊詔舉賢良方正州郡察孝廉中興以後復增四行以網羅遺逸其規範雖未足方古其猶庶幾乎唐以六科取士至楊綰舉詞藻宏

罷又加詩賦國家因之專用聲律熙寧變新法度登
延儒臣講明六經之旨盡革雕蟲之習未十餘年閣
士之應科舉者類皆剽掠補綴迭相祖襲有司眩於銓
擇識者患之欲復加詩賦而國論未一諸君盍觀前
世得失試詳明之無惑隱焉

宗廟之制尚矣漢興至本始間凡祖宗廟與在郡國
者合百六十七所其歲時祠祀與衛士祝宰樂人皆
以鉅萬數至元帝時貢禹始議罷郡國廟定迭毀之
禮未及施行而禹卒其後天子追用其議然而通儒
或非之異論紛如也而班固述父彪之言則獨稱劉

歆之論博而篤其是非安在秀詳明之
羿天下之善射也而弓撥矢鉤則雖羿不能取中造
父天下之善御者也而輿脫馬疲則雖造父不能以
致遠人主天下之利勢也而輔之以庸人小夫則雖
有利勢其能爲治乎予觀虞周之間何其盛哉以舜
武之爲君后稷周召之爲臣而相與共成帝王之業
豈一不易歟孔子稱曰才難則自古豪傑俊偉之人固
不可多得而後可以爲治也西漢之初承暴秦殘刻
之餘高惠之間卒至太平其佐命之臣則若有蕭曹
而已孝宣中興丙魏有聲茲四人者皆卓然一代之

良弼也唐興垂三百年則亦前偁房杜後偁姚宋而已所謂豪傑俊偉之人自古不可多得著豈不信然歟然漢唐之治號偁近古而文釆足以表見於後世者抑亦兹數人之力其致治之方所操之術亦必有可言者然卒不能追復舜武之盛以自附於伊周禹稷之列者其故何哉豈所操之術有未盡歟然是數人者之器業遠近優劣亦可以槩見諸君其悉著于篇以觀所學

傳曰財用足故百志成百志成故禮樂興自古帝王不易之道也熙寧更新百度無非以理財為務其知

此乎故謂之青苗以寬民之財免役以寬民之力立市易以權貨賄之昇通使兼并無所侵漁而窮之者安其生農得盡力於耕而游惰兼有所事其施設之意亦厚矣然未十有年間羨餘之息充溢府庫而民反有受其弊者其故何哉是豈法之未盡與主上銳意於為治凡法有害於民者一切蠲除之可謂善矣然抑兼并振窮之寬民力役游惰其可無術乎將欲數者之利而無其害學者宜知其說也幸悉陳之以俟采擇焉

光武不以功臣任職議者多非之史氏謂深圖遠算

將有以爲其說安在
周德衰聖王不作寇攘爭取之禍起而名實不加於天下久矣孔子懼而作春秋以明先王之法綱條大小罔不畢舉譱善惡惡因實偁情而輕重長短各中權度無錙銖分毫之差振幽顯微而亂臣賊子知懼焉孔子没更戰國至秦遂焚書坑學微言中絕漢興六藝殘缺蓋久而後完而春秋之學列爲三家雖異端競起然自通才博識未有不由此而學也國家崇尚經術以訓釋之造極其精微而於春秋獨廢而不講是何耶議者欲置博士與諸經比或者其可乎幸

明言之將以告于有司

三代之政亡而暴君汙吏慢其經界天下無常產自戰國以来尚矣民無常產則無常心乗之以饑饉則老弱者操瓢囊轉乎溝壑壯者則聚而為盜此其常也國家興利脩廢務以保民為心獨能無意於此乎然乗千載之弊將欲追復三代之政使天下之人各有常產宜何施而可柰明言之抑亦觀諸君之所蘊

○三代教學廢而禮義之澤竭士無中行非特今日也熈寧之初天子尤銳意於辟雍成均之法以作新人材為務其有不在於茲乎然士雖無卑近之習而

忠信之道微革雕蟲之弊而浮誕詭異之風熾薄廉
恥而敦進取則士之失又不特無中行也今將欲追
三代教學之法以漸磨士類使無過行空何施而可
傳古之君子幸詳言之毋隱
荊江合蜀衆水所委源高而流下自夷陵以東地多
沮洳陂澤無高山大陵以爲阻固所恃以禦水者隄
防而已人力一不至則靡潰千里瀦爲平流不見涯
涘昔人有支爲九河以疏瀹之者而後水之爲患消
荊人利之非一日矣瀕河之民玩習久安乃始盜河
爲田而河之故道湮沒無復存者比年以来水患浸

劇而今歲為尤甚意者其職此之由乎國家脩明百度罷置丞以貳令正以變移水陸為先務苟可以除民患者夫無不舉也諸君親被其害者知其所自矣願詳言之將以告于有司

孔子曰足食足兵民信之矣於斯三者不得已而去之則先兵又不得已而去之則先食而信不可去夫聖人恃民之信如此其重也國家遴選儒臣鎮撫茲土師出有名士以義奮投甲徒裼以趨敵也鴃舌之酋係頸束手為地千里繼成先志可謂盛矣議者猶患兵食之不足而有戍役轉輸之勞不可以持久諸

君境地相鄰宜習知其利害而承學之久孔子所謂去兵去食而恃民之信友必有說也幸詳言之毋隱

〇孟子沒聖人之道不傳六經微言晦蝕於異論士不知所以學非一日也自熙寧以來訓明經術以幸多士所以迪之可謂至矣然大學之道必先知所止知所止然後能定能定然後能應不知所止而欲應酬曲當是猶射者未知正鵠之所在而欲取中也其可得乎諸君承學之久宜知所止矣異時施於有政將必有道也願試言之以觀攸趣

孟子言禹稷顏回同道夫回之在陋巷飯蔬飲水終

日如愚人然邈乎其若無意於世也禹思天下之溺者猶己溺之也稷思天下之饑者猶己之饑也其以身任天下之責可謂重矣則三人者疑若內外之不相及也而孟子曰易地則皆然則古之人所以修身善世之道蓋一而已後世道學不明士大夫窮而善其身則進無以經世之務汲汲於事功則退無以處簞瓢捽茹之樂自漢唐以來往往皆是也其失果安在我國家比詔有司推原熙豐三舍之令播告之修所以迪士者至矣蓋將養天下之成材而望之以禹稷之事也承學之士宜知古人所以修身善世之道

與夫後世之失躬蹈而力行之以副朝廷出長入治之選請試言之

三代之政亡暴君汙吏慢其經界天下無常産自戰國以來尚矣民無常産則無常心乘之以饑饉則流亡轉徙救死之不贍欲驅而之善尚可得乎國家修明百度懔懔乎成周之隆矣議者欲爲限田之法漸復古制興三代甚盛之舉也然豪宗大族富連阡陌一旦奪其有餘以與其不足得無紛紛乎此當今之要務施設之方學者宜知其說也幸詳言之將以獻于有司

無君子莫治野人無野人莫養君子此天下之常分古今之通義也先王度地以居民分田以制祿五家之寡則以一下士長之其治野人可謂詳矣自比長而上至于鄉老大夫皆養於野人者也一鄉之廣又二千五百家而已以今較之猶非赤縣之比也而卿大夫士列於其間無慮數千人豈不冗且多乎先王未嘗以餼廩為憂而野人之養君子者亦不以為厲今之郡縣官有常員宜其易祿矣而議者每以冗官為患何也國家修飾治具將復三代之制致治之原有在於此學者宜知其說也參著于篇

極函三爲一一而三之歷十二辰而五數備陰陽合德氣鍾於子而黄鍾之實全焉其長爲度其龠爲量其重爲權其實一也三者立斯民不約而信矣故曰律爲萬事根本而舜所以同律度量衡而天下治也周衰更秦反古是今變亂先王之制無復存者魏晉而下因陋襲弊律尺不同而諸儒紛紛無復稽正權衡度量至或家自爲之莫能相一上無以考其數度下無以立民信而禮樂亦或幾乎熄矣可勝悼哉

國家審法度修廢官凡先王爲治之具蓋無不舉矣而舜之所以同律度量衡與孔子所謂謹權量者或

未備也獨何歟豈本末先後固有序歟諸君講明經

世之務詳矣願悉陳之

龜山先生集卷第十六

書一

見明道先生

某鄙朴無知不量力之不足也竊慕古人之學誦其書論其世想見其爲人而師之有日矣然以淺聞早見未能灼知古人大體故刻意雖堅終未有得也嘗觀古之爲士者所至遠近雖不同其秉節勵行皆有以自立於世豈其材悉能過人耶特以先王教學之道明而士於此時無私習之蔽故也周道衰庠序之法廢故家遺俗隨以熄滅幸而有孔子出焉振先王

已墜之教駕說於當世而從之游者若參之魯師之辟由之喭師之過商之不及其材固非有大過人也然其聞所未聞見所未見而餘言遺行有後世宿儒皓首而不能窮者則士之得所依歸豈曰小補之哉自秦漢迄于魏晉隋唐之間明知之士見於其時不無人矣間有一節一義可稱於世者槩以聖人中道非過則不及豈其材皆不逮古耶徒以學無師承不知所以裁之故也以今較古則學之難易又可知已且三代而上道德明而異端熄邪說詖行不作於下士之朝夕蹈襲者無非禮樂之間則其學豈不易致

耶末世以來諸子百家異端並起是非紛錯無所考
正士之始學者如適九達之衢從横曲折眩然莫知
所之非有道某其前則終身未見其至也嗚呼師道廢
久矣後世之士不能望見古人之萬一者豈不以此
歟某嘗悲夫世之人自蔽曲學不求有道者正之而
又自悲其欲求有道者而未之得也調官至京師於
朋游間獲聞先生之緒言鄙俗之心固以潛釋於是
慨然興起曰古之人其相去甚遠矣尚或誦其詩讀
其書論其世想見其為人而師之又况親逢其人哉
其往不可後矣此區區所以有今日之請也先生其

將哀其愚憫其志而進之使供洒掃於門下則千萬幸甚

寄明道先生其一

自奔走南歸不聞誨言久矣所居窮僻賢士大夫不至其境每學有所疑則中懷罔然思所以考正徒北嚮瞻望而已附語者以其視聽不用耳目故能傳死者之事有人所不知者既已聞命矣然其所以能視聽不用耳目則未聞其說古者冠婚喪祭必筮之吉然後行事則古之人其動作未嘗不擇日也其旨安在春秋不書即位者四隱莊閔僖是也諸儒之論紛

然豈知所從左氏謂隱公爲攝以經考之則隱非攝明矣然三傳皆謂有讓桓之志其果何也先王之時諸侯疑無相盟之事然考之周官司盟之職曰掌盟載之法凡邦國有疑會同則掌其盟約之載覲禮朝諸侯於壇訖乃加方明於壇而祀之列諸侯於庭王府共珠盤玉敦戎右以玉敦辟盟遂役之贊牛耳桃茢司盟北面詔告明神諸侯以次歃血則諸侯相盟禮所有也不識二禮之說果可以爲據耶抑亦附會之說耶春秋之凡書盟者又何謂也秋七月天王使宰咺來歸惠公仲子之賵以傳考之則仲子者惠公

之妾桓公之母也從之說者皆以為惠公之母其曰惠公仲子者以別惠公之母耳其不同若此何也春秋之學不傳久矣毋以不得從容左右親受指誨為恨鄙心所疑非止一二但未敢縷陳恐煩聽覽耳惟先生不以愚鄙見棄一一見教幸甚

其二

某嘗欲治春秋讀之數卷淺識未能窺見其門戶遠去師席疑無質問中欲輟之又惜其初心之勤惓惓不能自已誦習之餘毋安有所億然未知聖人之旨果可以如此求否謹錄之以質諸左右儻因暇時一

賜觀覽正其非謬以開導之則幸甚矣隱元年鄭伯克段于鄢段以不義得衆公弗能制終欲制之畏人之多言則克段者鄭伯而已非國人所欲也故不稱國討而書曰鄭伯蓋交譏之也夫仁人之親愛其弟非徒富貴之而已亦必為之節也富貴而不為之節使之驕慢陵僭以速禍敗則其親愛之也適所以害之耳故詩稱鄭伯不勝其母以害其弟而春秋書曰鄭伯克段正謂是歟夫克者勝敵之辭以勝敵之辭加之則段之强可知矣段之强由辨之不早辨也日有食之穀梁曰吐者外壞食者内壞闕然不見其壞

有食之者言有物食之也夫日月之變有常數焉此巧曆所能窮也而春秋記以為異者蓋先王克謹天戒因以正厥事則日之有變豈徒然哉必有以也故書曰日有食之而其辭若有食之者蓋所以歸咎於人事而不以常數為不足畏也桓元年三月公會鄭伯于垂鄭伯以璧假許田二年三月公會齊侯陳侯鄭伯于稷以成宋亂夏四月取郜大鼎于宋夫宋督弑其君而公成其亂取郜大鼎以歸公弑隱公而鄭伯會公于垂以璧假許田則魯之亂鄭伯成之也不書為内諱也夫鄭伯之假田與公之取鼎其求賂一

也而書之異辭内外之分然也三年夏齊侯衛侯胥命于蒲胥命蓋若葵丘之會束牲載書而不歃血有五命之類是也齊衛適國莫爲命主故曰胥命也至治之時諸侯述職以聽天子之命而已何胥命之有哉然葵丘之會不書命何也蓋五霸桓公爲盛葵丘之會實爲盟主故不書命蓋不與其擅命也其他若及宋之類義例甚衆并前書所問皆未能曉略賜疏示乃至願也瀆左右徒用愧畏惟先生誨人不倦素拒絶之幸甚

寄伊川先生

其竊謂道之不明智者過之西銘之書其幾於此乎昔之問仁於孔子者多矣雖顏淵仲弓之徒所以告之者不過求仁之方耳至於仁之體未嘗言也孟子曰仁人心也義人路也言仁之盡最親無如此者然本體用兼舉兩言之未聞如西銘之說也孔孟豈有隱哉蓋不敢過之以起後學之弊也且墨氏兼愛固仁者之事也其流卒至於無父豈墨子之罪耶孟子力攻之必歸罪於墨子者正其本也故君子言必慮其所終行必稽其所弊正謂此耳西銘之書發明聖人微意至深然而言體而不及用恐其流遂至於兼

則後世有聖賢者出推本而論之未免歸罪於横渠也某竊意此書蓋西人共守而謹行之者也顧得一言推明其用與之並行庶乎學者體用兼明而不至於流蕩也横渠之學造極天人之蘊非後學所能窺測然所疑如此故輙言之先生以為如何

伊川答論西銘

前所寄史論十篇其意甚正纔一觀便為人借去俟更子細看西銘之論則未然横渠立言誠有過者乃在正蒙西銘之為書推理以存義擴前聖所未發與孟子性善養氣之論同功二者亦前聖所未發豈墨

氏之比哉西銘明理一而分殊墨氏則二本而無分老幼及人理一也愛無差等本二也分殊之蔽私勝而失仁無分之罪兼愛而無義分立而推理一以止私勝之流仁之方也無別而迷兼愛至於無父之極義之賊也子比而同之過矣且謂言體而不及用彼則使人推而行之本爲用也反謂不及不亦異乎

答伊川先生

示論西銘微旨曉然具悉如侍几席親承訓誘也幸甚幸甚某昔從明道即授以西銘使讀之尋繹累日乃若有得始知爲學之大方是將終身佩服豈敢

疑其失比同於墨氏前書所論謂西銘之書以民爲同胞長其長幼其幼以鰥寡孤獨爲兄弟之無告者所謂明理一也然其弊無親親之殺非明者默識於言意之表爲知所謂理一而分殊哉故切恐其流遂至於兼愛非謂西銘之書爲兼愛而發與墨氏同也古之人所以大過人者無他善推其所爲而已老吾老以及人之老幼吾幼以及人之幼所謂推之也孔子曰老者安之少者懷之則無事乎推矣無事乎推者理一故也理一而分殊故聖人稱物而平施之茲所以爲仁之至義之盡也何謂稱物親疏遠近各當

其分所謂偏也何謂平施所以施之其心一焉所謂平也某昔者竊意西銘之書有平施之方無稱物之義故曰言體而不及用蓋指仁義爲說也故仁之過其蔽無分無分則妨義義之過其流自私自私則害仁害仁則楊氏之爲我也妨義則墨氏之兼愛也二者其失雖殊其所以得罪於聖人則均矣西銘之旨隱奧難知固前聖所未發也前書所論竊謂過之者特疑其辭有未達耳今得先生開論丁寧傳之學者自當釋然無惑也相去阻脩未緣趨侍以請畢餘欵竊爲恨耳

與楊仲遠其一

得所惠書謂能不變於俗此固區區所望而吾子所當勉也甚慰甚慰道廢千年學士大夫溺於異端之習久矣天下靡然成風莫知以爲非士志於道者非見善明用心剛往往受變而不自知此俗習之移人甚可畏也若夫外勢利聲色不爲流俗詭譎之行以是爲不變於俗則於學者未足道也吾子勉之 先帝睿聖方將大有爲而遽有此變如此固天下所同戚也今天子即位務在寬民一時聚歛之臣遷謫殆盡東州民吏如釋重負息陰休涼而遇清風也幸甚

幸甚不知吾鄉友覺如此否司馬君實已作兩府甚慰民望伯淳先生近自汝召作宗丞想已在京師君玉或未歸許早晚當勉之令就學也某苟祿如常賤吏冗職無補於萬分而舊學日廢以此易彼孰得孰失

其二

近日不審爲學何地向者欲往定夫處今果然否夫爲己之學正猶饑渴之於飲食非有悅乎外也以爲弗飲弗食則飢渴之病必至於致死人而不學則失其本心不足以爲人其病蓋無異於飢渴者此固

之不可已也然古之善學者必先知所止知所止然
後可以漸進倀倀然莫知所之而欲望聖賢之域多
見其難矣此理宜切求之不可忽也某迂拙之學無
以希世而望古不及又不自量力之不足也猶孜孜
不已宜為後生豪俊之所憫笑而乃過為吾弟之所
取信故尤區區不敢嘿也惟亮之

其三

辱示高文用意精深益見好學之篤也夫養氣之道
如治苗然舍之而不耘則有稂莠之傷助之長則揠
之而槁矣其說是也然將不舍而耘之則宜奈何與

夫助之長者又何辨此近似之際體之者尤當慎擇也夫以天廢人以人滅天固不可也然養氣者不廢人不滅天則天人猶兩立矣烏覩所謂合一者哉反身者反求諸身也蓋萬物皆備於我非自外得反諸身而已反身而至於誠則利人者不足道也伯夷求仁而得仁子貢以是知孔子不為衛君其言正為讓國而發至於天下視之為去就則夷齊非求為此也烏得以此為求仁之効哉是猶未免以迹論也生之謂性未有過也告子論生之所以謂之性則失之矣老氏之有無佛氏之色空蓋將明天下至頤非有入

物之與也老子以有生於無又曰有無之相生是不知有無一致矣正蒙謂萬象爲太虚中所見物則物與虚不相資卒陷於浮圖以山河大地爲見病之說山河大地正指物言之也若謂指物言之可也則浮圖見病之說不足非矣此與佛氏以心法起滅天地變當究觀所謂心法起滅天地之旨未易以一言攻之也要詳味之如何或有未盡無惜疏示

其四

寄示襟論用意精確益見好學之篤也甚慰甚慰夫克己者揚雄所謂勝己之私是也反身而誠則常體

而足無所克也故前書論反身與克己異意耳更詳考之告子知生之謂性而不知生之所以謂之性故失之非生之謂性有二說也特告子未達耳乾之六爻有臣位而坤之六爻無君位夫乾之九二雖曰有臣位然君德也故曰學以聚之問以辨之寬以居之仁以行之易曰見龍在田利見大人君德也湯之於伊尹學焉而後臣之其此之謂乎用是求之則乾坤君臣之位可推而知也某在此雖多事夫時得開卷閱於經史頗有論著并所講乾坤義無暇錄示冗迫書不能究

其五

世之學者皆言窮達有命特信之未篤某竊謂其智之未至也知之斯信之矣今告人曰水火不可蹈人必信之以其知之也告人曰富貴在天不可求人必曰然而未有信而不求者以其知之不若蹈水火之著明也孟子曰莫之爲而爲者天也莫之致而致者命也又曰得之不得爲有命世之後生晚學讀孟子者皆知之矣孔子曰五十而知天命是今之後學者皆能如孔子必至五十而後知耶蓋孔子之所知殆不止此也宦學之餘試一思之如何

其六

諸子之學折諸聖人猶望洋向若其辨自屈也儒佛之論造其極致則所差眇忽耳其義難知而又其辭善遁非操戈入室未易攻也雖橫渠之博辨精深猶未能屈之爲城下之盟况餘人乎置而勿論可也要當深造而自得之則其辨自見矣近日治經讀史如何家居既不爲外事湮汩諒須精到也或有論議寄示爲幸先生書録去其到此未暇開卷西廳稍寬曠有園亭足以自適旬日事漸定計可温尋舊學也冗迫不能盡萬一

寄程二十三其一　明道先生子汝陽簿

自去年夏曾奉問并潁川書一角及得吾友遞中附到八月書乃知未達不審此書竟能達否某正月盡離鄉四月初方到官所職司事稍簡不至廢學然彭蠡士類凋落友朋絶少索居終日無過門者不聞道義之益恐遂默默浸爲庸人深可憂畏追思在潁之樂進趍文席還講所聞邈不可得汝陽邇日所遊從者何人所讀者何書因書示及未涯良會惟希力學慎愛

其二

為別倏兩年窮居寡便鄉置安否之問彼此曠絶傾念之至毋形夢寐邇日不審起居何如某到官踰月矣人事稍息過此漸可追尋舊學汝陽友不至多事想不廢讀書因風願以所得來告尚遠高論暑毒切冀自重

與楊君玉

久別不審為況何如比得足下書辭旨超邁慨然似有志者甚慰甚慰夫君子之學求仁而已孔子之徒自子貢以下其說有未聞者而吾子自謂知之其所造遠矣然知之者不如好之者願加好焉則異日所

未易量也其諸況如昨無足念者未間千萬加愛

與楊孟堅

相去之遠不及朝夕趨侍欵奉談論中懷歆然每以爲恨欽慕之至不能去心夏熱伏審尊候起居萬福吾丈以髙才盛德宜在顯位以澤吾民久沉下僚不副輿論然清時引年五福無備蟬蛻囂塵之中俯仰泉石之下髙蹈物表與世之酣豢富貴而不知反者有間矣此固哲人之所榮非常俗可到欽羨欽羨詩二篇輙逸左右辭鄙意陋不足以游楊盛美徒有累乎髙明耳慙悚慙悚

龜山先生全集　卷之十六

龜山先生集卷第十七

書二

與鄒堯叟 堯叟名夔劉執中婿

遞中伏辱賜教并以詩見酧辭精旨遠深用欽服非君子篤於故舊何以及此幸甚幸甚仍審秋凉起居萬福又良慰也某窮居下邑與世不相聞出無所之行無所從閉門一室聊以自娛俯仰几席之間游泳乎詩書之淵雖鄙鈍無所得然與世之競紛華冒聲色以昏聾其耳目者較之其大足樂矣惟是不親師友之訓於中不無歉然也未涯趨會切希為國自壽

與林志寧

事稍息過此漸可追尋舊學汝陽夾不至多事想不廢讀書因風願以所得見告尚遠高論暑切冀自重

與吳國華別紙

朝廷議變科舉遂廢王氏之學往往前輩喜攻其非然而真知其非者或寡矣某嘗謂王金陵力學而不知道妄以私智曲說眩瞀學者耳目天下共守之非一日也今將盡革前習奪其所守吾畏學者失其故步將有匍匐而歸者矣國華為士人依歸欲何術以開後學乎幸明告我庶警不逮

答吳國華

辱賜教伏審夏熱起居平寧甚慰懷仰仍蒙諄復誨諭開其所未悟幸甚幸甚然其間似有未相悉者義不可苟止且某於程氏之門所謂過其藩未入其域者也安敢自附為黨與以攻王氏之學夫王氏之學其失在人耳目誠不待攻而攻之者亦何罪耶昔人有為神農之言者其徒自以為聖而孟子鄙之曰鴃舌之人仲子之廉孟子則曰蚓而後可伯夷柳下惠皆聖人也至其隘與不恭孟子則曰君子不由仲尼之門三尺童子羞稱管晏人有毀仲尼者其門弟子

皆稱譽以爲不可及若孟子者豈喜攻人之惡而爲孔氏徒者率皆不顧於義立黨尚氣相攻耶不然何爲其夫紛紛譊譊也葢不直則道不見我且直之孟子所不得已也孟子時去孔子未遠其徒相與傳守故其流風餘韻猶有存者當是時楊墨肆行孟子且不能默而拒之至不知者以爲好辯況今去孟子千有餘歲聖學失傳異端競起其害有過於楊墨者幸而有得聖人之道者則曰吾不敢攻人之惡姑自守而已爲其徒者又畏天下指爲黨人遂皆膠口閉舌不敢別白是非則世之人亦何賴乎知道者哉某以

焉如是恐非聖賢之用心也其自惟淺陋不足取舍
於世故未嘗敢輒出所有告語於人以取譏訕竊謂
於國華忝爲同道故妄肆狂瞽瀆聞乎左右非敢攻
人之惡蓋欲審其是非以觀朋友之合否耳然前書
所論謂王氏不知道而已語人不知道卽謂之攻人
之惡是必譽天下之人爲聖賢然後可也自守所學
以排異端卽謂之立黨尚氣相攻是必無擇是非一
切雷同然後可也國華謂王氏固多不中理之言言
有不中理皆不知道者也由漢而來爲傳註者多矣
其言之合道者亦自過半然不可果謂之知道者以

不中理者多故也古之言知味者稱易牙夫豈以辛鹹酸苦人皆不能知耶然必以易牙為知味者謂淄澠之合而不失也如易牙亦時有中否焉即謂之知味則天下皆易牙也何足相過哉國華謂知道與盡道者固異又曰知道而未盡則不能無惑故王氏末年溺於釋老又為字說此為大戾夫知道者果且有大戾乎且王氏奉佛至舍其所居以為佛寺其徒有為僧者則作詩以獎就其志若有羨而不及者夫儒佛不兩立久矣此是則彼非此非則彼是又佛之去中國不知其幾千萬里正孟子所謂鴃舌之人也王

氏乃不會其是非邪正尊其人師其道是與陳良之徒無以異也而謂知道著爲之乎夫所貴乎知道者謂其能别是非審邪正也如是非邪正無所分辨則亦焉在其知道哉然以其博極羣書某故謂其力學溺於異端以從夷狄某故謂其不知道國華毋謂其何以見其如此也且古人之於道蓋有知之未盡行之未至者如燕人適越至吳而止則可謂行之而未至觀越之都望其郛郭城社而未能究知宗廟之美則可謂知越而未盡若夫將適越而北其轅則不可謂行之未至也指吳爲越則不可謂知之未盡也今

王氏所行皆北其轅者也尊佛老為聖人是指吳為越也焉得謂知之未盡行之未至耶昔者管仲以區區之齊乃能九合諸侯一匡天下曾西猶謂其功烈如彼其卑也而羞比之王氏擅天下利勢其功烈無足稱者非特羿而已矣然則知道者固無補於治亂也而士大夫烏用知道為哉以王氏之博物洽聞県雖竆日夜之力以終身焉不暇望其至也若以知道如王氏而止則其不暇與聞焉國華所論孔子之徒皆未可以一言斷其終身也子貢曰性與天道不可得而聞則其始之未聞何足怪哉然其後之所進者遠

矣但學者未之考也國華謂詔書無廢王學之命其觀王氏之學其精微要妙之義多在字說既已禁之則名雖未廢而實廢之矣雖然廢不廢君子何容心哉謹守其是者而已矣前書所以及之者為應科舉者言也人行急辭不逮意國華誠思之如何如未中理願更疏示當謹承教也

寄俞仲寬別紙其一

閩之八州惟建劍汀邵武之民多計產育子習之成風雖士人間亦為之恬不知怪其嘗竊悼之恨世未有誠意足以感格流俗者與之廣諭曲辟使少變其

君近得言甫解惑讀之隱然有得於吾心然尚恨其說似猶以利害告之也若以利言則多男多憂蓋古語有之非特今日也孰若以理諭之使民曉然知有不可為之義則庶乎其惑可解矣吾郡吾邑此風唯順昌獨甚富民之家不過二男一女中下之家大率一男而已小人暴殄天理侮悖人義至身陷大惡而不知省且為父而殺其子雖豺虎猶不忍為孰謂人而為之乎某比乘舟過境見有赤子暴尸洲渚間為烏鳶食者惻然感之有泚吾顙竊惟仲寬仁民愛物出於誠心計未有以此言聞于左右者故輒及之莊

事間有衣冠之士儻或相接顧以至言諭之使少變一二尊大之福也狂瞽之言何足仰裨高明萬一徒用增愧耳

其二

某軟懦不立迷方之學無以趨今而望古益遠常懼曾畫爲士君子鄙棄每思得朋游共學前引後驅以進其不及而所寓乃在乎小州下邑僻陋之邦賢士大夫罕至其境鄉黨之與居旦暮之與游不過田夫野老與夫後生晚學章句之儒辯析聲病爲科舉之文耳以是而求道幾何不見笑於大方之家比因經

由得接教論若將引至於道者使駑鈍之質增激懦心慨然知聖人之可窺而忘其力之不足也幸甚幸甚迫於之官不得款奉徒深歎然耳因風幸時見教乃所願望

其三

順昌之學久不正師席得長者留意學者幸幸好德云何有意相從否邑令師諸生詣門嚴師之禮自近年以來未有如此者固有道者之不宜辭也縣亦有書勉之矣

答吳仲毅

承示雜論文高旨遠玩味數日欣然不知登涉之勞道途之遠也開發未聞者爲多幸甚幸甚然其閒於鄙意猶有所疑者若亂子諸陽貨將仕爲無所屈嘗面講之矣此不復論夫屈身以避患君子有之至無義而屈身雖鄉里自好者不爲也况於孔子乎孟子特未嘗罹患耳詎知其不屈耶罹患而不屈卒至於自陷則非明哲也中庸曰賢者過之不肖者不及也以孟子爲過之則與不肖者無以異何以爲孟子韓子曰仁與義爲定名道與德爲虚位其意蓋曰由仁義而之焉斯謂之道仁義而足乎己斯謂之德則所

謂道德云者仁義而已矣故以仁義為定名道德為
虛位中庸曰天命之謂性率性之謂道仁義性所有
也則捨仁義而言道者固非也道固有仁義而仁義
不足以盡道則以道德為虛位者亦非也孔子曰形
而上者謂之道又曰一陰一陽之謂道繼之者善也
成之者性也仁者見之謂之仁知者見之謂之知則
仁知者乃道之一隅果不足以盡道也如仲敔所引
和順道德而理於義又引士志於道據於德依於仁
游於藝其謂若以道德為虛位則士依於仁足矣又
奚必至於道據於德理於義足矣又奚曰和順道德

有可以和順有可以志揚則道德固非虛位也章子
之不孝孟子非取之也將哀其志而不與之絶百而
仲殺乃獨責其反於舜使其行合於舜則是聖人之
徒也孟子固嘗進而反之豈獨禮貌之而不絶歟夫
原壤登木而歌夫可謂不孝矣孔子猶不棄之若章
子者不亦可乎文帝之去肉刑其用志固善也夫紂
作炮烙之刑其甚至於刳剔孕婦則雖秦之用刑不
慘於是矣而商之頑民夫非素教不聞周繼之而廢
肉刑豈武王周公皆忍人哉若文帝之承秦蓋夫務
爲厚養而素教之耳不思所以教養之而去肉刑是

夫圖其末也則王通謂其傷於義恐未爲過論及夫
竊之已久而崔鄭之徒乃驟議復之則其不知本末
也甚矣孟子曰易子而教蓋考之孔子爲然也鯉趨
而過庭孔子問之曰子未學詩乎不學詩無以言他
日鯉趨而過庭又問曰子未學禮乎不學禮無以立
陳亢曰聞詩聞禮又聞君子之遠其子也若孔子自
教之則鯉之所未學者蓋亦知之矣又奚問焉陳亢
又奚稱曰君子之遠其子也書曰羣飲汝勿佚盡執
拘以歸于周予其殺以令言之則羣飲宜不至於殺
也然先王之時處民有制故庶民無故不食珍七十

而後可以食肉無故而食珍且不可況飲酒乎飲酒且不可況羣飲乎書稱商其淪喪乃在乎酗湎于酒而武王數紂之罪亦不過乎沉湎則酒之流遂至於亡天下其禍大矣夫紂為人君猶以飲酒為大惡況凡民乎雖殺之恐未為濫刑也書曰先時者殺無赦不及時者殺無赦先時不及時者其輕重與羣飲者豈相遠哉而皆至於殺蓋先王以為急而後世以為緩者率多此類也仲敏之學發明聖賢大旨極多固非淺識者所能窺測然朋友講學不可苟異亦不可苟同當各出所有以為質庶同趨於是而後止某之所見者如

此仲敢試以之如何果未中理願詳見教以開未悟

寄翁好德其一

前日公皇還倉卒奉問不謹濺用惶愧爲別踰月不審孝履何如伏惟萬福某愚無似加以齒少視公爲前輩每辱眷遇進之爲執友之游顧何足當自惟直諒多聞之益所得於長者多矣然至於古人爲學之大方則語未嘗及也今玆經由因得奉晤語慨然乃自進於聖人之學非篤信好古其何能爾益使惛懦之心思自奮勵銳然知聖域之可到而不知愚鄙之不可疆也幸甚幸甚方且進己之有挹公之餘以相

扶玏屬之官有期遽然西歸不得容從以盡講習之樂至今猶以爲恨然嘗謂君子之學求仁而已伯夷之清伊尹之任柳下惠之和皆聖人也其道不同而趨向則同者何曰仁而已矣故古之君子雖相去千里相望異世或出或處或默或語未嘗同及考其所歸若合符契然則吾徒所學又奚必朝聞而暮講之歟要同歸於仁而止苟知此則前日之遽然猶不足恨也夫求仁之方孔子蓋言之詳矣然而親炙之徒其說猶有未聞者豈孔子有隱於彼歟猶之大匠能誨人以規矩不能與之巧故言之在我聞不聞者在彼

雖聖人亦不能進其不及也後世之士未嘗精思力究妄以膚見臆度求盡聖人之微言分文析字寸量銖較自謂得之而不知去本益遠矣夫至道之歸固非筆舌能盡也要以身體之心驗之雍容自盡於燕閒靜一之中默而識之兼忘於書言意象之表則庶乎其至矣反是皆口耳誦數之學也嗚呼道無傳久矣舉天下皆溺於末習不有豪傑之士孰能自拔流俗以追聖學若某之不肖豈敢自謂能爾幸嘗側聞先生長者之餘論竊有志焉尚賴朋游共學左右提撕相進於此道每得一人焉則通夕不寐喜見顏面

今又得吾好德益知朋友之足望也區區臨紙不能盡萬一未間惟力學愼愛

其二

明道行狀計巳讀之惟吾先生道學行義足以澤世垂後進不得行其志退未及明之書而死使其道將遂泯滅而無傳則學者不忍爲此行狀叙述所以作也道廢千年士不知所止故物我異觀夫人殊歸而高明中膺之李折爲一致天下泯然莫以爲非也故行狀之未深論吾先生之趨以明世李之失庶幾患道之士有聞風而是者則行狀之傳蓋將以明道非

如長者所疑也辛亮之某向亦嘗作哀辭一篇謾錄去試一觀之如何耳好德閑居與學者相聚勢未能免仲寬禮意勤厚不必辭若於僧寺中得十數人而止如公前日之言固善矣但恐同邑之士翕然從之則公亦不得而拒也使縣庠一空則於邑中事有所未順公更思之嘗許見過尚能如言否非敢望也乃所願耳

與俞彦修其一 名褒仲寬子

某昏蔽之久無以自發幸蒙君子不見鄙外曲加獎引猥賜示問過自損抑若將有求者某何以當之所

諭方寸之間暗浪時時間作此病豈獨公耶蓋學者通患也從心不踰矩孔子至七十而後能況餘人乎苟未至七十則猶須操而後存也故孟子論不動心之道亦曰持其志無暴其氣曰持之曰無暴則是雖孟子猶不敢任其自爾也雖然忘之不可也助長又不可也其用力固有在矣循是充之使吾胸中浩然則暗浪豈不自息歟浼瀆高明非敢謂足以資足下之所須姑欲取正其是非耳言之是耶固願與朋友共之或未中理幸明告我庶警未悟

其二

某愚無似無過人器識又學未優而仕爲世累羈纏堅白未能萬一於古人而磨涅不已幾何而不至於淄磷歟從遊之徒又無箴規磨切之益恐遂至於目盲齒豁老死於無聞故每逢學士真儒則愧汗惕息發於顏面長意足下收憐猶以君子望之幸甚幸甚敢不刻意自勉庶幾不負所期耶未涯良晤馳想何已

荅陳子安

向恃朋友之愛不量可否妄以書勉公爲祿仕重祿除示高文開諭丁寧徙用慙悚所謂君子之爲貧者

多術矣誠如所論也然柴觿謂占之爲貧者豈特耕稼陶漁而已乎膠鬲起於魚鹽百里奚起於市苟不失義雖賈儈可爲也然君子亦任其力之所能堪不彊其力之所不能任今使吾徒耕稼能之乎不能也使之陶漁能之乎不能也使與市人交易逐什一於錐刀之末能之乎不能也舍是數者不能則是將坐待爲溝中瘠耳而可乎不然則未免有求於人如播間之爲也與其屈己以求人孰若以義受祿於吾君爲安乎前書招爲祿仕者殆爲此也子安之學究極聖賢之藴其所以自謀必審矣苟能任其力之所能

堪而不失理義之歸亦何必仕哉然君子之仕有時而爲貧古人有之簡兮之詩是也孟子豈虛語哉若曰爲貧而仕古人無有則予友未敢聞命也

龜山先生集卷第十八

書三　與陸思仲

某愚不肖嘗竊念聖人没逮今千數百年學士大夫皆外誘勢利鮮克為己者幸吾數人稍知自立不役忠於俗尚齊驅並逐以相先後庶乎異日各有所到比聞吾友乃欲削髮為僧甚乖所期中夜思之寐不交睫不覺起立為之歎息也且佛之為中國害久矣士之有志於古者力排而疾攻之世常有焉若唐之韓退之今之孫明復石守道歐陽公之徒皆其人也然此數人者其智未足以明先王之道傳孔孟之學其所守不叛於道蓋

寡矣況如彼何哉是猶以一盃水救一輿薪之火其不然也宜矣其自捱京師與定夫從河南二程先生游朝夕粗聞其緒言雖未能窺聖學門墻然亦不為異端遷惑矣今夫所謂道者無適而非也況君臣父子夫婦乎故即君臣而有君臣之義即父子而有父子之仁即夫婦而有夫婦之別此吾聖人所以無適而非道也離此而即彼則取舍之心多矣以取舍之心求道則其分於道也不已遠乎彼其君臣父子夫婦且不能容之則其為道也不已隘乎且佛之言曰吾之道足以斷輪迴出死生故溺其說者爭趨之彼以

死生爲足厭苦而求免之果足爲道耶其信然耶夫古之大學之道必先明天德知天德則死生之說鬼神之情狀當自見矣是道也聖人詳言於易不必徇邪說而外求也孟子曰盡其心者知其性知其性則知天矣予姑盡心然後儒佛之是非較然而信吾言之不惑也世之爲佛之徒者將以爲道耶則廢人倫逆天理非所以爲道也將以求福田利益則與世之行藩公門以徼名逐利者無以異也尚何足道哉左右無一可者而且爲之在先王之時宜有誅焉而謂賢者可爲乎吾友黎明志剛於朋游中爲可畏者與

不肯汲汲望其成而進於吾道者也今反若是則吾於他人復何望歟夫道絶不復於古乎安得豪傑之士不易乎世背與之共言乎朋友道廢久矣某於愚侍弟特一覩燕游之好也故不敢不以所聞告吾子甚慎思之母以吾言為不足聽也子之為是也内則貽吾親之憂外則于先王之誅失朋友之望宜速反之無務區區臨紙不能盡所懷姑述此示左右伏惟亮之一草甚

謝程漕博文

某閩陬鄙人也在昔執事出守鄉邦某方竊居下邑

嘗誤辱一言之譽欲召寘學校自惟荒薄不敢承命
以取忝冒無實之譏比来湖湘始得從部吏之末瞻
望爲領碌碌無適時才用方愧懼踧踖不寧恐明知
之下無以自逭瘝曠故不敢輒恃昔日眷遇之私妄
進一言上浼高明豈虞過聽遠示教翰兼索鄙文奉
命驚惶榮愧交集夫荊湖望高地重譬之據九達之
衢舟車之會四方百物盎銜尾結轍而至明璣翡翠
夜光之璧照乘之珍爲不乏矣有人於此持千金之
貲坐市區售奇貨宜無不獲也而搜羅掇拾猶下及
於三家之市非務欲兼收盡取不遺一物其何爾乎

長沙蓋湖南北衢會之市區也執事以清名重德簡在
君相餘論所及天下以爲輕重而士之榮辱繫焉則
所特之資非特千金也部屬之吏負超卓瓌異之才
抱其器欲賈於左右者豈一二哉往往以疏遜無先
爲容者不能自達頎某何人乃獨以經術取知非執
事敦大隸容欲盡取三家之市何以得幾乎惠出非
望刻銘肺腑不敢忘也某自少嘗從事於學六經微
言雖未能究觀盡識然嘗側聞縉紳先生緒論竊有
意焉夫易於六經尤難知自漢魏以來以易名家者
殆數十百人觀其用力之勤蓋自謂能窺天人之奧

著為成書足以師後世然其書具在不為士大夫以識評訕咲用震覆醬瓿者無筭矣然則易其可易言乎以孔子之聖猶曰加我數年五十以學易其玩味之久至於韋編三絶況其下者乎某用是於易雖欲自進一辭而不能措筆於其間也雖然學易者賫有得於象意之表而已區區於章句之末又安能免於譏評訕咲乎故承命以來無以上副所知愧汗惕息若無所容措蒙索他文謹録古律詩序記合一編冐獻玷涴清視不勝惶懼戰慄之至

與翁子靜

可中會佛於一蕊心傳自到之學其在辟雍學者翕然從之其所與獨以予靜聖任為偁首古人從師必見其可師焉而後從之既得其傳則終身守之不可遷惑也某比徃還京師見凡與予靜游從者皆道予靜之言意其居之安自信之篤無復有疑者前書云云乃爾是豈真疑之耶其過自損抑而姑為之說耶此區區所以欲有言而未敢也某竊謂學者當知聖人知聖人然後知所以學舜在深山中與木石居鹿豕游無以異於深山之野人也而四岳知其可以託天下顏淵在陋巷終日如愚然而孟子稱其禹稷同

道夫豈苟言哉其中必有誠然不可揜者夫舜之可以託天下顔淵之可以爲禹稷其必有在矣學者不可不知也知此則知所以學矣世之所謂善知識者皆自謂與諸佛齊肩矣付之以天下之任未知果能爲禹稷否孔子曰知周乎萬物而道濟天下故不過苟道不足以濟天下皆過也子静試以其自得者隱之於心而安推之天下而可行則雖聖人復起不吾易也夫何疑之有仲素行急作此辭不逮意

答李杭

良佐足下某愚不知力學未足以窺古人大體凡平

居毫聚銖積而僅有之者皆陳腐熟爛無以誇示流俗故膠口自絶不敢輒出一語與時相聞犬馬之齒已衰矣而碌碌猶無聞焉益孔子所謂不足畏者宜士大夫之所憫笑背而去之也足下乃過自貶損若有求於不肖者其所稱道語皆過情雖名世有不敢當者憔僥之童付之以千鈞之重非其任也故捧讀愧汗踧踖不寍者累日雖然某則陋矣而厚意不可以虛辱昔嘗側聞先生長者之餘論試一言之足下自擇焉夫今人與古人之學異來書論之悉矣此不復道孟子曰雞鳴而起孳孳為善者舜之徒也雞鳴

而起孳孳爲利者蹠之徒也舜蹠之相去遠矣而其分乃在乎善利之間則爲堯舜者亦力於爲善而已顔子曰舜何人也有爲者亦若是論顔子之學則曰得一善則拳拳服膺而弗失之矣此古之人用力可考而知也夫聖人人倫之至也豈有異於人乎哉堯舜之道曰孝弟不過行止疾徐而已皆人所日用而昧者不知也夏葛而冬裘渴飲而飢食日出而作晦而息無非道也辟之莫不飲食而知味者鮮矣推是而求之則堯舜與人同其可知也已然而爲是道者必先乎明善然後知所以爲善也明善在致知致知

在格物物之多至於萬則物物蓋有不可勝窮者反身而誠則舉天下之物在我矣詩曰天生烝民有物有則凡形色具於吾身者無非物也而各有則焉反而求之則天下之理得矣由是而通天下之志類萬物之情參天地之化其則不遠矣夫入德之門有宜先傳者有後倦者其序不可誣也若洒掃應對則門人小子所宜先傳者苟於成人而復使為之則或倦矣然聖人所謂性與天道者亦豈嘗離夫洒掃應對之間哉其始也即此而為學其卒也非離此以為道後倦焉者皆由之而不知者也故曰有始有卒者其

惟聖人乎巽之所聞如此足下試思之如何老倦艱於執筆辭不逮意幸亮之

答吳敦智

巽嘗謂舜跖之分在善利而已使世無科舉足以取榮利則父不以詔其子而士不以學也如是而不爲跖之徒也幾希足下乃獨切切然以明善爲急其度越世人遠矣勉而卒之無怠而止焉則其終爲舜之徒也必矣所示問其旨已具李君書此不復言取而觀之可也幸照亮

上毛憲 名漸字正仲

其愚無似家世業儒而名不隸於農工商賈之籍惟是專篤於文學以天資頑鄙不能雕繪組織著為文辭以取名當世獨好觀古人大節自三代以來風聲氣俗興衰治亂與士之遭時遇變出處語默竊嘗窺較其一二而謂當先王之盛禮義之澤漸磨浸灌天下亹亹向風承德敦厚而成俗於斯時也士游乎膠庠術序之間攬六藝之英華而充飫乎道德之實凡耳目之所習聞者皆足以迪己而勵行優游自得不見異物而遷焉此三代之士所以彬彬多全德也爰陵至於戰國暴君汚吏各逞其私欲磨牙搖毒相吞

噬者天下相環也機會之變間不容髮故從人合之以效其謀衡人離之以攻其後掉三寸之舌鬭天下之諸侯欽爲已功由是靡靡日入於亂也漢興襲秦遺俗而高皇帝起於布衣戶伍之中一呼而有天下慢而侮人尤不喜儒士故一時貪利頑鈍無耻者多歸之雖東國鈞衡爲一代宗臣者猶且囚拘縲絏而不知态況其餘人乎光武中興尤旌節義之士而依違附逆之徒多見戮辱故宏儒遠志累行高舉激揚風流者方執而出及其衰也懷濟時之志則以觸權而嬰禍謝事丘壑則以黨錮而陷刑雖興敗輻脫猶

不忍改轍一犯清議則蹈鈇伏鑕而不悔終漢之社稷僅如垂髪而不絶者亦衆君子之力也東晉之興士懲前轍皆遺世絶俗視天下治亂邈然如秦人視越人之肥瘠也而晉從而亾此氣俗之不同然亦興衰治亂之所繫也故戰國之士務奇謀而不循正道西漢之士喜功名而不務奇節東漢之士貴節義而不通曉變東晉之士樂恬曠而不享實用是皆為世變所移而昧乎中行者也惟古之聖賢則不然不以世治而堅其操世亂而貶其度雖變故日更而吾之所守自若也某竊觀仁宗皇帝承祖宗遺烈綱紀法

後一循舊典四十二年之間天下熙然詠仁而蹈德上自朝廷下至乎郡縣皆習爲寬大而其卒也縱弛而不振迨夫神宗皇帝勵精爲治綜核名實而奉承之吏多失其旨類皆以苛察爲明裒歛爲功其極也慘覈少恩主上卽位盡蠲前弊而昔之慘覈者往往變其舊習勉爲寬厚以自媚于上者不可勝計也恭惟閣下以清名重德簡在二聖世方慘覈不矯激以赴功俗尚寬厚不矜飾以干譽挺然中立不爲世變所移是眞常德君子也非夫藴道藏器復古聖賢之軌躅者其何能爾某閩海之鄙人竊承下風之日久

矣今茲使旆按臨其也實爲部吏幸得摳衣歛袵朝夕進趨于左右自惟碌碌無可偁者而遽辱一言之知在愚賤踈遬之分其何以當此非中行之士不狃於勢利者殆無以及此也故輒詳列古人之大節與夫平昔景慕之意以爲請見之資進之邊之俯伏俟命不勝戰慄之至

寄毛憲

始聞湖北溪洞寇邊將臣失於制禦或恐使旆當有湖北之命一方小警固不足煩經略然公之威德素爲邊民信畏旌馭一行使朝廷無南顧之憂夫非小

補也其嘗謂邊事之興多出於饕功幸利之人媟武玩寇不以朝廷大計為念視生靈之荼毒若非己事恬不以為戚夫蠻獠猖獗自古然也綏之則豺蓋狶勇干紀而不受命急之則鳥驚魚散依險以自匿蓋其常態也不務撫馴之使恩威兩行乃欲幸其有事草薙而獸獮之以求有功一有失律則敗衄不支上貽朝廷憂此邊吏之大弊也某愚無知不能曉時事然自少游四方竊觀當世公卿賢士大夫為不少矣然未見憂國如家視民如赤子有如公者此正朝廷今日寄委之意也然溪洞之民恃險為奸非一日也必

欲加兵盡誅之則正猶馳韓盧搏蹇兎於穴中雖有疾足無所騁也更願縻以歲月無急近功要足以安馴服之而已夫致人而不致於人為主而不為客亦兵家常勝之道也識淺智昏暗於事機何足以亡裨高明然自以為辱大君子之知而意之所欲言者不敢不自盡耳凂瀆清視惟仁明矜察幸甚

上褆舉

某聞之在下位不獲乎上民不可得而治也獲乎上有道其本在於明善誠身而已某愚無似雖未能明善誠身竊有志焉不幸迫於窮空欲未及信而仕徒

苟非合六祿以自活然一邑之中有民有社休戚繫焉又不得如古之抱關擊柝者之無責也其自視欲然懼終無以取獲乎上万罪戾是憂尚何望治民之效哉恭惟閣下以清德重望爲時顯人嘗朝廷更法造令之初遴柬賢才出將使指而閣下首被其選則明天子所以眷倚之意何如哉下車之初某幸得從部吏之末瞻望爲履與聞謦欬之餘論高明之見洞照幽隱而不以賢貴自挾詢謀傳訪務盡下情凡所以丁寧敎戒者無非以民爲念非篤厚仁人以天下之重自任其何能爾哉某退而私自喜幸曰閣下之

盛德隸容如此其雖愚無似不足以取獲乎上友庶乎有賴以自全也既而察吏和與言曰閣下之務盡下情如此法令有疑而未安者可不自盡哉疑而置情非所以事大君子之道也其私竊識之近承州符録準使命應舊條代名人以未滿而募充者例不支錢此於法有疑而未安者故不敢不自盡也集不能周知十邑之利害寧鄉之請如此是必寧鄉可行也瀏陽之民未罷役以前而雇人代充者皆月計其直然每有踰期不償而至於理訴者時時有之官既罷役矣而彼自願充則又安肯復與之直雖一一情萬

無此也夫募役者夫豈有他意哉為利而來耳既不與之直則誰復願者若令取諸舊役者則官既罷其役矣而又使之出其直則是昔之放罷皆欺之也使代名者不願而求去則如之何勢須羈之羈之雖從而匱乏者無資以自給則勢不能久也而遂至於逃亡則如之何必以刑加之如是得無駭民乎然朝旨自有明文特為鄉差未滿者設耳代名之人法所不載不惟於理勢未安於前後敕旨亦自有妨幸加明察如盈鄉可行則行之他邑使各陳其可否然後徐審處之實大之幸也如郴州議保正長不支錢此固

元豐舊法行之可也然什伍之法蓋兆於治古之時而元豐保正之役其實三大戶也既使之輸錢又使之充役則免役之名浮矣元祐之間果於罷去而不疑者特藉此爲說耳故朝廷變法之初藉言不得用保正長者蓋亦懲此說也今又議不支錢恐非朝廷始意且不能使元祐議法者無辭也某竊謂不若計其歲雇之直蠲減所出役錢爲善耳夫建議不支錢者其意不過欲寡取於民也某不能周知一路以長沙一郡計之所敷之數比元豐舊額固已十蠲其六七矣元祐差役自二百五十畝以上充弓手大抵土

辛兩役也計其雇直則十年所出無慮二百千以
法言之有田二百五十畝十年所輸止五十餘千耳
其為法豈不優哉方之元豐所蠲如此較之元祐其
利又如此雖取之何傷也又奚必銖銖計其多寡哉
其愚不自量妄以狂瞽之言聞于左右是即蓍龜之
神以自取瀆耳何足以上裨高明萬一然惓惓之情
不敢不自盡者葢以為事大君子之道義當如此也
惟仁明察其愚誠不加妄言之誅則幸矣冒犯威嚴
俯伏俟命不勝戰慄之至

代人上王令

某嘗謂周之士也貴秦之士也賤周之士非獨上之人貴之也士亦自貴焉秦之士非獨上之人賤之也士亦輕自賤焉自秦而來迄于今千有餘歲士之知有貴者何其少而輕自賤者何多耶蓋古之士雖一介之賤厠於編戶齊民之間短褐不完含菽飲水裕然有餘而不知王公之爲尊與夫膏梁文繡之爲美也三公之位非其道也有弗屑焉萬金之餽非其義也有弗受焉夫如是上之人雖欲挾貴自尊以輕天下之士其可得乎後世之士傾冥利欲而不知貴貴於己者故守道循理之志薄而偸合苟得之行多

何候公卿之門奔走權勢之塗脇肩諂笑以取容於其自處如是而欲人貴之其可得乎故愚竊謂士之貴賤雖視勢盛衰然其所以貴賤者皆其自取也余誦斯言久矣故常自屏乎窮閻陋屋聲迹昧昧不敢輕為自賤之行以求聞於人今兹執事來宰是邑下車臨政未旬浹閒民吏肅清不敢為奸慕私竊自幸以謂君子之治既有以服人必有以養人養人以善當自庠術始其英華為士則教之育之以成就其志者宜在今日也故輒隨諸生俯伏門仭以俟進退之命非敢求聞于左右也殆以為後日請教之資耳

代人上江令

士以贄見先達之門者三太上爲道其次爲禮其下爲名君子之居是邦也事其大夫之賢者資之以爲仁此爲道者也今之守令實古之諸侯爲其上民者有古君臣之義以臣見君此爲禮者也飾竿牘之勤借齒牙之論欲以取重於時此爲名者也爲名者君子恥之而滔滔者皆是也某昏懦不肖自視無以取名然夫不願乎名之過實也其才質之下固不足以語道然竊嘗有志焉恭惟執事高才盛名聞于四方蓋也承下風而望餘光久矣今茲來吾邑某幸隨諸生

奔走車塵轍迹之間得聞謦欬之音粹而盎背溢於所聞多矣下車莅政而老奸宿吏下至編户細民無不風動甚也託迹封域之間日被德化向昔爲道之志其庶乎得伸於今日也故敢輒書所志冒進于左右然未知執事將裒其志而進之耶將以昏愚而棄之耶俯伏門墻進退俟命

與張秀才

某辱書勤懇似有求者脩道過當皆盛德所宜辭非老拙者敢當也慙悚慙悚某齒髪向衰自惟陳腐背馳之學無以仰追時好逢學士大夫不敢輒出一語

自取譏咲不意足下惓惓乃爾得無過愛者妄以溢

美之言欺左右乎不敢當

書四

與游定夫其一

春初至建安，曾託志寧附書，計塵聽覽。爲别滋久，瞻系之至，旦夜不能忘。夏熱，不審起居何如。某自衢買舟渡江，沿淮入清河，過呂梁百步，凡五十有二日，始達彭城。東南風波之險，所歷幾盡，幸而舉家幼累各安，差足爲慰。彭城古郡，僻㝠遼邈，宦顯人不至，其境頗無將迎之勞，而民事又簡，雖弊司有庫務兼局之多，然出納有時，亦不至勞力，尤倆養拙也。在鄙心爲可

悔恨者特去親遠耳其他無足念者所懷千萬臨紙不能悉布惟冀爲道自重

其二

某四月二日到官舍初四日交承職事彭城風物質陋與吾鄉大異黍有魚稻鵝雉之類足以充食故南人處之差爲便耳大守王大夫寛厚頗有愷悌之風屬吏之幸也某離家將半年思親之懷日甚一日其情意若不可堪不知愈久何以處之定夫官期猶一年思復時常相聚講學之樂何可量但欲談耳忘寧曾來相會否企仰高論無日忘之惟數以書見教庶

足少尉鄗心暑壽千萬珍衛

其三

某窮居習聞久矣乍爾莊事不無應接之煩然義當勉友不敢苟且自隨事有間卽讀易然無朋洪共學相與講明每有所疑徒切瞻企耳去年相別時庭夫大讀易計須精到有便願以所得見教不宜有吝也蓋吾儕所學既與世背馳朋友數人又各南北切磋之益以待面求亦無及矣公宜亮之固不敢嘿嘿友當有滰問以取質左右也吾友閒居從游者必多所得有人否其質有可進者宜切誘掖之不當以疆

聒爲恥也敝鄉二楊與舍弟欲覩多席下果然否幸加驅策區區非紙可盡

其四

生上睿聖方進退大臣以興復太平之功元豐丕績計指日可望政令一新但恐踈愚無以奉承耳學中長貳爲誰近不聞報蘇季明向除博士曾到任否京師非食貧之地公縣口頗衆度其勢能久居否趨舍之方宜審處也前守太學博士得此書即求補外蓋紹聖改元也

其五

易傳後序顯道為之其跋尾已削去不用前年在京師與顯道議云先生嘗有意令門人成之故其序述如此蓋舊本西人傳之已多惟東南未有此書欲以傳東南學者不敘其所以恐異時見其文有異同不足傳信也與顯道初議如此想此書方秘藏未敢出示人或未安更希示諭序云隨時變易以從道其初友疑此語細思之如繫辭云聖人之作易也將以順性命之理不可謂易與性命為二也乾之六爻初則潛二則見三則乾乾若此類皆隨時變易以從道於理似無害更思之如何

其六

伊川先生在時世人迂怪之論皆歸之以爲訕笑今往矣士大夫尊信其學者漸衆殊不可曉也先生語錄傳之寖廣其間記錄頗有失真者某欲收聚刪去重複與其可疑者公幸閒居無事可更博爲尋訪恐有遺失聞朱教授在洛中所傳頗多康侯皆有之使尋便以書詢求異時更相校對稍加潤色共成一書以傳後學不爲無補先生之門所存惟吾二人耳不得不任其責也

與鄒至完

竊惟天子睿聖方嗣位之始未有左右便嬖近習之私迎意而取悅，不有姦邪緣倖欺負之徒投間而亂其聰聖度虛明，忠言易入書曰爲上爲德孟子曰一正君而國定矣此正其時不可失也宜迪之以先王道德之要言爲治之大方參之以古今成敗之明效使聖智益明則天下之利病左右之忠邪自判矣舍此宜無足爲者公之道學寔極天人之蘊某之所知蓋公之所厭餘者安能上裨高明萬一然愚鄙嘗辱一眄之私故輒自竭惟寬仁不罪其狂瞽乃幸也

與劉器之書

向承垂示許叅具易義其用意精深自成一家之學伏讀之久開發多矣然鄙意猶有疑者復卦義曰怒惡之使也東方之情也元善之長也東方之德也善惡之分吉凶始焉中庸曰喜怒哀樂之未發謂之中發而皆中節謂之和四者一本於中則怒不可獨謂惡之使也怒而中節是謂達道而遂以元怒爲善惡之分亦恐未可也又曰文王一怒而安天下之民武王亦一怒而安天下之民所謂出怒不怒蓋以救世非修身之道也脩身則致虛守靜不可以動動則有怒有怒與仁違矣其以謂誠者合內外之道成己乃所

以成物也謂不可以脩身而可以救世恐無是理脩身不可與仁違治天下獨可與仁違乎顏子不遷怒非無怒也不遷而已是謂中節此顏子所以脩身也而孟子以禹稷之事與之謂之易地則皆然蓋救世脩身本無二道故也大學論治天下國家必始於正心誠意孟子則曰天下之本在國國之本在家家之本在身皆是意也夫物我易觀不能通天下為一正今日學者之失此弊尤當救之不可畏也又曰孟子四十不動心顏子之年未至也是未以不動心與顏子也又曰顏子復禮以存心故其靜也仁是以仁與

之也公孫丑問不動心孟子曰是不難告子先我不動心孔子曰若聖與仁則吾豈敢夫仁孔子不敢居不動心告子之所易以孔子不敢居者與之而不與告子之所易者恐似不倫也又曰孟子之言不動心也曰我知言我善養吾浩然之氣此方以不動涉動者也不動則專氣致柔復以自知而已動則養氣以為馬知言以為途也孟子論知言養氣乃不動心之道所以異告子者恐非專為涉動也又曰顏子之所養夜氣也孟子之所養旦氣也夜氣不存則於旦氣乎何有旦晝之所為有以梏亡之則夜氣亦不存矣

但溪考孟子之言則其義可見恐所養不須離而爲二也古之好學者必就有道而正焉某不敢自謂好學至於就有道而正焉心不敢忘也故輒布所聞取正於左右如未中理願詳見教

荅陳瑩中其一

辱示華嚴大旨辭義精奥淂所未聞幸甚然此書昔嘗讀之雖未盡解要之大略可見其論布施也至於刳心剔髓而不吝此其用心廣矣來書所謂其施也不欲挾其濟也不欲寡豈不信然歟然某嘗讀孟子書至其論墨子尚利天下雖摩頂放踵爲之未嘗不

憫其為人也原其心豈有他哉蓋亦施不欲狹濟不欲寡而已此與世之横目自營者固不可同日議也而孟子力攻之至比禽獸孟子豈責人已甚乎蓋君子所以施諸身措之天下各欲當其可而已禹思天下之溺猶已溺之稷思天下之飢猶已飢之過門不入弗子其子至胼胝手足而不為病君子不謂之過顔淵在陋巷飯蔬飲水終日如愚人然君子不謂之不及蓋禹稷被髮纓冠而往救之者也顔淵閉戶者也故孟子曰易地則皆然若顔淵禹稷不當其可則是楊墨而已君子不與也此古人之樣轍章章明矣

今公卿大夫比肩在上則天下有任其責者自惟愚鄙無所用於世雖閉戸可也故不敢出位冒天下之責而任之以貽身憂非忘天下也循古樸轍而已若謂不辭一身之有過願或來者之無過竊意賢知者過之則道終不明不行矣而欲來者之無過或恐未能也所謂仲尼無言顔子有言考之吾儒之書不知所自荒蕪之學欲䁥於左右者非一二事願無惜見教以開未悟

其二

康節先天之學不傳於世非妙契天地之心不足以

知此其蓋嘗翫之而陋識淺聞未及足以叩其開鍵八卦有定位而先天以乾巽居南坤震居北離兑居東坎艮居西又以十數分配八卦獨艮坎同為三數此必有説也以爻當期其原出於繫辭而以星日氣候分布諸爻易未有也其説詳於緯書世傳稽覽啚是也楊子草玄蓋用此耳卦氣起於中孚冬至卦也太玄以中准之其次復卦太玄以周準之升大寒卦也太玄以干準之今之曆書亦然則自漢迄今同用此説也而先天以復為冬至噬嗑為大寒又謂八卦與文王異若此類皆莫能曉也康節之學究極天人

□玩味之久未能窺其端倪況敢議其是非哉□邵公之精識貫通古今於先天必能洞見之矣願略示一二所論康節學伏羲溫公學仲尼某亦不知其說夫自八卦重而爲六十四易之大成也孔子於易贊之而已竊謂無所加損焉而分爲二說皆濂所未諭也併乞開示夫孔子之贊易尤詳於乾坤二卦繫辭中論釋諸爻亦多矣然未有及象數者豈得意而忘象眞孔子之學耶無由面承東望徒增企仰耳

其三

辱示法界三門大旨引據精博極儒佛之奧使蕪陋

者與聞焉幸甚幸甚然其間鄙意有疑者敢不請繫辭曰爻有等故曰物物相雜故曰文賁之彖曰柔來而文剛分剛上而文柔剛柔相雜賁之所以為文也白賁受色者也賁無色色色者也惟有質為能受惟無色為能賁爻之辭曰白賁而卒乃曰賁無色斯謂之普融可也以文會友以友輔仁此學者之事而已謂之會色歸空吾儒之書或恐無此意也孟子曰固哉高叟之為詩也則為詩猶有得失焉為之如高叟是固而已非知詩者則為之一言恐未足以蔽二南也孔子曰詩三百一言以蔽之曰思無邪則二南固在其中矣恐不須他求也顏淵三月不違仁非由仁者

蓋有時而違也然而其復不遠矣故以復之初爻當之復之未遠也坤之初六曰履霜堅冰至夫坤之初陰始凝也未至乎堅冰矣而卒乎堅冰者理之必至也辨之者不於始凝之時而於堅冰而後辨則鮮不及矣若魯昭公高貴鄉公是也此二爻以禹稷顔淵出入往來之事當之亦恐不相似也夫乾一變而為姤五變而為剥坤一變而為復五變而為夬復者陽之來而剥者陰之極也陽極生陰陰極生陽故剥窮而反反而復陰極故也竊意剥者其乾之終乎自古亂臣賊子其初豈有意哉馴致其道以至於此耳故

易於小人幾微之際每致意焉姤之辭曰女壯勿用取女姤之初陰始生也女也者陰始生之象也始生未至於壯也而有壯之道焉猶坤所謂履霜堅冰至也故曰勿用取女蓋取之則引而與之齊引而與之齊則終未如之何也已昔陽城之於唐其任職非不久也其初裴延齡未用也不於未壯之時止之至天子將用爲相乃欲取白麻裂之而哭於廷豈不曉乎夫白麻王言也不可裂天子之庭非哭所也以是而處昏主亂相之間其免也幸而已矣故姤之初六曰繫于金柅蓋於其未壯而止之使勿行也與坤初六

異矣坤之文言曰履霜堅冰至蓋言順也而其卒也有疑陽之戰順而無以止之故也自姤至於剥陰之進極矣坤順而艮止剥之所以成象也觀剥之象則知所以治剥矣故曰順而止之觀象也君子尚消息盈虚天行也消息盈虚天且不能暴爲之而况於人乎然君子之尚消息盈虚無時而不然獨於剥言之者蓋君子小人相爲消長至剥而極矣此成敗之機而邦之興衰繫焉雖動息語默之微一失其機不可復救矣况施於事乎東漢之衰君子欲以力勝之引嬖凶而授之柄卒至乎俱傷兩敗而國隨以亡不知

此故也後之治亂者可不監之哉至於夬則陽之進極矣君子衆而小人獨其夬之易矣然疾之已甚亂也故莧陸夬夬雖中行僅無咎而已未光也況過之乎當是時若禹之班師可也夫亂世不能無君子治世不能無小人特其消長異耳此天地之義陰陽之理也故治世能使小人不爲惡而已不能絶之使無也此處夬之道也承示論坤復之義故輒及此以取質左右高明以爲如何或未中理幸明教我

其四

康節先生某少嘗聞其風矣每恨不及見洛中諸嘗

從先生游者皆略識之友嘗見其子問之俱莫能傳其所學萬一也前書所疑雖蒙諄誨愚陋終未能曉夫八卦有伏羲文王之辨於經無見也天下之賾存焉豈人私智能爲哉康節之言必有稽也索隱之士宜知其所以然者恨未得親叩之耳乾南而坤北離上而坎下位不同也自乾左而至震一二三四自坤右而至巽八七六五本宫之卦乾一兌二離三震四坤一艮二坎三巽四數不同也以爲未嘗同默而識之可也位與數相爲異同若明如此安得無說乎自羲農以來更六七聖人所因習者八卦而已六十四

卦之名未有也其制器尚象乃有取於十三卦則羲農之世卦雖未重而六十四卦之用已在鑪錘之中矣特其名未顯也故曰八卦成列象在其中矣用是言之文王之易固具於伏羲畫卦之初文王能因而用之不能有所加損也乾坤屯蒙之序意必文王為之孔子序卦特釋其義而已乾頤大有大壯之序於易不見其端倪所謂文王闔其門而拒其出者文王闔之康節闢之此來書中語其數其義必有可玩而習者矣凡此皆某所深疑而未諭也願略疏示使得稽其門叩其鍵而入則為賜多矣太玄之書昔嘗讀

之雖未竟其義而其略可識也子雲潭思渾天三摹而四分之極於八十一首旁則三摹九据極之七百二十九贊當期之日又為踦贏二贊以盡餘分之數其用自天元推一晝一夜陰陽數度星日之紀與泰初曆相應其取數似與易異矣其為書則欲自成一家初無意於贊易也考諸解難之文可見矣夫易之六十四卦八卦相錯而成也玄之有方州部家則各有分域矣不可相錯也故一而三之自三而九又三之為二十七終於八十一而玄之首畢矣八十一家又離為三以極三玄之數方州部各三之為九又三

之爲二十七家此一玄之數也以次比之不可相易贊辭自一至九配屬五行而日星節候分布其間皆有成數恐其書特易中之一事與易經不盡相涉也世之治曆者守成法而已非知曆也自漢迄今曆法之變不知其幾人未有不知曆理而能創法也求玄於曆理之内亦恐未足以盡玄之妙變深考之併以見教近得温公太玄論閱之皆先儒所共知者其隱賾不著之事殆未可窺其藴也温公之學篤於自信雖論語亦有未然者非其深造自得隱之於心而不疑不輕以爲信其善學者與世之耳濡目染遂以爲

得者有間矣然子雲溫公之學與語孟子書其遠近淺深必有能辨之者不可誣也溫公自孔子而下獨揚雄爲知道雄之論孟子曰知言之要知德之奥非苟知之亦允蹈之又曰諸子者以其異於孔子也孟子異乎不異矣雄之言以孟子不異於孔子則其尊孟子也至矣溫公於孟子乃疑之則雖以雄爲知道而於雄書亦未盡信也夫衆言殽亂折諸聖自漢曰焦贛氏之學興而三家之傳不一後雖名儒繼出而異說益滋易之微言隱矣學者將安折衷乎折諸孔子而已某嘗用是學易以謂孔子之已言者當詳說

而謹守之其未言而不見其兆者雖略之可也皇極之書皆孔子之所未言者然其論古今治亂成敗之變若合符節故不敢略之恨未得其門而入耳至其論易詩春秋配四時之府生長收藏與易之詩易之書易之春秋之類竊恐聖人復起未能不易其言也譬之觀奕必以李劉為信法言曰楊墨塞路孟子辭而闢之廓如也後之塞路者有矣竊自比於孟子夫孟楊之自任亶矣由濂而來士以李劉望之非一日也李劉大來書語今其書具在疑而未信者如此則後之視今又焉知不猶今之視昔乎學者審其是否

已於疑信尤當慎擇也然非某於稚黄疑之重蒙論

議繼今當力求之以補前過未由展晤一快蔽蒙東

望徒增惓耳

其五

蒸詩非敢自附于賢者之作厚意不可虛辱故勉強

繼之重蒙稱與過當徒用增愧先生有德齒之稱也

宜施於前輩如某之不實徒有犬馬之齒耳輒以見

稱何也恐聞者以爲失言使老拙着重爲世所訕笑

繼與幸制公至懇

[illegible]其六

孟子之書世儒未嘗深考之故尊之者或過其實疑
之者或損其眞非灼知聖賢之心未易以私意論也
世之尊孟子者多失其傳非孟子過也而遂疑之太
過矣近見一書力詆孟子之非恐非有所授難遽以
口舌爭也 謂晁以道 無由展奉一盡區區

其七

德齋之說前書盡之重蒙以師說見諭三復來貺益
用懇惕古之人其道足以師世範俗惟孔孟足以當
之東漢而下師道益嚴然稽其所知所行皆不足以
勝其任也唐之韓愈固嘗欲以師道自居矣其視李

翺張籍輩皆謂從吾游今翺籍之文具在考其言未嘗以弟子自列則師果可好爲乎苟其道未足以達材成德則雖欲爲之而人不與也愈且如是况其下者乎某愚陋齒髮已衰矣而未有聞焉蓋孔子所謂不足畏者万且徇縻升斗之禄未能從黑髮之士以承教左右而反以見謂是豈當然乎哉非公樂與人爲善務欲褒揚隱伏何以有此將使清和之士不終爲西山之餓夫東國之黜臣蓋古聖賢之用心也第恐謏之不當徒有累於高明耳幸亮之臨紙愧汗言不能究

其八

先天圖得太極所生自然數非人私智所能爲也昔未嘗見幸得一觀此非堯夫不能知也蒙示法養觀與相見乎離辭異旨同開發蔽陋多矣幸甚世之昧者妄以狂瞽無稽之言眩瞀學者方自以爲得惡足與論此哉然杜順集此不涉華嚴一字東以二門謂足以貫六經之旨可謂能說約矣然不知二門者於經何施也願更開示以警未悟

鶴山先生集卷第十九終

後學徐夢麒督刊

龜山先生集卷第二十

書五

荅胡康侯其一

辱疏示所疑非公敦朋友之義不以賢自挾何能如是以能問於不能以多問於寡士無此風久矣乃今得吾康侯也幸甚以某之不肖何足以知之然不敢不盡所聞　求切磋之益言而是耶固願與朋友共之言而非耶亦願公見告庶乎其有警也致知格物蓋言致知當極盡物理也理有不盡則天下之物皆足以亂吾之知思祈於意誠心正遠矣書云惟精惟一

允執厥中執中之道精一是也夫中者不偏之謂也一物不該焉則偏矣中庸曰喜怒哀樂之未發謂之中但於喜怒哀樂未發之時以心驗之時中之義自見非精一能執之夫盈天地之間孰非道乎道而可離則道有在矣譬之四方有定位焉適東則離乎西適南則離乎北斯可離也若夫無適而非道則烏得而離耶故寒而衣饑而食日出而作晦而息耳目之視聽手足之舉履無非道也此百姓所以日用而不知伊尹耕於有莘之野以樂堯舜之道夫堯舜之道豈有物可玩而樂之乎即耕于有莘之野是已此

農夫田父之所日用者而伊尹之樂有在乎是若伊
尹所謂知之者也夫精義入神乃所以致用利用安
身乃所以崇德此合内外之道也天下之物理一而
分殊知其理一所以爲仁知其分殊所以爲義權其
分之輕重無銖分之差則精矣夫爲仁由己尔何力
不足之有顏淵之克己復禮仲弓之出門如見大賓
使民如承大祭若此皆用力處也但以身軆之當自
知爾夫通天下一氣也人受天地之中以生其盈虚
常與天地流通寧非剛大乎人惟自梏於形體故不
見其至大不知集義所生故不見其至剛善養氣者

無加損焉勿暴之而已乃所謂宜也用意以養之皆揠苗者也曲孰甚焉其之鄙意如此公試思之如何適會同官黎君到而來僕立候倉卒奉答不逮意幸亮之

其二

某等示問皆聖賢大致其也何足以知然試嘗語其所聞孟子曰鷄鳴而起孳孳為善舜之徒也孳孳為利跖之徒也舜跖之相去遠矣而其分迺在乎善利之間故顔淵得一善則拳拳服膺而不敢失其學為舜亦曰擇善而固執之而已舜文之聖若合符節則

潛心乎文王者亦豈外是乎記曰當其可之謂時孔子聖之時一當其可之謂道故曰可以仕則仕可以止則止可以速則速可以久則久是皆天下之中道非有甚高難行之事也故孟子曰仲尼不為已甚者非真知之烏能以是稱孔子乎然則所願學者亦求所謂當其可已矣夫參也魯豈非適敏之才也然某切嘗謂曾子竟以魯得之若夫便儇激厲則其去道也遠矣自孟子没聖學失傳荀卿而下皆未得其門而入者也七篇之書具在始終考之不過道性善而已知此則天下之理得而諸子之失其傳皆可見也

夫學道者捨先聖之書何求哉譬之適九達之衢未知所之六經能指其攸趣而已因其所指而之焉則庶乎其有至也徒敝精神於章句之間則末矣孔子故天縱之將聖也其學宜不俟十年乃一進蓋聖人以其身爲天下法故言之序如此顏淵未至乎從心故未達者一間也夫論伯夷之清則聖人之清也柳下惠之和則聖人之和也故孟子曰皆古聖人也未至乎大成故孔子曰賢人而已伊尹耕於有莘之野湯三幣聘之乃幡然而改伯夷特不事非君尔聞文作興則曰盍歸乎來方伯夷居北海之濱文王以三

幣聘之伊尹居有莘之野湯致之不以其道二人者宜如何哉此未可論必進必退也伊尹利澤及天下故孟子不言伊尹之風者則後世又安得有弊乎孔子之時去柳下惠亦未遠矣長沮桀溺荷蓧楚狂之徒皆不進者也柳下惠所以救其弊者其効安在孟子曰聞伯夷之風者貪夫廉懦夫有立志聞柳下惠之風者鄙夫寬薄夫敦第深考此言則二人之風不為進退明矣然其風足以廉貪敦薄故可為百世之師論其學則必至於隘與不恭矣此君子所以不由也田常為亂於齊齊君盖弗勝也宰予附田常則誰

得而殺之使其為齊君而死則予何罪焉當是時有闞止字子我死於田常之亂是必傳之者誤而為宰我也孔子謂於予與何誅豈以予無質而遂弃之乎則人之有賴乎聖人者鮮矣謂之不誅乃所以切責之也凡孔子之門人皆未可以一言斷其終身也後之所進者多矣與於四科何足怪哉管仲為政於齊足以合諸侯而正天下其功足録也然學當為王者事故仲尼之徒無道桓文者昔嬖奚與王良乘王良曰吾為之範我馳驅終日不獲一為之詭遇一朝而獲十管仲之功曾西未必能為之然管仲之功詭遇

也詭遇而得禽獸雖若丘陵弗爲也曾西羞比管仲

正顙是歟朋友道喪久矣切磋之益吾徒所當勉也

鄙意如此恐未中理願以見告

其三

示諭别後持五戒益知進學之力也欣慰欣慰某竊

謂古之善授戒者莫如孔子善持戒者莫如顔淵非

禮勿視勿聽勿言勿動持此則士之所以脩身慎行

者無遺力矣持之柰何曰禮而已此一言足以蔽之

約而易守也不窒其源而柱其末流雖日省之遇事

輒發矣不可知也春秋義探賾精到恨不及見全書

也玩味欽嘆然周官有司盟之職凡詛盟皆天子以吏治之諸侯不得私相盟也一有渝盟則刑隨之春秋之時諸侯不復聽命於天子故口血未乾而報復之兵已至其境失政刑矣凡書盟者皆惡之記言大道既隱天下為家謂三代盛時也商人作誓而民始畔周人作會而民始疑若湯誓泰誓之類蓋湯武之事此數者似非聖人之言恐不足引以為證更思之如何

其四

正蒙之書關中學者尊信之與論語等其徒未嘗輕

以示人蓋恐未信者不惟無益徒增其鄙慢不如西銘一篇伊川謂與孟子性善養氣之論同功皆前聖所未發也詳味之乃見其用意之深性命之說雖楊雄猶未能造其藩籬況他人乎而世儒易言之多見其妄也孔子曰五十而知天命以孔子之聖猶待五十而後知其所知蓋有未易言者非止如世儒之說也學者當求之聖人不當徒為空言而已公之篤志好學而每蒙謙虛不見鄙外故輒肆言之而不自知其愚也惟亮之

其五

承示及春秋事實鄙意猶有疑者所論虞氏之史直書其君之名而不避載其父母昆弟之惡而不隱某竊謂四岳稱舜之父頑母嚚象傲乃舜在側微未登庸之時言之宜若無害周人雖以諱事神而有謚法然且名之曰幽厲孝子慈孫百世不能改則雖有謚其惡猶不隱也禮曰臨文不諱故文王名昌而雝之詩曰克昌厥後武王名發而小宛之詩曰明發不寐若此類皆臨文不諱也雖周亦然莊公名同而書同盟僖公名申而書戊申不可謂從虞史之質將仲子叔于田皆刺莊公也詩人刺文公也不勝其母而害

其弟詩人以刺莊公而不及叚使高克將兵久而不召衆散而歸詩人以刺文公而不及克以莊文之罪著矣不待春秋書之而後見鄙意如此更思之如何

其六

劉質夫受經於明道伊川之門積有年矣其論元年之義詳甚綦故未敢輕議其說蒙録示第一段義非高明不見鄙外何以得此幸甚幸甚公之用意精深非淺陋所能窺其閫奥然意有所疑義不敢默姑試言之所謂元者仁也仁者心也春秋深明其義當自貴者始故治國先正其心其說似太支離矣恐毆元

初無此意三代正朔如忠質文之尚循環無端不可增損也秦以亥為正失其旨矣斗綱之端連貫營室織女之紀指牽牛之初以紀日月故曰星紀五星起其初日月起其中其時為冬至其辰為丑三代各據一統明三統常合而迭為首周環五行之道也周據天統以時言也商據地統以辰言也夏據人統以人事言也故三代之時惟夏為正謂春秋以周正紀事是也正朔必自天子出改正朔恐聖人不為也若謂以夏時冠月如定公元年冬十月隕霜殺菽若以夏時言之則十月隕霜乃其時也不足為災異周十月

乃夏之八月若以夏時冠月當曰秋十月也正朔如建子丑是也雖用夏時月不可謂改正朔鄙意如此公試思之如何如未中理更希疏示以開未悟

其七

聖學不明士志於道者往往汨於世習而不知雖英才異禀卒能自拔於流俗者無幾也某嘗私竊謂學者之視聖人其猶射者之於正鵠乎雖巧力所及有遠近中否之不齊未有不至於正鵠而可以言射也士之去聖人或相倍蓰或相什百所造固不同未有不同乎聖人而可以言學也譬之升堂奧者必得其

門而入乃可至過其藩望望然去之則終身不能至然則至學非難知所以學為難某愚不自量力之不見也竊有意焉思得朋游共孳左右提掖覬獲一游其藩乃今得康侯蓋知衰老之有望也

其八

承示問政事先後緩急之序與夫要領所在某目視昏耄何足以知之以公積學之久經綸之業皆素所饜飫者乃下詢於陳腐儒非公不以賢自授樂取諸人以為善何以有此三復來旣欽嘆無已然厚意不可以虛辱試誦其所聞惟寬明不以僭瀆為罪則

萬萬幸甚甚切觀自金人渝盟河北淮南諸郡皆非
吾有民物凋弊賦入無幾軍儲資用十百於前日天
時地利在今日皆不可恃也所恃者人和而已方時
艱難不早為之經畫一日有不足不免暴取於民一
失民心其患有不可勝言者不得不慮也某竊謂當
今政事惟理財最為急務考之先王所謂理財者非
盡籠天下之利而有之也取之有道用之有節各當
於義之謂也取之不以其道用之不以其節而不當
於義則非理矣故周官以九職任之而後以九賦斂
之其取之可謂有道矣九賦之入各有所待如關市

之賦以待王之膳服邦中之賦以待賓客之類是也邦之大用内府受之邦之小用外府受焉有不可得而侵奪之也冢宰以九式均節之下至工事芻秣之微匪頒好用皆有式焉雖人主不得而逾也所謂惟王及后世子不會特膳服之類而已有不如式雖有司不會冢宰得以式論之矣世儒以謂至尊不可以法數制之非正論也夫天之所生地之所藏今猶昔也昔常有餘而今不足其弊必有在矣朝廷盖未之究也建隆之初荆湖江浙河東川廣福建皆非朝廷有也所有者惟南京東西數郡而已當五季之亂

干戈日尋然未嘗以用不足爲憂崇寧以來承祖積累之厚天地莫非其有也一民莫非其臣也而日以不足爲憂何哉處之不得其道故也國家景德皇祐嘗爲會計録以總核天下財賦之出入百官饟廩之奉軍儲邊計凡邦國之經用皆有常數如内府所藏以待軍興郊賞之費茶鹽之入以待邊儲元豐之備對元祐之會計皆放此也此祖宗之遺法蓋得周官待用之意也今宜爲紹興會計録取祖宗三書參較之凡吏員之增減兵族之多寡户口之登耗賦入之盈虚皆可考也知有餘不足之弊根可以究見矣然

後量入以為出而均節之殘破州縣使有無相補庶無闕事矣祖宗設制置發運司盖始於王朴之議其措畫可謂詳盡矣朝廷捐數百萬緡以為羅本使總六路之計通融移用與三司相為表裏以給中都之費六路豐凶更有不常一路歲稔則增羅以克漕計饑凶去處則罷羅使輸折斛錢而已故上下俱寬而中都不乏是為良法自胡師文以羅本為羨餘以獻發運司拱手無可為者此直達之議所從起也既行直達而鹽法隨變其患有不可勝言者盖轉搬與鹽法相因以為利不可偏舉也祖宗時荊湖南北江東西

漕米至真陽下卸即載塩以歸諸路每歲所得塩課無慮数十萬緡以充經費故漕計不乏則橫斂不加於民而上下裕矣自抄塩之法行塩課悉歸榷貨諸路一無所得故漕計日以不給而經用不可闕非出於漕臣之家亦取諸民而已此上下所以俱受其獘也閩中舊官賣塩每觔二十七文今民間每觔至百二三十文細民均被其害而盗販所以公行也所謂制置發運與三司相為表裏者蓋發運通融六路之計錢穀銀絹之類視三司所闕者為之應辦故中都常不闕也其為利多矣自黃帝立兵乘之法以寓軍

政歷世因之未之有改也至周爲尤詳居則爲比閭族黨州鄉出則爲伍兩軍師之制使之相保相受刑罰慶賞相及用一律也天子無事歲三田以供祭祀賓客充君之庖而已其事宜若緩而不切也而王執路鼓親臨之教以坐作進退有不用命者則刑戮隨之其教習之嚴如此故六鄉之兵出則無不勝以其威令素行故也迨丘井之廢久矣兵農不可以復合而伍兩軍師之制不可不講無事之時使之相保相受刑罰慶賞相及用之於有事之際則申之以束伍之令督之旌旗指揮之節臨難而不相救見敵而不用命

必戮無赦使士卒畏我而不畏敵然後可用若夫伍法不脩雖有百萬之師如養驕子不可用也傳曰秦之善士不可當齊晉之節制齊晉之節制不可以當湯武之仁義某竊謂雖有仁義之兵苟無節制亦不可以取勝甘誓曰左不攻于左汝不恭命右不攻于右汝不恭命弗用命則孥戮女牧誓曰不愆于六步七步乃止齊焉不愆于四伐伍伐乃止齊焉其節制之嚴蓋如此故聖人著之於經以爲後世法也故諸葛孔明曰有制之兵無能之將不可以敗無制之兵有能之將不可以勝此之謂也夫軍政不脩無甚於

今日閩中盜賊初嘯聚不過數百而已其後猖獗如此蓋王師養成其禍也賊在建安幾二年無一人一騎至賊境者王師所過民被其毒有甚於盜賊百姓至相謂曰寧被盜賊不願王師入境軍無律一至於此此二事最今日之急務自蔡京用事王黼李邦彥繼之祖宗之法掃蕩殆盡如尚書省戾祖宗之法者非一二事冗官之未澄汰與役法之弊所當損益未易縷數也然今日二事在易蓋蠱之時也蠱之成卦剛上而柔下剛柔不交上下不相與不足與有為巽而上無剛健之才不能以有為此事之所以蠱也左

傳血蠱為蠱蠱者敗壞之象也先王之治蠱也如治陋室然欂櫨店楔各安所施不易其處則廢幾其苟完矣物物而紛更之腐者敗傾者不可復支矣夫通變之謂事因其財而通變之則蠱元亨而天下治矣此治蠱之道也此二事其大畧如此其委曲措畫在執國柄者詳視而審處之非毫楮可盡也夫執中不可以無權執中無權猶執一也聖人所謂權者猶權衡之權量輕重而取中也用之無銖兩之差則物得其平矣今物有首重而末輕者執其中而不知權則物失其平非所以用中也世人以用智為知權誤矣孟

子曰所惡於智者爲其鑿也如智若禹之行水則無惡於智也蓋禹之行水循固然之理行其所無事而已若用智以爲權則皆智之鑿孟子之所惡也不可慎歟

其九

伊川先生語録在念未嘗忘也但以兵火散失收拾未聚舊日惟羅仲素編集備甚今仲素已死於道途行李亦遭賊火已託人於其家尋訪若得五六亦便下手矣和卿誌文深愧鄙拙不足以發揚其美蒙公見與可以塞責矣三經義辨已成書併脫藁即附去

以求參訂也近因傷冷欬大作累日不能與昨日方
方稍平然飲食猶未復常倦甚作書不及一一

其十

荊公黜王爵罷配享謂其所論多邪說取怨於其徒
多矣此三經義辨蓋不得已也如日録字說亦有必
論著然此事不易為更須朋友參訂之也今粗已成
書更俟審詳脫稿即繕寫附去也

其十一

某衰朽杜門待盡平時親故凋喪略盡絕無過從者
惟時親書冊以自適耳家所藏書為賊棄毁僅存一

二語録常在念先生生之門餘無人其當任其責也蒙寄示二冊尤荷留念然茲事體大雖寡陋不敢不勉近因閲王經義見有害義理處略為之著論以正王氏之失盖嘗論之於朝去其王爵罷配享後生晚學未必知其非也姑欲終此一事書成未脱稿欵曲當録以納去取正左右厥可傳遠也

其十二

承諭及江西宣諭使風采可仰吾鄉使者甚不撓但未見惠澤及民汙吏革面者盜賊得韓申二將平之今已無事敝鄉去歳大疫惡少舊常作過者死亡略

盡自此可無盜賊之虞矣近見報襄陽鎮撫檄諸郡領兵收復中都屢捷洋州亦有報殺獲金寇千餘人所至有捷報中興可指日望也可喜可喜和鄉平生相知第鄙文不足以發盛美為愧耳浙中數事與初授恩命皆某親聞見者故不敢專用行狀其他皆無更易如宗室養他人子初云財用不足患之細也養他人子則宗枝亂矣其建議乃云有父兄在同居者減半而養母勿給於是其弊漸去則只是以財不足為憂凡宗室例皆裁減與所謂亂宗枝之意不相應公更問其詳為增損之乃善伊川先生語錄昔嘗集

諸門人所問以類相從編録成帙今皆失之羅仲素舊有一本今仲素已死着其壻尋之未到近宣幹喻子方云有本甚多計到浙中便付来

其十三

便中辱賜教伏審迩辰燕休台候萬福欣慰欣慰某衰朽杜門粗適閑中自去歲来稍安靜而汀邵與江西鄰虔州時有竊發者侵逼境上王師徃来惱惱不能治安也昨日又聞建安有此警帥司遣兵會合未知如何也江北雖屢有捷報而所傳不一聞之憂喜相半未能釋然不以為慮也世事如此柰何柰何示

諭湖湘州縣皆帖然人已歸業殊可喜此岳將之力也然屯戍之多所至騷然非特長沙也關中素貧近降祠部一萬道已數郡在民間貧家所敷已二百千未知所從出細民可知矣不知湖湘有此否事之可憂者非毫楮可盡餘與未鮮惟冀為道保重副此頌祝

其十四

語録子才所寄已到方編集諸公所録以類相從有異同當一一考正然後可以漸次刪潤非旬月可了也俟書成即納去某近著三經義辨正王氏之學謬

戾處方就僕脫藁納去取正左右庶可傳後學也曾吉甫頃在維揚亦嘗相聚但初未嘗講學耳公既稱其如此士大夫間豈易得哉若得其來時親其緒論固所幸願也

其十五

久不聞問方深馳企（辰守）書伏審旅寓合候萬福欣慰欣慰其老拙如常去冬松溪賊范忠大作武尉被害焚刼縣道略盡首領已為申將禽獲殘黨出境勢無能為也又傳虔寇陳晒犯漳汀朝廷已遣申將往討浦漵邑相去差遠民間不甚驚擾稍得安居時親書

冊聊用自適耳餘無足道者正遠瞻晤惟冀對時爲道自重

其十六

知令似龍圖先往湖外得近信否長沙方易帥勢未可往更俟淅帥來如何徐行未晚也伯紀言章醜詆之以爲有跋扈之漸天下知有宣撫不知有朝廷賴君相眷知猶得宫祠而罷甚幸淅帥尚在領表不知何時可來湖中玄賊未殄伯紀已有罷命新帥未到人情不無向背萬一有警爲之奈何在伯紀尤可慮也梁參議聞已歸未到鄉里云經往福唐般家得渠

來則湖外事可盡知也

其十七

其竊謂令出惟行弗惟反欲令之不反當慎其始始之不慎雖欲不反不可得也閬中二三年來盜賊羣起在四川軍被害爲甚夷傷之餘民力凋敝極矣蒙恩放免紹興二年秋夏二稅及役錢一料非朝廷勤恤民隱何以得此既而漕司檢准紹興令諸赦降放及倚閣稅租者各不得過三分行下州縣依舊催納七分急於星火民被其澤方歡欣鼓舞未逾月遂轉而爲愁咨良可惜也朝廷既有著令不得過三分赦

書不應全放是徒為文具罔民耳後雖有德意人誰信之恐自是民不立矣其患有不可勝言者赦書既已盡放有司亦不宜沮格二者胥失矣皆不慎令之過也放稅租出於一時之異恩自當量災傷分數減放使民受實惠何必著為令格不得過三分是豫為罔民之具以資衰刻之吏耳非令之善也某衰朽杜門不欲聞外事因催稅者及門見邑中行移如此恐遠方剝病公所欲知故輒及之願勿以語人恐貽不恤緯之謗至禱

龜山先生集卷第二十一

書六

荅曾元忠 其一

先公道學行義爲世儒宗嘉言讜議著在天下過蒙以行述見屬文鄙意陋不足以發揚盛美方自愧恨復承賜翰重加奬與伏讀汗顏無所容措相望南北無由展奉區區書不能究

其二

自還鄉盜賊蜂起兩年避地奔竄未嘗一日安居𢿱鄉今歲方稍寧息江西山黨未有悛心時有竊發者

出沒境上居民不無驚擾處寇未平而此月初間建昌復兵叛閉城焚刼南豐縣官骨肉與邑人多遁至建寧縣昨日或傳已就招安未知是否弊邑已遣人徃探問更數日必有的耗也此曹非勦滅之無以懲後若只招安姑養驕子少不如意則復思亂矣世路如此柰何炎暑尚熾更切對時珍嗇前膺召擢慰此頌望

其三

先公行述寡陋不足以發揚德美負愧多矣遺稿爲諸子收去今皆不在家示諭有脫陋處公可自以意

添入或他有未妥處尚以意損益之無害吾徒不必爲形迹之嫌也此文欲傳遠不可草草幸照亮

答學者其一

孟子曰天與賢則與賢天與子則與子唐虞禪夏后商周繼皆天也聖人何容心哉奉天而已横渠先生曰舜之孝武王之武聖人之不幸也征伐豈其所欲哉不得已焉耳故曰未盡善也帝王之跡夫曰時而已皆非有心迹之異也中庸曰喜怒哀樂未發謂之中發而皆中節謂之和學者當於喜怒哀樂未發之際以心體之則中之義自見執而勿失無人欲之私

馬發必中節矣發而中節中固未嘗亾也孔子之慟孟子之喜因其可喜而已於孔孟何有哉其慟也其喜也中固自若也鑑之照物因物而異形而鑑之明未嘗異也莊生所謂出怒不怒則出怒於不怒出為無為則為出於不為此意也若聖人而無喜怒哀樂則天下之達道廢矣一人橫行於天下武王亦不必恥也故於是四者當論其中節不中節不當論其有無也夫聖人所謂毋意者豈慤然若木石然哉毋私意而已誠意固不可毋也若所謂示現者則非誠意矣聖人不為也故孟子論舜曰彼以愛兄來則

誠信而喜之奚僞焉毋誠意是僞也武王之克商纘文王之緒而已故泰誓曰皇天震怒命我文考肅將天威又曰予克受非予武惟朕文考無罪則武王雖以一戎衣而有天下葢不自以爲功歸諸文王而已則嚴父配天葢武王之志也周公其得已乎然是禮也孼自周公故曰周公其人也中庸曰周公成文王之德正謂是歟道固有義義不足以盡道易曰和順道德而理於義既曰和順道德矣又曰理於義則道於義固非一事橫渠水漚之說與釋氏輪回之談異其詳具於荅呂和叔書中此是非異同達者當自見

之非言論所及也致知必先於格物物格而後知至知至斯知止矣此其序也葢格物所以致知格物而至於物格則知之者至矣所謂止者乃其至處也自脩身推而至於平天下莫不有道焉而皆以誠意為主苟無誠意雖有其道不能行也故中庸論天下國家有九經而卒曰所以行之者一一者何誠而已葢天下國家之大未有不誠而能動者也然而非格物致知烏足以知其道哉大學所論誠意正心脩身治天下國家之道其原乃在乎物格推之而已若謂意誠便足以平天下則先王之典章文物皆虛器也故

明道先生嘗謂有關雎麟趾之意然後可以行周官之法度正謂此耳

其二

皎在中宗時遣嗣虢王邕等鞫問一意無二言可謂忠於所事矣其後雖佞浸通顯未嘗干紊朝政無大過惡特人主寵暱過分耳孟子曰左右皆曰可殺勿聽諸大夫皆曰可殺勿聽國人皆曰可殺然後察之見可殺焉然後殺之故曰國人殺之也皎之流放與其親辱者謫死世以為冤源乾曜不能正為人所譏詆非所謂國人殺之也而欲因而乘之連株逮黨盡

誅之不已甚乎用刑如是雖桀紂之虐不至是也其

竊謂如宋璟之論柳損之足矣

其三

直之爲義如必有事焉之類不相似既曰未得夫直

則所養無本則是以直爲氣本也得夫直矣養此可

也則養直而已所謂至大至剛者又何物也以直養

而無害以之字又是何義寥[illegible]思之屢空有時乎不

空三月不違仁則有時乎違是也以空爲學之始而

仁之體未見至於不違仁則仁之體見矣未知仁以

何爲體不可謂有一仁字便謂仁之體見則論語之

言仁處多矣以空言為學之始而孔子獨於顏淵稱之豈諸子皆未嘗學耶恐屢空學者未易到也

其四

辱問所疑益見力學用意之勤也所謂小人自以為中庸與舜顏皆是也若用中建中皆施於民者與所謂不可能異矣不可能謂體道言之蓋有能則有為之者為之則與道二矣道不遠人人之為道而遠人不可以為道皆此意但詳味之其義自見詩曰鳶飛戾天魚躍于淵言其上下察也見其如此即是上下察古人引詩皆斷章取義不必泥全篇之意如孔子以

戰戰兢兢如臨深淵爲諸侯之孝友猶是也鬼神體物而不可遺葢其妙萬物而無不在故也回人太僕匆匆辭不逮意

其五

承職事多暇官長仁賢日有相從之樂尤用爲慰范元長其所聞其賢久矣純夫之子申公之甥元明之婿呂氏兄弟能道其詳恨未及一見也因見友頻爲道區區嚮往之意

答呂秀才

辱問以所疑非荒薄者所能知也試一言之而吾子

有擇焉夫誠者天之道性之德也故中庸言天下之至誠其卒曰非聰明聖知達天德者其孰能知之蓋惟聖人與天同德者爲能誠焉忠乃士之一節本不足與此也古之所謂忠臣者豈聖人哉孔子曰君子而不仁者有矣夫又曰若聖與仁則吾豈敢夫仁孔子不敢居而君子有不仁焉則忠而未仁友何疑之有中庸曰忠恕違道不遠則忠非盡道也特其違不遠耳然曾子曰夫子之道忠恕而已蓋古之教者當其可之謂時孔子語曾子曰吾道一以貫之蓋若曾子者所謂當其可也曾子之門人則未足以語此也

故告以忠恕以示入德之方使知由是而求焉則不遠矣君子道者三曾子所以語孟敬子者如此故能近信遠鄙倍暴慢而已非其至也自致知至於慮而後得進德之序也譬之適四方者未知所之必問道所從出所謂致知也知其所之則知止矣語至則未也知止而至之在學者力行而已非教者之及也吾子其審思之以爲何如或未中理無惜疏示

荅呂居仁其一

承示問學一篇博究先儒異同之論益知好學之力也然其間與鄙意不合者敢不以告揚子湍水之説

荀子杞柳之說也其論極善孟子七篇之書其要道性善而已湍水之說孟子固嘗辨之不可與性善混爲一說明矣而論者欲一之皆未究其所以也孔子曰性相近也習相遠也惟上智與下愚不移言相近則不可謂一孟子論白羽之白與白雪之白是也惟相近故以習而相遠若叔魚之生其母視之知其必以賄死若此類是生而惡也文王在母也母不憂旣生也傅不勤旣學也師不煩若此類是生而善也韓子不究其所以然遂列爲三品則失之矣是數說要之皆原於性善然後爲得横渠曰形而後有氣質之

性善反之則天地之性存焉故氣質之性君子有弗性者焉又曰德不勝氣性命於氣德勝其氣性命於德斯言盡之矣當深考之也中庸曰反身不誠不順乎親矣誠身有道不明乎善不誠乎身矣大學曰欲誠其意先致其知致知在格物蓋致知乃能明善不致其知而能明善未之有也此不須分為二說孔子曰學而不思則罔思而不學則殆孔子論學與思如此既曰學以成行又曰學也者受之性而發於文字言語者也斯言似不相應世儒之病正在以言語文字為學不可不知也淺陋妄意如此高明試一思之

如何兩日大暑去人候書揮汗作此辭不逮意幸亮之

其二

辱問所疑皆非淺陋所知也然厚意不可虛辱輙試言之請自擇焉夫守一之謂敬無適之謂一敬足以直内而已發之於外則未能時措之宜也故必有義以方外毋我者不任我也若舜舍已從人之類是也四者各有所施故兼言之也道固與我為一也非至於從心所欲不踰矩者不足以與此言志於道依於仁固無害中庸曰道不遠人人之為道而遠人不可

以為道道固不可為也然不示之以入德之方則是以聖人望人不容進學也故卒曰忠恕違道不遠施諸已而不願亦勿施於人勿施於人忠恕之道也由是而求之道不遠矣孔子曰若聖與仁則吾豈敢然非聖人則不足以盡仁而仁特未化而已管仲之仁蓋稱其功也利貞者言乾之性情也易傳可以究觀之夫在心為志發言為詩詩特發於言者故於動天地感鬼神言近而已來人立候書勿勿作此

其三

承問格物向答李君書嘗道其略矣六經之微言天

下之至賾存焉古人多識鳥獸草木之名豈徒識其名哉深探而力求之皆格物之道也夫學者必以孔孟為師學而不求諸孔孟之言則末矣易曰君子多識前言往行以畜其德孟子曰博學而詳說之將以反說約也世之學者欲以彫繪組織為工誇多鬭靡以資見聞而已故摭其華不茹其實未嘗畜德而反約也彼亦焉用學為哉甚老矣雖有志焉而力不逮區區有望於左右者正在此而不在彼也勉之勉之

與鄭德久其一

先公奏議序納去鄙拙不足以發揚盛德負愧多矣

聞令弟欲令福唐鏤板傳之久遠甚善然其間有彈擊權要令子孫恐有當路者見之遂爲世仇不可不慮也如歐公有從諫正謂此耳若鏤板可節去彈擊之章未須傳也公更思之

其二

相别之久特蒙枉顧殊慰傾企非篤於情義何以有此間違忽復累月比日不審爲況何如伏惟燕休德履佳勝江北雖屢有捷報而所傳不一殊令人憂疑不解向承欲還昆陵果成行否近得小子適十月書云城中人皆竄伏鄉下虜寇猶未退聽天兵往來六

飛親行恐常潤之人未得其桃而居此世事如此[illegible]

何未由會集切冀以時保齋

答胡處梅

示諭持一恐字益見好學用意之篤也三復欽歎其

切謂學者以致知格物爲先知之未至雖欲擇善而

固執之未必當於道也夫罟擭陷穽之不可蹈人皆

知之也世之人未有蹈罟擭陷穽者以其知之審故

也致身下流天下之惡皆歸焉固無異於罟擭陷穽

也而士或蹈之而莫之避以其未嘗真知之故也使

其真知爲不善如蹈罟擭陷穽則人孰爲不善耶若

夫格物而知至則無全牛游刃自有餘地矣不待忍而能也忍而不爲恐物或誘之有不可忍者更切勉之

答練質夫

辱書問以所疑以某之淺陋何足以知此然厚意不可以虛辱試一言之質夫自擇焉孟子曰萬物皆備於我反身而誠樂莫大焉知萬物皆備於我則數雖多反而求之於吾身可也故曰盡己之性則能盡人之性盡人之性則能盡物之性以己與人物性無二故也夫道豈難知難行哉雖行止疾徐之間有堯舜

之道存焉世之人不知自己求之道之所以難難知行也以

質夫之篤志彊學其所進豈易量哉勉而卒之無難

矣屬詔使壓境百冗併集區區非毫楮可盡

與黄用和

記曰三年之喪二十五月而畢又曰禫而内無哭者樂作矣又曰是月禫徙月樂故魯人朝祥而暮歌孔子曰踰月乃其善也朝祥暮歌孔子不深罪之特未爲善耳士虞禮曰中月而禫是月也吉祭鄭氏謂中猶間也與大祥間一月自喪至凡二十七月盖祖鄭氏說也是月也吉祭則無凶服可知大率今之士人

皆以垂脚幞頭爲居喪之服若用此悉與未經祥禫者無異若慘巾與其餘衣帶從其色而薄之可也昔至完居喪問蘇子容云衣冠皆復常但不著公服耳至完用之考之古義既祥固可聞樂矣然今之二十七月之喪著在中令釋服從吉律有明文欲髣髴古既祥爲之恐不可也衣冠復常純用吉服則禫制未終無以爲別竊謂衫用皂以布爲之可也還請裁擇

與許少尹其一

伏承進陟殿中士夫交慶非獨朋游之私喜也積學之富必有沃心之論繩愆糾繆乃其餘事耳士氣久

不張佇聞鳳鳴副此顒望

其二

荒薄誤蒙諸公論薦皆自公揄揚之過也審察之命臣予不當以疾為辭實以衰病羸然力不能彊僶懼于中無所容措高明必能亮之也所懷千萬臨紙不能悉希希照察

其三

小子回辱書良荷眷勤然稱與過當皆非老拙所堪伏讀重增愧爾過情之語非所以施於朋友也願簡去淨文為幸邇來不審為況何如伏惟虞眷之餘神

相多福炎暑方熾更希以時珍嗇以膺峻擢

其四

盬法聞公屢有文字東南夷傷之餘非巨力幾無以自存斯民受賜多矣欽嘆欽嘆毘陵若多雨麥頗稔而蠶不收高田想可望窮居所頼惟年豐耳飯蔬飲水聊以卒歲無足道也承書腸血為梗君子神明所相無妄之疾當勿藥自愈舊日志完亦聞此疾徐典樂傳一方服之立效當為就其子求此方傳附去竊謂中庸二篇聖學所傳具在此書不自揆其荒淺妄為訓義不敢輙以示人方欲訓寫取正朋友不知何

緣邊徹清視其間違義害理處必多乖一一疏示以警不逮如公固所欲求教者頋勿示外人以取嗤鄙區區至祝

答蕭子莊

老朽文思衰落重蒙以殿記見屬不欲固違厚意辭鄙意陋不足以傳遠徒負愧耳向在諫垣嘗論王氏之失太學諸生安於所習譁然群起而非之賴君相之明卒從之今雖有定論學者真知其非者或寡矣屏居披閱因摭三經義辨有害理處是正之以示後學文字多未暇録去僕小子早晚帶行過仙邑可一

覽也

荅胡明仲

趙參還朝聞有左螭之命方時艱難仁賢彙征中興之功可指日而望也既而除命不行輿論不厭在公未有加損重爲朝廷惜也公與仲俱在侍下想不廢講學所得已多矣秋暑方劇更希爲時自愛以副人望

十六代孫㯋國輔覆刊

龜山先生全集卷第二十一

書七

答張子韶

自聞公省殿兩中魁選爲之喜而不寐即欲馳書爲賀衰晚杜門却掃不閑往來之便故久而未能也辱書勤勤以諗賤眷之意感慰感慰比日不審起居何如伏惟德履佳勝廷對自更科以來未之有非剛太之氣不爲得喪回屈不能爲也三復欽嘆公之名德已簡在君相不日當有異用恐不久淹于外然復之時群陰在上而陽始復焉陰猶盛也非一陽在下所

能勝小人衆而君子獨豈一人一日之力所能制哉故必朋来而後無咎然動而不以順行則出入不能無疾不能無疾則害之者至如是身之不能保尚何朋来之有故於復曰動而以順行於剝曰順而止之其道一也故剝之彖曰順而止之觀象也蓋艮上而坤下剝之成象也觀剝之義則知所以治剝矣東漢之君子不知出此欲以力勝之卒至於俱傷兩敗而國隨以亡有以取之也復之成卦坤上而震下動以順行亦猶是耳觀四時陰陽之運寒暑之變天且不能暴為之況於人乎故豫之彖曰豫順以動故天地

如之正謂此也公之言朝廷略施行矣竊聞左右已有側目者某自謂與公非一日燕游之好故輙及之歎公興時慎處之也

與劉希範

某竊觀車駕自建康移蹕會稽未踰時復有旨還浙西銳然有向敵之意人情舉欣欣然謂國勢稍振中興之業可指日望也未及渡江聞建康有警復還會稽徑趍四明欲乘桴爲閩之行聞之惶駭至寢食俱廢某竊觀自古興王未有無根本之地而可以禦外者高祖之興蕭何守關中光武之興寇恂守河内以

爲根本雖敗軍亡將而調發兵食無缺乏之事以有根本之地可依故也若車駕駐蹕閩中則僻在海隅中原踷斷矣而今建康錢塘不守則根本去矣諸將緩急誰爲應援萬一饋餉不繼則意外之變不可不虞也某竊謂除茹在虞而用自適耳既蒙見許切不可緩也惟希爲道自重慰此頌祝

與李泰發 其一

去歲初聞被召 復在言路喜慰無量君子在朝庶幾輔成中興之業 乃復補外殊乖所望也聞宣城寇盜充斥皆已撫定 爲我用邦人安堵無他虞所補不淺

矣亦足為慰春深寒溫不常更切為民慎衛區區頌望

其二

近日江浙探報不一喜懼相半車駕駐永嘉虜騎未聞退舍福唐日後翠華臨幸而閩中空空無有前日王璉一軍過只十二日所費已七萬餘若入閩中則是舉中原棄之江湖淮浙運饋路絕不知何以應副每一念之寢食俱廢柰何近虔州又大擾焚毀廬舍十八九蕩然一空不知隆祐可以安居彼否若來閩中日見狼狽痛心疾首無復生意旦暮癡坐而已所

懷千萬臨紙不能具布

其三

某去歲夏初還至敝廬日幸虜騎寧息庶幾畢此餘生諸公但為遁逃之計不復為守禦之備以至今日若郡皆如公守宣城則猶或可望也如李鄴輩身為禁徒皆率先投降他復何望耶苦痛苦痛閩中去歲大水田廬漂蕩十五六民已艱食今復料須不一恐別致生事柰何柰何

其四

公秉鈞軸今日當以愛為根本也任肅殺之責非公

其誰此天下之所屬望也江西惟廬陵富實湖北之荆南湖南之潭湘所有三省宜擇吏總領緩急以為應援也昔陸贄有言兵以氣勢為用者也氣聚則盛散則消勢合則威析則弱今日之患正坐氣散而勢析也樞密張公與趙觀察領兵入蜀韓世忠劉光世又分為一處兵分而勢弱緩急首尾不相及宜其力不支為今之計莫若召還蜀兵擻韓劉二將協力以建康為急

與秦丞相

便中辱賜鈞翰良荷愛念竊記近世名儒自安定而

下如歐公輩無不學春秋者熙寧更科不用其學遂廢六經惟此書出於聖人之筆餘皆述之而已微辭奧旨爛如日星以爲不可讀無是理也今得公留意於此斯文之幸也其兩年避地奔竄平時所藏書籍爲凶寇棄毀略盡蒙見索文字無以應命第深惶愧某自還家昔之儕流無在者索居終日無過門者惟親書冊溫尋舊學聊用自適耳方欲綴集散亡以待後學稍有叙當繕寫託薛漕附達以取正左右伏希照亮

答李叔易

秋間小子還昆陵嘗上狀計已塵徹屏跡閫閾下州小邑士大夫不至其境杜門索居如坐井中每思昔日從游之樂恍若夢覺不可追尋也近日屢聞江北捷報喜慰無量中興之功可指日望也鑾輿親征想已至江上士氣當百倍前日此與澶淵之役無異也可賀可賀兵革之後正須經理公豈宜久居散地佇聞新命以副天下之望非交朋之私願也長至只數日闇君子道長之時切冀以時保嗇慰此頌祝

與李丞相其一

兩日前得胡康侯書備聞湖湘事自馬友等四寇繼

至截留稅數不以上供又重加裒刻剥民膏髓官吏殘賊布滿州縣皆歆變爲盗及公到部按治大奸賍數輩稍選令佐嚴禁科歛奉行朝廷法令遵守不違百姓始知上有天臺之尊下有州郡之體也初撫三路檄鼎師進兵討楊公㵺兵先入巳破數寨吕憲書云有破竹之勢矣後聞有旨昂不受節制賊復熾湖湘之民深以爲恨鈞旆既東還去思日甚功名之會自古所難在公爲不足道重爲朝廷惜也相望數舍無由面對區區書不能究

其二

昔公在朝威望隱然如長城民恃以無恐比年以來世路日艱棘毒流四方淮浙爲甚延及吾閩盜賊蜂起無得寧息者良可駭嘆鈞旆南還士論以爲天意必有在宇内共慶非特小邑之私喜也行邀參覲他須面承乃究

與許高老

自鈞旆西行絶不聞耗近親情自廬陵還始知寄寓分寧殊慰仰德之動不審比日起居如何伏惟神明協相福履增勝世路日益艱棘去歲建康退卻車駕移蹕四明復不守遂由海道至永嘉永嘉隘陋非萬

乘可居會稽以李鄴迎降得免焚毀今始駐蹕於此又聞欲上雲上未見報不知如何浙西夷傷無孑遺而錢塘蘇秀爲甚惟雲上獨全會稽饋運路梗勢必不能久居也閩中自昔兵火不到去年苗劉焚刼浦城邵武近又建陽松溪諸蠻殺傷縣官盜賊蜂起王爕下潰兵入建劍虜掠殆盡屋宇無有存者被害尤甚於他處殘寇以從温陵路去未知所向泉南今歲大歉恐不能支敵　居將樂在山谷中五季避地之所賊過鄰境不免亦遷避仰禄爲生而州縣匱乏俸廪不可得貧窘遭此殊難堪也世事如此柰何其避賊

四方數日傷暑濕偶作寒瘧未痊今日當發適有人行凌晨扶病作此不能盡所欲言者殊愧草率

荅傅子駿

姑蘇之别倏忽餘六年便中遠辱賜逮伏審邇辰台候動止萬福尤爲用慰某自還家盜發逹安群凶嚮應釋耒荷戈而起者不可以數計避地流徙無一日得安其居雖仰道之勤日欲修問以故久而未能素荷愛厚况故見諒也鄉邑焚劫蕩盡所幸先廬獨存得庇風雨中外親族俱無被害者然公私所積皆爲賊有斗米千錢細民艱食殍死者相枕藉良可憫念

賤累數十口日食貴糴困憊殆不可支去春松溪甌寧餘黨未殄猶有竊發者賴中將駐兵福唐即時討滅令方寧息鄉民稍稍復業衰朽杜門索居一時儕流凋喪無一存者後生老少異趣絶無過從惟時親書冊聊用自適耳餘無足道者方時艱難正賴諸賢協濟如公豈宜置之散地佇聞峻除慰此頌望

與傅國華

某切自念衰晚不足為世用杜門待盡無復餘念故平居不敢輒至公卿之門雖台旆持節往還亦不敢通名于左右不謂高明過聽俯加論薦在愚賤何以

堪之道學不傳士鮮知所止其初不自量力之不足也側聞先生長者之餘論妄有意焉今老矣精力昏耗寡陋滋甚愧負初心恐遂泯沒為小人之歸誤辱眷知重增慚惕耳審察之命自度散材不中繩墨故不敢冒進為門下必蒙見亮也未由一造台屏姑勒此少布萬一下情不勝惓惓之至

與執政

輙有少意冒聞閩中地瘠人貧天下所共知比年建劒臨汀邵武四郡為群凶焚劫蕩盡無孑遺而將樂為尤甚朝廷遣兵誅討軍期所須不一又每歲常賦

之外市銀數亦不少皆出民力加之饑饉自春初至今斗米逾千錢人不堪命皆昔所未聞而今見之也故細民荷戈持戟群起而爲盜動以萬計皆平時負耒力耕之農所至屯聚未有寧息之期非有他也特爲艱食所迫姑免死而已然闔境之内死於兵者十已三四所存者皆夷傷飢羸之餘雖剥膚椎髓無以供上之求也縣令不忍窮民無所赴調已具狀申省乞蠲免常賦之外如需須市銀之類一二年以安集之使復業爲平民此良吏善意邑人矯首西望以需膏澤有日矣猶未聞報又群聚踵𣿅廬以告謂其當

游諸公之門有一日之舊庶幾鄙言可以上達某以衰朽謝事里居杜門待盡而避地流徙半年餘無一日得安其居不當復干與時事拒之至于再至于三去而復來不可却復切仰念朝廷方尊賢使能俊傑在位天下大計無遺矣恐僻陋之邦去朝廷遠民之隱微或未盡知亦仁人之所聞也故輒奉尺牘上瀆鈞聽若蒙矜恤如其所請使一方之民更生則為賜不淺矣干犯威嚴豈勝愧懼恭惟仁明不加譴怒萬萬幸甚

與梁兼濟

榷酒利害獻言者葢未嘗究知本末榷法自祖宗以來行之久矣至嘉祐末年流弊之久民間苦官務酒惡不可飲比户私醖故官中每歲酒課不敷而民間犯法者亦衆此公私通患也吾鄉陳氏（名廣者鄉人目爲陳萬户）經由朝廷獻利害乞會計每歲官中所得酒課若干數目均在人户作酒利錢送納吾郡合五邑人户裒金資以徃朝廷下有司相度從之迄今六十餘年上下安便官中無一毫之費而坐收厚利民間亦免冒禁抵刑之患此公私兩利也今若再榷當張官置吏又使兵夫禄廪所費不貲又須折科米麥調度紛起

仍於人户免納酒利錢乃可如此官中何利之有矣不與免納酒利則是榷之又榷非今日所宜爲也兵戈未息所須不一如官告度牒數在民間不少人已不堪若更意外生事則百姓未有向安之期也承示諭欲必爭其不可甚善然罷榷法已是六十餘年前事恐公未盡知所罷因依故輙及之

與廖用中

近聞朝廷詢究茶塩二法其在諫省其大槩論之詳矣問之幾叟必能道之然今日閩中二法與他路不同見行塩法不可更革也本路歲額上供銀二十餘

萬兩上供錢物與官兵俸給皆資於鹽息抄法若行則利歸榷貨漕司拱手無可爲者歲計不貲非出於漕臣之家取諸民而已兩年盜賊四起軍須百出取於民已多上四州軍殘破特甚亦不免科敷每一錢産科借三文福州爲不經殘破每一錢産科借百文民力凋敝與殘破處無以異近見郡官到邑中云自二宣撫到郡中應副到三十一萬緡其何以堪上四州軍之民彊壯者率以兵死弱者徃徃以餓死存者十無二三鄉下無牛無人田皆荒蕪至今斗米猶不下八九百錢若更有科敷雖剥膚椎髓無以供也自

政和以來官吏以應奉為名取民無有限極至於鹽法循不敢更革豈今日可行耶茶引抑配人户以為常賦然今日又非前日之比本路産茶無如建安仍多精品商販自江淮以北道路不通商販不行歲額取足於吾閩而已人何以堪茶司官吏勢不可坐視虧欠不免督迫郡縣敷足歲額莫若復用搭息罷此一司良便若見丞相當力為言之則一路受賜不淺矣閑居杜門嫠不恤緯縷縷及此惟照亮幸甚

與吳大卿

聞隆祐六宮先往江表自江而南皆江表也詔書所

謂江表者必是江州百司官府不與軍旅之事者皆從之則建康不復治他事悉力戰守耳諸公能如是則中興之功可指日而望天下之幸昔漢高祖之興以蕭何守關中光武以寇恂守河內以為根本故楚漢相守滎陽軍無見糧蕭何轉漕關中給食不乏今上供物散在數處不知甚處為根本廟堂必有成算非衰老所能知也

與吳守 其一

杜門索居渴仰風德日益增劇鄉邦雖僻左而溪山之勝亦吾閩佳處當無事時亦足樂也但世故如此

有樂事寧能解體國者之憂乎苗劉猶未獲聞誅

將環集人神共誅想不能後為孽也又聞池饒尚有殘寇未免調兵防拓不知只為苗劉否前日得福州相識書云召募海船甚急福州二百隻所費已不貲不知吾郡能免否雖有船由海道去不知領之者為誰一非其人則有害無補今日之事所憂非一柰何柰何

其二

累日劇暑共審撫字之餘台候動止萬福苗劉陷溢亭則建城遍矣柰何瀫鄉民兵前此效用獲級者不

賞死事者不加恤防拓建安者幾千人又無故遣之今未及一月又召之此曹寧肯復爲用耶鄉中去歲洪水橫流瀕溪廬舍漂蕩殆盡深山窮谷膏腴之地悉變爲沙礫農人坐視無力修治秋成何望焉則今歲事又可知矣即今斗米已百七十錢其自省事以來民饑未有如此者歲凶正宜存撫而散利薄征弛力尤荒政之不可緩也此鄉頑民素喜爲亂邑人日夕震懼恐其迫窮生變今調兵又欲隨稅錢科敷是速其爲亂也科敷一事得免之乃幸萬一緣此生事則科敷未必有得而其患有不可測者不可不慮也

如聞趙觀察領兵爲餘人自福唐來其兵勢似可恃若此而不能禦雖有七百人未必有濟閩縣中欲以百人爲一番遞次起發亦似無害庶幾人少易爲制馭不至自擾也某居閑不應妄論素恃愛厚故輒及之惟寬明照亮

與李提刑

近聞使司有旨揮會合諸處巡尉追捕張全餘黨足見仁人君子以斯民爲念臨事不苟欽歎無已然公方下車恐僻遠郡縣細務未及詳知如明溪賴文幹與張全等皆一時鄉兵同黨捕張全兄弟乃是徒

中自相屠戮有罪無罪俱未可知事在清流根治必見其實所謂張全餘黨只有張奴一人聞已竄去若天兵一往恐群小驚疑別致生事然賴文幹等首領數人昨李琮作過勢已猖獗不煩官事即時撲滅其功多矣理當優於酬賞未蒙保明申奏不無缺望若得早與保明與一名目則凶燄自息庶無他虞矣更希義酌某閑居不當僭易及此然明溪與敝鄉接壤一有警則朝發而暮至累年避盗流徙無一日得安其居今方少寧萬一或致生事則敝鄉先被其害故輒以浼聞惟仁明照亮

與陳公晦其一

自公之東無由通問惟是傾念未嘗忘也春寒伏惟孝履支福正遠披晤伏冀節哀慎衛某辱尊公眷知最厚義雖朋友情實兄弟自具棄世每一念之肝腑摧裂共惟至性萬里生還不及一見終天之恨何以堪處道路阻脩無由馳慰臨紙悲哽區區不能悉布

其二

去歲數月之間定夫民表相繼淪亡朋友殆盡無復存者衰老殊不能堪也念公乍還家事能不費力否通川僻郡士人稀少賴存諸任可以往還也寒陰未

鮮惟加愛是望

龜山先生全集卷第二十三

啓

謝太守

仕祿養親，素非求進；分曹莅職，自愧無堪。方虞譴責之難逃，豈意褒稱之偶及？寵榮過分，循省若驚。竊以郡縣王室之屏藩，而守令士民之師帥。尊卑雖異，任責則同。一非其人，衆受其弊。頃玆百里之重寄，實惟萬室之具瞻。軍國調度之須，所取非一；兵民什一之會，其職匪輕。嚴之以法，則衆離而不親；撫之以寬，則事弛而不集。苟非豈弟之君子，曷庇困窮之小民？古謂其難今尤慎擇矧夫極治之盛際固多間出之英材刃發新硎莫匪庖丁之手人胥易使率皆言偃之風宜得異能稱此公舉如某者駑駘下乘樗櫟散材自惟啣轡之難驅敢希匠石之或顧徒守過庭之訓恥為趨世之謀一瓢屢空方慕顏淵之好學三釜而樂又懷曾子之及親雖未信辭仕固賢者之宜而公養為貧亦聖人不免猥從科舉誤玷縉紳庶乎餼廩之微足為晨夕之奉伶仃一病流落八年氣形茲衰神志俱耗身同野鹿甘自屏於樵漁衣若懸鶉復何心於軒冕方將投蛙足於缺甃寄鷦巢乎一枝俯仰

□身優游卒歲徜徉塵垢之外游泳詩書之淵與世
相忘脫桁楊之接摺放形自適近魚鳥之沈浮奈何
糟糠無以畜妻孥甘旨不足事父母年豐病之冬暖
號寒在人情難以恬安於人子尤當隱惻遂參選調
補吏椽曹來游會府之英躔輒去衡門之陋處惟思
竊食何踏進身欲為轍鮒之呼逆知無濟忍效冶金
之躍自取不祥故雖幸餘光之可依莫敢餙鄙辭而
上黷豈圖異寵遽及非材此蓋伏遇某官擴大度以
兼容推至仁而博施智雖周物能不病人未嘗片善
之或遺致此甚愚而不棄受恩有地圖報無階敢不

允蹈聖言雖不忘於舊學益勤職守庶無負於巳知

謝楚大夫

右某啓伏蒙知府大人先生保舉某堪充職官任使者仕祿養親素非求進分曹莅職自愧無堪方虞譴責之難逃豈意薦論之偶及被恩優渥撫巳兢慙竊聞以身徇道者君子之格言事君以人者上臣之明義懷瑾握瑜欲有待也雖鼓刀自溷猶不為辱尊德樂義欲有求也雖忘勢自竭乃其當然永惟上下之相資莫知貴賤之有間世道淪喪風猷浸隳居下者以難仕為汙謀在上者以旁招為末事公論一廢私

詞肆行待價而沽顧連城而莫售無因而至雖照乘
而難前苟非先容孰匪棄物如某者賦材疎拙稟性
頑愚徒聞師友之緒言妄窺聖賢之遺學麞頭鼠目
之賤何意求官牛溲馬勃之汙寧堪待用已絕凌雲
之望方圖祭竈之安歆為轍鮒之呼逆知無濟忍效
冶金之躍自取不祥豈謂未遑竿牘之修遽玷齒牙
之論終懷直道竊希東國之臣已附青雲不作西陵
之餓此蓋伏遇某官至公處己內恕及人以教育英
材為樂而務在兼容以推轂士類為任而常思博取
致茲庸妄亦與甄收敢不勉自激昂仰懷知遇無忘

舊學益勵前修駕乘何能幸嘗騄於驥尾天池可到終有待於鵬風遇此以還未知所措

謝張朝散

顯膺宸命榮領郡符方懷慶問之未遑豈意緘封之先辱恭惟某官賦材忠實蘊器純深更試貳正於名藩藹休聲於輿論果茲遴柬付以承宣雲翼怒飛匪泠風之能去負霜蹄一躍騁千里以誠宜敢希得士之名姑逭蔽賢之實過蒙歸德益用愧懷

謝馬通直

伏奉綸言宗升朝籍恭惟某官懿文外炳碩德中純

[illegible]章之靈人皆知其美瑞珪璋之質初無事於先容未遑竿牘之脩遽辱緘題之及褒榮過分悚愧無涯

賀林舍人

光膺宸綍出總侯藩伏惟某官學際天人識洞今古摛辭禁掖追三代之純深懷綬故鄉聳一時之榮觀值此艱難之際正須經濟之材延閣清資寧復漂纓於外寄寵章顯服貯聽鳴玉以西歸用寬北顧之憂共濟中興之業親仁有素覿德未期

代人謝呂漕

竊食聖時空坐縻於餼廩課功歲杪曾莫效於涓埃

側身方俟擯歸絶意敢希論薦寵榮非分喜愧采幷竊念某職昧趨時仕惟爲祿遇事直前而動多召怨操行彌篤而人猶見疑仰首一鳴三盡黔驢之技窮年無補終爲智叟之非永惟玉瑩之無疵或恐毌青之能變每私循省徒積憂虞豈圖君子之弁容輙取衆人之共棄此蓋伏遇某官至公處己内恕及人群言並聽而罔惑於讒邪小善必錄而不遺於疏遠致茲庸陋亦與甄收敢不勉蹈前修益堅素守鷦鷯何慕深林不過於一枝駑馬雖疲十駕尚期於千里庶從之驅策以報私恩

代人謝解

千璧前陳，碩何求於燕石；秦醫垂畜，儀有取於豬苓。名分知榮，撫躬增愧。竊以難進者君子之義，易失者聖人之時。環轍載贄，將有行也，雖急仕猶不以為汙；操築鼓刀，將有待也，雖自溷或不以為辱。未惟出處之大致，固宜義命之兩全。貴乎中行，孰可已甚。況值離明之兩作，仍丁泰吉之大來。設科目以振拔滯淹，舉絓行以網羅遺逸。朝以進賢為急務，士知不穀為可羞。故韜光晦迹者棄岩穴之居，而懷瑾握瑜者有廊廟之志。顧茲千載之興運，是為希世之罕逢。凡有見聞孰不奮勵如某者學惟為己才不逮人徒襲父兄之餘風不墜箕裘之素業蚤驅夷路自慙跛鼈之難前篤信所行終類愚公而見笑一竊鄉薦旋黜春闈分甘自棄於樵漁意復何祈於軒冕再攘之臂忘搏虎之可虞屢北之兵徒聞風而猶駭孰謂已歸之氣俄伸久屈之中退省厥由所來有自此蓋伏遇某官至公處己內恕及人以教育英材為樂而務在燕容以推轂士類為任而常思博取致茲庸妄亦與甄收敢不勉自激昂仰懷知遇益勤素學愈勵前鋒駑乘何能幸嘗驂於驥尾天池可到終有待於鵬風過

此以還未知所措

代虔守謝李運使

被命吳東幸叨聯屬領麾江左獲庇恩私顧惟無堪曷稱公舉伏念某蚕曆聖眷屢握使符才不適時愧無實用學雖篤志徒守空文誤蒙彊敏之稱復玷該通之譽榮踰所望愧溢于心此蓋伏遇某官大德并容至仁博施不忘敬故益敦末俗之偷于以包荒或副中行之尚致兹庸陋特與甄收敢不誓竭孤忠永堅素守

代賀蘇左丞

伏審光奉制書進持綱轄伏惟慶慰恭惟某官道隆淵懿藏經綸誠明自格於元龜器識允符於三鑑從容常伯之任登延內相之榮序秩群才董正六官之治宣明密命追還三代之文來膺側席之求大慰斯民之望皇猷帝業允賴於遠圖黼黻龍章行膺於異數頃惟庸陋久荷知憐空懷慶忭之私但覬光塵之末瞻仰之至敷述奚周

代謝筠守

伏審光膺綸命分守侯邦伏惟慶慰恭惟某官稟器宏深迪心明哲蚤承宣於屏寄行踐履於要途未遑

竿牘之修以結鄰封之好遽承緘貺益佩謙冲

代與檢法

茂膺綸命出佐刑臺伏惟歡慶恭惟其官秉纛端方廸心明允誠能格物初無可擇之言恕以及人終見治平之效俄聞風而增悚慶覿德之有期瞻詠之懷敷宣曷究

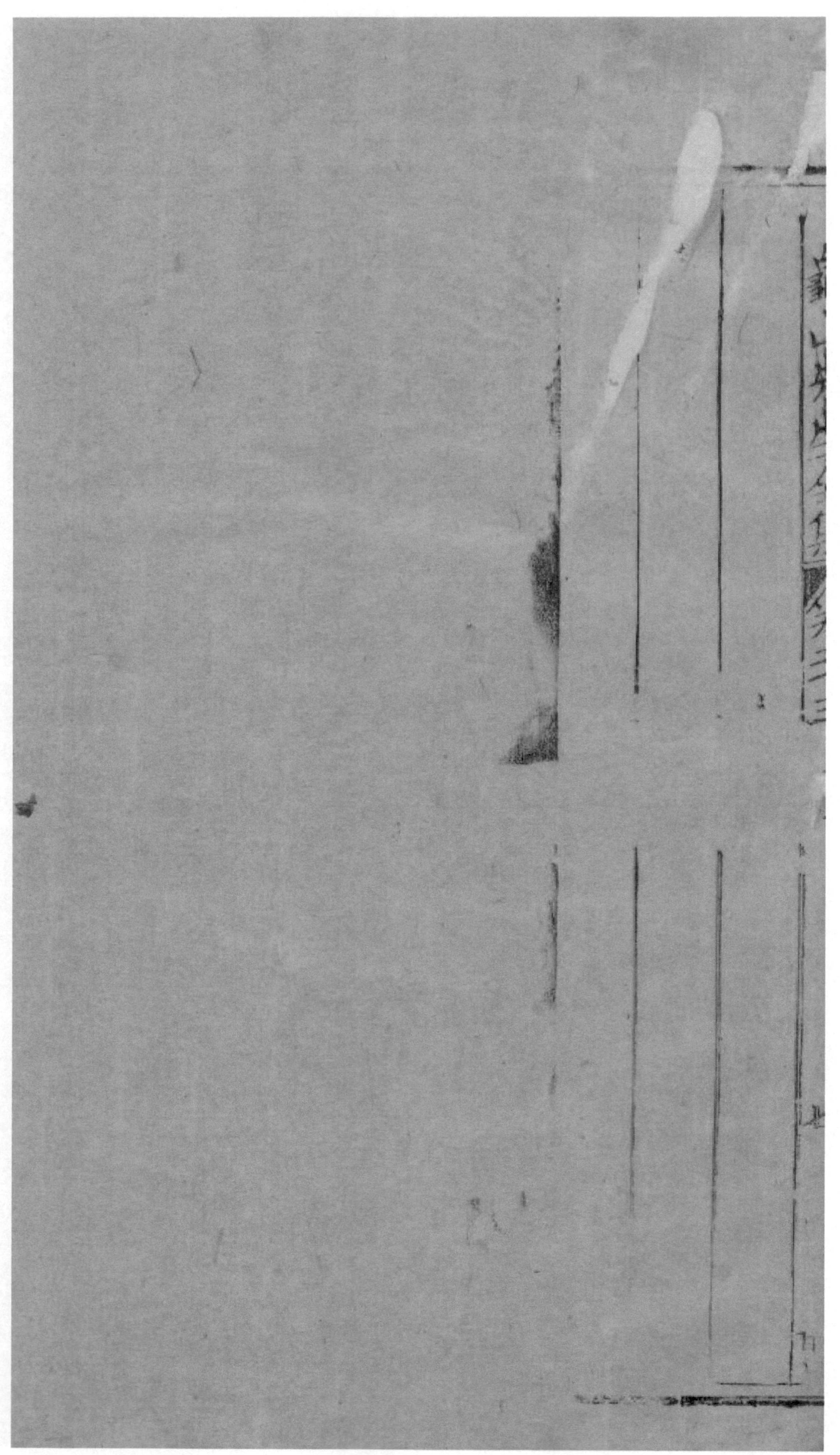

龜山先生全集卷第二十四

記

求仁齋記

元祐戊辰秋七月予至自京師友人黃君過予問勞苦之暇因謂予曰吾於縣北墉之隅西山之麓得廢址焉薙草蕪石闢地爲黌舍有講誦之堂燕休寢息之廬宥窖之位無一不完將聚族親子弟教之雖鄉人願至者不拒也予盍爲我名之盡其義以告居數日予相與一臨之其地高明亢爽不臨康莊之衢負城西南諸峰首尾盤屬聯亘十餘里皆隱然得之几

席之上而俯仰之際如在深山大澤丘荒之間埃壒之表此真學者之所居也予緋徊久之乃昌言誦之曰吾邑距中州數千里之遠舟車不通縉紳先生與一時懷德秉義之主足以表世範俗者皆無自而至士之欲為君子者何所取資耶故後生晚學無所窺覯游談戲謔不聞箴規切磨之益同則嬉狎異則相訾至悖義踰禮而不悔雖英材異禀間時有之亦不過誦六藝之文百家之編為章句之儒釣聲利而已一日銜鬻而不售則反視乎昔所有皆陳腐剽剟無所用之往往轉而易業者十嘗六七此與廛夫販父

積百貨坐市區逐什一之利流徙無常者何異耶予嘗悼之又竊自悲其力之不足欲逃此而未能思得吾黨之士柔不溺于隨剛不憤于戀者相進於道庶幾少激頹俗今吾子乃能經營於此以教學爲事是真有志者哉然予嘗謂古之學者求仁而已矣傳曰放於利而行多怨又曰求仁而得仁又何怨夫衒鬻而不售轉而易業者皆放於利而怨者也吾願以求仁名子之齋庶乎求之必得而無怨也雖然古之人所以求仁者不亦難乎哉孔子之徒問仁者多矣而孔子所以告之者豈一二言歟然而猶曰罕言豈不

以仁之道至矣而言之不能盡歟故凡孔子之所言者皆求仁之方也若夫仁則蓋未之嘗言是故其徒如由賜者雖曰升堂之士至於仁則終身莫之許也然則所謂求之難不其然歟學者試以吾言思之以究觀古之人所以求之之方將必有得矣

踵息菴記

通天下一氣耳合而生盡而死凡有心知血氣之類無物不然也知合之非來盡之非往則其生也漚浮其死也氷釋如晝夜之常無足悅戚者世之羨生者吐故納新熊經鳥伸欲以引年甚者鏖丹化金餌之

以祈不死厭常爲奇卒以喪者十常六七而不悟余頃自京師得元道之書閱之喜其言無益生之祥切謂行之其幾於道也及來毗陵聞道士嚴奉先得衛生之經夜卧無出入息其庶乎元道兀然自止者矣造其室而問焉聽其言殆將有意乎莊生所謂息以踵者也郡人張君諭捐金結茆於其宫東廡之隅以居之百須之物無一不具幽閒深靚不聞足音蓋欲使之離世絶俗直趨乎至道之域也周君伯忱與余游致奉先之意請名於余故以踵息名之所以勵其志卒祈於有成也張君爲之營地勤劇若此豈亦有

意於斯乎

沙縣陳諫議祠堂記

建中之初右司諫陳公瑩中論蔡氏弟兄忤旨竄嶺表公之南遷不以其罪舉天下憤惜之無敢言者名隸黨籍除二十年轉徙道途無寧歲卒以窮死初京爲翰林學士承　旨以辭命爲職潛姦隱慝未形於事雖位通顯世之人蓋莫知其姦也公於是時力言京不可用用之必爲腹心患　宗社安危未可知也聞之者往往甚其言以爲京之惡不至是也而陰結嬖倖竊國柄矯誣先烈怙寵妄作爲　宗社禍悉如

公言於是人始服公為著龜也昔王文公安石以學行負時望　神宗皇帝引參大政士大夫相慶於朝謂三代之治可以立致呂公獻可獨以為不然抗章論之雖文正溫公猶以為大過欲獻可姑緩之未幾多變更　祖宗故事以興利開邊為先務諸公雖悉力交攻之莫能奪其流毒至于今未殄也故溫公每謂人曰獻可之先見余所不及心誠服之余以謂公之於京言之於未用之前獻可於文公論之於既用之後則公之先見於獻可有先矣二公之言蓋異車而同轍也靖康中　朝廷欲盡復祖宗之舊而一時

故老無存者　天子念公之忠追贈諫議大夫官其四子所以寵嘉之甚厚此非私於陳氏盖將以風勵臣節也而公之邑人乃相與即縣庠爲祠常以奉公祀堂成屬余爲記余曰公之德業足以澤世垂後雖不用於時而其流風餘韻猶足以立懦夫之志盖天下士非一鄉可得而擅也然居今之世流離擯斥其施不廣而邑之士大夫誦其言遵其道佽鄭秉義繼其風烈時有人焉則功施於其鄉爲多矣古者有功於人則祀之則公之祠當載之祀典以遺來世是宜書乃爲之書

南劍州陳諫議祠堂記

延平舊有學負城之隅抗西山之巔士之肄業於其中者無慮室建炎四年為賊所焚知州事劉矦子翼視舊址險而隘故遷之城南就爽塏也方經始未及成而去今太守周侯綰之來也市材鳩工以終其事教授石君公徹實董其役二人相與協力成之又即其西偏立諫議陳公瑩中之祠歲時從祀焉堂成屬予為記余謂周侯之政知所先務矣謹庠序之教追祀前哲以矜式士類非有尊德樂義之誠心無以及此也世之為吏者舉以治文書理民訟為急而不知

使無訟者有在於是也可無述乎乃究其本而爲之言曰自孟子沒聖學失傳六經微言晦蝕於異論宋興剗類夷荒養息百有餘年名儒繼出至嘉祐治平間文物之盛未有前比也熙寧更新法度以經術造士世儒妄以私智之鑿分文析字而枝辭蔓說亂經矣假六藝之文以濟其申商之術一有戾已則流放竄殛之刑隨其後雖世臣元老槩以四凶之罪目之天下靡然無敢忤其意者故佞諛成風而正論熄矣士氣不振積至于崇宣述其事而流毒滋甚焉當是時横流稽天而瑩中以身折之幾滅頂而不悔剛太

之氣充塞宇宙先知之明爲蓍龜非命世之才而能自拔於流俗者未之有也寘之學校使後生晚進日覩其遺像宜有觀風而興起者異時羽儀天朝使姦諛屏息將必有人矣至是邦人思詠周侯之遺德無窮已也

浦城縣重建文宣王殿記

周道衰陵夷至于戰國干戈日尋帝王之迹熄而典章文物淪喪無遺矣孔子於是時窮爲旅人無所用於世退而删詩書定禮樂而先王所以爲治之道煥然著在方冊使後世有考焉論其功謂賢於堯舜豈

虛語哉故廟食百世雖天子之尊北面而奉之爲道之存非以是爲榮觀也國家慶曆中詔天下郡縣立學是時陳公先生襄以經術德義爲一時儒宗適主縣簿孜孜以教育人才爲務乃與其令謀即縣之東南隅築宮於其上以延後學邑人徐翹營殿於其中不修不陋故三舍行堂廡一新而殿得以獨存至建炎初爲賊火所焚春秋無以奉祀事紹興三年冬縣令吳棠來視事之始歷告諸神祠獨吾聖師無贍依所喟然嘆曰今老佛之徒猶知嚴事其師而吾徒獨不知之耶於是慨然有建立之意不數月召邑之諸

生劉壽吳元賓吳震全疇相與董其事經始於四年中夏落成於秋七月良材堅甓增於前用人之力與天塑繪之工其費無慮百餘萬人樂輸之不為厲既而邑之士蕭顗以吳後之書走吏詣予求文以為記予為之言曰學之廢久矣詖淫邪遁之辭盈天下士溺於所習冥行而已　嘗考之周官司徒以知仁聖義忠和六德教萬民夫仁與聖孔子不敢居而先王以是教萬民者蓋天地萬物一性耳無聖賢知愚之異故顏子曰舜何人也予何人也有為者亦若是孟子亦曰人皆可以為堯舜故學者必以聖人為師猶

之射者棲鵠於侯以為的惟巧力具然後能中巧而不至至而不中蓋有之矣然不為之的則莫知為中否也司徒以仁聖教民蓋亦棲鵠之義與之為的耳然仁之為仁聖之為聖必有在矣學者未知仁聖之所以為仁聖雖有學猶虛罷也世之論者以謂仁者愛而已矣蓋未嘗究觀孔子之言耳知孔子之言仁則聖亦從而可知矣夫浦城之為邑蓋東南賢士大夫之材藪英材異禀出而擢高科登膴仕進秉鈞軸者世有人焉吳侯用心於此非徒飾其祠以誇耀之也蓋欲邑之士肄業於其中者溯其文茹其實心得

而身行之以趨聖賢之域然後爲學之成也故弁以告之

楊道真君洞記

縣城之地隅封山之麓有洞焉聞之長老言以爲楊道真君之所居也楊道真君於傳記無傳而其洞於圖經弗載是非真僞莫得而考也元祐五年歲大旱鄉人請真君禱雨輒應予竊異之欲往游焉而未暇越二年壬申夏四月因與二三昆弟躡屩擔簦翛然而往行近五里餘而頹崖斷塹荒翳險絶初若不可投步捫蘿引蔓僅能至其上而呀然一室如神刹鬼

刻其中窈然莫能窺其遠近也洞之北户有泉汪洋汗漫意其能宅靈氣而興雲雨者有在兹乎予彷彿久之喟然嘆曰今夫通邑大都當舟輿之會達官顯人纓緌相屬於其間一有異境則登覽賦咏朝出乎筆舌之端而暮傳四方矣過情之文雕繪百態詭異而浮實者十常六七故聞風者每以未至爲恨也至於窮山絶俗僻陋之邦縉紳游士之所不至雖有瓌奇絶特之觀往往爲幽潛之士遯世而弗耀者擅而有之是人也雖欲窺尋其聲光且不可得尚能顯其所寓哉於戲物之顯晦其不在人乎雖然顯晦者誠

在人也而天地之美隱秀含媚於荒丘榛莽之間常自如也夫豈有加損哉然則斯洞之無聞未足以槩吾心也姑書其歲月以爲記

樂全亭記

君子以德爲輿以忠信爲輗軏以志爲御以古聖賢爲前驅以同方合志者爲驂乘乃相與馳騁乎仁義之途翺翔乎詩書之府涉獵乎百家之園圃而後税駕乎至道之墟而止焉此天下之至樂而衆人不與也乘飛軨之車御遺風之駟鄭女曼姬扶與挾輈發軔乎康衢梶輪于椒丘御鶻列嵒絲管間作凡可以

悦耳目而娱心意者無不具焉此衆人之至樂而君子不爲也是二樂也不相爲謀各適其適焉而醇醨異味矣余嘗讀退之圬者傳見其所稱竊謂盛衰倚伏之理宜若是比壯宦學游四方究觀近世公侯戚里割脂田沐邑爲陂池臺榭佳花異卉奇禽馴獸充牣其中盡瓌偉絶特之觀興廢相尋不一二世卒如圬者所稱可勝計耶於是乃知夫酣豢富貴之佚欲而不知君子之樂者其患必至此也古之人以燕安爲酖毒而謂臺池鳥獸惟賢者然後能樂豈虚語哉里人余君作亭於其屋之東偏種花植竹以資歲時

燕游之好又闢其後爲堂聚先世所藏之書以遺其子孫使其登是堂也横六藝之英茹道德之實知慕夫君子之樂而出游是亭也能不爲玩物喪志則内外之樂全矣故以樂全名其亭於戲勉之哉是將長有此樂也余君子之妻黨也屢踵吾門求文以爲記予嘉其志知不獨鶩乎衆人之樂也於是乎書

虎頭巖記

縣城之東南有虎頭巖者昔顯德間邑人設像於其中冶金鏤木爲鐘皷以警朝昏旁有隙地可以種藝稼穡僧之居此者足以衣食焉自熈寧以来旁之地

爲漁利者所奪而僧之居是巖者無以濟朝夕遂棄而之他其後亦莫有守者故巖之左右前後薪木者不禁翦伐陵踐竹木無有遺蘖於是巖之醜形如張口待哺聳攄于東南之隅邑人而求暇葺熈寧丁巳封内有警市人惶駭之無一日安其居縣令吴侯来始爲之還定安集之而民復得其所及賊平閭巷父老用昔者之言以謂是禍也斯巖寔是召之遂聞于公請縣之僧可淳者使葺是堂於巖腹刻木爲像以鎮之所謂均慶禪祖是也復作亭于巖股以待往来之遊觀者落成而僧可淳者求予文以誌之乃爲之言

曰物之廢興無巨細皆有數焉非人力之所能為也窮山川聚土石頑然無關於利害而謂能致禍福於百里之民豈其然耶蓋人之所欲完以葺于是者數寔然也不然則如之何而人樂為之也且盜賊之興其漸 故非一日矣肆凶怙力民慢令侮禁相視以成俗其御之也在得其術而已使後之長是邑者皆如吳侯則彼之肆凶怙力者方將遁形隱跡之不暇尚安能病民哉使後之人無術以御之則盜賊之興有在矣斯巖者何與焉以步仞之虛而層軒疊徑雲烟杳靄之間幽崖塞蹬乃若繪畫遠至于井邑之繁

谿山之秀環目而盡得之則又足為游觀之美矣故予因書其廢興之由以示往來者使觀之無惑焉

孝思堂記

紹聖元年龍圖謝公以疾薨于位越明年其子以柩歸葬于建安又明年襄事乃作孝思之堂屬予為記予為之言曰孝之德其可謂至德也已雖小夫賤隸蕘童牧叟下逮窮髮荒蜒無知之民皆知其為美稱也一被之以不孝之名則心踧踖而顏忸怩若夫夷考其實則學士大夫誦六藝之文講先生仁義之說有病其難者然則孝之德其可謂至德矣乎古之仁

人孝子豈他求哉亦不過乎物而已所謂物者凡受於吾親者是也故身者親之枝親者身之本其體一也流僻滌濫之音奇邪慢戲之物日褻於耳目而視聽言動一失其則焉皆過乎物也過乎物是不敬其身也不敬其身是不敬其親也可不慎歟故君子居處必莊事君必忠蒞官必敬朋友必信戰陣必勇而後足以成親之名反是皆忘親者也又惡得爲孝乎惟公以布衣起閭閻數千里之外隱然爲世名臣其殊功異德足以勵世範俗銘彛鼎而鏤金石爲邦家之光況其所以訓迪子孫者哉今其孚乃不忘乎孝

思是能承公之訓將有志乎古之所謂孝也吾是以知謝氏之後能不墜其先烈又光大之其有日矣故余承命不辭而喜為天下道也於是乎書

歸鴻閣記

縣宇西北墉之隅有廢址焉久蕪不治畜豕之所游鼪狌狸鼠之所家荒堙蕪沒蔚為穢墟予一日曳杖躡屐徜徉乎其下周覽左右灑然異之披蓁薙蔓而嘉木茂卉連山窮谷挺芳含媚隱然四出乃取縣廨之棄材為閣於其上既成肅賓而落之相與揚眉扺目而望微雲洞開一目千里於是以歸鴻名之蓋取

昔人所謂目送歸鴻之義也客有曰異乎哉子之名閣也始子以飛鷗名其亭殆將有志乎蓬蒿之間也今又以歸鴻名其閣爾之中無乃觳觫而受變於物歟予謷然不荅隱几而卧俄而曰噫嘻居吾語汝今人履步仞之丘居環堵之室雖有離朱之明視不過尋常踰閾之外則不能矚及夫登泰山之崖游崑崙之墟下臨虞淵觀日之出入則六合爲小矣夫閣非有加損也而所寓不同見亦隨異焉其所以見者雖晉朡不亡也物亦惡能變哉且鴻之冥冥乘飛雲御泠風上闚青天子其以是爲高乎鷗之騰躍而上不

過數仍而下子其以是爲卑乎是未知各適其適也物各適其適則天地之演猶蓬蒿也惡覩其異哉盖天地之間一氣而萬形一息而成古今達觀之士會物於一已通晝夜而知則雖死生之變無怛矣又況其凡乎惟世之人舜智自私而其明不足以窺天人之藴故物我異觀而肝膽之間楚越矣又惡足與語天理哉子方疑我之觳觫而受變于亦陋子之自措於見聞也客於是規規然自失忘其所以與唯唯而退子頃謂二三子誌之鑱諸石

乾明寺修造記

建中靖國元年歲在辛巳余以漕檄二令于東陽有大比丘惠康以書抵余曰乾明之爲禪寺更四代而康始繼之棲佛之廬未完者十二而濡風剝二閣蔽其前尤如懸疣之在膚而翳之在目也欲完而遷之久矣計其瓌材堅甓之用費累鉅萬殆非毫聚銖積所能爲也郡人吳某乃捐金千緡助成吾志竊用力之勤而施財之厚皆不可以無述也公盍爲我記之是年冬余在東陽罷歸過其門而環廡翼然册楹曲檻雕欒鏤礎渥彩焜燿如入化人之宫峙二閣于東西序虚明溪靚豁如疣抉而翳去也乃喟然嘆曰吾州

當水陸之衝舟輿之會四方游士道閩中而過者蓋艫相銜而輻扐輳矣而又山水之勝清明儒麗為東南之最宜有臺池園囿魁殊詭異以供賓客燕嬉之好然而地瘠而貧故其民勤約而敦本嗇用而寡求凡居室服器趣完而已皆不足為美觀也比年以來歲屢不登編戶齊民方且以艱食為虞而康師乃欲於薦饑之時漓勤約之俗厚施以成其事其中必有足以感於人者是可嘆也已乃為之書

白雲菴記

參君無隅一日過余而告曰先君得吉卜於孔山之

陽即其兆域之隅結屋數楹雜蒔松桂間以奇花異
卉以爲歲時展省少休之地未幾而先君殁既襄事
乃因其舊而廣之作慕堂以奉其像寘佛其旁命僧
正持居之又以春暉名其軒淸風名其亭以示報親
諂諛之義而總名之曰白雲菴盖取狄梁公望雲思
親之意也頎得一言識之可乎予告之曰君方筮仕
之初而預有去親之憂用狄梁公之言名其菴其志
遠矣然狄公當嬖臣孽后窮凶之時羅織之獄起而
毒流天下亡身赤族者背項相望矣乃欲以一葦之
微障江河之流魯縞之薄當燕弧荆幹之勁豈易勝

哉公獨見義必為梃然不可回撓其忠義貫白日矣故雖一言之善亦足以垂無窮蓋其始終大節有以聳動觀聽故也使公之堅白不足而淄磷於世變則雖頃步不忘其親累千百言亦惡足以示後世哉君能追用其言而思其人慕其大節以自立則異時有望雲而思親將必猶今之視昔也君其勉之

含雲寺真祠遺像記

師諱慶真姓蕭氏順興大幹人年十四棄家為浮屠十九受其戒游江西得法於溈潭月禪師已而遍叅諸方而後歸老焉建中靖國元年秋七月晦晨興以

偈示衆更衣坐逝越翼日用荼毗法得五色舍利以其骨葬於其寺之東南隅北菴之原以所得舍利爲塑像奉事之政和乙未予適自毗陵歸故立其徒惟覺請予求文爲記予與其師游非一日矣是時予尚幼方肄業爲科舉之文挾策讀書窮日夜之力爲進取計蓋未知有亡羊之憂也師每曳錫過堂下釋椎鑿而議之數矣予亦莫之省也然見其神宇泰定不以世累攖其心雖未能盡知其所有亦竊意其非凡僧也比予年加漸長知爲學之方聽其言考其所知益信其賢而予已出仕矣始恨不得相從復如昔日

也今其巳矣過其廬升其堂蕭然無復有斯人也愴然興歎者久之乃為之書

資聖院記

將溪據閩之上游地險而隘以崇山大陵為郭郛驚湍激流為溝池魚稻果蔬與凡資身之具無所仰而足故五季之亂人樂居焉負城之北有寺曰橋菴者偽唐保大初僧師詰避地結茅之所也乾祐三年始以資聖名之迄今百六十有六年矣皇祐庚辰僧無我東徙不百步面東衢以便往來未克完而無我卒五十餘年無繼之者上漏旁穿風雨弗庇崇寧四

年始命僧永璘尸之用日者之言復其故址既成不遠千里以書求文為記政和乙未予還自毗陵居數日過其門而寢廡殿宇皆完潔無一不可喜者又作彌陀觀音勢至像而嚴飾之望之粹然金碧焜耀乃喟然歎曰天下之事廢興豈不以人哉此有國有家者之所同也予去松楸十有四年始一歸而昔之蘗者今拱矣牛羊斧斤相尋於其上而折泄者不可勝計閭巷亦蕭然非昔日也為之愴然不能自釋者累日獨是寺煥然一新豈非居得其人哉私自念丘墓之寄舍此人其誰宜故於其堂之西偏治一室焉寘

先人之遺像以爲歲時展省之地而璘師不予禦也異時松楸折泄之患庶幾其免乎甚矣夫吾衰久矣周流四方欲營菟裘而無易於吾之故丘者豈特昔人樂居之哉行當庇身先人之廬而歸老焉幅巾扶屨徜徉龜山之陰與田夫野老相從於此枕石漱流竊自比於舞雩之下將有日矣

養浩堂記

建城之東有寺曰開元負山之阿下臨清流之淵林壑茂密望之隱然若鼇戴而出也吾友翁行簡昔嘗燕休其中而以養浩名其所居之堂屬予爲記予嘗

論養氣之道以謂體心氣神人之所同也四者合於無則天地與我其一乎夫天地其體也氣體之充也養而無害則塞乎天地之間理固然矣古之人負恭鼓刀而不為污任天下之重而不為泰臨之以斧鉞而不吾惴豈其心獨有異於人乎哉所養素定故耳衎簡自少知名於時而流落場屋晚而後中第人固意其頹墮而不自振也而其衎益修氣益完文日益工莅官臨政無細大迎刃立解此其所養豈易量哉吾知其才必為世用也今見其甿矣異時推其所養而羽儀於朝必有可觀者焉故予承命不辭而喜為

之道也

婺州新城記

宣和三年盗發幇原蹂數州之地皆狼顧失守而婺女罹害尤甚天子惻然念之遴簡儒臣鎮撫茲土河南范公實被其選公至之日殘孽未殄四境之内鉦鼓之聲相聞環寇之師殆且數萬而轉輸餽餉取具焉夷傷之餘竄伏山谷還定安集無一不得其所越歲抄寇平百廢具興頑凶革心屏息聽命無敢復出爲惡者政成治定乃顧謂僚屬曰國家承五季之亂海内分裂擅彊兵負固而不服者地相屬也獨錢氏

撫有全吳首效臣順爲國屏翰垂二百年無東顧之
憂故城郭不修士卒不練一夫跳梁而六州爲之暴
骨蓋承平之久吏惰而不知戒故也則城郭之不完
其可忽諸於是因其舊而新之周十里基三丈面廣
三之一而高倍之濬隍而爲池陶甓以爲堞募七邑
之夫倍其庸直因以濟其艱食其費無慮數百萬而
一毫不取於民又載食與醪時往勞之故人樂於趨
事而忘其勤爲以工計之六萬一千七百有奇經始
於九月中戊告成於十有二月丁酉望之屹然山立
不可陵犯民吏懽忻鼓舞相與詣余而告曰昔之垝

垣廢址踐為通衢故關無譏宵行者無禁草竊姦宄得以自肆而人受其弊今吾民奠枕而居無異時之患寧可不知其所自耶願紀成績以昭示于後余嘗讀易至坎之彖曰天險不可升也地險山川丘陵也王公設險以守其國而後知先王為城郭溝池之固蓋本諸天地義理之不可無者故文武以天保以上治內采薇以下治外卒命南仲往城朔方以六月之詩考之文武所以治內外者其本末先後廢一不可也故出車廢則功力缺矣今婺女之政綱條紀律纖悉備具而又完其郭郛為邦人無窮之賴芳猷偉績

道配南仲是宜有紀也使後之人知本末先後之序

無廢前修豈曰小補之哉

龜山先生全集卷第二十四

里人黄數賢督刊

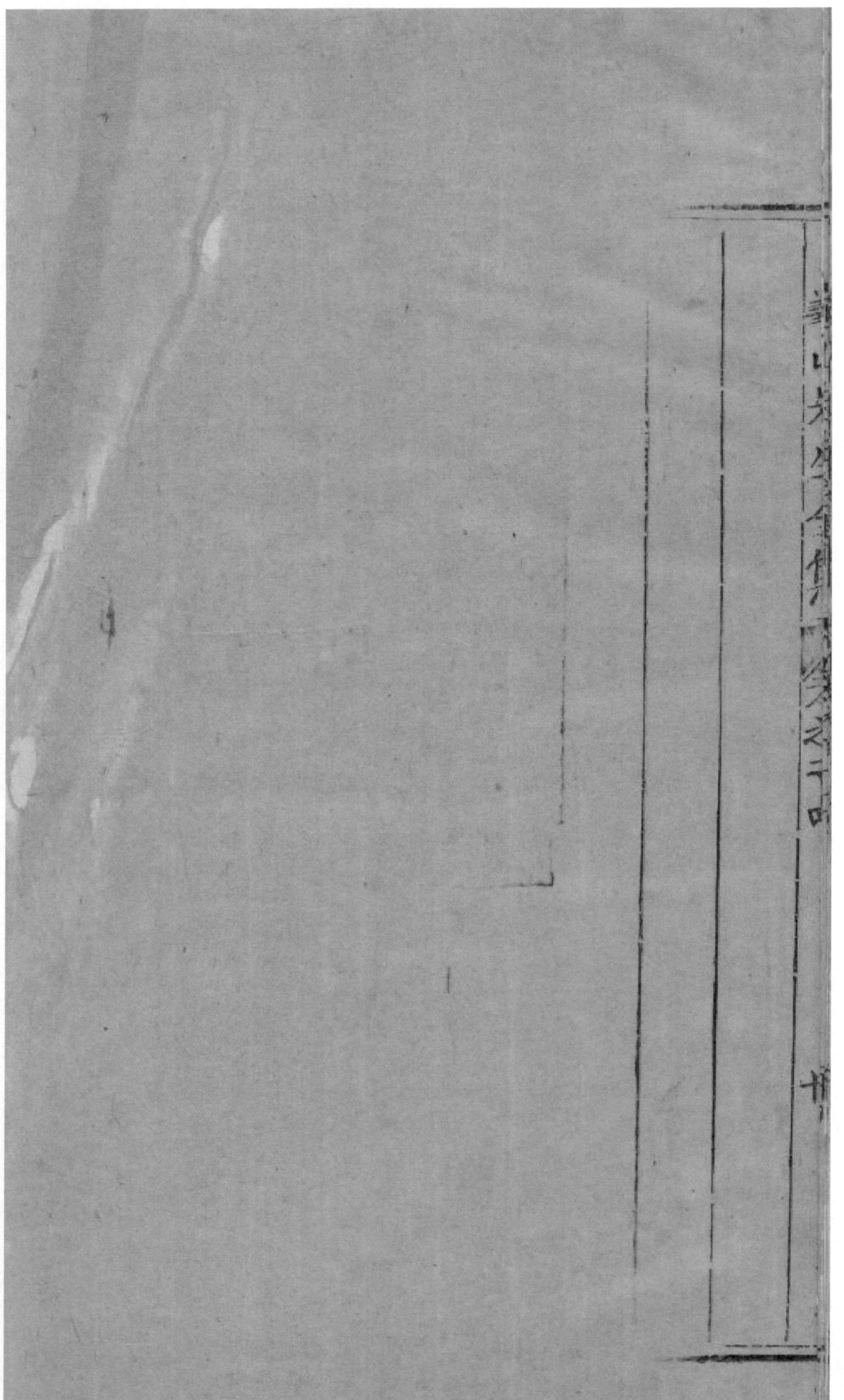

龜山先生全集卷第二十五

序

送吳子正序

六經先聖所以明天道正人倫致治之成法也其文自堯舜歷夏周之季興衰治亂成敗之跡捄敝通變因時損益之理皆煥然可考網羅天地之大文理象器幽明之故死生終始之變莫不詳諭曲譬較然如數一二宜乎後世高明超卓之士一撫卷而盡得之也予竊恠唐虞之世六籍未具士於斯時非有誦記摽華綴文然後為學也而其蘊道懷德優入聖賢之

域者何多邪其達而位乎上則昌言嘉謨足以亮天工而成大業雖困窮在下而潜德隱行猶足以經世勵俗其芳猷美績又何其章章也自秦焚詩書坑術士六藝殘缺漢儒收拾補綴至建元之間文辭粲如也若賈誼董仲舒司馬遷相如楊雄之徒繼武而出雄文大筆馳騁古今沛然如決江漢浩無津涯後雖有作者未有能渉其波流也然賈誼明申韓仲舒陳灾異馬遷之多愛相如之浮侈皆未足與議惟楊雄爲庶幾於道然尚恨其有未盡者積至于唐文籍之備蓋十百前古元和之間韓栁輩出咸以古文名天

下然其論著不詭於聖人蓋寡矣自漢迄唐千餘歲而上之名能文者無過是數人及考其所至卒未有能唱明道學窺聖人閫奥如古人者然則古之時六籍未具不害其善學後世文籍雖多亡益於得也孔子曰予非多學而識之予一以貫之豈不信矣哉武陽吳子正余之畏友也博聞強識於諸子百氏之書無所不究循是而進益求古人所謂卓約者而守之庶乎其至矣區區於漢唐之士以多文自富務爲辭章以驚駭末俗非善學也夫贈言爲別以相規切蓋古朋友之義也故於子正之行輙書以爲贈

與陳傳道序

予嘗謂學者視聖人其猶射之於正鵠乎雖巧力所及有中否遠近之不齊然未有不志乎正鵠而可以言射者也士之去聖人或相倍蓰或相什伯所造固不同然未有不志乎聖人而可以言學者也自孔子沒更戰國至秦遂焚書坑儒士六經中絕漢興雖稍稍復出然聖學之失其傳尚矣由漢至唐千餘歲士之慱聞強識者世豈無其人耶而卒未有能窺聖學之堂奧者豈當時之上卒無志於聖人耶而卓然自立者何其少也若唐之韓愈蓋嘗謂世無仲尼不當

在弟子之例則亦不可謂無其志也及觀其所學則不過乎欲雕章鏤句取名譽而止耳然則士固不患不知有志乎聖人而特患乎不知聖人之所以學也且古之聖人固宜莫如舜也舜之在側微與木石居鹿豕游因無異於溪山之野人也是豈以文采過人邪伏羲畫八卦書斷自堯典當是時六經蓋未有也而舜之所以聖者果何自哉夫舜聖人也生而知之無事乎學可也自聖人而下則未有可以不學者也舜之臣二十有二人相與共成帝業者是果皆生知邪不然其何以學也由是觀之六經雖聖人微言而

道之所存蓋有言不能傳者則經雖具猶不能諭人之弗達也然則聖之所以為聖賢之所以為賢其必有在矣雖然士之去聖遠矣舍六經亦何以求聖人哉要當精思之力行之超然默會於言意之表則庶乎有得矣若夫過其藩籬望其門墻足未踰閾而輙妄意其室中之藏則幸其中也難哉嗚呼今之士未嘗以此學也類皆分文折字屑屑於章句之末甚者廣記問工言辭欲誇多鬬靡而已是烏用學為哉彭城陳君傳道志學之士也其將之官也求予言故因為發之然未知陳君果以吾然為言邪其未以為然

幸明告我庶幾其有警也

復古編後序

孔子曰河出圖洛出書聖人則之則圖書之文天實爲之非人私智所能爲也秦人以吏爲師嚴是古之禁盡滅先王之籍漢興去秦未遠也科斗書世已無能知者况泯泯數千載之後乎楊子曰言心聲也書心畫也世傳小篆蓋李斯趙高之徒以反古逆亂之心爲之其淵源可知矣三家之學與古文奇字繆蟲之書並行於時雖去古浸遠而六書僅存焉先王之時書必同文故建官以達之所以一道德之歸立民

信也漢初猶有六體課試之科有司舉劾之令以同天下之習時變事異法亦隨廢故事作無正而人用其私古書幾亡矣可勝惜哉吳興張友譔中用意茲學著復古編三十年餘矣而其書始成形声近似而用也不同盖眇忽之間耳其辯析釐正皆有稽據後之有志於古者必有取於斯也政和之初余居毗陵譔中以其書示余求文以為序余嘉其用力之勤而有補於字書也故為之說以附于其後譔中善篆用筆有古意當與李陽冰徐常侍並驅爭先云

書義序

古者左史記言右史記動書者記言之史也上自唐虞下迄于周更千有餘年聖賢之君繼作其流風善政可傳於後世者具載于百篇之書今其存者五十有九篇乎竊以一言蔽之曰中而已矣堯之咨舜曰天之曆數在爾躬允執其中四海困窮天祿永終舜亦以命禹夫三聖相授蓋一道也貴為天子而以天下與人窮為匹夫而受人之天下其相與授受之際豈不重哉而所言止此仲虺之誥稱湯曰建中于民箕子為武王陳洪範曰皇建其有極然則帝之所以為帝王之所以為王率此道也乎故以一言蔽之曰

中而已矣夫所謂中者豈執一之謂哉亦貴乎時中也時中者當其可之謂也堯授舜舜授禹受而不為泰湯放桀武王伐紂取而不為貪以至為臣而放其君非簒也為弟而誅其兄非逆也書之所載大倫大要不越是數者以其事觀之豈不異哉聖人安為之而不疑者蓋當其可也是堯典之書為讓舜而作而其名謂之典言大常也蓋苟當其可雖以天下與人猶為常而已後世昧執中之權而不知時措之宜故狥名失實流而為子噲之讓白公之爭自取絕滅者有之矣至或臨之以兵而為忠小不可忍而為仁皆

失是也又烏足與論聖人之中道哉國家開設學校建師儒之官蓋將講明先王之道以善天下非徒為浮文以誇耀之也以予之昏懦不肖豈敢自謂足以充其任哉姑誦所聞以行其職耳然聖言之奧蓋有言不能論而意不能致者也諸君其慎思之超然默會於言意之表則庶乎有得矣

論語義序

學者之視聖人其猶射之於正鵠乎雖巧力所及有遠近中否之不齊然未有不志乎正鵠而可以言射也士之去聖人或相倍蓰或相什百所造固不同然

未有不志乎聖人而可以言學也道歷千有餘年百家之言盈天下學者將安取正乎質諸聖人而已矣夫論語之書孔子所以告其門人群弟子所以學於孔子者也聖學之傳其不在茲乎然而其言近其指遠世儒以其近也易之以為童子之習而莫之究入德之途背而去之如在荒墟之中曾無蘧廬以託宿焉況能宅天下之廣居乎善夫伯樂之論馬也以為天下馬不可以形容筋骨相視其所視而遺其所不視則馬之絕塵弭轍者無遺矣余於是得為學之方焉夫道之不可以言傳也審矣士欲窺聖學淵源而

區區於章句之末是猶以形容筋骨而求天下馬也其可得乎余於是書已於牝牡有不知者益多矣學者能視其所視而遺其所不視則於余言其庶矣乎

孟子義序

道之不行久矣自周衰以來處士横議儒墨異同之辯起而是非相勝非一日也孟子以睿知剛明之材出於道學陵夷之後非堯舜之道不陳於王前非孔子之行不行於身思以道援天下紹復先王之令緒其自任可謂至矣當是之時人不知存亡之理恃強威弱挾衆暴寡以謂久安之勢在此而已夫由其道

朱

則七十里而興不由其道雖天下而亡古今之常理也彼方恃強挾衆而驟以仁義之言誘之動逆其所順則不悟其理宜其迂闊而不足用也故轍環於齊魯晉宋之郊而道終不行亦其勢然矣雖膏澤不下於民其志不施於事業而世之賴其力亦豈鮮哉方世衰道微使儒墨之辯息而姦言詖行不得逞其志無君無父之教不行於天下而民免於禽獸則其為功非小矣古人謂孟子之功不在禹下亦足為知言也今其書具存其要皆言行之迹而已君子之言行無所不在道肆諸筆舌以傳後世皆所以明道也發

諸身措諸用捨皆所以行道也世之學者因言以求其理由行以觀其言則聖人之庭户可漸而進矣精思之力行之古之好學者皆然而亦不肖之所望於諸君也然聖道淵懿非淺識所知姑誦所聞未知中否諸君其擇之反以告焉是亦朋友之義也

中庸義序

伊川先生有言曰不偏之謂中不易之謂庸中者天下之正道庸者天下之定理中庸之書蓋聖學之淵源入德之大方也孔子殁群弟子離散分處諸侯之國雖各以其所聞授弟子然得其傳者蓋寡故子夏

之後有田子方子方之後爲莊周則其去本浸遠矣獨曾子之後子思孟子之傳得其宗子思之學中庸是也孟子之書其源盖出於此則道學之傳有是書而已世儒知尊孟氏而於中庸之書未有能盡心者則其源流可知矣予昔在元豐中嘗受學明道先生之門得其緒言一二未及卒業而先生殁繼又從伊川先生未幾先生復以罪流竄涪陵其立言垂訓爲世大禁學者膠口無敢復道政和四年夏六月予得請祠館退居餘杭杜門却掃因得温尋舊學悼斯文之將墜於是追述先生之遺訓著爲此書以其所聞

推其所未聞者雖未足盡傳先生之奧亦妄意其庶幾爲學者因吾言而求之於聖學之門墻庶乎可窺而入也

校正伊川易傳後序

伊川先生著易傳方草具未成書而先生得疾將啓手足以其書授門人張繹未幾而繹卒故其書散亡學者所傳無善本政和之初予友謝顯道得其書於京師示予而錯亂重複幾不可讀東歸待次毗陵乃始校定去其重複逾年而始完先生道學足爲世師而於易尤盡心焉其微辭妙旨蓋有書不能傳者

恨得其書晚不及親受旨訓其謬悮有疑而未達者姑存之以俟知者不敢輒加損也然學者讀其書得其意忘言可也

孫先生春秋傳序

孟子曰王者之迹熄而詩亡詩亡然後春秋作春秋之時詩非盡亡也黍離降而為國風則王者之詩亡王者之詩亡則雅不作而天下無政矣春秋所為作也故曰春秋天子之事也孔子沒更秦燔書微言中絶漢興諸儒守專門之學至相疵病至父子有異同之論況餘人乎然自昔通儒達識未有不由此而學

也熙寧之初崇儒尊經訓廸多士以謂三傳異同無所考正於六經尤為難知故春秋不列於學官非廢而不用也而士方急於科舉之習遂闕而不講可勝惜哉高郵中丞孫公先生以其饜飫盡發聖人之蘊著為成書以傳後學其微辭妙旨多先儒之所未言者啓其關鍵使學者以稽其門叩其戶以窺堂奧豈曰小補之哉余得而伏讀之不能釋手聞所未聞多矣而其孫廣伯乃以其書屬余為序以予之淺陋使得掛名經端自託不腐豈不幸矣哉然承命以來于茲有年矣而不敢措筆於其間竊謂先生以宗工鉅

儒世所師仰雖片言寸簡皆足以垂世傳後况其成書邪晚學後進妄以蕪辭汙鏝之非惟不足以為重乃退之所謂言之適有累於高明也故絶意不敢為而廣伯之請益至乃勉為之書其後庶乎如古之附驥尾者後之覽者矜其意而勿誚焉可也

鄒公侍郎奏議序

道鄉鄒公自少以道學行義知名於時其為人也和順積中而英華發外望之睟然見於顏面不問知其為仁人君子也其遇事接物猶虛舟然而堅挺之姿如精金良玉不可磨磷元符中用侍臣之薦擢居諫

逌從人望也是時哲宗皇帝厲精求治用賢如不及一見即以公輔期之嘉言入告無不從者適中宮虛位之久大臣欲自結於嬖暱之私為保位之謀迎意媚合不以正公力言之以為公議不允忤上旨姦諛之徒惡其害已相與協力擠之於陷穽之中又下石焉皆是也公之章留中不下乃偽為之加以詆誣不實之語如取他人之子而殺其母之類流布中外欲天下聞之真若有罪者其為謀深矣雖有端人正士無敢為公辯明者公既殁迨今二十餘年昔之姦朋凋喪略盡而正論行焉真偽是非始有在矣紹興三年其子柄集公

之奏議一編屬余爲叙余於公非一朝燕游之好也知公爲尤詳其事之本末皆余所親聞見者故詳著之以昭示來世庶乎使小人知君子之爲善終不可誣也公之將亡余適還自京師聞公疾革未及弛擔即馳往省之見其藹然僅存餘息然語不及私猶以國事爲問盖其平生以天下之重爲己任至垂絶而不忘也每追念及之愴然不能釋嗚呼世道凋喪久矣不復有斯人也

楊仲遠字序

楊君敦仁以其名求字於予曰願聞一言以進其不

及自惟不肖何足以副其求然義不敢默乃告之曰仁之道其至矣乎雖孔子猶罕言也況餘人乎然試嘗語子以吾所聞夫忠恕者仁之方也寬裕溫柔者仁之質也齊莊中正者仁之守也發強剛毅者仁之用無迷其方無毀其質慎守之力行之則仁其庶幾乎曾子曰士不可以不弘毅任重而道遠仁以爲己任不亦重乎死而後已不亦遠乎今吾子以敦仁自名可謂知任重矣予顧以仲遠配子之名蓋將期乎於遠也夫任重而不期於致遠中況自畫而已其於仁乎何有然古之爲此道者果何求哉亦曰無違其

方無毀其質慎守之力行之而已反是而求所謂仁其庶幾者非吾所敢知也於戲有名而不爭其實者古人恥之而今人不以為恥也吾子將有志乎古人而求免於今人則宜勉之毋忽云

鄧文伯字序

武陽鄧平更其名曰洵武閒而語予曰平之名久矣未有知其為倒文也夢有神人告我曰子之名平其字倒文使子之困窮也殆以是夫予覺而異之徐而思之意者殆天將啓予乎吾困窮之病將由此有瘳乎不然何神之告我詳而警我之至也越明乃以洵

武易之吾子姑爲我字之以相神之惠斯亦故舊之義也乎其無辭乎聞而諾之爲之言曰夫一體之盈虛消息通乎天地應於物類則禍福之來感於彼而此應之亦其理也然天棐諶命靡常而古之人所以應天者亦求諸己而已君宜勉之夫有武必濟之以文請字曰文伯并爲說以紀其事云

楊希旦文集序

先生諱某字希旦延平將樂人也自少以文行知名累舉不第抱負其器退老于家以詩書自娛其爲人敦朴夷易不事表襮晬然有長者之風鄉黨稱其行

爲先生既沒逾十年其子循道始集其遺文數百篇屬予爲序予告之曰士以一言輕重足以信今傳後惟有德者能之予何敢當然幼嘗得侍先生閒燕其善言懿行固已飫聞習見之矣俯仰十餘年閒先生之交游親友凋喪略盡能知先生所爲者漸不可得則予之素所聞見者猶當稱述顯揚之使後進者與聞焉況其遺文焉予雖不肖其何敢辭先生詩文清切平易不以雕琢爲工覽之者亦足想見其風度云

謝君咏史詩序

君子積學積文稽諸前言往行參以古今之變非徒

移聞見而已將以畜德而廣業也皆在堯舜之為君
禹稷臯陶之為臣相與都俞廟堂之上共熙帝載亦
惟稽古耳况其下者乎然自漢魏而來更五代之季
述史者皆有善善惡惡之意然而論不詭於聖人者
無幾矣士之欲稽古者將安取正乎楊子曰好書而
不要之仲尼書肆也信哉是言古之人度在身操之
以驗物則審矣鏡在心故物來而照之姸媸無逃焉
夫不知明善以誠身而欲以一言訂古人之是非未
有能者也婁川居士謝君一日走僕致書踵吾門以
其所著宋史詩合二編屬予為序予聞謝君積十年

之勤窮探慱取而成此詩其用力多矣夫自溷於閭閻阡陌之中與編户齊民為伍乃獨超然遠覽究知前世興衰治亂賢人哲士之終始與世之老師宿儒竝驅爭先豈易得哉故予喜其為人而樂為之道也其詩詞尤麗可觀與夫是非褒貶覽者當自有得也

田曹吳公文集序

吾郡審律先生集錄其先君遺文數百篇以書屬予為序田曹吾不及見其人因得誦其詩論其世稽其行事得其所以修之身刑之家施諸有政者為詳為而後益知嘉祐治平之間澤之入人深矣當是時學

士大夫達而位乎朝則著之事業光明碩大追配前哲其不顯而在下則載之空文猶足以私淑諸人如公之徒是也孟子曰王者之迹熄而詩亡詩亡然後春秋作詩之存亡關時之盛衰豈不信矣哉徐之仕不克其志而用不究其才故未老而歸其平居暇日有動於中而形諸外者一見於詩其偶儷應用之文亦皆有典則其辭直而文質而不俚優游自適有高人逸士之氣故其流風餘韻足以遺其子孫化其鄉人皆可見也今其子弟之賢者多隱德不求聞達而足以文行知名朝廷者二人爲審律其一也審律名

儀去年以遺逸被召相君說之除大成府審驗音律已而非其好也浩然有歸志盖有公之遺風也公之詩文足以自表於世無待於余言至其所以遺子孫者世或未之知也故詳著之使夫樂道人之善者與聞焉公姓吳諱輔字鼎臣

氷華先生文集序

氷華先生錢公諱世雄字濟明常州晉陵人也公季十六七時其詩已為名流所稱比壯遊東坡蘇公之門與之方軌竝馳者皆一時豪英而東坡獨稱其探道著書雲升川增則其推與之意至矣然公以是取

重於世亦以是得罪於權要廢之終身卒以窮死公初在平江雖為郡貳而政實在公出老奸猾屏氣惕息催伏不敢逞而善良有所怙已而為有力者所困不得盡其所欲為者士論至今惜之而邦人之思愈久而不能忘也公雖退休益自剋厲日以詩書自娛無窮愁懟憾之氣遇事感發一見於詩故其文於詩為多公既沒其子詡集其遺文屬予為序余竊謂東坡文妙天下為時儒宗士有得其一言者皆足以名世況知之之深乎則公之文固世所願見不待余言而傳也然公之平生交游執友凋喪略盡晚學後

進無献知公者故余不辭而為之因以著其出處之大略云

王卿送行詩序

皇祐二年光祿卿贈太尉王公謝事南歸在庭公卿大夫設祖道供帳都門外東數百輛自初公而下六十有六人各賦詩以紀其行是行也蟬蛻囂塵之中而高蹈物表與世之酣豢利祿而不知止者相去遠矣昔二疏辭位而公都門供帳之盛則有之至若公卿大夫揄之聲詩垂耀無窮焉未之有也則公之歸榮於二疏有光矣然余竊怪慶曆皇祐間君臣一心

收攬豪英如建廈然大而爲棟梁細而爲欂櫨居楔無不盡其材者究觀六十有六人登金門上玉堂進居宰輔者殆不可勝數公以清名重德爲時望所屬而位止列卿高才遠識獨不究其用士論所以重惜之也昔公之子通奉公嘗編集諸公送行詩爲上下二卷欲鏤板以傳未及而没今其孫大夫始克成先志不遠數千里以書屬予爲序夫成德之後苟非子孫世有人焉而能顯揚無窮之聞者未之有也余以晚學後進雖不登公之門與聞謦欬之餘音然得諸公之詩玩味之亦足想見其風度矣昔韓退之以文

名擅天下猶以詞列三主之次為榮耀余何人哉乃
獲載名諸公之間故承命不辭勉為之書

題跋

跋司馬溫公帖

元豐末神考登遐文正溫公奔訃至京師都人擁馬首環聚而觀者填溢衢巷頸公之留者萬口一辭方朝廷承積弊之後正更化願治之時太母以公宿望擢二左省慰安中外之心其寄委不輕矣公以身任其責一夫不獲時予之辜蓋公之素志也天下大器不可易爲之故雖正位台司不以爲榮而以爲懼然卒能於期月之間政令不出房闥而海内丕變雖懼

於前而垂名于後其爲榮也遠矣今觀其手澤猶想見風彩披玩久之不能釋手因附其說于後

跋富文二公帖

二公皆一時人傑昔在慶曆中虜騎叩關渝平鄭公持節兵間以片言折之而虜之君臣俯伏聽命復守盟好更百有餘年雲燕以南無犬吠之驚二公繼登宰輔雍容廟堂之上而四方萬里之遠稽顙而内無敢不享者有德進則朝廷尊豈不信矣夫方時艱難覽其遺跡想見其風采益令人追念不能忘也

跋趙清獻公愛直碑

安清獻公之外孫出東坡所撰愛直碑示予其藏之殆十襲也公之流風百世而下聞者猶將興起況其親且邇乎吾知幼安非徒玩其辭翰而已高山仰止景行行止將必有得於斯文也

跋橫渠先生書及康節先生人貴有精神詩

橫渠之學其源出於程氏而關中諸生尊其書欲自爲一家故余錄此簡以示學者使知橫渠雖細務必資於二程則其他故可知已人貴有精神詩康節作并書康節詩云大筆快意余在洛中得其遺藁讀之皆大字與此詩類信乎其以大筆快意也明道亦嘗

和其詩云客求墨妙多携券蓋康節以書自喜而士大夫多藏之以為勝其字畫端麗勁正亦可觀德也横渠先生字子厚横渠人康節諱雍字堯夫康節乃朝廷追贈先生號也大觀元年八月己卯餘杭東齋書

題蕭欽仁大學篇後

學始於致知終於知止而止焉致知在格物物固不可勝窮也反身而誠則舉天下之物在我矣詩曰天生蒸民有物有則凡形色之具於吾身無非物也而各有則焉目之於色耳之於聲口鼻之於臭味接乎

外而不得遁焉者其必有以也知其體物而不可遺則天下之理得矣天下之理得則物與吾一也無有能亂吾之知思而意其有不誠乎由是而通天下之志類萬物之情贊天地之化其則不遠矣則其知可不謂之至矣乎知至矣則宜有止也譬之四方萬里之遠苟無止焉則將焉歸乎故見其進未見其止孔子之所惜也古之聖人自誠意正心至於平天下其理一而已所以合内外之道也世儒之論以高明處己中庸處人離内外判心迹其失是矣故余竊謂大學者其學者之門乎不由其門而欲望其堂奧非余

所知也蕭君欲仁志學之士也錄示大學一篇求余言以題其後其意蓋非苟然者故聊爲發之苟於是盡心焉則聖人之庭户可策而進矣欲仁其勉之哉

題張公行狀後

右張公吳時貴將與楊行密俱起合淝號三十六英雄公其一也方五季亂亡之時羣雄並爭公以拔山葢世之才躬蹈矢石陷敵攻堅爲一時稱首宜其鷙悍强忍而提師征行乃未嘗妄戮一人至止而人安之則公之所以遺子孫者其不在茲乎同時輩流乘力名之會鷹揚[illegible][illegible]之氣擧相將也今其子孫散在

纎堙埋沒而無聞者可勝計哉公獨世有顯人又皆以器業見稱於時則公之所積可知矣政和之初予来毗陵始得與公之諸孫游視其壯者皆賢豪雖童稚亦彬彬可喜益知公流澤未艾公之孫昄之以公之行狀示予究觀始終慨歎者久之故附其說于後

跋賀仙翁親筆詩

賀仙翁詩云有客來相問如何是治生但存方寸地留與子孫耕賀仙翁示人以治生之說旨哉有味其言也豈徒可以遺子孫乎至人所以養生盡年亦在方寸之地自耕而已不知出此雖巖居水飲盡為壽

之術必有虎食其外也其人不可得而見讀其詩觀其字畫亦足想見其人矣

跋賀方回鑑湖集

元豐末年予始筮仕與方回俱在彭城爲同僚友自彭城一別聲迹不相聞蓋三十年餘矣政和甲午秋八月予還自京師過平江謁方回披腹道舊相視惘然如昨夢耳方回之詩予見之舊矣復出鑑湖集示予其託物引類辭義清遠不見雕繪之迹渾然天成殆非前日詩也方回自少有奇才若儀秦之辯良平之畫皆其胸中饜飫者意謂其功名可必也世變屢

更流落州郡不少振豈詩真能窮人耶然方回詩吳過工名日益高足以傳不朽矣與世之酣豢富貴與草木同腐者豈可同日議哉以此易彼亦可自釋也是年冬十有一月癸未自餘杭徙居毗陵道過吳江舟中書

跋鄒道鄉所書女誡

古者大夫以上子生立三母必求其寬裕慈惠溫良恭慎而寡言者爲之師女子十年不出教之婉娩聽從執麻枲治絲繭織紝組紃學女事以共衣服觀於祭祀納酒漿籩豆葅醢禮相助奠閨門之内朝夕之

所習聞者惟是而已不見異物而遷焉故德言容功不待異禀而能也禮廢千有餘年士且不知師而況於女子乎故膏梁之族酣豢逸放於幽閒之中而塗歌巷語淫褻不可讀者日積于耳目其不淪胥而散者幸而已毗陵張氏世有顯人其子孫皆高才遠識絶出倫輩今見其人矣妝之閒出道卿所書女誡示予極稱其稚子之賢益知張氏之刑家貽後者其流未艾也以圭璋之質又得良工切磨之其成豈易量哉道卿盛德之士也言動足以經世範俗其所書不特有補於張氏而已後必有因斯文以興起者其於

世教豈小補哉

題了翁責沈

了翁以蓋世之才邁往之氣包括宇宙宜其自視無前矣乃退然不以賢知自居而以不聞先生長者之名爲愧非有尊德樂義之誠心而以自勝爲彊何以及此高文大筆著之簡册使世之自廣而狹人者有所矜式豈曰小補之哉

跋了翁與常深道書

道同則相望異世其合有若符節者氣稟有異雖一身之内肝膽楚越矣三山在弱水之外舟輿不通居

之者形影自相弔耳深道乃眷然念之非聲氣相求神交於萬里之外寧有是夫了翁天下士也世以其言為輕重而相與如此余雖未嘗知深道而信其賢也無疑矣

題中庸後示陳知默

熙寧以來士於經蓋無所不究獨於中庸闕而不講余以謂聖學所傳具在此書學者宜盡心焉故為之訓傳藏於家初不以示人也雖聖言淵懿非淺識所窺竊妄意其庶幾焉吾子試以予言求之將必有得矣

跋魯伯智孝行類要

魯君伯智以所著孝行類要示余非傳極傳記百家之言不能成此書也其用力勤矣然古之君子多識前言往行非徒資見聞而已蓋將以畜德也觀伯智自叙可謂知務本矣蓋非苟知者又欲使覽之者因是而感化則其志遠矣君之立身揚名於後世以顯父母將必有得於斯書也

跋公子血脈譜

右春秋公子血脈譜得之於南康王嵓叟先生揚孝本其傳本曰荀卿撰夫荀卿嘗仕於楚矣不用故退死

蘭陵而史不記其歳月以其時考之當在周秦之間而是書秦譜乃下及乎項臧子嬰之際吾知其非荀卿氏作明矣然自古帝王世系與夫列國之君得姓受氏譜諜散亡而史傳無所考據于春秋之學尤闕然也而是書旁穿曲貫枝分派別較然如指諸掌非殫見洽聞者不能爲也然其間不無訛謬舛錯學者其慎擇諸

跋三墳傳

右山墳氣墳形墳謂之三墳世傳以爲古三皇書非也其辭簡而質遠而無統其有意於放古之爲乎亂

子曰神無方易無體又曰生生之謂易則易之爲易其義深矣殆不可以形數名也是書太古河圖代姓紀曰博厚而濁謂之太易太易之數三是以形數名易也噫言殆與孔子異乎吾是以知其非古書也其他不合者非特一二而已未敢以臆説論之姑俟博古而溪於道者考正焉

題李丞相送錢叟序

丞相李公以英偉剛明之才任天下之重蓋一時人傑也其視了翁爲前輩雖未嘗從游而聲氣相求非一日也聞道之勤見於斯文惓惓之意厚矣公初自

左史言事謫居泌陽與幾叟游為布衣之交不以賢貴自挾而以道義為重因其有行也累數百言以為別公於上下之交可謂無諂瀆矣

題翁士特文編

翁君士特示余詩文一編辭義精與有古作者風氣而古風辭氣尤工皆非常流可到也三復欽歎然予嘗考古聖賢為學之方竊謂伏羲畫八卦書斷自堯典是時雖六經之文未有也況他書乎舜在深山與草木居鹿豕游無以異於深山之野人固非有誦説染筆涉墨為文詞也其學果安自乎夫舜聖人也生

而知之無事乎學可也二十有二人相與共成帝業者豈皆生知耶然則聖人之所以爲聖賢人之所以爲賢其學必有在矣漢之諸儒若賈誼相如司馬遷輩用力亦勤矣自書契以來簡册所存下至陰陽星曆山經地志蟲魚草木殊名詭號該洽無一或遺者其文宏妙殆非後儒能造其域然稽其道學淵源論篤者終莫之與也士特以資英邁絶人遠甚如欲以文高於世則文固已几高世矣然如士特之才要當以聖賢爲師入其門窺其室家之好内外進矣然後爲至此予之所以望士特者區區漢儒不足之學也

跋了翁書溫公解禪偈

李君興祖以了翁所書溫公辯禪偈欲求余言以刻諸石溫公蓋一代宗臣了翁雖流離擯斥不為時用而其流風餘韻皆足以勵臣範俗其辭翰宜為士夫之所寶玩興祖乃能鑱石以求其傳是宜書也

跋諸公與徐仲車詩冊

余昔過山陽嘗一見先生侍坐終日得所未聞多矣迨今三十餘年追念不能忘也紹興二年其子安道來尉吾邑一日踵吾門出諸公與先生往還詩書示余求言以刻諸石余謂先生之節義如大圭不琢而

其矣自見非雕繢所能增飾也然諸公皆一時名世之士其言足以信今傳後而歆慕如此鑱之金石使百世而下見之必有聞而興起者亦非小補也

跋鄒公送子詩

君子之澤五世而斬蓋人之於親四世而緦服竆六世而親屬竭服窮則遺澤浸微矣故五世而斬此古今之常理也舍人鄒公於其子筮仕之初以詩曉行其丁寧訓飭不以寵祿為榮而以陰隲蒼生為念則其垂裕之意豈淺哉積至于道卿緦服已窮矣今其元孫出其詩示余余得而伏讀觀公所以訓廸其子

孫與道卿所以奉承之志則鄒氏之流澤豈常理之足云雖亘百世而益光矣

跋司馬温公與明道先生帖

横渠先生既没其門人欲謚爲明誠中子以謚議質諸明道先生先生與温公參訂之故有是書其辭義典奥而引據精審足矣是正先儒之謬故寶藏之以傳後學

附司馬温公與明道先生帖

温公家集中不載故附見於此

某昨日承問及張子厚謚舎弟奉對以漢魏以來此例甚多無不可者退而思之有所未盡竊惟子

厚平生用心欲率今世之人復三代之禮者也漢魏以下蓋不足法郊特牲曰古者生無爵死無謚爵謂大夫之上也檀弓記禮所由失以謂士之有誄自縣賁父始子厚官比諸侯之大夫則已貴宜有謚矣然曾子問曰賤不誄貴幼不誄長禮也唯天子稱天以誄之諸侯相誄猶爲非禮況弟子而誄其師乎孔子之沒哀公誄之不聞弟子復爲之謚也子路欲使門人爲臣孔子以爲欺天門人厚葬顔淵孔子嘆不得視猶子也君子愛人以禮今關中諸君欲謚子厚而不合於古禮非子厚之志

與其以陳文範、陶靖節、王文中、孟真曜為比，其尊之也，曷若以孔子為比乎。承閑中諸君決疑於伯淳，謙遜謀及於淺陋，不敢不盡所聞而獻之，以備萬一。惟伯淳裁擇而折衷之。光再拜伯淳大丞

座右。正月十六日

書李從政墓誌

公少時過錢塘東平呂公惠卿，得公之文，以示翰林沈公文通、二公奇其文，引為忘年之交，謂人曰：毗陵素多士，未有如李公者。於是文日益有名。公於書無不讀，其心傳自到之學，蓋非淺者所能窺較也。晚在

彭城方計司議法興利之時百役毛起公處之裕如手未嘗廢卷也利國監有中貴人陰以事中其同僚者部使者付公治之甚急已而事連中貴人公請併治之中貴人懼甚部使者又欲兩釋之公曰事未暴白治不治在公而已付之有司則有法守獄已具不可易也使者不悅度公不可以勢奪卒移他司釋之是時顏復長道居里中聞之謂予曰奄宦恃發臆之私脇持上下雖當路要官無敢輒忤其意者李君一以法繩之不少貸非秉義不可回屈不能為也郡守高郵孫公覺尤深器之事無大小惟公聽也蕭縣有

劉賊竹軍者土兵力不支被重傷已其主將通守李陶行縣聞流言謂土兵不戰而北凡二十有五人歆置之極典公曰有司訊治曲折詳盡猶恐不得其情今以道路之言置人於死地非審克之道也持之月餘不能決後卒如公言微公爭之力幾為淫刑濫誅矣公之治獄平反類如此其小者不能悉數也政和之初予待次毗陵公之子殊以公誌銘示予讀之慼然追念平昔悼斯人之不復見也惜其遺事可傳於後又皆予所親見者故序次之以補誌文之闕

跋道卿帖

士不患無名患實之不至道卿天下士也以一言忤旨流竄嶺表終身不復今手澤所存士夫寶藏之以為珍玩其身雖屈於一時而世誦其美不厭盖名實既孚則清議終不可掩也

跋江民表與趙表之帖

民表將之官以書抵予告行期未及修報而凶訃至人生如朝露豈不信然歟今見其手澤憫然不覺為之流涕也民表不妄許可表之雖未及識觀民表所與如此則其人亦可知矣

跋了翁祭鄧南夫文

余聞南夫平居家人不見其喜怒一日因事怒甚已而悔之自恨其養之未至也充是心以往可謂知好學矣了翁友之甚厚如此不問可知其賢余幸與之同鄉未及識而南夫已逝悲夫不復見斯人也因讀了翁之文悵然久之故姑書其所聞附于後

題了翁送幾叟詩

以身教者從以言教者訟了翁訓諸子姪其辭如此皆其平日躬自蹈者所謂以身教也能味其言亦以身踐之則其趨聖賢之域豈遠哉若幾叟益可與進斯道者故告之如此

題諸公邪說論後

昔王荊公以邪說㬥行禍天下三十有餘年余備位諫省論之去其王爵罷配享大學諸生蕭陶王氏之學久矣闃然群起而非之賴君相之明卒從其議今觀諸公之言是非已有定論則余之言可以傳信矣

跋彭器資送余仲勉序

彭公以盛德重望爲時名臣士大夫得一望履舄者如登膺門况其厚善者乎仲勉先生余雖不獲從之游觀其所與則信其賢也審矣

跋温公與劉侍御帖

熙寧之初吳興劉公佐臺端論事忤大臣意謫知江州一時清議韙之無敢言者獨文公溫公抗章于廷諍之事之本末安撫參政張公論之詳矣公將行文正造門敘別又以手翰問行期有道勝名立之言其相與之意厚矣夫天下之善士斯友天下之善士二公終始一節不約而同其取友可知矣覽是遺墨三復興歎乃附其說于後

龜山先生全集卷第二十六

里人嚴朝選督刻

龜山先生全集卷第二十七

雜著

書銘

含其英茹其實精于思貫于一

言默戒

鄉之人有雞夜鳴惡其不祥烹之越數日一鷄旦而不鳴又烹之已而謂予曰吾家之雞或夜鳴或旦而不鳴其不祥奈何予告之曰夫鷄烏能為不祥於人歟其自為不祥而已或夜鳴鳴之非其時也旦而不鳴不鳴非其時也則自為不祥而取烹也人何與焉

若夫時然後鳴則人將賴汝以時夜也孰從而烹之乎又思曰人之言默何以異此未可言而言與可言而不言皆足取禍也故書之以為言默戒

勸學

志學之士當知天下無不可為之理無不可見之道思之宜深無使心支而易昏守之宜篤無使力淺而易奪要當以身體之以心驗之則天地之心日陳露於目前而古人之大體已在我矣不然是未免筍卿所謂口耳之學非所望於吾友也

雜說

東坡謂荀文若其才似子房其道似伯夷予以謂其才似子房則有之矣伯夷不事非君不立于惡人之朝寧忍事操乎以爲其道似伯夷吾不知其說也黄門謂藺相如非戰國之士使居平世可以爲大臣矣予以謂相如奉璧入秦趙之君臣計議非有覦秦之心也特畏其威疆耳古人以小事大有以皮幣犬馬珠玉而不得免者至棄國而去之况於一璧乎此知事大畏天者之所爲也當其持璧睨柱使秦知趙璧終不可得也而欲徼倖于不死難矣豈孔子所謂暴虎馮河死而無悔者歟不一二年卒有覆軍陷城

之禍雖完璧以歸於趙何益哉此其知不足稱也已澠池之會其危又甚矣方趙王之西也廉頗期以一月不反則立太子以絕秦望則是行非有萬全之計也相如為國卿相其勇略不足以重趙使秦不敢惴焉乃欲以頸血濺之豈不殆哉此特曹沫之流戰國之雄者耳而謂之以道事君固如是乎黄門以為大臣吾亦不知其説也

哀公問社論者以為哀公將去三桓而不敢正言古者戮人於社其托於社者有意於諫也宰我知其意而亦以隱吝焉其曰使民戰栗以誅告也夫魯之微

桓之盛而欲去之豈易言哉而以隱語語於人爲宰我者謀人之國亦以隱卷之一失其旨則傾國亡身之禍隨之矣而孔子亦以隱罪之此何理也夫隱語古之滑稽者時有之而謂聖人之徒爲之乎

世儒之論曰性之有習習之有善惡譬如火之能熱與其能焚也孟子之所謂善得火之能熱者也是火之得其性也荀子之所謂惡得火之能焚者也火之失其性者也夫天地之閒有夫婦而後有父子此物之所同然也故木以金尅之而火生焉木與火未嘗相離蓋子母之道也火無形麗木而有焉非焚之則

火之用息矣何熱之有哉所謂熱者火之得其性焚者火之失其性其察物也盖亦不審矣夫子思之學惟孟子之傳得其宗異哉世儒之論也以爲孟子道性善得子思之説而漸失之而輕爲之議其亦不思之過歟

蘇子曰道有不可以名言者古之聖人命之曰一寄之曰中則一也者特道之有不可名言者耳中亦非道也道之寄而已所謂道者果何物耶子思因其語而廣之曰喜怒哀樂之未發謂之中發而皆中節謂之和中者天下之大本也和者天下之達道也致中

和天地位焉萬物育焉子思之說既出而天下始知一與中在是矣夫子思之言中和而已此道之可以名言者也所謂一者安在哉孟子又推之以為性善之論性善之論出而一與中始枝矣夫性善之論出而一與中何自而枝耶是必有說也學者更深考之則孟子蘇氏之學是非得失必有不可誣者矣

鄧氏真贊

婉婉夫人夙有令儀柔靜以和室家是宜今其云亡厥聲尚懿圖形于茲以永瞻視

陳居士傳諸公跋附

陳選南劍州將樂人世以豪貲爲鄉閭大姓其爲人忠信愿慤不妄與人交晨興正冠修容坐堂上夫婦相對如賓非慶吊未嘗出門雖連牆有經時不見其面者間有所之必筮而後往家人俟其歸其跡可數也平居恂恂人莫見其喜怒閨門之内雍如也其遇人無長幼必盡誠敬雖橫逆有惡聲至如弗聞視其容貌洵然若無足芥蔕者以故人亦信之後雖有意侵暴者不敢犯也卒年四十六龜山楊某曰予嘗讀沈公筆談見其所載杜生事沈公自謂時方有軍事至夜半未卧罷甚僚屬有談杜生者聞之不覺肅然

忘其勞考公之所為於杜生幾可無悔矣非其中有所養詎能若是哉惜公之亡予尚幼未能究知其所有故不得而備論之也當是時陋郊小邑無縉紳先生明道德之歸以覺斯人又無高世之士含德隱耀相與薰陶浸灌輔成其美此予所以深嗟而屢歎之也然觀其襟度夷曠不可汙撓蓋有非學之所能至者世之薄夫淺子一有疾已僅如毛髮則悻悻然見於顏面必反之而後已其視公為如何故特為之論著以示其子孫使知先世所以遺已者在此不在彼也公少時有故人將亡子尚幼以白金數鎰委之者

比其子壯公召與之其人矍然謝之初弗知也盖其信義足以託孤如此然此在公爲不足書者而邑人以是多公故并述之附于其末

中立先生所撰陳居士傳予兄孫漸得其本自餘杭来四明出以示予先生言行信于天下所以深嗟而屢歎之者雖晦于今後當顯白異時尚論之士可不考歟予與居士同鄉而以不得見之爲恨爲寫此傳以畀其子孫使刻而藏之以成先生論述之志大觀二年十一月二十二日沙縣陳瓘書

居士本不求知於人人自知之宗子博士楊公中

立又為之傳以行於世所以風勸來者蓋不但一鄉而已也大觀四年十一月二十日晉陵鄒浩既纂其前已因書此以見意云

昔楊子雲稱蜀人之賢以李仲元為畏人想見其人信順之氣積於中而暢於外蓋黃叔度之流惟以生於遠方不聞於中原士大夫獨因雄書而名載於後世今陳居士含德隱厚沉冥於七閩之下邑未有能知之者吾友中立為發其蘊以詔其子孫吾知其與仲元俱不朽矣此於名教豈小補哉

政和二年孟夏中瀚建安游酢書

予嘗愛范曄作黄叔度傳，初無言行可見之跡，後之識者想望其人如不可及。今觀中立先生傳陳居士，其文亦然。居士處於僻遠，雖無卓然顯白于世者，既得佳傳，又得鄒陳二公為之書篆且跋其後，以垂不朽。讀者想望其人，當與叔度齊驅而並焉云。宣和二年仲夏梁谿李綱書

張牧之子名

張氏世有清德，由聖得子，求名於侍講吕公原明而名之曰清。孫夫伯夷聖之清者也，推惡惡之心，思與鄉人立，其冠不正，望望然而去之，若將免焉，故其流

風之弊容德不足而至於隘今牧之得子而求名於予請銘曰容孫蓋將以濟其世德也

致語

聳壑凌霄共喜千齡之會銜盃樂聖仍逢四事之并玉塵交輝德星復聚恭惟

知府朝請南溟異稟宛國上才領千里之鞿羈姑六月而一息簡在二聖光于四賢行聞衮繡之歸佇有功名之享適判大夫職分郡貳位列星躔家傳清白之風世歷要權之任芳猷不墜威望有加相忘顛上之清歡無愧山陰之盛集偶茲勝事敢獻鄙辭

庭下秋風颭旆旌使君爽氣逼人清功名共喜千齡會尊酒仍逢四事并甘谷殘英留晚翠蘋門餘曲有新聲莫辭酩酊同民樂鳳詔行催上玉京

又其二

伏以騎鯨濵渤身出蓬瀛桴槎天潢道逢牛斗斯一時之盛集藝千里以交欣恭惟

經略侍制儒席至珍英躔逸步晚跡東膠之列叅膺亡室之求握筆螭頭連飛鴈序俄出分於屛寄後承代於夙時豈惟聞望之隆茲寔衣冠之盛

知府朝請天資曠達德宇宏深式慕子淵之用行庶

餞孔氏之毋意思締交於大國方講好於兩君邇茲化景之長足爲賢者之樂欲傳勝事用播聲詩

霽檝初泛斗牛間隱隱晶光照夜寒況是春城多樂事果逢星節駐征鞍使藩暫屈晋旌旆雲路終同接羽翰已寫風猷傳樂府更磨琴琰一時刋

龜山先生全集卷第二十七

里人蕭科督刋

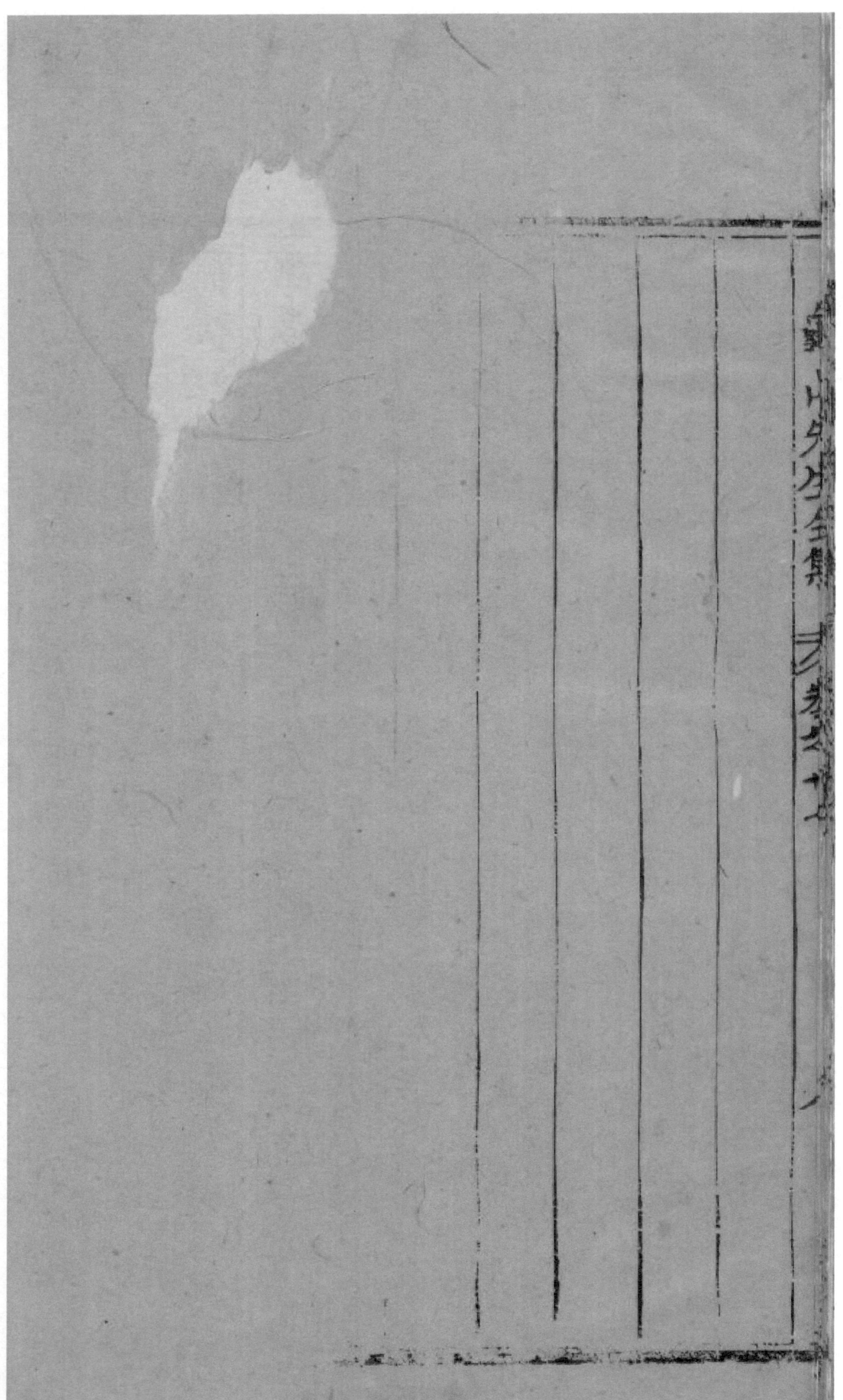

龜山先生全集卷第二十八

哀辭　祭文

哀明道先生

元豐八年夏六月既望，河南承議先生以疾終于官。是月晦，邸報至彭城，其門人楊某聞知，為位慟哭於寢門，而以書訃諸嘗同學者。嗚呼！道之無傳也久矣。孟子沒千有餘歲，更漢歷唐，士之名世，楊雄氏而止耳。雄之自擇所處於義命，猶有未盡，自雄而下，其智足以窺聖學門墻者，蓋不可一二數也，况足與語道而傳之哉！宋興百年，士稍知師古，諸子百氏之籍與夫佛老荒唐謬悠之書下逮戰國縱横之論幽人逸士浮誇詭異可喜之文章皆襍出而並傳世之任道者日夜憊精勞思深探博取可為勤矣然其支離旁衍不知慎擇而約守之故其用志益勞而去道彌遠使天下學者靡然趨之如適諸夏而棄通衢大道犯荊棘之墟行蒼崖之巔眩然迷殆而卒莫知自反者其於世教何補哉先生於是時乃獨守遺經合內外之道默識而性成之其學之淵源蓋智者不能窺而善言者所不能稱說也自周衰以來天下之學其失如彼則後之得聖人之道而傳之者於吾先生可不

獨任其責哉嗚呼道之傳亦難矣夫由堯舜而來至於湯文孔子率五百有餘歲而後得一人焉孔子沒其徒環天下然獨積百年而後孟子出由孟子而來迄漢唐千有餘歲卒未有一人傳之者若孔孟又皆窮老於衰世其道方不得一施於天下夫聖賢之不世出而時之難值也如此今幸而有其人又且遭時清明朝廷方登崇俊良而先生未及用而死則予之慟哭豈特以師弟子之私恩而已哉故為辭以泄其哀而自慰云余悲古人之不見兮逢世德之險微析道真之純美兮肆（麓切）全體而分剖駕異端而並逐兮

騈支轂乎多岐，亘千歲其涎涎兮去聖遠而卓彼先覺兮惟德是仔肩斯文之在茲兮萬世之師耡榛棘之荒穢兮闢正路之孔夷伏聖賢之軌躅兮背世轍而疾馳帶鉤距而負繩兮紛萬變而莫窺弛銜勒而弗厲兮尚田旋其中規嗟命之縣於天兮匪予敢知畜滇渤而載華岳兮曾有塵之弗施嘆道之難行兮孔孟窮老以栖栖伊時勢則然兮此云胡其若茲通闢闔於一息兮尸者其誰斡天樞而自爾兮（一作諒曲任而直推兮）欲執咎其焉歸齊死生於晝夜兮天理之常匪往匪來兮雖壽夭兮何傷想德音其未遠兮儼若在

矧因誠之不可掩兮何有何亡日月逝兮形魂藏嗚呼已矣兮斯亦難忘

哀鄒堯叟

宋有君子姓鄒名某字堯叟邵武泰寧人也先生自少有文名尤工辭賦比壯遊四方始從中山劉公羲爲學鐫磨浸灌六經之旨百氏之書無不該洽旁穿曲貫各得其宗不爲異端邪惑汪洋大肆發爲詞章遂以名稱于時嘉祐中登進士第其蒞官雖冗職必盡其力凡決獄聽訟鉤考簿書赴期會他人視若不勝其煩先生處之日未嘗厭書也其用志益深後之

所自得者多矣余自垂髫誦先生之文及長聞其名籍甚益歆慕之尚恨未及見叩其餘論元豐初余棄官家居先生適丁家難寄余里中始獲從之游先生不予棄進而友之殆一年未嘗一日相舍也其後先生官于閩余遷東徐差池南北遂不復相值今其已矣於戲先生學充其志而用不究其才其平昔朋友共學者往往登顯仕居要津視其顛沛忍不一引手提掖之卒以窮死噫命矣其誰尤余獨恨相去之遠不憑棺一慟弔其遺孤以盡其師友之情故爲辭以泄其哀其辭曰有美一人衆之郛郭兮邦國之禎應

時須兮純明篤實允式孚兮胸中之藏羅瓊琚兮位卑德尊慘莫舒兮汗血龍駒縶芳嶇兮雲帆蔽天膠沮洳兮天地吸噓鼓洪爐兮鑄物範形曾莫圖兮自爾遭之末所如兮既實爾德孰云癯兮胡嗇爾壽忽聞徂兮嗟余與子阻修途兮不得憑棺吊遺孤兮飲恨于懷曷由除兮

哀郭思道

吾友思道諱某姓郭氏福唐人也先世皆隱德不仕其族系蓋莫得而詳焉思道自少時尤喜黃老之術以求衛生之經不利貨財不近聲色淡然自得視天

下之物若無足以贅其身晚頗好浮圖氏之説其與人交久而愈親與朋友言必以忠信其辭氣抗直不能與物委迤以苟悦世俗熙寧乙卯同余游京師余綴名秋官思道失志遂同入大學今知制誥黄公見而悦之用以為直學未幾職小學教諭其純德懿行雖為當路者之所知其自處慊然亦未嘗因之馳騁以求見於世也於戲周道衰為士者不孚于名實而國論不出鄉閭州黨之間盜名竊利之人肆行機變以欺世罔上貪得忘義屈道徇物以至昏冥顛踣而不悟雖妾婦乞人之所悲羞而不受者猶將泰然矜

糴以自得其辭受取舍尚何足誅哉君於是時也超然遠覽不以貧賤富貴攖拂其志斯亦難矣其志行雖未能盡縣於古人其賢於衆人也亦遠矣余從之游且十年得其所以治身養性之實非一二也以余之所言推余所不言蓋可知也享年三十有八以疾終于京師余聞之爲之悲慟不能自已故爲辭以泄其哀辭曰嗟乎思道木訥而仁內行純懿幽無責於鬼明無非於人宜得其祿何顛沛於道路而終死於賤貧宜享其壽何棄世之遽而天年不及于中身死誰葬兮暴骸骨于汴之濱魂無依兮託厲鬼以爲鄰

自古聖賢兮自有顯榮富貴騰聲飛譽振耀於無垠亦有湮淪汨沒終原而不伸兆同腐骨兮俱磨滅乎埃壒壽夭窮通予能自達吾亦不足以傷神重以故人之情追思感嘆不覺涕淚之沾巾

祭文

祭楚守縣君

於惟夫人伊洛右族歸嬪睢納懿柔靜淑功施於内隱行彰中外式孚允也其臧雝雝和鳴禮衣緇飾大邑之封視夫之秩謂宜百年黃髮偕老天胡不相中道而夭歸旐翩翩江流瀰瀰魂兮何之與水俱逝

酒殽既馨用祖其行薦以斯文以寫哀誠

祭思齋

嗟乎思齋命奚止於斯耶昔始同學君方妙年氣吞青雲俊譽藹然堂堂英姿謂宜壽考天胡爾畵中道而夭競時多艱未究其志身後之嗟孀親遺穉適子之館升子之堂追念平生顧瞻彷徨尚想音容恍兮在傍欲與之言即之而亡有肉在俎有酒盈觴子弗食飲予心悲傷長與子訣隔乎幽荒寓辭以奠涕落沾裳於戲已焉曷日而忘

祭呂侍講

宋興百年世秉國鈞篤生異人惟茲世臣時逢清明與國休戚身雖竄流心在王室伊昔師門實傳聖學道隆德尊爲時先覺嗟予曉進鼠目麞頭公不鄙予進與之儔吾道之窮公其已矣河流混混貫以清濟胡不慭遺以佑斯文下民其咨昊天不聞臨風一慟心志俱摧公乎若存其知我哀

祭陳塋中

嗚呼天生我公爲時元龜精貫白日而無以自表氣包宇宙而不容於時止或尼之非人能爲嗟一跌而不振卒困死於流離賴遺言之未泯導源委而東之

念生死之未訣，悵南北之差池，徒反袂以長號，淚淋浪而沾衣。公乎不亡，其知我悲。

祭游定夫

嗚呼定夫，學通天人，而時不用；道足濟天下，而澤不加乎民。兮其已矣夫，復何云。悵百年之永訣，猶想見其音塵。念昔從師，同志三人，今皆淪亡，耿余獨存。雖未即死，而頭童齒豁，氣然孤立而誰憐。嗟吾先生微言未泯，而學者所記多失其真，其賴公相與參訂，去其訛謬以傳後學。書往未復，而訃之及門。嗚呼悲夫！宜任其責者復誰歟？斯文將泯滅而無傳歟？抱遺編而

求之悼此志之不仲重念南北相望不得憑棺一慟徒隕涕而馳神余言之悲聞乎不聞

祭劉罷之

嗚呼我公惟德是仔秉義直行與天為徒元祐之初聖賢相逢佐冠七人為時宗工道大不容遷于南服劫火洞然不燼惟玉時方清明仁賢彙征昊天弗吊喪我正臣銜觴一慟匪以其私侑食以文其知我悲

祭鄒侍郎

於戲天爵之尊天宜齎之奚為於公獨厚錫之大鈞賦物實勞以生胡及吝茲而弗與齡錫予之柄尸之

其誰杳冥茫昧理莫可推公昔在庭朝陽鳳鳴譊波弗溺惟帝之明建中之初來自南荒人爭覩之景星煌煌秉義不回屹如喬嶽黄陂萬頃莫能清濁至言碩畫百未一施流離困厄天實爲之公之云亡梁木其壞世亡仁賢人將焉賴生榮死哀身詘道信公則無憾實哀斯人嗟予與公聲氣相求話言之出其同不謀頃來視公公疾已困匪疾之憂國事是問精貫白日神其聽之云胡不淑而不慭遺死而可贖人百其身旻天高高邈乎不聞道之窮矣慟非以私公乎不忘其知我悲

祭陳立道

於戲以吾外祖之德其後未有顯者汝幼而聰穎篤行彊學年纔弱冠已策名于薦書意其大吾外氏之門者必汝也遽止於此何其痛耶又使汝雙親垂白有傷予之戚孀妻稺子失所依怙何其酷耶於戲天乎理不可推其命也夫於戲哀哉

祭陳氏十五娘子

於戲吾聞汝言自謂了達生死視死如歸又言若數盡而終則忽然而往使人莫知皆以汝為戲語孰謂汝之卒踐其言暮而飲酒笑談終席不見其有微疾

罷而歸寢曾席未暖而奄然已化豈汝真能了死生厭斯世而將有所歸耶抑數盡而不得不往舍吾而逝耶於戲哀哉念汝生而聰慧長而知學經史百家雖未能盡通而皆曉其大旨吾愛汝而擇其配既得所託矣謂宜與之偕老云胡不淑中道人沒於戲哀哉汝之四女一在江西三在吾閩在江西者卒不得而訃而在吾閩者已遣人報之矣汝其知之於戲汝之面目宛若在前而不見汝之形汝之言猶在耳不聞汝之聲致此薄奠以寫哀情號呼痛切汝聞不聞於戲吾老矣冀汝送吾之終今返送汝使吾念之肝

肺摧裂旻天高高號呼不聞余何罪辜罹此鞠凶死
生永訣逝不可追汝尚有知其知我悲

龜山先生集

（宋）楊時 著

明萬曆十九年刊

3

鳳凰出版社

第三册

狀述

先君行狀

先君諱某南劍州將樂縣人也祖諱某父諱某先君爲人質直而信厚其遇事接物初若不可忤而胸中洞然無含怒宿怨其治家勤約有節雖一介不妄以與人亦不妄取人也自皇祖而上世爲農家至先君始勵其子以學熙寧中某以進士出身而先君喜不形于言色其後雖屏居不仕殆十年而先君亦莫之問也及聞其從師友之賢磨切以德義則充然厭其

欲其恬於榮利而樂於義方如此蓋天性也元祐五年十月戊戌以疾終于家享年六十有三先君娶陳氏再娶廖氏六年卒有子二人曰某曰某將以某年某月某日葬于石龜山之陰嗚呼吾先君平生爲善惟日不足不幸少不從宦學不得與當世賢士大夫游故隱行弗彰而其嗣孤某幼不肖懼終無以成親之名以昭示後世子孫乃泣而書之求銘于有道君子藏諸幽宫庶足爲亡者之慰云

曾文昭公行述

公諱肇字子開建昌軍南豐縣人曾氏系出於鄫少

康之子曲列之始封也更夏商周千有餘歲微不見於經傳春秋之際為莒所滅其太子巫仕魯乃去邑為曾氏巫生阜阜生皙皙生參參生元西父子俱為孔門高弟曾氏遂有聞於世自是復晦而不顯又千有餘歲至宋興公之皇相密公始以文學仕太宗真宗為名臣於時薦登膴仕者代不乏人至公又以文學登進士第調台州黄巖縣主簿邵安簡公聞其賢請為州學教授四方之士益有聞風重道接踵至者踏門授經無虚席是時上方嚮用儒臣欲以經術造士近臣言公經行宜居首善之地不宜淹溜一郡有

旨延和殿賜對公所陳皆上所欲聞者酬問久之殆將更僕矣除崇文校書兼國子直講未幾遷館閣校勘刪定九域志改大理寺丞同知太常禮院權判太僕寺殿中省元豐元年除集賢校理轉殿中丞久之上讀公所撰魯公行狀稱善會修仁宗英宗兩朝正史迺以公為國史院編修官中書公輦入判太常以親嫌罷禮官判登聞鼓自秦以來禮文殘缺先儒各以臆說無所稽據公在職多所釐正親祠皇地祇於北郊蓋自公發之雖衆議不同而公獨引經辨析詞旨精愨故異論莫能奪其議明堂配享徧及五帝

初雖不合後亦牽見施用官制行除吏部郎中每便殿引選人上常自送之出殿門乃已再遷朝奉郎與脩两朝寶訓國史成錫宴故事非侍從官不坐殿上特命進公其眷遇之厚盖示將用公也未免丁太夫人憂居喪哀毁瘠甚年未四十鬚髮盡變服除入為户部郎中復還吏部遷右司郎中覃恩賜緋衣銀魚哲宗嗣位宣仁太后垂簾聽政用司馬温公吕申公為宰相士多傳時自効公獨挺然不為世變所移由是諸公益賢之知其有常德也以公先帝史官故命公充神宗實録檢討官擢起居舍人兼權中書舍人

數月召試即眞遷實錄脩撰賜三品服初除未拜命善會除華康直直龍圖閣知秦州公即上疏論康直素不聞有可用之材昨在陝西隨軍失亡爲多先帝嘗命械繫欲誅之康直諂事李憲李賴以免其人可知矣正當黜退以章先帝之明豈可更加奬擢執政訝不先白言者承望恊力攻之范公純仁在樞府語人曰善人不見容則純仁輩不可居此矣諸公知公議所與咸爲之言章請外五上不聽乃出視事門下侍郎韓公維面奏范百禄所爲不正及有非理事十餘件簾中怒甚以爲輔臣奏劾臣僚當公行具章疏

明諭曲直既無明文何異譏毀黜知鄧州公不草制兩上章論之曰維執政爲朝廷别白邪正是非真得大臣體雖案牘不具出於口奏豈可便謂之欺君大臣參與國論或否人物不必一劾須形文字頋所言當與不當行之人心服與不服耳今陛下責維徒口奏而已遂謂有欺君之意臣恐命下之日人心眩惑謂陛下以疑似之罪逐大臣恐於陛下盛德不爲無損執政大臣自此以維爲戒無敢開口論議臧否人物君臣上下更爲形迹恐非陛下推赤心待大臣之誼亦非大臣展布四體以事陛下之道也竟以他舍

人行下事雖不從士論題之諫官王覿言執政忤旨落職知潤州公封還詞頭言覿之一身出入内外不足之為重輕而陛下寄腹心於大臣寄耳目於臺諫二者相須不可闕一今覿一言論及執政即日去之是何異愛腹心塗耳目豈不殆哉上悟加覿直龍圖閣

三省議更科舉公獨建議以謂三代兩漢人材之盛風俗之美后世莫能及者取士以行不專以言故也今雖詔内外官舉經明行脩之士中第之日優其恩典不獨取之以言又本其行庶乎近古然徒使舉之而不由鄉里之選又無考察之實與斯舉者隨衆牒

試於有司糊名謄錄校一日之長不惟士失自重之義且於課試之際無以別異於衆人則所謂本其行者亦徒虛文而已謂宜別立一科稍倣三代兩漢取士官人之法因今之宜斟酌損益要之無失古意而已至於投牒乞試糊名謄錄之數非古制者一切罷之待遇恩數盡居詞賦經義等科之上庶使學者尊經術惇行義人人篤於自脩則人材不盛風俗不美未之有也太皇太后受冊有司檢用章獻明肅太后故事當御文德殿奏疏曰伏見太皇太后聽政以來止於延和殿垂簾視事受契冊人使朝見亦止御崇

政殿未嘗出踐外朝蓋外朝天子之正宁太皇太后崇執謙德不欲臨御以為天下後世法推此言之受冊外朝殆非太皇太后之意特以故事當然耳竊詳故事天聖二年兩制定皇太后受冊於崇仁殿仁宗自出聖意特詔有司改文德殿此盖人主一時之制非典法也頃下明詔歷從天聖二年兩制之義受冊於崇政殿仰稱太皇太后克已復禮謙恭抑損之盛德中批令學士院降詔如公所請是歲坤成節禮官建議於崇政殿上壽其升殿賜酒并文武百官拜表班次並用天聖三年故事三省樞密院時降朝旨不

全用天聖三年故事及有司之議乃引九年會慶殿
上壽如乾元節之儀公奏疏曰太后昨降詔書
以謂不敢自同章獻太后今此舉似與前後本末不
相稱殆非太皇太后之意特執政大臣出於不思耳
疏入從之公之畫規太母之聽言前古靡儷焉非主
聖臣直寧有是夫皇太妃親屬有常城縣民候偁者
負官錢内批特與寬展納錢年限公言此在縣官事
至微未恐不足以上煩詔旨以啓倖門又言近日頗
有干求内降特與差遣洎此雖未足仰累二聖大公
至正之德竊恐僥倖之人轉相扳援煩瀆聖聽杜漸

防微宜自今日仍錄仁宗戒敕內降八條以進乞置之座右少助省覽奉使畢冊回道過雄瀛二州百姓各經國信使副陳述役法不便事公言臣於役法本不詳知乞明詔有司更加考察不憚增改歸於便民而後已昔在熙寧中更定役法臣兄布實與其事臣今言之不為無嫌但仰承乏從官將出使親見二州之民有所陳述不敢顧避隱默為自全計也又言臣以使事還至河北聞朝廷命王孝先開孫村口回河東流復故道及見運使謝卿材言河流稍入地中無可回之理但當閉塞支流縱之北去正是行其所無事

卿材當畫八事聞以朝簡易明白僅有可採乞下水
官及河北監司公共講求及卿材所陳利害詳爲得
失具奏朝廷擇其善者斷而行之庶使論議早定繼
聞召都水使者王孝先河北轉運使謝卿材判官張
景先赴三省論究利害而三人所論不同朝廷未敢
臆決遣官行視然詔書但令相度孫村口有無未及
利害如孫村口不可修即於不近界河踏逐一處則
是雖曰遣官行視而必欲回河之意已先定於廟堂
之上矣然則遣二近臣從數十官吏銜命而出不知
果何爲也及二近臣還奏如卿材說遂出孝先知曹

州從景先陝西路公力疏其罪執政不得已爲之啟命至紹聖初時論益主東流而河四潰決公私受弊牟如公言秦王後止襲公爵詔有司議所當立公言諸侯有國子孫以嫡相承禮也況承亮先朝所立傳國再世可復議移奪乎四年春旱甚中丞李公常請罷春宴執政難之公率彭公汝礪上疏曰天譴方從民食未充正君臣側身畏懼憂恤百姓之時乃相與飲食燕樂恐無以消復天變導迎和氣冀日有旨罷宴二公在朝論事數與時忤至是浸不容矣當是時丞相范公純仁左丞王公存論議多是與二公合異

意者欲盡去之會有以蔡丞相確安州詩上者諫官交章以為謗訕謫新州范王二公爭之不能得同時罷去先是公與彭公約當制者必極論之會公除給事中未拜彭公當制言甚力諫官多前日與公論異者言彭公實公使之誣以貴友公不自辨固辭新命請外章四上除寶文閣待制知潁州明年徙齊州未至改陳州在潁濬清河百餘里以通東南物貨人至今賴之部使者議開八丈溝瀦陳蔡積水潁人素以為患公距其議使者以語詆公公復移書折之及徙陳執論益堅人於是知公非私於一州也越明年移

知應天府兼南京留守司守當東南孔道士大夫舟車衝尾結輙而至平時宴勞無虛日公曰飾廚傳以邀往來之譽吾不為也乃積公帑之餘大興學校親加訓導養成人材為多居數月除中書舍人命格不下七年秋還朝守尚書禮部侍郎是歲哲宗初祀南郊有詔合祭天地知祖宗故事公守前議論之語甚厲不報乃拜章自劾從刑部不拜請去不已降知徐州在徐數月徙知江寧府兼江南東路兵馬鈐轄紹聖初徙知瀛州充高陽關路安撫使哲宗既親政追用舊臣盡復熙豐之法數稱公議禮有守及公入對

口不及垂簾事將陳皆國家大體嘗謂人主雖有自
然之聖質必賴左右前後皆得其人以為立政之本
唐太宗平定四方有志治道時引虞世南等聚于禁
中號十八學士退朝之暇從容燕見咨詢無倦或至
夜分是以後世言治獨稱正觀臣謂宜於此時慎選
忠信端良博古多聞之士置諸左右以參謀議以備
顧問與夫深處法官之中親近褻狎之徒其損益相
去萬萬矣忤貴近意故不得留是時元祐諸公皆流
竄嶺表最後謫前史官范祖禹等以實錄譏訕為罪
初實錄成公與陸佃林希以嘗在屬例轉一官公奏

臣不逮成書不可因人之功以叨賞典累辭不許至是希為中書舍人納所遷官在職公恥自陳以覬幸免遂與佃俱奪一官降小郡以公知滁州御史言希不當與公異佃與奏書不當與公同仍削佃職除公集賢殿修撰守滁歲滿除知泰州又二季徙海州元符三年上皇即位欽聖太后權同聽斷一日二府奏事簾中宣諭曰先帝在宮中嘗稱曾某可用曾公為樞密實與聞之先帝謂神宗也召還除中書舍人即日請對言治道在廣言路而已祖宗以來數詔百官使以次對神宗舉而行之於熙寧之初以興起事功

爲後世法顧陛下迹神考之故事脩轉對之制下不諱之令明詔百官下及民庶得極言時政無有所隱然後擇其善者而行之且報之以賞大則加以爵秩小則錫之金帛其言不足採若狂妄抵梧有一切置之不以爲罪庶以鼓動天下敢言之氣會日蝕四月朔故事當降詔求直言特命公草詔因具著所以言於上者數告中外於是投匭者日以千數故上得盡聞天下事大臣有欲害公者未有以發乃攺公所撰孔平仲復官制詞著平仲譏訕先烈之罪激之使自辨因以擠之公錄二詞白上言陛下既赦其罪俱當

明著聖恩敘復之意不宂更載前來貶謫之罪萬一可用用之如不可用則臣為不稱職即乞罷中書舍人職事以允公議上察其非罪從令赴省供職及對慰諭久之元祐士大夫再以赦甄敘或復舊職典方面公奏生者蒙恩已厚矣唯是游魂枯骴未蒙聖澤死而有知豈得無望請如冦準曹利用故事檢會臣寮昨已死被追貶或貶死未經叙復者還其所奪官職及本家恩澤又乞如祖宗朝每大赦後置看詳編配罪人一司命官典領使流竄錮之人均被恩施皆見納用由是上恩溥及存沒矣累遷朝請大夫擢

翰林學士知制誥又數月兼侍讀上嘗從容謂公曰卿學術在廷無過之者非玉堂之上不可以處卿公頓首謝因言近世帝王善為治者莫如唐太宗善言治者莫如唐陸贄太宗貞觀之治論者謂庶幾成康史官掇其大者别為一書謂之貞觀政要陸贄事唐德宗知無不言言無不盡要其歸必本於帝王之道必稽於六藝之文此二書一代之文章實百王之龜鑑伏願陛下退朝之暇紬繹經史之餘取此二書置之坐右留神省覽發言行事以此為準庶於盛德有補萬一又言伏覩詔書知州軍辭見與文臣帶一路

兵鈐及監司職任者並須上殿指揮皆罷而不見愚竊所未諭也今陛下初即尊位方當厲精為治日接群臣以廣聰明以通衆志之時而遽有此變更竊恐四方聞之或意陛下倦於諮詢或意陛下略於待士而為一監司長吏者亦將苟且因循無自勵之志非所以崇德美興治功也給事中二人相繼封駁除月三省進呈令中書舍人書讀行下公言三省各有職守不相侵踰門下所以駁正中書違失故中書舍人不兼給事中職事恐因此隳壞官制有損治體諫官陳瓘以言及東朝與政事被謫公適館伴虜使事畢

還家即奏書兩宮曰璀昨日所論臣雖不知其詳以詔旨觀之璀言雖狂其意則忠何則璀以疏遠小臣妄意宮闈之事披寫腹心無所顧避此臣所謂狂也皇太后有援立明聖不世之大功有前期歸政過人之盛德萬一有纖毫可以指議則於清躬不為無累璀以愛君之誠陳預防之戒欲以開悟聖心保全盛美忘身為國臣子所難此臣所謂忠也昔東漢明德馬皇后嘗謂章帝曰吾但含飴弄孫不復關政章帝亦能不顧所生極其尊事之禮故一時母子之賢著之史冊為後世法本朝慈聖光獻皇后歸政之後游

心物外歷英宗神宗兩朝功隆德盛稱美至今公所以處上母子之間委曲詳盡有人所難言者不可縷載也初擢得罪左右無敢言者公獨盡言請復擢舊職其犯顏嬰鋒率此類也先是禮部議哲宗升祔室於太廟殿增一室公獻議稱書禮記皆云七廟國朝自僖祖而下至仁宗始備七世故英宗祔廟則遷順祖神宗祔廟則遷翼祖三昭三穆合於典禮今大行皇帝祔廟當與神宗為昭穆上遷宣祖以合禮文七世三昭三穆之誼時為禮部者方執政故公議見絀時議者又言上當為哲宗服期從兄弟之服公在邇

英讀史記至堯崩三年之喪畢因言堯舜同出黄帝舜且爲堯喪三季者舜嘗臣堯故也侍讀温益進言曰史記世次不足信若堯舜同出則舜娶堯女爲娶從祖姑公以史記世次禮記祭法大傳之説質於上前益語塞時有陳大中至正之論者以元祐紹聖均爲有失魯公稱上命俞公推此意爲詔明諭天下公見上言陛下欲建皇極以消弭朋黨須先分君子小人賞善罰惡不可偏廢開説甚至已而詔自中出上命魯公遂視草禁中因舉數事爲戒所謂休息百姓總核庶工甄叙材良敦奬正直澄清風俗振肅紀綱

退與魯公言未嘗不丁寧反復以此也本朝學士第
草兄制惟韓氏與公無他比也士論榮之而公獨以
滿盈爲懼力祈補外章三上三請對引祖宗朝學士
許避親嫌故事期於必得上面諭曰朕初即位首召
用卿豈可遽求出也除龍圖閣學士提舉中太一宫
兼集禧觀公事修撰哲宗實録仍侍讀如故懇辭逾
月不受命請郡益確上封還乞外奏遝出稱謝然猶
申前請上固彊之故退而奏詔朝廷更茶法内侍閻
守懃主之公謂與民争利不可爲是時守懃方用事
勢傾中外非守義弗渝無敢忤其意也元年太史漫

奏四月朔太陽當蝕公請對言今連年日蝕皆在正
月歲旦之夕赤氣亘天變不虛生必有所自因陳天
人精祲之說至誠懇激言發涕下退力請外得知陳
州徙知太原府充河東路經略安撫使公奏西事素
非所習且臣兄布嘗與措置議論之際不無妨嫌力
辭不赴改知南京公前自陳徙宋遺愛未遠是行稚
耋送迎交於境上宋人聞公再來歡動城邑徙知揚
州兼淮南東路兵馬鈐轄到官一日徙知定州路安
撫使會元祐士大夫再被降黜公義不獨全請與俱
貶言者繼之落龍圖閣學士謫知和州道除舒州靈

仙觀時崇寧元年七月也魯公已罷政言路率公素所不合者未敢誦言排公廼言元符末有外臣上書議及宫禁因蹤大臣數人嘗有是議而竄公名其間坐奪两官徙居岳州明年秋治上封事異趣者千餘人因追咎公草求言詔貶濮州團練副使汀州安置在汀二年杜門不與人接日閲書數卷而已室内僅容一榻坐卧其中若將終身焉人不堪其憂而公處之裕如也手詔左遷官例許内徙移公台州魯公亦自衡徙舒會于途中未及徙所文例還爵秩授公散郎與魯公還居潤州里第戴白相從人所歆慕歲餘

二八

二公同時寢疾公遺命諸子以生不及養太師歿以
返葬其墓下自是旬日語不及家事魯公薨翼日公
亦不起實大觀元年八月丙辰享年六十一累勳上
護軍封曲阜縣開國子食邑五百户八寶恩追復朝
請郎後再以恩復朝請大夫集賢殿修撰公天資仁
厚而剛大之氣睟然見於顔面望之若不可犯而即
之則温然可親不問知其為盛德君子也與人交無
遠近踈戚之間不為虚詞飾貌一以誠意引掖後進
惟恐不及一經品目人人自好自少力學於六經百
氏之書無所不究含英茹實以畜其德非如世儒徒

摭其華雕繪組織爲辭章而已經綸之業蓋其素所蘊積也故其在朝則以論思之責爲己任出藩于外則所至有成績瀛州救荒之政全活者不可以數計至其受代則民挽留之把道闔門而不得去更十一州若此類不可悉數然在公爲不足道故畧而不載平居於物無所嗜惟藏書萬餘卷手自讐校終老不倦窮探博取無所遺忘雖虜中山川道里遠近夷險無不洞悉與遼使語道其委曲皆大驚服及自朐山還朝某官某送伴虜使使者語某曰昨朝會日執其事者非曾舍人耶吾聞其名久矣其爲夷狄欽慕如

丱家素貧未嘗屑意有無而以字孤振乏為急由布
衣以至處顯觀其居處被服飲食無異窮之日陳
無新衣薦無完衾帷器用敝惡閭門千指無所歸聞
其風者雖庸夫賤隸皆歎息為之泣下諸孫卜以二
年十一月葬公于南豐縣世賢鄉梅潭之原遵治命
也曾祖諱仁旺累贈太師沂國公曾祖妣陳氏楚國
太夫人祖諱致堯尚書戶部郎中直史館贈太師密
國公祖妣黃氏趙國太夫人考諱易占太常博士贈
太師魯國公妣周氏周國太夫人吳氏吳國太夫人
朱氏魯國太夫人娶強氏累封和義郡君尚書祠部

郎中二司户部判官諱至之女也有賢行能宜家有子八人長曰緄通直郎知楊州天長縣丞事次曰縱承事郎監太平州蕪湖縣酒稅務絢宣義郎監兗州東嶽廟統將仕郎監應天府柘城縣稅務織將仕郎監睦州酒稅務綿承務郎權知泗州招信縣丞事續纁舉進士女四人長適宣德郎王律次適宣義郎劉侼二尚幼孫男二十人悰恪慥悅懷悟惜㦖恂惎怡恢恰惲憓怹惔懍懊憘孫女六人公以文學擅名自結主知朝廷每脩一書以公為選首自仁宗至哲宗四朝大典公悉與焉有曲阜集四十卷外集十卷

奏議十二卷邇英殿故事一卷元祐外制集十二卷庚辰外制集三卷內制集五卷尚書講議八卷曾氏譜圖一卷公歿逾二十年今天子即位盡還元祐貶死人官職復公龍圖閣學士紹興二年賜謚文昭公久在論思之職參訂國論獻替爲多兵火之餘朝廷載籍焚滅殆盡雖至言顯行著在天下然日月逝矣恐浸久或失其傳故掇其大節而詳著之以備異日史氏採錄焉

龜山先生全集卷之二十九

里人嚴錀嚴鏳督刊

誌銘一

楊母朱氏墓誌

楊母朱氏，世家延平，居士諱某之女，楊父先娶蕭氏，夫人乃繼室也。夫人之歸，曾大父已沒，獨曾大母猶存。其爲人嚴憚，不妄戲笑，躬以勤儉畜子孫，有鄭專靜而無嗜好，人莫測其欲，以故左右給使鮮有中其意者。夫人事之，常得其歡心。治家事，中外輯睦，配楊父無違德。其歲時奉祀，割牲省䈰，必親臨之，未嘗委諸婦，終其身不懈。生子二人，二婦皆少亡，諸孫幼失所恃夫人朝夕撫養必知其燠寒疾痛綴完緝敝悉躬為之比其成人教以義方故諸孫卒得所恃為成人夫人之力也其天資柔靜婉淑事無小大喜怒未嘗見於色居常好善唯恐有弗及故卒受天祉以康寧壽考終其身逮諸孫有婦猶執女功不替諸子孫或止之曰為母而年八十亦可以已矣雖不躬為之其憂無人乎何自苦如是耶夫人從容言曰為婦而執女功乃其常也汝何異哉且吾雖老矣使吾明衰而視昏則雖欲彊為可得乎吾之所以不已者第吾力之所能勝耳汝何怪耶其後子孫雖屢止之其志

終不可奪也楊父諱明有子五人曰某曰某夫人之出也孫男六人曰助曰棼曰時曰度曰州僕曰二僕曾孫三人曰廸曰迥曰適女二人皆幼享年八十有三熙寧十年某月某日以疾終某年某月某日葬于白土之原其仲孫時爲之表而告其子孫曰而子而孫實繁其彀誰其育之王母是爰追其成人棄汝而歸寸草有心孰報春暉日徃不復形終此瘞刻石墓左以示來裔

張氏墓誌銘

殿直楊君一日詣予而告曰安持之皇祖考有高世

之行得無生忍法於善知識者其事有禮部侍郎李
公常朝奉郎劉公誼之銘文可考不誣也二公皆當
時顯人而一言之出足以信後世則雖沒不朽矣獨
念吾母氏之賢配先君無違德而其沒也不克銘以
塟使閨門隱行湮滅而無聞將無以昭示後世子孫
用是為大懼欲以銘累公不識可乎寻得二公銘文
讀之竊歎楊氏世為江西右族貲累鉅萬而其父子
不以一毫入其胸次飯蔬飲水與遺世絕俗之士游
卒能坐亡立逝無怛於死生之變則其所養可知矣
而夫人事其舅以為賢婦配其夫以為賢室是宜銘

乃叙而銘之使歸而揭之墓上夫人姓張氏南康軍建昌人居士諱某之室也曾祖諱某父諱某皆隱德不仕夫人資靜淑尤謹於事佛樂善好施姻族内外貧窶者必歸焉元祐戊辰六月二十四日以疾終于家越明年正月二十日葬于洪源之南亭年四十有二生男八人女四人長曰安道安世安止安行安時皆業儒曰正真為浮屠氏曰安持紹聖中以材武得官今為左班殿直監杭州餘杭縣浣坎鎮乃其次子也銘曰蠢兹世人徇物喪己驕吝日滋富不期侈於惟楊氏己物兩亡家累萬金視猶粃糠允矣夫人其

德克配刻銘墓傍以詔來裔

蔡奉議墓誌銘

安禮既沒之明年其族兄某以其弟亢踵門而告曰先兄疾大漸顧而謂亢曰吾不幸至於不諱宜以銘屬公今窆有期敢以請予曰吾於安禮有平生之舊朋友之恩非一朝燕游好也自幼學以至成人十餘年間出處語默無一不同者而以銘屬予予雖不能文其何可辭乃叙其世族歷官行事始終之大節而銘之曰君姓蔡諱元方安禮其字也南劍州將樂人曾祖諱某祖諱某父諱某君世富貲諸父皆浮侈妄

費殆盡獨君之皇考能自力不計有無資君以學君亦感激奮勵焚膏繼晷不少懈窮探博取發爲辭章卒以名聞于時熙寧九年同進士出身主饒州鄱陽簿移福州懷安惠州博羅縣令因薦改宣德郎知建昌軍南豐縣以年勞改奉議郎紹聖四年某月某日以疾卒于官享年四十四君爲人果毅明達與朋友信不詭合而妄隨遇事立斷不可回撓初爲懷安代有日會更役法君親爲按籍一日而差畢吏不得搖手爲姦利用以爲怨君去旁邑吏舞籍爲隱漏以贓敗陷重辟無一免者吏始相慶德君曰微令嚴而明

吾屬無類矣異時君過境上故吏逆君拜庭下以是爲謝其在南豐歲遭大飢流亡莩踣者相枕籍君爲法賑之賴以全活者不可勝紀君之爲政彊斂與民爲條約而不可犯然簡節而疏目明亦易避也其破姦剔蠹必鋤盡根穴乃止故所至有風績吏畏其威而民安樂之也某年某月某日葬于下山之麓君娶鄭氏生女再娶黄氏無男以其弟之子某爲後昔君每以書抵予未嘗不以是爲憂今其已矣悲夫銘曰

謂天爾嗇兮胡德之純謂天爾厚兮後胡不蕃憑大靈兮騎雲欵天關而上訴兮邀乎不聞惟有德爲不

杯守長存後歆有考考視此銘文

俞氏墓誌銘

夫人俞氏予伯父諱某之繼室也曾祖諱英祖諱懷選父諱守瓊世為南劒州人自皇考而上隱德不仕以貲傑其鄉子弟始皆業儒為名進士夫人端静嚴毅不妄笑語雖遇子弟未嘗有戲慢之色治家勤約有節中饋之事必身親之至老不懈初伯父亡子尚幼夫人以孀雅自營攻苦食淡仰取俛拾卒克有家子孫賴之不墜先業元符三年十有一月甲戌以疾終享年七十有二伯父有子五人其二夫人出也曰

昞曰允蹈崇寧元年九月丙申葬于龜山之陰始夫人疾革子方以漕檄竊食清流扗歸省之床下已不能言猶領之若有囑予者嗚呼意欲何言耶於其葬乃泣而銘之銘曰陰靜而嗇茲理之常無非無儀婦德乃光淵哉夫人展也其臧刻銘幽宮以示不忘

游執中墓誌銘

昔吾為太學生吾友定夫甞為余言其族父執中先生之賢余聞而心識之頗見而未之得蓋三十年餘矣建中之初余被檄貳令於其鄉邑始獲從之游聽其言稽其行參之於其所學信乎定夫之所稱無一

辭溢也於是相與爲忘年之交而恨相得之晩先生既沒逾數年而吾友定夫復狀其行致其子處道之意請銘於余余何可辭先生諱復字執中姓游氏世爲建州建陽人曾祖諱惟真祖諱耿父諱仲孫皆隱德不耀先生資孝愛総角已知彊學砥礪竭力以養其親家乏無經月之儲而親意未嘗一日不怡族父元聰明有精識於子弟中尤器之見謂有特操既壯學益富行益修鄉里旁郡見者悚服聞者悅而信之多遣子弟從之游遠近相屬也其學以中庸爲宗以誠意爲主以閑邪寡慾爲入德之途常以晝驗之妻

子以觀其行之篤與否也夜考之夢寐以卜其志之定與未也其與人謀委曲周盡不啻如在已其教人禁切其不善而開其善鐫諭之詳不少回隱不啻如其父兄故聽其言者初若難入然終察其爲愛已也亦或以忠誨成懟憾先生終不改曰寧人負我我無負人蓋直道不苟自其信然也以故鄉曲之士嘗受經其門者往往率德自好讀書亦求心到自得以善其身其成就人才蓋非碌碌口耳之習也少不事舉業晚狥親意一舉於有司不第而止以某年某月某日終于家享年六十有五夫人江氏宣德郎汝舟之

女配于君子能致婦順以得舅姑之懽心先先生十

年卒子男三人處道舉進士亦遵遺訓不敢失墜處

仁處厚早卒女一人既嫁未兩年而嫠守義不改適

皆其醞籍然也處道以某年某月某日葬先生於歷

衢之原先生貌温而氣和望之如枯木槁灰而堅挺

之姿睟然可見不問知其為常德君子也道廢千有

餘年謬悠荒唐之辭盈天下學者師其言尊其道而

修大之非徒雕龍炙輠而已夷考其所知未有能識

其樊者也冥行之徒猶擿埴於康莊之衢眩然莫知

其止故物我異觀天人殊歸而高明中庸之學析為

二致士於斯時欲肆業考疑則無其師資以輔仁則無其友而枝辭蔓說亂經矣先生德足以私淑諸人學足以垂世傳後而士之欲求師友者莫宜如先生也不幸老死於窮閻陋屋之間而不大顯於時可哀也銘曰於戲先生珪璋之珍韞質不耀韜藏于身多文之富曷云其癯學無欲淆惟道之腴以此易彼孰云不臧人難弗堪潛德愈光歷衛之原望之睪如遺風若存百世不渝

鄒堯叟墓誌銘

先生諱某字堯叟姓鄒氏其先出于魯國之邾慶季

之亂避地閩中故今為邵武軍泰寧人曾祖某祖某
父某皆不仕先生自少有文名尤工詞賦比壯游四
方始從中山劉公先生彝為學六經之旨百氏之書
無不該洽旁穿曲貫各得其宗汪洋大肆發為文章
遂以名聞於時嘉祐中登進士第調淮陽軍司理參
軍丁父憂服除再調南劍州劍浦縣主簿監建州買
納茶場移福州閩清縣令用薦者改宣德郎知宣州
宣城縣元祐四年二月十八日以疾卒于官舍之正
寢享年五十有八先生為人重厚寡言雖家人未嘗
見其喜愠貌温而氣和遇事堅正不可以非義回屈

初在淮陽卒有受枝不服而肆言守怒欲斬之議不決以其事付先生已而復欲逐前議先生不受令守益怒先生以為事在有司則有常法執之不移士論韙之其蒞官臨民雖冗職必盡力故所至有風績其決獄聽訟鉤考簿書赴期會他人觀之若不勝其煩先生處之裕如手未嘗釋卷也故其用志益深學之所造者遠矣先生既沒于尚幼大觀元年十二月十五日始克塟于常州宜興縣善奉鄉横山村黃宗塢之原娶劉氏先生某之女也子男若干曰某曰某嗚呼先生學充其志而用不究其才一時朋游共學者

登頭仕居要津視其顛仆忍不一引手提掖之卒以窮死噫命矣其尚誰尤故敘而銘之銘曰有美斯人君子儒兮純明篤實允式乎兮胸中之藏羅璵璠兮位卑德尊憯莫舒兮汗血龍駒縶荒嶇兮雲帆敝天膠沮洳兮天地吸噓皷洪鑪兮鑄物範形曾草圖兮自爾遭之人莫如兮旣厚爾德孰云癯兮黃宗之原安哉居兮鑴石紀辭永不渝兮

吴國華墓誌銘

延平據閩之要津號稱多士而以學行著聞鄉閭者吴氏有三人焉曰某字及之曰某字季明而審律先

生其一也當嘉祐治平之間士方以聲律偶儷之文爭名於時而三人者獨相與切磋以窮經學古爲務不事科舉退老于家若將終身焉其能自拔於流俗遠矣其後季明以經行被召不赴授其官而審律先生晚亦出仕獨及之卒於布衣予視三人者爲前輩而少得從審律游最厚先生不予鄙進而友之今其亡也以銘屬予何可辭乃序焉銘之先生諱儀字國華世爲延平人曾祖諱某贈某官父諱某歷任某官先生爲人剛毅篤實洞見城府而善善惡惡無所容貸其事親以孝顯交朋友以信義著自少篤志經

學者蓋不懈六經百代之書蓋無所不究窮探博取自信不疑尤深於詩易皆有成說晚益玩心於象數音律之學自為一家有文集若干卷崇寧五年詔求天下遺逸部使者以先生應詔辭不就已而敦迫之乃乘驛就道今相太師公見而說之授將仕郎太晟府審驗音律未幾附罷先生亦浩然而歸不復出矣大觀元年某月某日以疾卒于家享年若干某月某日葬于某所先生娶陳氏某人之女無子有女三人長適某次某皆先卒次適某官楊某嗚呼吾聞有德者必有後而先生乃無子以奉其祀是尤可哀也已

故為銘詩以慰詔幽銘曰人孰無宗世久則遷惟德與名萬世之傳德名之季先生有之不亡者存夫又何悲

吴子正墓誌銘

君諱思字子正姓吴氏邵武人也曾祖諱其祖諱其父諱其累贈宣德郎母朱氏封蓬萊福昌二縣太君君之皇考以上世有隱德至君始以進士起家中元豐三年第授蘄州黄梅縣尉再調虔州右司理參軍俗獷悍喜訟鬬吏明習法令挾以為姦故獄事視他郡為難治君敏達彊濟吏不能欺事至迎刃輙解無

曾獄會昌民有誣告毒死者縣獄具君為直其寃得不死者五人令狼愎訟君不已彌年不敢决其後更二獄卒如君所直也君之全活五人法當遷秩任事者不以聞而君亦置不問也曰吾為理官獄求生蘄盡吾職而已無他覬也聞者以君為長者就移和州防禦推官知吉州吉水縣有老父舞智玩法為邑巨蠹君得其狀繫治之吏窮迫欲以事汚君緩其獄鬬君之亡謬為家問置金其中囑小吏内之君夫人黄氏得書覺重疑之却不受君適自外至發書得金詰其所自為誣者情得咸伏其辜故縉紳皆知黄氏之

賢而益奇君繩冢有法也用是當路交薦之改宣義郎知池州建德縣君若至大興學校勸農桑教民力本歲餘邑大治逵去獄無繫囚民到于今頌之以年勞改宣德郎上即位覃恩遷奉議郎賜緋衣銀魚辟福建路轉運司管勾文字明年丁太夫人憂服除監江州廣臨監會更錢法日夜鳩工赴期會旁視若不可堪而君獨裕如也未幾以課最聞再遷承議郎還闕除監大觀庫遂以疾卒于京師大觀元年某月某日也享年五十三君娶黃氏左中散大夫某之女封壽安縣君有賢行配君無違德男一人曰偉明擢崇

年五年進士第秀州崇德縣尉女二人長適某次適某君爲人樂易不事表襮居家奉親無違兄亡事寡嫂盡敬畜其孤如己子家素貧淸約自克而賙䘏族黨無吝色内外姻睦人無閒言初與侍御鄒公某嘗城尉游君某友善二人皆蚤世君教育其子恤其家卒克有立古之朋友視兄弟斯道廢久矣觀公所爲足以激頹俗也性嗜學自六經百氏古今傳記蓋無所不讀下逮山經地志陰陽卜筮星曆之書浮屠道家之說亦無所不究旁穿曲貫各得其宗爲文長於論議尤工於詩辭義淸遠有作者風氣蒞官臨政務

近民不為進趨計明達吏治所至有稱士論每以用不極其材為恨而君處筦庫恬然也其自守不回蓋如此有文集五十卷契丹西夏錄十卷藏于家疾且革為治命數百言惟以孝弟詔其子孫不及其他背守死善道何以有此君既沒之明年其孤奉君之柩歸將以某年某月某日葬君于某所道過錢塘以尚書戶部黃公之狀來乞銘曰先君之友惟公為最厚宜得銘以葬予雖不能銘義不得辭乃論次其平生歷官行治之大節而銘之銘曰允矣吳侯猶德在躬閟弗大施而卒于窮其施惟何二邑之恩澤里不流

迺止于茲其存不朽有曄其文銘昭于幽以詔後人

龜山先生全集卷第三十

里人嚴鋼梓刊

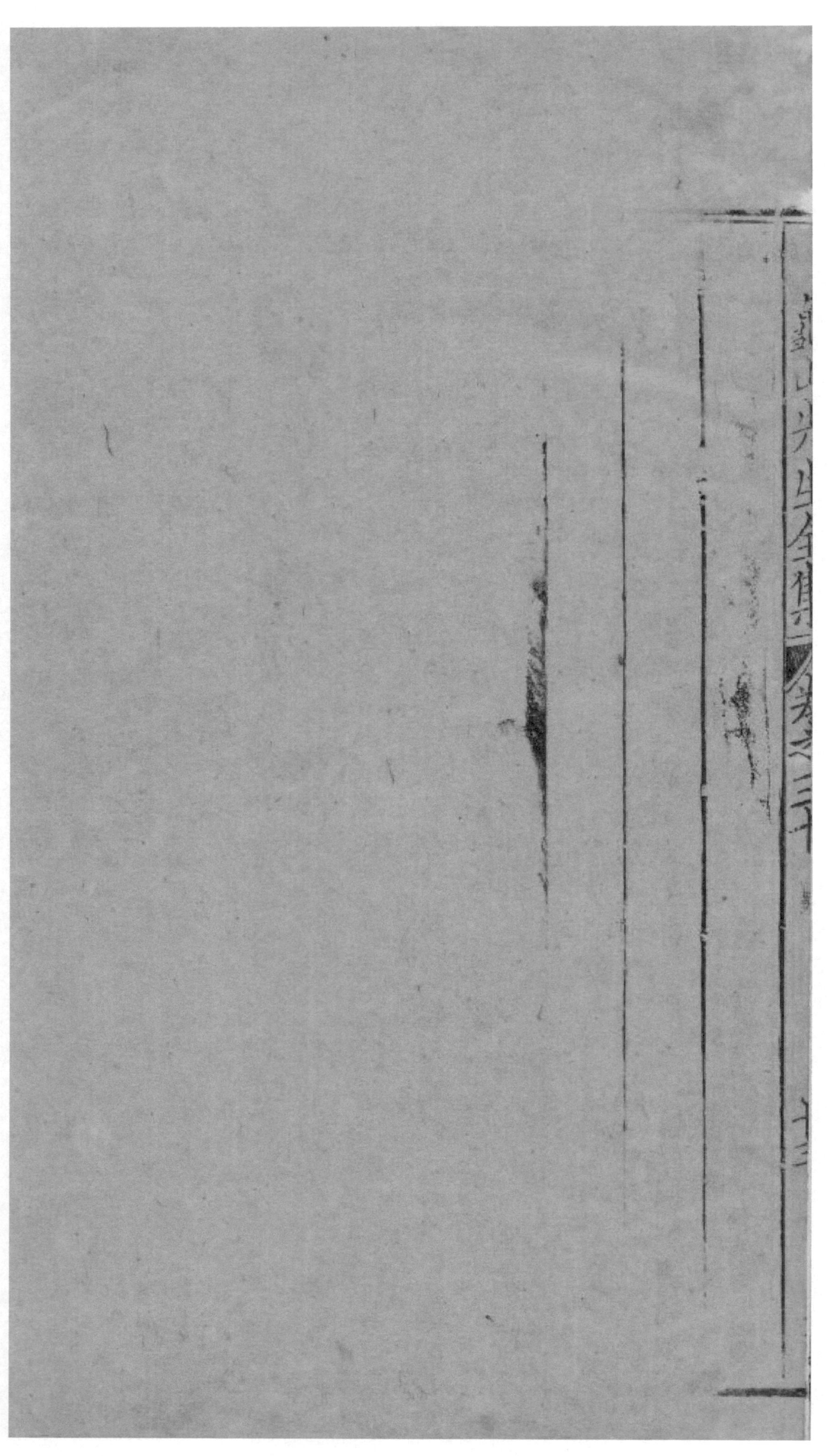

龜山先生全集卷第三十一

誌銘二

陳君玉墓誌銘

大觀三年歲在己丑二月乙酉居士陳君卒越明年其嗣孤經德不遠數千里狀其行走僕来睢陽乞銘於予予雖未嘗知君也而與其二子游厚善今不遠數千里来請銘義何可辭乃為之銘君諱某字君玉溫州平陽人也曾祖諱某祖諱某以好學篤行稱于州里父諱某皆隱德不仕君為人剛果有遠志廸諸子以學資其費不吝其遇人樂易無踈戚之間賓至

必為具盡歡乃已人有善雖小伎稱之若不及周人之急不責報務盡其義雖轉橐掃廡不為後日計留也里俗尚鬼而信巫有以癘疫死者必累月乃敢發喪君之舅夫人亡舉族獻疑欲從俗君獨曰吾寧死耳奚忍為是耶其孝誠不惑蓋天性也疾已革召諸子而戒之曰汝等慎無析居為鄙俗常態象方之訓死猶不忘非篤於為善何以臻此君喜佛學而不為求福田利益事將屬纊所親有為浮屠氏者泣涕問所欲對曰庭前栢樹子復問乃曰已在言前則君於死生之際可謂安矣享年五十有九娶繆氏先君十

四年卒子男四人經德經邦經辨皆業儒女四人長適繆氏次適李氏次適張氏其季皆早夭某月某日葬君于樂溪大嶺之原與其室繆氏同穴君旣沒而經邦始以上舍賜第人皆以君不及見爲恨而君於死生之際猶不累其心况其他乎然積善之報其後也必大可不占而知矣故繫之詩曰天之於人不可求服田力穡乃有秋君乎有子皆珍璆韞匱待價千金疇樂溪之原蔚松楸君其無憾安此坵

李子約墓誌銘

公諱撰字子約姓李氏本唐諸王苗裔其先恭王明

以太宗子國於曹有子五人後傑价備偲遭武氏之禍屢更封傳五王而絶价生濟國公臻無嗣獨其季偲官止左武衛大將軍子孫蕃延與唐始終迄今班班可紀世居陳留至公之七世祖澄爲温州永嘉令始還福州之連江國初三從祖亞蔔以進士高第起家至三司塩鐵判官任公之祖爲應天府法曹椽稍遷至縣令郡守所至有能稱最後以國子博士守毗陵卒于位樞將行州人不忍其去共挽留之塋橫山泣送者塡道又圖其像歲時祠之至今人有疾取墳土服之輒愈其威惠在人久而不忘盖如此國博君

生五子公之皇考其冢嗣也娶范氏司封員外郎亢之女國博之喪諸孫無所歸范爲營室于蘇故今爲蘇人公九歲而孤執喪奉親如禮既冠丁母夫人憂寠甚家徒四壁惟閉門自守雖廩食不繼澹如也親故高之爭持薪米以餉服除游太學聞南豐曾公鞏以文名天下公往受業其門刻意勵行務多識以畜德不爲進取計南豐器其材謂當爲世用會熙寧五年詔郡國貢士乃作湖水碧詩以勉其行六年遂登進士第調越州餘姚縣主簿用舉者監揚州高郵縣酒税移江州彭澤縣令遷鎮安軍節度推官知河南

密縣事除澶州州學教授考滿薦書應格改左宣德郎曾魯公布帥青社辟置公幕府公少從南豐游南豐兄弟三人皆登顯仕有重望而公尤爲翰林公所知及從青社辟其兄弟至以書相賀謂幕府得忠信之士礙吏部格不行青社移河間再辟公州學教授歲滿除太僕寺主簿轉奉議郎坐乘騎誤過欽聖太后儀衛貶饒州德興縣監酒稅上即位覃恩轉承議郎加武騎尉賜緋衣銀魚通判莫州轉朝奉郎加雲騎尉堂除人例不赴吏部選公罷選即自陳歸部授通判永靜軍轉朝散郎未赴以堂除人衘罷改授簽

書泰寧軍節度判官廳公事八寶赦轉朝請郎用年
勞轉朝奉大夫加驍騎尉任滿以恩例就差通判袁
州自永静改授及罷泰寧任或勸公詣朝廷申理公
曰吾每以士人老不知退爲鑒今固躬蹈之耶竟不
往執政大臣賢公行就除通判保州將引用遽以疾
終于正寢實大觀三年七月二十日也享年六十有
七公初在餘姚時有茶商夜行遇海船鉦鼓僧鳴更
相疑爲盜持短兵格鬭殺傷十餘人繫蕭山獄吏求
正名不得連年不能决清獻趙公守越聞公名檄公
攝縣事公至吏前負案盈積公一視之即得其情曰

犯時不知在律勿論具聞于州杖遣之餘悉迎刃旋解無留未幾邑大治清獻益知公能薦公可任縣令彭澤縣頻江俗窮陋喜訟尚鬼而信巫公一以信義道之晨興視事親爲決曲直吏筹筆立庭下屏氣惕息受成命行文無敢出一語者久而民化衆訟日益稀使者按行見之疑公不事事既而勾稽帳簿皆精緻無毫髮疵戾可指摘引因詰吏吏以素不深與不能對公徐進具道所以曲折詳盡卒大喜出朝廷下括田令轉運使倚法務苛擾欲多得隱戶羨田爲功公爭以爲不可使者怒欲劾公留令又沮格無得申

復望日且行公抱牘徑造卧内使者驚問公曰彭澤
令以公事白願起視之面抗論移時且請就劾并解
印綬去使者度不可屈卒從之然怒猶不置是時王
公安禮爲部刺史使者還金陵盛言公抗對狀陰激
怒之覬共置公罪刺史反壯公所爲曰縣令乃敢與
部使者爭衡此必介特有守士也亟呼書吏對使前
草奏薦公使者意沮猶數陰伺短失卒無一事可得
巫覡有前期唱言某日某所災者已而果然慕禁因
緣爲姦轉以相恐公召群巫于庭問以火將起狀期
日處所令將詰伺有不信抵罪又卜于城隍神祠如

所問巫言有不然者毀廟皆门無有乃下令敢有復假鬼神造言惑衆者坐之人心悉安朔方士鮮知學公爲二州教授始得名儒爲師士向風翕然一變將門子弟至襁跗注衣縫掖爲諸生者不可勝計澶淵瀕大河自元豐初决小吴河流不復由故道元祐三年始議遣使修復公作復河賦二篇贊明禹功究當時利害甚悉上之不報大抵言河不可復後卒如公言又廣孟子説著養氣論三篇傳學者其言深切著明皆可考而行也莫當虜使道公至謂宜先示以文教延增闢學舍益市書冊親爲講説士皆誦其言化

其德初歲才五六人未朞至十倍崇寧詔天下興學
莫遂為邑郡第一其在泰寧事無小大悉賴公為理
雖守將屢易幕府號為省事歲水災首議賑救民不
知有饑公之力也公性簡直不汩於私欲居家交順
遇妻子以禮閨門之內雍如也收養孀雅均其所有
中外無間言不事生產約於自奉而周人之急惟恐
不及交朋友尤篤於信義莅官臨事以理自將落乎
若無意於仕者至其遇事立斷有不便於民雖要權
必爭不少回屈率意盡誠亦不為矯激之行徼名於
世雖仕筦庫必盡力故所至人安之既去而久益思

流落州縣三十年位不稱德士論惜之而公與家人言未嘗有滯淹之歎其視得喪無足介其胸中者故天下識與不識皆知其為鉅人長者及其亡亦莫不咨嗟歎惜公晚尤深佛學前數月尚無恙居静室燕坐終日對家人未嘗輒語屛絶情累若預有知者間惟焚香誦佛書而已家人私竊怪之莫敢問手書寒山詩一首意若示諸子者大抵以攻人之惡伐己之善為戒疾革猶怡怡自若卒無一言及後事公於死生之際安之若此則其素所養可知矣曾祖諱慕玠故任祕書省著作佐郎贈尚書二部員外郎國博君

官餘慶贈屯田郎中考諱處常故任忠武軍節度推官贈朝請大夫公娶柳氏括蒼人朝散郎珣之女有賢行生子男六人彌性彌倫彌大彌遜彌中彌正女二人彌倫以公遺奏補假將仕郎彌大彌遜崇寧大觀間連舉登進士第彌大登仕郎興仁府宛亭縣主簿彌遜單州司户參軍餘皆舉進士長女適進士張延之次適從仕郎廬州舒城縣尉陳遇舒孫男一人女一人皆幼公喜著述文辭簡古有理趣作毛詩訓解二十卷孟子講義十四卷文集五十卷史贊論五卷藏于家其孤將以政和元年二月二十四日葬公

于橫山祖塋之西狀公之行與其族系世次來請銘
予雖未嘗知公而與其子游考公之行與其歷
官行事始終之大節皆足以垂世傳後是宜銘乃敘
而銘之銘曰李本嬴姓爰自高陽天祚神堯興于有
唐本支十三明國于曹或絕或封惟時之遭偎賈其
季為衛將軍位雖不克著蕃蕃子孫世載其德著于昆
陵疾譙與廖邦君之靈公蘊大器增光于前匪新匪
雕矩方規圓閑學有原左右之逢士得其師靡然向
風有社有民庇之以身義在必爭力四千鈞畜大不
施其行則躓寄之去來視猶一旣善無不報不于其

躬力穡之勤後穫必豐矧公多子惟公是似責報于
天如執右契橫山之陰有墳其墟公則無憾永安此
居

許德占墓誌銘

政和五年春二月戊辰居士許君卒越三月癸酉葬
于晉陵萬安西鄉之原與其先夫人同域是時予方
歸省松楸其子知微不遠數千里以書來請銘歲十
一月予至自延平知微復踵門而告曰先君潛德隱
行足以貽範後昆諸孫奉承罔敢失墜惟是幽堂之
銘所以譔德紀善發揚幽光而無詞以刻大懼泯沒

無稱以為親羞重諸孤之罪敢以是請予來居毗陵久竊謂君一鄉必有一鄉之善士訪求之得君之行治為詳又與其子知徵游其何可辭君諱玩字德占生而有至性純行未十歲喪其怙恃哀毀如成人家素豐美而君獨澹然不以一毫置其胸中其所取僅足而已不為多寡計也約於自奉而急人之急不翅如在已者雖里巷疏遠之人昏喪之不能具疾病之無醫必悉力周之至倒廩傾囷不吝也娶李氏有賢行作配無違德先二十三年卒生子四人長曰知徵處州縉雲縣丞次曰知彰大學內舍生曰知柔早夭

李曰知興廣州貢士三女長適進士李敦復次適[illegible]奉郎應天府中城縣丞晏躬行次發奔孫男三人曰林曰棣曰櫟女三人皆幼平居勵諸子以學曰士知爲己而已須以發策决科以詭謗羅流俗非吾志也初喪其夫人年尚壯即屏居于外不復以世累攖拂其心日味佛老之書以自順蕭然一室雖家人有經日不見其面者非靜定詎能爾乎自縉雲得疾其子訟檄奉君以歸已而疾少瘳忽一夜向晨顧謂侍子曰今何時曰雞鳴矣遂命扶起正其四體反席而逝享年五十有八君爲人貌温而氣和喜怒未嘗形於色

清慎寡欲恂恂惟謹輯睦中外必盡誠意故其存也無間言其沒也吊哭盡哀焉惟許氏之先曰堅者有卓行浮沉廬阜九華之間初不知其何許人也至君之高祖正顯始自江寧徙居常州之晉陵故今為晉陵人結廬東山之阿與孫氏比居友善未幾夫婦俱亡而君之曾大父懷素向幼孫氏收鞠之其後族人自江寧來訪堅之後者攜而往孫氏匿不以告比其長以其子妻之且告之曰高人之後宜蕃衍必有大其門者并其資付之而去卒莫知所之孫氏亡其名若堅之徒歟懷素生延福延福生億君其八季子也慶

亡更五季之亂衣冠舊族流離散徙雖名卿大夫有不知其所從出者況堅之與世相忘乎自堅至正顯譜系中絕其世次莫可考也然邦人至今以君之居爲許堅家云銘曰堅有卓行其存不亡居[illegible]斯人于堅有光無墜前脩必大其門德人之言以詔後昆

楊氏墓誌銘

陳濤子通將葬其母夫人不遠千里以書屬予銘子通予之外兄弟也吾母與其父京皆居士諱選之子居士予昔爲之傳者蓋隱德君子也其夫婦俱蚤世吾母與其兄少孤友愛異甚其爲人嚴恭儼恪不妄

嬉笑靜慎有父風夫人尊事之每順適其意無少忤者比其亡而子尚幼夫人撫存之視猶子也今欲誌其墓舍予其誰宜乃叙而銘之夫人楊氏將樂人也祖諱思父諱苗世爲田家夫人年十六歸于陳氏其事舅姑以孝聞事其夫盡婦順晨昏奉甘旨必身親之不少懈輯睦中外無閒言夫亡勵其子以學卒克有立宣和元年六月十七日以疾終于正寢享年八十有九子男二人長曰瀚次曰濤女二人長適進士黄寀與長子皆先夫人卒次適進士李孫杲孫三人曰致柔曰致虚曰宗虞女孫一人以是年十月九日塋

于城南陽坑之原銘曰富而壽福所先兮攸好德力足賢兮誌諸幽永弗諼兮

梁明道墓誌銘

致和八年七月戊戌梁侯卒于其子崑山令之官舍越明年其孤歆扶柩歸于其鄉以宣和二年八月十六日葬于鮫湖山之原前期自青龍走昆陵乞予銘予梁侯同邑也雖未之識而聞諸鄉評得其行懿矣今其子又請之勤若是豢何可辭乃為之銘梁侯諱伯臣字明道南劍州將樂人也曾龔祖鈞父世廣明道貫孝友事其親能盡力撫諸弟無間言毋夫人得

未疾餘三十年未嘗斯須去其側晨興奉盥饋侍湯劑必躬服其勞終其身不懈親亡哀毀幾不勝喪逾年乃能襄事其遇人無踈戚必盡誠意歲饑有告急者雖掃瘦賑之不吝後雖自窶弗顧也人有稱貸或負之弗償悉焚劵不問其胸中洞然無纖毫芥蔕皆此類也其姻家官于嶺外而夫婦俱喪子尚幼五女未有歸明道曰吾可坐視之乎乃命其子迎致之別館為辦奩具以次擇士族歸焉嗚呼末俗日益偷雖夫屬之親迫窮禍患蓋有不相收若况外姻乎聞其風可以少激矣梁氏世有隱德至明道始勵子弟以

學而其子澤民遂中上舍第崑山之政有惠愛明道陰相之力爲多故邑人欣然戴之其病也爲之祈禳幾月無虛日其沒也哭之無不盡哀焉其得人心蓋如此晚喜心釋氏疾且革問棺斂之具已備遂安寢而逝享年五十有九娶蕭氏有子男二人長曰澤民宣義郎即崑山令也次曰後民女一人先五年卒銘曰

積善之報于後必蕃鋏湖之丘其歸永安

張進之墓誌銘

張氏諱序字進之常州晉陵人也曾祖庭讚祖延祚不仕父霖以其子恩贈通直郎進之兄弟七人長曰

巨次曰與俱登進士第巨雖位不至通顯而以學行爲歐陽文忠公所知其所交皆一時名流如右丞諸葛胡公樞密蔣公是也故張氏遂爲毘陵著姓進之幼孤能自力其爲人謹信原慤與人有誠意雖喜怒遇事輒發無所容隱過即夷然未嘗宿怨也輕財樂施無踈戚之間視其緩急貸與無所吝雖時有負折券不問也親戚之貧者月廩食之有常數行之十有餘年不少替暴雨雪鄉鄰艱食則給薪米以振之市材治棺以待貧無周身者每千人爲一録曰宜舍忘數千僧以薦之歲飢殍死被原野進之斂其遺骸藏

殆不可以數計也俚俗信禨巫宗人得癘疾闔戶無敢往來者進之日往省之無難色比其亡也所費一旅女爾進之力為經紀之事無巨細皆纖悉詳盡又育其女為置奩具擇良士歸之郡寮有雅相善者貧甚而抱疾久不愈進之往撫其家親為調劑周之無不至將屬纊以後事付之又有閩士自京都還暴卒于逆旅煢然一小僮守之無與語者進之任其託哀其無告為之棺斂凡附於身者咸使無悔焉悉力賻之資其柩以歸二家存歿得以無憾聞者義之宣和四年二月初二日卒于正寢享年五十有八前一

日澡浴更衣若將遠遊然家人初莫之省也越日盥櫛坐堂上有親賓與之笑語如常時坐頃忽瞑目起視屹然已逝矣其於死生之際與世之所謂善知識者庸有異乎蓋其平生於佛事未嘗斯須忘于心雖在塵勞中而能自撥樂與方外之士游得其一言之善則終身佩服而不敢失其誠著于中而自信其所得故能安逝若此為善之效其至矣夫初娶李氏再娶孫氏男二人曰葵曰蔚皆有文行女一人適凌伸畢孫二人其孤將以是年四月二十一日葬于武進縣懷德南鄉巢野之原以　朝奉郎高元脩之狀來請

銘乃爲之銘曰積德以潤身施惠以及物慶覃後昆其永無極

龜山先生全集卷第三十一

誌銘三

李脩撰墓誌銘

宣和三年閏五月二十有七日中大夫右文殿脩撰隴西縣開國男食邑三百户李公以疾終于家歲八月二十有八日葬于常州無錫縣開元鄉湛峴之原與其夫人吳氏同穴越明年其孤以晉陵鄒柄狀來請銘余與公俱閩人又嘗同為諸生肄業于上庠挾筴考疑時相從也俯仰四十餘年一時朋游凋喪略盡與公有平生之舊而知公之詳蓋無遺矣宜其有

請於余曰余雖不能銘其何可辭公諱夔字斯和其先江南人唐末避亂徙家邵武故今爲邵武人曾祖諱待仕閩以武力顯閩亡退處田野祖諱傳護考諱賡皆隱德不仕考以公貴累贈正議大夫妣黃氏資政殿大學士履之姊累贈高平郡太君繼妣饒氏累贈廣平郡太君皆改贈太碩人公幼孤鞠于外家成童猶未知書而穎悟絶人舅氏大資政黃公擢第歸一見竒之使賦詩有驚人語因授以書凡耳濡目染過即成誦至日數千言自是於六經諸子百氏之書下至毛鄭箋傳朞年之間無所不窺學日進文日益

有名從黃公游者咸推先焉是時朝廷方以經術造士公聲聞籍甚所至學者景從嬴糧重趼越百舍而至者常相躡也逮居上庠所交皆一時知名士初補監生洎選內舍皆第一龔公原得其文讀之歎曰此必山林幽棲篤學之士所爲今之學者莫能爲也其後預天府薦及試南省皆第二遂中元豐三年進士第釋褐調秀州華亭尉邑令所爲多不法公每規正之部使者欲有所按治告言行邑公逆之境上則以温言慰薦且諭令所爲公力庇之不以言部使者不悅正邑復諭之丞簿丞簿與令素不協則互訐所短

而令初不知公庇之也亦言公嘗以私故不過廳於是部使者以公為長者巳而考覈之三人者皆以罪去而公獨無累人以是知公之器度為未易量也丁繼母饒氏太碩人憂服除調建州松溪縣尉兼主簿秩滿移池州軍事推官太守羅公彥輔性彊愎行事或失中公必面折之初雖不悅而後卒相知也民有乙與甲爭塘水而毆甲至死者獄具刑官欲寘之極典公當書斷建議以為事有所因法不至死争之得減等公猶不已太守怒甚至以語詆公公不為屈争之愈力於是命他官書斷其後大理詳讞以甲准盗

論乙乃止當杖罰刑書斷官以失入抵罪衆始愧服
然公猶坐嘗簽書及用薦者改官降次等授宣義郎
人多勸公直其事公卒不自明也差知無爲軍廬江
縣改福州懷安縣未赴從故龍圖閣直學士陳公軒
辟知杭州錢塘縣事有兄弟爭財而訟者累政不能
决公至取案牘焚之諭以同氣至情財不足言兄弟
感泣拜於庭而去異日公復過錢塘二人猶來見公
以謝故觀文殿大學士呂公惠卿帥鄜延辟充經畧
安撫司勾當公事初公之尉松溪呂公謫居建州得
公之文奇之一見如故以是首辟公置直幕下至延安

未逾月適夏人傾國入寇號百萬人心危慄公徐爲呂公陳方略一路賴以完及米脂之役工未畢諜言賊兵十餘萬且至諸將棄城而遁公曰彼衆我寡去將安之是速死爾不若按兵勿動城雖未完冐以樓櫓彼將以我爲有備必不敢進兵法所以使敵人疑者正謂此也諸將然之卒如所料凡築殄羌威羌等十餘城未嘗不在其間其後奉進築圖至闕下因上五議欲使諸路乘虛互出以伐其併兵之謀進取橫山斷其右臂參用漢唐實邊轉輸之術申命州郡廣招置之法爲足食足兵之計懲二虜輔車相依之勢

以備不虞識者以為切中邊事之要累賞轉奉議郎除江淮荊浙等路制置發運司勾當公事未赴改授簽書平江軍節度判官廳公事嘗攝郡事適當累政因循之後獄繫甚衆公命數吏分條其所犯不日皆決遣之遂以無事令上即位覃恩轉承議郎勳武騎尉賜五品服以太學博士召道除太常博士轉朝奉郎遷知大宗正丞事因職事奏疏上四事大畧以謂緦麻親宜有蔭孫之法非袒免以下小宗有未食祿者宜廣流澤特官之宗室雖得以科舉進尚宜許之入學以養成其材且罷刺史以上公使以恤非袒免

無官之孤皆當時所宜行者有旨送講議司除屯田員外郎以論鄜延進築功特遷兩官轉朝請郎勳雲騎尉久之遷禮部員外郎天子視學公以為盛德事獻視學頌有旨第其文高等遷朝奉大夫勳飛騎尉時朝廷議禮考文禮官視他部為重非通知古今之學不足以當其任公傳經稽史無留事兩以考課被賞陟司封員外郎長貳相與舉晋之復還禮部轉朝散大夫勳驍騎尉然公雅意欲就閒曠力請外補除知蔡州朝廷惜其去晋為宗正少卿訓辭有曰非清德老儒曷任兹選士論榮之轉朝請大夫天子受公

寶覃恩特遷左朝議大夫兼學制局參詳官移太常
少卿時故相劉公正夫在政府劉公大資黄公婿
也以公聯姻婭亟請避嫌上曰並真太常也因批其
奏曰公議所在何嫌之有公遂就職官制行換中奉
大夫未幾復慨然語所親曰吾平生為禮學方布衣
時已預脩衣冠制度今備位卿寺得司天子禮文於
吾足矣士當知止豈可冒進不已遂堅求退或者勉
公曰奉常清切於禁從綫一間盍少留乎公笑謝之
朝廷度其不可復挽則除公集賢殿脩撰知鄧州兼
西南路安撫使陛辭天子勞問優渥公建言先帝常

命官修中書備對錄以知官吏流品户口錢穀之數以知禮法文為軍兵名額之數以知刑罰赦宥工事夫役之數蓋體周官歲終受會之意而所以周知天下之務也方今内外事物之要盈虚繁簡之實欵有所稽考盍命左右司畧倣前制為一書上之以資觀覽天子深然之有旨如公所請公之意蓋非苟然而已也南陽大藩為帥者多務大體不親事吏得舞文為姦公下車盡革前弊綱紀大整與部使者議事有所不合公獨請于朝事卒見聽當路滋不悦公弗頋已然自是若有不釋然者遂以疾請官祠朝廷意公

憚安撫一路之勞除知潁州章再上祈懇愈力除提舉杭州洞霄宫勳騎都尉賜爵隴西縣開國男食邑三百户公東歸居於梁溪錫山之傍日以文字爲娱澹如也子綰爲鎮江教官就養子舍與賓客過從盡登臨之適優游自得不復以世事介意嘗有貴公素知公者被召與公相遇於途詢以所欲公從容誦少陵江漢垂綸之句以荅之貴公洛美還朝每稱於諸公間以爲不可及也及綱爲尚書郎丏迎養京師除公提舉醴泉轉中大夫改右文殿修撰頃之以足疾不任朝謁請復洞霄凡爲宫祠者逾十年綱自左史

論事得罪方遠謫公誨之曰進退出處士夫之常汝勉自愛毋以吾老爲念也父子之懿聞者仰之及歸公喜見顔誾曰汝罪大謫輕謫未久而歸上恩厚矣何以論報時公方避寇海陵盛夏遽促歸既還以微疾上章告老命未及下而公疾已革顧諸子曰汝等皆在吾左右吾何憂因不復語怡然而逝享年七十有五公天資純孝繼母饒氏性嚴肅公事之盡子道得其歡心於兄弟間友愛尤篤既除饒氏喪盡以資產推與之獨與季弟曼出居澗右廩入之餘一以付之置不問其後禋祀許及朞親即以與其子緖其數

子以孝弟忠信為本聞人一善於父子兄弟間譽之不容口退而未嘗不以訓諸子也自為小官喜周人之急祿雖微不為有無計親族之貧不能家者均養之妹姪甥女無資以遣者必擇配歸之故鄉里語風義以公為稱首其交朋友盡信義與人接洞然無城府先喜提獎後進孜孜不倦門人之游膴仕者相望也其在朝廷每有貢舉公未嘗不為考官其所取多一時名士人服其鑒裁平生唯嗜書無他好幼學嘗苦無書既仕節衣貶食而積書之富至與巨室名家埒初黃公以名儒有重望自熙寧以來累踐大官被

遇泰陵進位承轄士之出其門者衆矣公爲兒童時甥舅自爲知己而退然官州縣垂二十年逮今上纂極黄公已均逸于外乃始以學官召擢蓋黄公所以期公者遠而公亦安於義命不汲汲於進也晚位通顯而恬於進取又率常數考一遷至一日有歸意則慨然決去不可留其難進易退如此公貌恂而氣和襟順而中勁少有大志而深自韜養不以所長自見至其謇然持議無所回隱不爲世變所移則有人所不能者建中靖國初丞相范忠宣 公薨太常議行易名公爲博士定其議曰公任臺諫當朝廷清明民物

卑安之時而公正色立朝以力陳安危治亂之幾至以法度之廢興典章之施設大臣之去留人材之用舍一有不當其心則抗章論列無所顧避至有不得其言而去其列侍從居省察位台輔益行所知從容進見有責難之恭朝廷有大利害與同列辯論上前名以理勝如羅大河東注之謗寢鬼章款塞之質下寬大之詔以安群心釋用黨之疑以全善類皆自公發之然公慮心積慮務在體國持論平允不以好憎易情不以同異介意惟其是之從也故鄧綰移楊公置綰前日論己之憾而言今日措擿綰事之非元祐紛

更公置熙寧論議不同之念而言今日法度盡變之失非公誠心慷慨不為利回不為義疚孰能然哉若夫赦蔡確新州之貶而忘高位厚祿之為可懷論呂大防等宜從寬宥之敘而不知疎遠嫌疑之為可避此人之所允難而公優為之蓋公以謂大臣之於國有股肱心膂之託而廼心王室曾無內外之間安往而不任其責邪方是時范公名在罪籍雖門生故吏往往諱言之而公之議挺挺不撓如此嗚呼斯可以觀公之心矣故余備載其辭以是銘之庶其流風猶足以立懦敦薄云公娶吳氏奉議郎桓之女初封仁

和縣君先公二十一季卒累贈濮陽郡君改贈令人
子男四人曰綱起居郎兼國史編修官以論事謫監
南劍州沙縣稅務得旨復本等差遣曰維承事郎前
監在京諸司糧料院曰經通仕郎試補太學上舍生
未赴殿試曰綸通仕郎女三人長蚤卒次適奉議郎
杭州司儀曹事張端禮次適迪功郎衢州司工曹事
周琳孫男六人儀之宗之集之琳之文之麟之女三
人有文集二十卷禮記纂十卷藏于家銘曰目無全
牛奏力砉然不逢其族孰知其難亡故屢更鮮不眦
揆秉義弗渝其節乃見公於建中士方紛如不倚不

流介然中居哲人之萎譊波稽天鯁謇直辭如防在川群言不孚咸底于罪皇明燭幽公獨無悔易名之美自公發之世濟之榮公與有之我作銘詩以示萬世庶其流風聞着興起

令人吳氏墓誌銘

中大夫右文殿脩撰李公諱夔之夫人吳氏其先越州山陰人仕唐爲諫大夫董昌之亂義不屈遁居栝州故今爲栝蒼劍川人曾祖崇避宗哲諱贈大理評事祖轂贈承事郎父桓故任奉議郎知湖州長興縣母鮑氏金華縣君夫人資孝謹事父母能盡其力飲

食起居未嘗斯須去側省定温凊各適其節言德功
容人鮮儷焉父母賢之謂必得名士乃可以爲配是
時李公以諸生與脩衣冠制度名聞朝廷繼而擢高
科遂以妻之惟吳氏世爲望族夫人生大家而李公
起寒素夫人事之盡婦順能以清約自將無驕矜氣
柔明端静人不見其喜慍治家有常淡遇妾媵有恩
意閨門之内雍如也方李公筮仕之初官卑禄微喜
過從賙人之急如不及甥姪孤女未有家者必擇對
歸之夫人躬治殽饌以致其精旨罍奩具資遣之無
吝容人以爲難而夫人安爲之故鄉閭篤風義者必

以李公為稱首夫人之力為多也李公從辟鄜延夫人挈諸子歸寧而金華尚無恙夫人事之益至吳氏族大間有不相能者必迎致其家聽其言視其容色而鄙倍必消矣其懿範感人蓋如此建中靖國元年李公自簽書平江軍節度判官廳公事被召為太學博士既登舟而夫人感疾遂不起實正月七日也以其年三月十八日葬于常州無錫縣開元鄉歷村湛峴山之原享年四十有四初封仁和仁壽二縣君李公之舅右丞黃公以夫人之賢奏賜冠帔既沒累贈永嘉濮陽郡君改贈令人男四人曰綱起居郎國史

編脩官坐言事謫監南劍州沙縣稅務有言章復未
行曰繼承事郎曰經曰綸皆通仕郎女三人長嫁齊
汝遷奉議郎杭州司儀曹事張端禮次適迪功郎衢
州司功曹事周琳宣和四年余過錫山以其甥從政
郎爽侯彥申之狀屬余銘且謂余曰吾母之亡先子
方趨朝而諸孤皆稚弱不克銘以塟夫銘所以論譔
先美而明著之後世也無美而稱之是誣也有而弗
知不明也知而弗傳不仁也三者有一焉人子之罪
大矣今吾母之德善可考不誣如此而積二十有餘
年幽堂無辭以紀諸孤不仁之罪宜無以自逭願得

銘以補前過庶幾發揚幽光爲存没之慰余感其言故不辭而銘之銘曰内職之脩閟而弗彰有子之賢其傳乃光貽爾後人視此銘章

翁行簡墓誌銘

公諱彥約字行簡其先京兆人唐末避地子孫散居七閩公之六世祖徙家建州之崇安白水鄉故今爲崇安人曾祖伯珎不仕祖元方以其子恩賜朝奉郎父仲通以文行爲東南儒宗學者咸師尊之仕至朝奉郎累贈銀青光禄大夫有子三人公其長也公天資穎悟絶人自幼學已能屬文既冠博總經傳尤邃

於禮學元豐末游上庠聲聞籍甚一時知名士皆貴公與之交元祐二季與國學薦以祖母壽昌君之喪不赴禮部試銀青外除造朝欲候公策名而後告老公以謂用是緩吾親歸休計非便也請以世禄之恩授中第銀青不許力請而後從已而兄弟更相推遜聞于朝事雖不行縉紳義之公既不第益自奮勵術業益加進建之舉進士者無慮五六十輩公再舉皆中首選從而受業者常數十百人元符二年上即位以日食下詔求言時公與計偕奏格言二十篇上篇自祗命原化典學崇儉以至審治言所以立德下篇自

擇術因任兼聽務和以至審勢言所以立政皆陳古義以砭今非言近而不迫直而不忤識者重焉政和三年擢進士第調汝州龍興尉丞相何公素知公謂所親曰翁生縱未能用不宜辱之搖楚閒也改常州司刑曹事公莅事精敏郡治賴之為多惡吏屏息有遁逃訖公在幕府不敢出者居二年江淮荊浙制置發運使以奏計對上問所部人材使者與公初無雅故以清議所在首以公對驛召為詳定九域圖誌編修官政和七年改宣教郎除太常博士以與脩因革擢遷奉議郎歲餘乞補外除提舉河北西路學事及

陛下建言朝廷更入行法使俱試于有司以革奔競浮濫之弊固著矣然入行初非以文辭選也今限以等第有中程而不官者與初立法異甚謂凡入等無問高下俱與廷對以示詳行實略文華之意時漸寇犯衢處公之弟中丞公由御史府得請鄉郡公亟以書屬之曰賊方熾勢必侵軼吾郡自衢信抵浦城崇安險阨易守不可犯惟處之龍泉至松溪浦城皆曠野無捍蔽龍泉破則建危矣龍泉之士有葉植者其人邁往有智略因之使拒守宜可倚辦中丞公然之比至鎮植已率衆拒賊即出兵益給糧械助之卒如

公所料朔方士大夫聞之謂公料賊於數千里外如指諸掌非智慮精審過人能如是乎公在朔部尤以人材為意有所薦拔兄擇行能卓然者先之如解習之徒是也學政於民事初無與焉公所至必諏訪民間利病與夫實邊制勝之術日與將士講畫意謂異時以使事歸報面陳之朝廷經遠之慮旣罷使事不復對除權發遣黃州轉承議郎宣和四年夏之官道陂高郵軍高郵當江淮孔道商旅所出入類多以貿易茶鹽為業姦民訐主摭銖兩之私連逮抵罪者不可勝計公下車有告言者隨決之無留吏猶習故

常白於欲以枝辭蔓其獄公曰兩獄充斥吾等尚恨其少耶吏愕眙失對於是一郡相慶知公以民為念吏不得倚法為姦也歲大旱公以禱祠疲甚既爾而公得疾所親以是尤公公曰民穌而吾病無憾矣病浸亟遂乞致仕章未報以八月丁亥卒于寓治之正寢享年六十有二公性孝友事親盡子道於兄弟怡怡如也敦睦姻族人無間言遇人無賢否一以誠意人人自以為親厚而與之同趣蓋鮮矣延平陳公晚居淮南見公喜語人曰翁奉常靜恪有謀使得志殆能濟務其為名流推重如此公為高郵視事纔數日

屬疾民或未識公面及公之喪行道之人皆出涕曰失吾賢守也蓋誠之感人未有不動者娶吳氏奉議郎桓之女封孺人子男二人曰涎迪功郎充兩浙轉運司管勾文字抗未仕女一人適承事郎李維内外孫男女十人有文集十卷其文精緻潤縟得作者之體尤長於詩藏于家昔公在太常二弟俱持節還朝列侍從居要官公復出使于外建雖多士爲東南最而兄弟俱被榮寵未有前比意公晚仕積厚而源深其發必遠遽爾淪喪士論惜之其孤將以明年六月丁酉葬公于白水之源屬余銘余於公有朋友之義

不得辭銘曰彝德之勤名則隨之名實既孚君子之歸濬深有源渭流未施百世之傳視此銘詩

龜山先生全集卷之三十二終

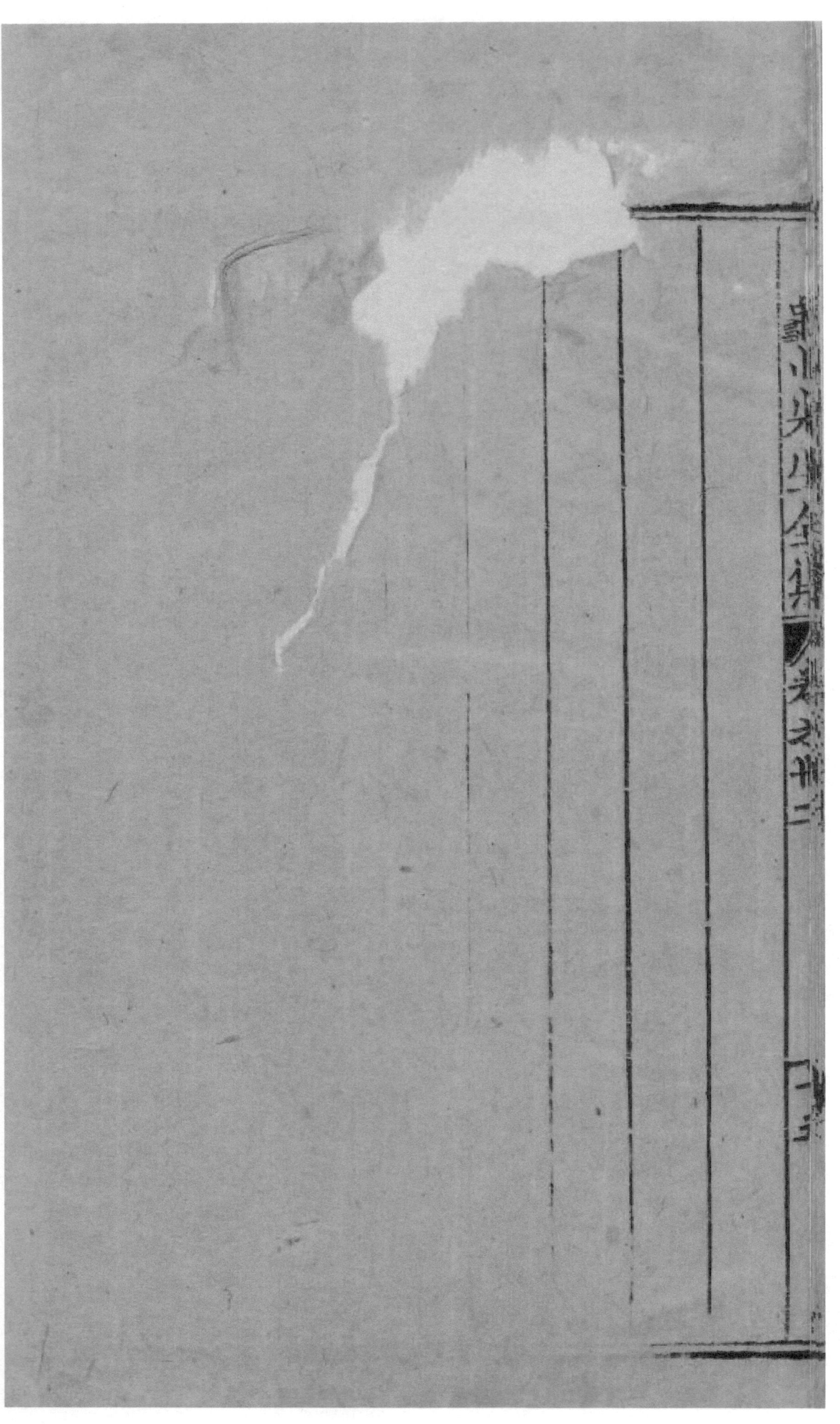

誌銘四

御史游公墓誌銘

吾友定夫既没之明年，其子某自歷陽涉大江詣予而告曰：「先君之友惟公為最厚，今既葬而幽堂之銘無辭以刻，恐遂堙沒無傳焉，敢以是請。」予告之曰：知先公之名德皎如日星，雖奴隸之賤皆知之，其流風餘韻足以師世範俗，豈待予言而傳乎？然昔在元豐中，俱受業於明道先生兄弟之門，有友二人焉，謝良佐顯道、公其一也。三年之間，二公相繼淪亡，存者獨子而已追念平生觸事無一不可悲者今吾子以銘見屬舍子其奚之公諱酢定夫其字也建州建陽人初與其兄醇俱以文行知名於時所交皆天下豪英公雖少而一時老師宿儒咸推先之伊川先生以事至京師一見謂其資可與適道是時明道先生兄弟方以唱明道學為已任設庠序聚邑人子弟教之召公來職學事公欣然往從之得其微言於是盡棄其學而學焉其後得邑清河予往見之伊川謂予曰游君德氣粹然問學日進政事亦絕人遠甚其在師門已稱如此則所造可知矣公於元豐六年登進士第

有名從黄公游者咸推先焉是時朝廷方以經術造士公聲聞籍甚所至學者景從嬴糧重趼越百舍而至者常相躡也逮居上庠所交皆一時知名士初補監生洎選内舍皆第一龔公原得其文讀之歎曰此沁山林幽棲篤學之士所爲今之學者莫能爲也其後預天府薦及試南省皆第二遂中元豐三年進士第釋褐調秀州華亭尉邑令所爲多不法公每規正之部使者欲有所按治声言行邑公迓之境上則以温言慰薦且諭令所爲公力庇之不以言部使者不悦正邑復諭之丞簿丞簿與令素不協則互訐所短

而令初不知公庇之也亦言公嘗以私故不過聽於是部使者以公爲長者已而考覈之三人者皆以罪去而公獨無累人以是知公之器度爲未易量也丁繼母饒氏太碩人憂服除調建州松溪縣尉無主簿秩滿移池州軍事推官太守羅公彥輔性彊愎行事或失中公沇而折之初雖不悅而後卒相知也民有乙與甲爭塘水而毆甲至死者獄具刑官欲寘之極典公當書斷建議以爲事有所因添不至死爭之得減等公猶不已太守怒甚至以語詆公公不爲屈爭之愈力於是命他官書斷其後大理詳讞以甲准鬭

謫越州蕭山尉用侍臣薦召為太學錄改宣德郎除
博士公以食貧待次奉親不便就擬知河南府清河
縣忠宣范公判河南待以國士事有疑議必與之參
訂移守潁昌辟公自隨為府學教授未幾還朝復秉
國政即除公太學博士已而忠宣罷政公亦請外矣
除齊州簽書判官廳公事用年勞改奉議郎丁太中
公憂服除再調泉州簽判
上皇即位覃恩改承議郎賜緋衣銀魚袋還召為監
察御史磨勘轉朝奉郎出知和州歳餘管勾南京鴻
慶宮居太平州兩乞再任以八寶恩轉朝散郎磨勘

轉朝清郎知漢陽軍磨勘轉朝奉大夫以親老再乞宫祠除提點成都府長生觀丁太碩人憂服除除知舒州移知濠州不數月會從官論守衡罷歸寓歷陽因家焉宣和五年五月乙亥以疾終于正寢享年七十有一是年十二月丙午與夫人合葬于和州含山縣昇城鄉車轅嶺之原用治命也公自幼不群讀書一過目輒成誦比壯益自力心傳目到不爲世儒之習誠於中形諸外儀容辭令粲然有文望之知其爲成德君子也其事親無爲交朋友有信莅官遇吏有恩意雖人樂於自盡而無敢慢其令者惠政在民

戴之如父母故去則見思愈多而不忘筮士之初未更事縣有疑獄餘年不能決公攝邑事一問得其情而釋之精練如素官者人服其明比年以來編民困於征斂而脩奉祠舘市材調夫無虛月所至騷然公歷守四郡處之裕如雖時有興造民初不知而事集此在公特其粃糠耳無足道者故不復縷載若其道學足以覺斯人餘潤足以澤天下遭時清明不及用而死此士論共惜之非予一己之私言也曾祖尚祖禮之不仕父潛贈太中大夫娶呂氏封宜人有賢行事舅姑以孝聞友娣姒睦姻族人無閒言公素貧不

治生產夫人攻苦食淡能宜其家其內助多矣先公
三年卒享年六十有六子男六人嬀文林郎洪州司
兵曹事卒于官擬捄擢皆發世損迪功郎前授歸州
司兵曹事嶷將仕郎拂未仕皆業儒世其家女一人
歸時之子適孫男三人女五人有中庸義一卷詩二
南義一卷論語孟子襍解各一卷文集十卷藏于家
銘曰嗚呼天乎敵不憖遺方時清明哲人其萎道雖
不行斯文未亡百世而下其傳有光

吳中奉墓誌銘

公諱表溪字智行邵武人也曾祖家仕爲三班奉職

祖及不仕父說當景祐寶元間士方以聲律決科而君獨以窮經爲務自閩陬數千里外贏糧趼足至京師從泰山孫明復徂徠石守道先生游講明道術還家杜門不復求仕進以公恩累贈至通議大夫公自幼聞過庭之訓篤學有家法是時安定先生居霅上爲世儒宗公往師焉一見奇之謂公有器識異日所至未易量也自是浸以名聞於時元豐二年登進士第調洪州豐城尉未赴丁通議公憂服除再調建州建陽縣主簿秩滿用薦者移撫州宜黃令適丁母碩人憂不赴終喪授鳳翔府好時縣令好時在隴右爲

劇邑號難治公至明約信令而人化服終三年無一人犯重辟者俛齊踏陵絶車輿不通邑人病之久矣公諭父老鳩徒計工治爲坦途往來便之侍郎張公舜民領漕事見而謂人曰莫侯可謂知爲政矣其爲利非濟人溱洧之比也率同列交薦之改宣德郎知泗州昭信縣事憲司有繫囚事聯省曹吏以枝辭蔓其獄六吏推治不能决命公往治之一問而情得人服其明民有持牒棄妻屛子者公詰其所由曰以病而貧力不足以相收故及此非得已也公惻然憫之曰吾爲長民之吏使人父子夫婦不相保當任其咎

者其誰歟於是出私錢賑之里巷編氓感公之義皆
協力以周其匱急故其室家復安如初比公之行是
人與其妻挐攀號於道見者咸嗟嘆之公惠政及人
有以厚風俗多此類也上皇即位覃恩遷奉議郎賜
緋衣銀魚除真定府路都總管司勾當公事會中宮
之安撫朱公紱以公無領帥事賴公頗多秩滿通判
新安除御史臺主行用中司不召赴都堂審察除光
祿寺丞未上遷開封府司工曹事朝廷更錢法命夜
下公適直宿陰為處畫人無知者黎明揭示大悉詳
下吏不得搖手為姦尹陛對被獎諭遂以公之名聞

于上覆旨親除左司録事中都不治吏習以為常黠胥舞知玩上文移鉗紙尾以進官署唯唯惟謹公察其尤無良者治其一二一府屏息無敢習故為傲慢者並條特權倖雖浚一悉趨之公為折其短獨未嘗少屈乃諷言章攻和三年出公為廣濟軍司録事士論惜之而公處之恬如也久之朝廷察其非辜起知睦州公曰文正范公清獻趙公嘗守是邦其遺範未遠也循而守之則無餘事矣已而郡大治民至今思之過朝除知饒州東歸待次昆陵愛其土風欲營菟裘為歸休計於是力請宫祠除提舉西京嵩山崇福

宫未幾告老宣和五年六月丁未以疾終于常州私
第之正寢享年七十有一是年十一月壬申葬于宜
興縣清泉鄉之梅林原公為人端勁有守孝于親友
于兄弟人不間其言畜幼孤如己子蒞官臨政嚴而
不一苛寬而有制故吏畏其威民懷其德決滯訟去
民瘼洞然幽隱雖逢其族迎刃立解世之名能吏者
皆自以為莫及也公自奉議郎或以年勞或以恩典
九遷至中奉大夫賜三品服封文安縣開國男食邑
三百户娶方氏太常少卿贈金紫光禄大夫諱嶠之
女有賢行能宜其家累封至令人男二人曰多聞通

直郎監鎮江府排岸司曰多見廸功郎明州慈溪縣尉女二人長適宣教郎知襲慶府鄒縣事朱𤴓次適廸功郎信州州學教授江文中孫男三人曰華曰莘皆登仕郎曰蒙將仕郎孫女二人尚幼晚自號如如居士有文集十五卷曰如如集既葬其孤請銘於予予與公有平生之舊知公為詳義不得辭乃為之銘曰獵德之勤積之在身府寺践更蔚乎有聞出蕃于外惠施於民去思不忘久而彌新百世之傳視此銘文

錢忠定公墓誌銘

宣和六年三月五日龍圖閣學士正奉大夫致仕錢
公以疾薨于毘陵私第之正寢享年七十有一計聞
天子詔特贈光祿大夫賻𧶘加等下所屬郡佽助其
葬其家上公行事于朝考六家書謚曰忠定越明季
正月壬寅諸孤護其喪歸葬杭州大慈山之原既乃
詣予泣而言曰先公勳德載史氏易名議行著于太
常褒贈崇卹具存恩典終始光榮昭于一時惟是幽
堂之刻發揚其親同為不朽者宜有以稱大懼隕越
弗克以承予責敢以是請予與公有同年之舊義不
得辭乃敘而銘之公諱即字中道其先出於顓帝之

後曰陸終封於彭城至子孚仕周爲錢府上士遂以官命氏子孫稍遷居下邳至漢末隧公避亂徙烏程又徙錢塘之臨安忠懿以吳越入覲公之高祖以宗屬錫官遂居京師爲開封人曾大父子節故任右班殿直祖昌濟故贈朝奉大夫父垂範故任朝散郎知太平州致仕贈銀青光祿大夫自皇考占籍宜興令遂爲毘陵人公天資雋茂稚齒已如成人年十三居母喪哀慕毀瘠見者感動既冠游太學以文行知名於時熙寧九年中進士第授安州司理參軍吏有誣服自盜抵死屬邑具獄上於郡公明其冤狀守將喜

而謂曰効縣獄當得賞者曰治獄得情乃其職擠入
以論功非吾志也聞者歎服章敏滕公甫力薦之稱
有氣節異時必為名臣移博州防禦推官知杭州臨
安縣丞異時縣民轉從豪右冒墾其田官不能直者
悉奪還之流冗復業又除二稅積弊以蠲民瘼至今
邑人頌其遺愛調福州觀察推官福唐為七閩都會
獄訟繁夥連帥悉以付公府無留事丁銀青憂服除
調睦州軍事推官三衢有冤獄久不決屬部使者以
閭里宿怨徼從按治挾為牘動公風欲鍛鍊以快其
私至則析獄平允所全活者二十三人或問之對曰

吾寧老冗選中，豈忍以數十人覓一薦乎？未幾除宣德郎，丁文安郡夫人憂，服除，知潁昌府郾城縣。脩奉泰陵，期會嚴促，乃躬自監督，役均費省，人樂趨事，先期告具。會汜水霖潦敗橋，府亟以屬公，三日橋成，人服其敏。繼奉二后園陵，辟爲京西轉運司屬官。有不下司體究採石事，事領於内侍，使者憚不敢，乃請代往按治，不撓，收罪之尤者寘于理。王博文帥鄜延，薦爲經撫司官。夏人有來歸者，當命以官，公察其言色有異，詰問屈服，果所遣牒者。崇寧中，朝廷欲撫納西羌，久而不至，主帥憂之，檄巡行塞下，宣諭德意，旬日監軍賞賚欵塞降附者至數百人代還賜對稱旨除提舉鄜延路弓箭手蕃簡精密占籍者皆爲戰士盡括閑田爲將吏冒占若以廣招募初塞上給田人一頃馬半之牧者不足供芻秣畜馬日久至是始增之槩給一頃人獲其利而邊騎益衆矣就除陝西路轉運判官王師收復銀州被旨專董芻糧飛輓鳳翔第功居最延帥經制五路邊事除鄜延路經畧安撫判官兼總管勾權帥事久之經制罷帥復領舊職涇原兵失利渭帥與總管爭訴於上論者請付獄以正軍法數遣官按治觀望奏報不直特旨命公遂馳至涇

源具得其實以聞且言劉安私師中有功邊隙頗少寬假以責來効上從之劉安止降秩士論大愜崇寧中陜西鐵幣日輕視銅錢不能十一而官俸獨給鐵錢在職者不能瞻官曠不補事有浸廢因建言倍給選人之俸凡攝事者理任受舉許同正員人樂就職百廢具舉公自爲幕府以方畧聞後稍權帥事將使揩望實益孚上深知其才驛召赴闕亟命入對上問西人兵力公曰夏國本數州之地盜據靈夏浸以彊大元豐中兵臨其城下羗戎壅河决水士馬幾殲遂無成功上曰靈武終不可取耶公曰戎狄之民皆兵

地否不察廩食動不勞轉輸故便於用衆雖兵之去
來飄忽如風雨而不能持久又其所短也頗申戒邊
臣嚴飭武備蒐練戎士積粟堅壘先為不可勝之計
以觀其釁避其所長而乘其所短則可以得志矣上
又問大寨泉可取否奏曰臣聞其地逼近靈武曩時
進取號為得策計慮不審亟築亟退反為夏人所有
距漢界百餘里地皆潟鹵無水泉古所謂瀚海也聞
有之不可飲馬口鼻皆裂大兵不可往審問邊將皆
以為然上首肯之翼日除直龍圖閣知慶州兼環慶
路經畧安撫使馬步軍都總管再入謝上宣諭曰慶

詔環慶進築久而無功今當屬卿乃謝而言曰陛下過聽以任臣顧雖綿薄敢不罄竭仰承睿訓旬日凡三進對所陳邊防利害攻守計策甚衆上深嘉納之事多施行削槀不言陛辭乃賜三品服以寵其行詔趣之鎮即日訖道初紹聖中城清平關關之左右皆沃壤地曠絕無扞蔽人莫敢耕牧乃即關之東西築徐丁臺帝章堡賜名曰安邊城曰歸德堡東西相望控制要害包地萬餘頃人得以縱耕其中歲取以數萬計公私利之初城徐丁迄一日下令遣發諸將騁貽不知所爲公曰亟往即事訖及境上大兵已集矣

粟坂築之物無一不具三日而城畢夏人駭歎服
神速環慶自大寨泉退衄之後士氣沮傷至是復大
振踰年移知延安府兼鄜延路經畧安撫使馬步軍
都總管河東陝西皆邊夏國人使文檄往來獨由鄜
延號爲西邊門户凡中國移檄與諸路理辨疆事率
由延帥判定以付邊吏夏人書檄至帑閱其當受與
否諸邊皆稟覆行自公至烏延每屈之以禮朝廷初
用入寶夏人以所賜御寶大於曩時言於邊公令邊
吏諭以御寶度數非臣下所當議拒却不受自是西
人畏服使人入境所舉小不如式劾引伴者坐之移

檄夏國責其失禮其後至者皆惕息惟謹無敢縱以
生事初羌人久拒命上許其納款諜者數言將進誓
表而累歲不効公策知敵情言羌必不來然至與不
至不足問當嚴備以待之耳因條上備禦之策上以
爲朕除集賢殿修撰乃城清遠鎮邊二寨以遏賊衝
增築龍泉御謀二城堡聚邊民吾圉益固大觀初關
輔饑民流至邊因上言常平官失職使流冗就食塞
下則邊粟益貴且非所以示夷狄宜令所在資遣還
鄉以振給之詔從其請民得復業秋大霖雨傳言徼
障誠壞將大入寇諸將請契卒之踐更者以益兵朝

廷下走馬章敕諸道增嚴備禦他路調兵騷然獨鄜延按堵如故因上言臣審料夏人決不寇邊迄冬果無警諸老將皆服公料敵精審詔以公守邊鎮靜備禦有倫除徽猷閣待制仍再任西邊恃蕃兵弓箭手爲用異時患蕃官侵擾莫敢繩治乃悉爲約束犯者無貸自是皆獲安業人心感服戰守賴之鄜延邊裹千里而諸城疎逖敵易乘間乃增置杏子鎮青盧移萬世歷丁堡東接河東西連環慶聲援相屬彌縫邊隙敵不得間除顯謨閣直學士復再任再上章懇辭不允政和初内侍童貫宣撫陝西法有弛張可從宜

者得罷行之長安萬物騰踴衆貨益輕乃嚴設科條歆力平之計司承望風旨取市價率減什四違者重寘于法民至罷市又行均糴法賤入民粟增估金帛以償之下至蕃兵射士之授田者咸被抑配全陝騷然幾至生變帥臣諸司不視利病奉承推行惟恐後公獨以為不可極陳其害章上不報時貫方用事權傾中外人皆為之危慄而抗章繼上言益切至士大夫聞章中詆貫論事多質直語往往爭傳誦之坐是貶永州團練副使永州安置然平物價均糴亦為之罷在永數月上念其忠亟復徽猷閣待制除永興軍

路安撫使馬步軍都總管兼知永興軍府在道改知興仁府朝廷復行夾錫錢乃申勅公移一準銅錢縣用無偏府中帖然旁郡官私與民出納自為輕重民疑以撓交易不通始大塊服乃視興仁為法尋移知青州兼京東東路安撫使至鎮改充河東路經畧安撫使馬步軍都總管兼知太原府以童貫領宣撫使奏乞辟避重書褒荅不允河東諸司與被邊屬郡如代嵐石麟府咸許以事宜聞時傳虛聲以勤憂顧公曰閫寄當以靜勝乃嚴戒邊吏凡制事必慎擇可信者重以賞罰御之自是警奏不妄邊鄙晏如改和五

季春以足疾乞領宮祠章五上乃得請提舉杭州洞霄宮復徽猷閣直學士盜發幫源声震東南起知宣州捍蔽江左或告公曰宣歙俱鄰於賊歙破即宣危矣公威久疾可以力辭公曰方急難中豈人臣愛身時也乃扶疾就任時寇兵遍屬邑民大振擾公之威名凜然人恃以安郡境賴之迄用保全上心嘉賞除龍圖閣學士賊平以疾乞致仕章三上未報特召赴闕除河東宣撫司參謀乃力陳老疾不足備驅策詞意懇至遂得請特授正奉大夫致仕家居三年以疾薨薨之夕有星隕于寢室之上公剛毅方正見義敢

爲不可回奪雖犯權要蹈患難不顧也胸中無城府推誠待人洞見腹心持己甚嚴而遇下明恕臨政愷悌人不忍欺久任帥閫不爲貴倨澗累細務聽訟折獄纖悉得情而歸於寛厚民尤感服雅以清約自將一介不妄以取與延帥圭田皆在極邊將吏役所部爲之耕種歲入千計公至是乃捐其地募弓箭手絲毫無取更兩鎮凡十餘年量敵制勝動中機會每以疆吏生事爲戒　語人曰爲國守邊安危所繫但當宣國威靈嚴於自治使夷狄不敢侵侮邊陲得以晏然是爲稱職若覬小利召戎起釁圖尺寸功冀幸寵榮

吾不忍為也識者以為至論凡所辟薦不假人以私必視其能援自部曲多為一時名將號為知人性誠孝每以褒贈不逮其祖為恨遂以所得官奏乞回授特旨從之敦穆宗族恩意滿至常遇郊恩舍其子孫先官猶子并俸餘置義田宅近族子孫聚而居之養生之用皆取具焉有文集三十卷提奏議七十卷娶同郡胡宗説之女封碩人先公十二年卒贈淑人子男二人長曰耦承議郎真州排岸次曰稷朝奉郎通判亳州軍州事以學行吏能見稱於世一女適從政郎江寧府溧陽縣丞胡朝孫男九人曰徽言登仕郎

曰太冲曰如愚曰康錫皆承務郎曰保衡通仕郎餘

四人并女尚幼銘曰烈烈我公惟時干城威加羌戎

一塵不驚孌倖恃權狂瀾稽天

龜山先生全集卷第三十四

誌銘五

陸少卿墓誌銘

公諱愷字疆仲姓陸氏其先吳郡人六世祖權唐末為建安縣丞值中原亂不克歸因家福州之候官故今為候官人曾祖中和贈職方員外郎祖廩任左侍禁父長賓任大理寺丞累贈通議大夫母吳氏贈太碩人公自幼穎拔不群博覽疆記元豐初未冠游太學標望絕人一時名儒往往忘年行踏門願交元祐更新學校祭酒孔公武仲得其文奇之稱譽不離口

學者益歆慕之元符三年登進士第調廬州司法參軍太守龔公原一見待以殊禮侍御史彭公汝霖祭酒今丞相白公時中俱薦試學官召檄至公曰吾困科舉二十餘年晚得一官朝廷不吾知欲使之累飯復入場屋吾不能也卒辭不就崇寧大興學校郡以公兼掌錢穀士不之敎官之廬而公之户外屨常滿矣執經考疑虛往實歸秩滿用薦者遷通仕郎丞相劉公正夫以給事中兼領外諸司辟公管勾文字閱半歲改宣教郎外諸司罷公之子調官齊南憐其少求與之近乞監密州板橋鎮鎮瀕海舶至多異國珎

貪吏胥爲姦欺以漁取公以身先之一毫不少黷海
商便之以外諸司賞典轉奉議郎又以八寶恩轉承
議郎逾年御史中丞石公公弼辟爲檢法官已而石
公以罪去坐是二歲不遷吳公執中復以儒學薦召
至政事堂除大府寺丞明年遷司農寺丞磨勘轉朝
奉郎上方搜訪人才劉公以中書侍郎薦異眷舊士
三人以公爲稱首賜對稱旨擢司勳員外郎車駕幸
尚書省轉朝散郎遷光祿少卿劉公既相除宗正少
卿方將力薦引以自助劉公遽以病去故弗克特脩
玉牒公纂緝上臨御以來政事之大者十年爲一書

上之轉朝請郎磨勘轉朝奉大夫太常少卿缺員有旨選東丞相鄭公居中余公深以公啓擬命下之數日侍御史張樸進對論事畢上忽謂樸曰朕用陸某奉常識其人否樸對陸某老於儒學有士望上深然之崇寧置議禮局至是并歸禮寺公於擬議參訂爲多又脩因革禮一百卷上覽嘉之轉朝散大夫磨勘轉朝請大夫補外乃以直徽猷閣知均州關決庶務無鉅細劇易皆親之吏歛手不敢爲非先是人惰農不知灌溉之利公出郊爲之勸捐人始盡力歲大稔父老勒石道傍爲耕者之勸公之愛民出於誠心因

旱禱龍祠三日不雨公對神自咎曰守土之不職宜菑其身民何辜將不粒食矣因泫然左右為感動未旋車大雨鄰郡飛蝗蔽地千里過境弗下父老候公出迎拜以手加額曰微公德化所感民其餓殍矣襄鄧大饑仰粟于我郡人請閉糴公曰人天下一家非秦晉比矣此疆彼界之異晉之不義春秋猶譏焉吾不忍為也於是轉輸相屬于道饑民賴之以濟其為德厚矣三舍之法縣士不知所歸公至聚生徒擇屬吏之有學行者為之師講肄課試悉視成約郡人爭遣子弟獻腴田以資其費唯恐後士風濅振於暇日

又時往臨之申之以孝弟之義郡大治士民詠歌之爲均陽樂十篇以頌其德未幾受代到闕除知泉州未行得疾終于京師實宣和六年四月辛酉也享年六十有五娶黄氏有賢行配公無違德子男五人曰震承議郎大學博士以學行知名於時曰涣宣教郎開封府刑曹掾曰鼎以疾廢不仕曰巽曰需皆將仕郎諸子俱好學有立女適從政郎汀州司儀曹事蘇銳孫男六人女二人公少孤事母以孝聞其爲人敦厚篤實一言之出終身可復遇人以禮無貴賤賢愚之間平居恂恂似不能言者徐而叩之亹亹無倦其

文純溪析理論事足見其志其為詩平淡清遠有晋
人之風雖應用辭章咸有典則踐更省事殆十年同
進者袞袞登禁從公囬翔不出故列無滯淹之歎嘗
謂人曰吾學古入官期以報國利民碩天下事非輔
相大臣不得行非諫官御史不得言非侍從之臣不
得與國論今久處朝行無一毫補殆非素志吾老矣
淂一郡為朝廷布宣德意牧養小民其可也遂抗章
力請既得郡治有成績如其言〻[illegible]論韙之公在均陽
歲薦豐築亭臨漢上時從僚吏徃游焉與民同樂又
賦詩以廣其意郡人悉播之樂章至是聞公之亡登

◎

是亭者皆爲之感涕諸孫將以七年十二月辛酉葬公于懷安縣之馬鞍山以毘陵守何公兖之狀來請銘余未暇作也葬有期又不遠千里走僕致書速余銘昔余在熈寧中與其兄忱相友善是時公尚少頡頏諸兄間眉宇秀發意其必爲令器以詩見貽有成人風度已而學益進行益脩挺然爲時聞人則余之知公蓋在諸公之先也雖位不稱德而見於事業者亦足以垂世傳後矣乃爲之銘曰昔公兄弟聯車至止公方妙齡鸑鷟停峙問學日滋浸以文鳴旋登于朝爲時名卿出藩于外蔚有成績飛蝗不下神監其

德邦人之思形於詠歌勒銘幽宮百世不磨

曹子華墓誌銘

君諱璪字子華其先金陵人避李氏之亂徙居江陰故今為江陰人曾祖諱某祖諱某皆不仕父諱某故贈朝議大夫母朱氏贈恭人曹氏自高祖以來無顯者至君之世父確始以文行知名於時熙寧更新學校選東天下名儒訓迪多士公時在選中擢為國子直講學者翕然師尊之曹氏遂有聞於世君之昆弟幼從直講公為學得其緒言紬繹不懈故皆屹然有立初朝議公塲屋不偶退屏世累從桑門之徒游比

其亡也清窶滋甚君亦以累舉不售相其兄力治生不計有無資其弟以學其後家日益富而弟建卒以名進士登科通金閨籍君與有力也其爲子而孝於親爲弟而恭其兄爲兄而友其弟篤於愛欽中外無間言性夷易不爲畦畛與人言洞見心膂故人有過雖面折之而人亦莫之憾也遇人不以貴賤貧富爲厚薄一於誠而已晚益閑放以詩酒自娛杜門索居終日兀如也靖康元年四月癸亥以疾終于家享年五十娶趙氏有賢行配君無違德子男一人曰嶠舉進士女一人適登仕郎慕容邦獬有孫一人未名以

是年某月壬辰葬于縣之順化鄉黄山之原其孤聖
余之女孫以其叔朝請公之狀來請銘乃為之銘曰
積善在躬壽胡不多天實為之命也柰何瘞銘新阡
其永不磨

向太中墓誌銘

向氏自微子封於宋左師戌始見於春秋秦漢而下
無顯著至文簡公起布衣相真宗勲名載國史繼以
欽聖憲肅皇后配神宗以盛德母儀天下向氏遂為
著姓公諱某字某文簡之曾孫欽聖憲肅之從弟也
生而有異禀自幼不戯弄八歲而孤哀毀如成人及

長挺然有立為衆所欽憚用憲肅恩補右班殿直調曹州定陶尉監秦州酒用薦者移伏羌城兵馬監押又用薦者移通遠軍管界巡撿特旨差熙河路計置物貨局陝西轉運使奏辟催促錢綱四遷至西頭供奉官遂以太子右司御率府率致仕以子封遷太子右衛率又四遷為右驍衛將軍官制行四遷為武功大夫萊州團練使榮州防禦使換文資兩遷至太中大夫致仕靖康元年六月七日以疾終于正寢享年六十有八公雖出於貴胄而清約如寒儒齋於自奉而親族之有匱急者則周之不為有無計字兄之孫

與已予八不見其異也中外輯睦無間言諸子游仕
四方有以鮮衣獻者輒藏之不服曰昔吾父母未嘗
有也於人無德不酬而有負於己者未嘗形言色嘗
寓居棣州之七里鎮清河水暴泛居人危懼公身率
千餘人負土築隄爲捍蔽隄成水至不爲患鎮人德
之至今不忘定陶素多盜公爲尉威望噁然盜潛伏
出境無敢犯者涖事所至有能稱年未及奉身而歸
用不究其才論者惜之然居都城幾三十年優游卒
歲視天下無一物足以攖其心者其所得多矣祖諱
某故任國子博士贈開府儀同三司守太尉祖母二

李氏皆累封太夫人父諱某故任西京左藏庫副使母王氏封太康縣君娶夏侯氏朝奉郎某之女有賢行配公無違德累封令人子男十二人曰某中奉大夫權發遣京東路計度轉運副使某武經郎河間府路安撫司準備將領爲國死事贈武功郎某中奉大夫河北河東路宣撫司勾當公事某朝請郎知虢州盧氏縣事某儒林郎知太原府平晉縣事某通直郎新中山府司録事某忠翊郎監通天門某廸功郎新渭川白馬縣丞餘皆早世女九人長適宗室右班殿直令鍾幼適文林郎吳弁餘皆先公卒孫男二十七

人女十六人其女長適進士王叔夏餘並幼諸孫將以是年七月某日𮌎公于豐臺村狀公之行請銘於余余雖未及識公而與其子游習聞其風舊矣乃為之銘銘曰公於軒裳脫若蟬蛻清約自將其德靡悔有子之賢慶流必長將大厥聲公為不亡

孫龍圖墓誌銘

公諱諤字正臣邵武人也崇寧中有旨改名遂以字行曾祖諱昌齡祖諱文準左宣德郎父諱迪太常博士同提舉兩浙市易司累贈通議大夫公幼敏慧讀書數過輒成誦不忘既冠登進士第授池州司法參

單通議以公素謹厚静默寡言笑恐其不更事而司法民命所屬不可忽故令就學律明年試大法中第一是時舒王用事中書置五房檢正遴柬天下賢才以濟公方筮仕而以材名在選中除監制敕庫用士人自公始未幾除吏房習學公事同編脩中書條例同列皆極一時之選其後列侍從居要津者相屬也習學例一考即真公未閡歲丁通議憂去職復除會罷習學官再監制敕庫仍多攝五房職事因議司農法駁其不當者大臣力主之公猶反覆論不已忤其意又嘗叱堂吏語有所侵大臣聞而疾之造

爲訕上語以聞賴神宗仁聖察其無根得不坐會
吏編進條目滿常程劄子三道公巳自陳再進矣大
臣交詆之出爲睦州司理參軍公兩爲宰屬嘗與國
論矣蓋今尚書都司之任侍臣之資也一旦屈於偏
州下吏人意其不事事而親吏牘鉤獄情委曲周盡
畧不見遷讁容爛盧酒户之僕乘醉詈逋歐欠者至
死引其主爲之唱主誣服邑上其獄爲重辟首公閲
牘得其情曰歐之日主適外未還安得有唱即日釋
之青溪民有訴匿鏹者詞巳伏而容色若有寃者詰
之則曰訴者欽我出書云巳使人置鏹於舟底酒酣

醉歸臥舟中比及城登岸猶未醒其家執書以索而舟已出矣僦舟非有素莫識為誰公為緩其獄物色之求僦舟者甚急而舟人負鏹來告曰且我聞孫檢正治獄不可欺故以自歸也睦人至畫像祠之元豐五年復召為重脩編敕所删定官書成論賞就循一資充詳定省曹寺監條貫删定官三年改宣議郎元祐四年監在京都進奏院六年遷左宣德郎除太學博士以大父母春秋高乞就吏部調通判建昌軍將行除太常博士乃謁告歸省而後就職王文公賜謚有定一博士有欲為其文極言推尊自結於用事者

公當筆輙推其次盖率有近於追逐時好以取世資終不肯為也紹聖元年遷秘書省正字二年權發遣梓州路轉運判官入路差遣例多狃襲拘礙注擬不行熙寧元豐間許在任官前期一年射闕每一官闕則徧問屬郡應入之人其後前期射闕之法廢須罷任以到銓為先後之次則人人身在銓所矣而徧問之法猶存往復待報有彌年者公私病之公建明季闕榜十日非次及過滿見闕五日限滿如吏部法定差朝廷善之仍頒其法七路行焉先是瀘南羅始党入姓生夷自元豐中收附團結為義軍三千一營歲

月浸久其數著籍者皆名存而實不足驟覈之必至於變故生事公爲建言朝廷初以羅始覺八姓依七姓十九姓熟夷團結者止欲覊縻遠蕃漸令習漢化耳今夷情已安則八姓前闕義軍之數可置勿問今而後遇有闕因犒設夷首使轉相譯問以本族願補者充從之至今爲便三年遷承議郎四年移成都府路轉運判官成都爲蜀劇郡公裁處暇裕而事細大畢集相度開興助正塩井建明差選職令條制人情愜當所奏皆可至於增置武寧諸軍般買馬戎歲本皆長久之利也召爲尚書刑部員外郎辭不拜改吏

部員外郎復懇辭前後章六七不允既就職賜對從
容請儒臣討論官制而補完之以成一代之典追配
周官有旨條具以聞會言者擿公元祐辨訴論罷職
出知南劍州未赴遇上皇登極恩遷朝奉郎賜緋魚
袋召為司勳員外郎遷朝散郎除右司員外郎靖國
初差點檢皇太后園陵文字還朝除秘書少監國子
祭酒崇寧改元兼權秘書監中外期公朝夕且進用
而抗章力請補外除直龍圖閣權發遣江淮荆浙等
路制置發運副使初蔡太師京一見公竒之為户部
尚書薦以自代及與政欲以公為刑部侍郎辭免曰

某昔嘗免刑部郎令為侍郎非所安曰以為他曹何如又辭曰異時聞從官闕大臣有以某名進者上未以為然公秉政宜慎所引毋以不肖累君也太師意未已會有傳公趣與新政 異者遂罷發運知潤州未幾得管勾杭州洞霄宮公曰吾志也大觀元年遷朝請郎二年以八寶恩遷朝奉大夫洞霄再任恩復請差提舉舒州靈仙觀一日盥櫛更衣謂家人曰生死去來無足深悲惟念佛不忘是真吾眷屬言訖而瞑實三年己丑七月二十一日也享年五十有九是年十二月二十六日葬于揚州縣善應鄉潁村青龍岡

之原從治命也母黄氏再適游氏封同安縣太君公欲便親闈故卜居高郵盡斥先世資産與諸弟而俸餘稍稍買田築室爲伏臘計公多病早衰常欲謝事自屏物外恐傷慈懷故不果公天資夷曠貌如其心平居恂恂似不能言一旦坐官府胥吏紛紛持牒互進公各使盡其意徐以片言折之群吏帖耳結舌不敢出息退而相語曰公神明也不可欺樂善急義重然諾薦士每先寒素不可干以私識慮精敏多人意所未到閑居七年未嘗以一字至公門兀兀自守泊如也妙洞心法於佛書無所不觀手録要義皆成誦其

屏聲色黜滋味盖篤信而然非必彊絕之也嘗有疾得異方須鸜鵒公素不殺而屬物以衞生不忍為也故藥久不就忽有鷙禽擊死者墮庭中公得而餌之疾隨愈此殆神相非人力可致也公於刑書中悉詳盡世之名知法者皆歎莫及而朝廷欲以刑官處之辭居也於陰陽星曆之學皆精到而未嘗一言及之異時嘗善天官曆火木二星及餘旰刻多不合與姚舜輔所撰曆互有踈密委官考證前後有異秘書不能決有旨命公校之其說遂定九宮貴神壇位失次悉釐正之皆因事而見蓋公以儒而學自將其治有文而

以法家術數名世非其志也有奏議解經雜著文集四十卷藏於家前娶劉氏追封真定縣君今夫人劉氏贈太中大夫處約之女孝謹沖淡克配君子封清安縣君男二人長曰鉅假將仕郎登第次曰鎮脩職郎今為池州司兵曹事女一人適文林郎洪州司兵曹事游禧請國郊祀當任子引舊比薦其弟誠有司持元豐法不報後六年宗祀卒以誠為請今為奉議郎知盧州慎縣事公既沒十有三年其弟誠始以游公狀來請銘乃為之銘曰一德不回賤更三世不附于時其鄭靡悔不殺之戒誠通于幽有隕于庭疾已

隨聚刑名星曆詳盡精到法家者流非志行好公之

神明其德可欽百世不朽勒歌于珉

龜山先生全集卷第三十四終　十六代孫祠督刊

龜山先生全集卷之三十四終　十六代孫祠督刊

龜山先生全集卷第三十五

誌銘六

章端叔墓誌銘

公諱某字端叔姓章氏八世祖及爲康州刺史自南康徙居建州之浦城其孫仔鈞仕王氏官至太傅仔鈞爲泉州團練副使兄弟俱有功於閩故號仔鈞爲小太傅仔鈞之後居西村仔鈞之後居珠林自是分爲二族宋興幾二百年西族世有顯人珠林久不振至景德中公之大王父始以進士中甲科而仕至秘書丞公於熙寧三年繼登科而後珠林之族浸顯矣公

資穎悟方幼學已能屬文年十四即辭親求師友薄游江淮間殆十年能自力卒以名聞於時初調撫州臨川尉盜有劫行商殺人者吏以支辭蔓其獄連逮者以十數累日情不得公呼囚令環坐以事驗之儀引三人出曰汝實爲盜餘悉縱之使去三人者卒伏其辜無異辭其遇事巧發奇中類如此人莫能測也訢移壽州壽春令大臣有以公孟子義進者詔付秘書省除應天府國子監教授用舉者改著作佐郎官制行換宣德郎知越州山陰縣事山陰號繁劇訟牒日紛至公處之裕如也丐猾陰璭華竄易戶名以避

徵役公閲籍具得其姦狀坐流配者數人𦔳姦宿贓屏跡聽命無敢復為欺者邑大治境内有海塘瀦水溉民田歲久堙塞不治為旱患公鳩徒濬之仍為經畫為久計民至今賴焉秩滿轉奉議郎監左藏北庫哲宗即位轉承議郎通判宿州先是南京押綱侍禁史士宗侵耗官米數百石反訟倉官交納不公獄久不決朝廷以委公至即片言折之士宗雖坐流竄而自以為不寃又兩遷為朝散郎繼丁親憂去喪久之除太府寺丞轉朝請郎召對稱旨除府界提舉常平等事驪陵舊有潰決泊河數溢為民害二縣以開濬為請公

為親行堤上得舊河經始之意本欲殺惠民河水流而歸之蔡河稍加開濬則惠民之注流益捍而蔡河不足以吞納則為害滋甚不若增濬河外故道雙洎雖溢可恃以無患是歲河朔飢民流而入畿甸者不可以數計公召而廩給之因以用其力故堤成民不告病而飢者得以全活公私之利蓋兩得之也上皇即位轉朝奉大夫未幾除知虔州為江西劇郡俗健訟公下車痛治姦訴者一人迄公去無敢干政犯令者是時承平日久屢豐年天下諱言災傷無以民病告者公還朝首言淮甸歲凶宜加振恤大臣初難不

悅[illegible]公誠意懇惻故率從之翌日遣使大發倉廩而民賴以濟公之力也崇寧初黨論復興衆士膠口無敢竊議者公除郎官得旨陛對抗言元祐臣僚削秩投荒皆緣國事陛下即位稍令内徙道路交慶今復刻名著籍禁錮其子孫恐非陛下本意臣竊惑焉上雖優容之然亦由是與時論不合矣會宰相曾公布得罪言者因以微文詆公從坐降一官罷尋知泰州遂掛冠退居吳門未幾上記其姓名特旨落致仕復知泰州之官數月即乞宫祠得提舉舒州靈仙觀崇寧五年六月八日以疾終于平江府之私第享年六

十二歲以其年十二月十六日葬于吳縣長山鄉社墟道士鴆之原公莊重簡默而接人以和氣行已蒞官一本於誠不表襮以自售其論天下事不苟不隨期於當理而已方元符末議役法請循元豐爲便或疑其朋附及崇寧陛對抗言黨錮非是聞者駭汗乃知公之用心合天下至公無彼時此時之間公以是數忤權貴竟以不遇公仕於朝兄弟請別籍公盡以已所當得田業均之且立券與之約毋得輒典賣而其後兄弟之子有破其產者卒賴此以爲生公之存族爲之長慮蓋如此公平生無女妓珍奇之好獨讀

書萬卷增校精至手澤具在有文集二十卷孟子解義十四卷曾祖故任秘書丞祖故不仕父故任通直郎贈朝奉大夫娶沈氏起居舍人諱季長之女也封宜人公襟度簡遠未嘗問生事然舊疇旅起家闔門千指有宅以居有田以食夫人之力也其經理家事無巨細皆有節法豐而不侈儉而不陋正睦中外雍如也自政和以來四方無虞仕進者以攀附爲榮而夫人每戒其子曰宜安素分遠權門盜賊且起無遠官以貽吾憂諸子仕者謹奉其戒卒無患聞者服其遠識建炎二年八月二十五日以疾終于正寢享年

七十有四以是年十月二十二日祔葬于公之兆子男八人長恩宣教郎知杭州臨安縣事次師中早世次懿廸功郎池州七曹掾次愈廸功郎福州士曹掾次惠次憲次戀次悊皆業儒未仕女四人長適宣教郎知舒州宿松縣事孫寔次遷朝散郎直秘閣廣東路提舉常平茶事王舜舉次適奉議郎主管亳州明道宮呂珊中孫男女二十二人建炎之初其子憲不遠數舍詣晏陵踵吾門而告曰先君之亡二十有餘年矣而無幽堂之銘其盛德小行恐遂泯沒無傳焉敢以是請久之余未暇作也又遭母夫人之喪復以

書抵余而請之蓋至余雖不及見公而公之子憲於
從余游義不得辭也乃為銘使歸而揭諸墓上銘曰
奮身羈窮砥節不移遵義而行不苟不隨黨籍之興
公獨有言為人不能展也直賢銘以昭之庶永其傳

忠毅向公墓誌銘

某年月日虜騎襲陳余時在行朝得報謂同列曰陳守向公必死矣為之廢寢食者累日未幾訃至人或問曰方今雄藩巨鎮擁重兵棄城而遁者踵交於道陳無高城溪池以為阻固以千百惰羸之卒當狂虜屢勝之兵雖庸人知其不敵矣避其鋒而去宜無不

可者何自而知其必死也余曰公之忠貫白日非死生禍福能易其操者其素行然也余以是知之聞者莫不欽嘆其孤將以某年月日塟公於某所某原以通判潼州府朱震之狀來請銘余告之曰公之仗節死義有諫臣之章議行易名有太常之誄襃贈之典布在天下其勳烈不待余言而傳也然公自筮仕以來所至皆有風績可書世人或未知之也亦不可湮沒而無傳乃敘而銘之公諱子韶字和卿故相文簡公之曾孫欽聖憲肅皇太后之再從姪也世爲開封人曾祖諱某故任國子博士贈開府儀同三司守太

尉曾祖妣李氏封太夫人祖諱某故任西京左藏庫副使祖妣王氏封太原縣君考諱某故任太中大夫致仕贈通奉大夫妣夏侯氏封碩人公生而有異稟不妄嬉戲莊重如成人比志學即游賢關清約如寒士人不知其為相門后族之子姪也其強學自勵至焚膏繼晷不少懈同舍相與語曰君子之於學也息焉而後能安其學君何自苦如是公愀然對曰家門衰替敢不彊勉而自惰乎如永嘉劉安節輩皆伊川先生之門人有識致詞其語因問之曰公家富貴聞天下二郡王日奉朝請仕于中外以材望顯者甚衆

何謂家門衰替也公曰先丞相事業寂寥久矣安節壯其言引爲忘年交元符二年與國學薦欽聖聞之喜甚補假承奉郎三年擢進士第唱名集英殿欽聖登紫雲樓密令宦者引公至樓下視之翌日賜賚有加注保州司法參軍有旨改承事郎皆特恩也差監在京炭場會有族人除太府卿以親嫌罷改授簽書荊南府節度判官廳公事是時公方冠初未更事而練達政体如素官者知荊南馬城器其才府事多賴之城去董必代公嘗具袍笏而以短帽束帶見之必爲人簡嚴屬吏無敢忤其意者公移書責之不少

秩滿知蘄州吳江縣蘇人私鑄昔錢流布一路諸邑聽民自便郡守是之公獨以爲不可爲書極言其害下令禁切之一縣無敢犯者中司論其事詔置獄繩故縱之吏諸邑皆曰太守之命也吳江令曾力爭以爲不可書具在公閣制使求自謂理須被逮即具舟束裝以俟吏及門即行初太守意公以抗論不從爲功比公至卒無一言及太守著守甚德之而後信其爲仁人君子也獄成自太守而下皆貶秩公獨賞一官其後太守孫公傑召諸邑會議欲一大保置一鼓樓保丁五人以備巡警盜發則鳴鼓以相聞公曰

一大保二十五家而已如吳江外鎮有合境不過五里若無慮數百家若二十五家置一樓則不可勝計矣又以數十人持挺更巡則其間不無彊悍不逞者遞相侵陵則鬭爭自茲始矣不可爲也郡守意欲必行之不從公持之益堅逾月不能決同列厭苦之謂公曰不若稟令而歸到縣則措置在我矣公曰不可稟令歸而不行則有司得以慢令罪我矣久之卒如公議大觀二年除開封府右曹參軍明年轉朝散大夫李彪欲言蔡京擅權誤國書章具未上有告其書於相何公取旨下彪開封獄有司謂彪謗訕大臣

欲置之重典公方初未力爭之李孝壽尹開封依違不
斷丞相張公用公議薄彪罪已而京復相御史論彪
獄不當乃流彪海島李孝壽已死追所贈五官吏追
三官公時已去職監在京進奏院追三官停任四年
叙朝散郎監保州塩酒税五年以建儲赦復朝散大
夫提點信州太霞宫未幾除知虢州不就六年差主
管西京外宗室財用外宗室之法未出仕者計口給
食至是有養子以增數者公與同官高大中論曰財
用不足患之細也蓋養他人子則本支亂矣公乃奏
議爲之措畫以去其弊宗室財用以黄河退灘地準

浙閩田及常平贍學所不取者充案牘闕遠吏緣為姦隱滿不可勝計公手自翻閱盡得其情量入為出無匱乏之患判外宗正趙仕暕常患不及公笑而不答它日出其大數沛然有餘士暕服其明焉七年移管南京外宗室財用俄復還舊任宣和元年除知虔州又除知建昌軍未赴除夔州路轉運判官朝廷議羅新開邊郡公條陳利害請罷溱播思珍四州反其縣官謂珍不可廢公爭之不能得乃罷三州而珍州至今以為不便公之瀘南帥劉亞夫復用夷由薁要議請開溪州路以通辰沅西抵瀘戎置一州二縣

詔發潼川府及夔州兩路兵鈐轄錢糧辟官屬瀘南漕南騎兵至涪州責錢絹甚急公率同官王蕃論奏其事蕃意難之公曰若有疑某自具奏蕃乃同上疏曰頃年龐寅孫守夔創開邊隙其後時欲建溪州冄萬嬰曰險阻溪僻不可為郡縣今萬要與冄蠻老以仇怨相攻乃更建議開路且給之所經者十有一族而七族被誘四族不出四族者蠻老先在其中又有蠻由冊一族以人為粮彼萬要意在報仇假官軍以殺蠻老耳且自昔夷人納土請置州郡必先通路創屋以俟王人官司遣人相視然後調兵儲粮經理其地今請

吏者未集山谿未通遽遣王師深入不測是委肉於餓虎之蹊也事大不便奏方上而大役已興矣郡邑騷動蕭然煩費人心震恐識者危之公又爲書上二府申御史臺極陳開邊徼置州縣以蠻夷弊中國之害爭論甚力俄得可報亟夫剔出官其役遂罷夔路廉訪使者曹東請築瞿唐關乃唐夔州故基也山嶺越溪谷樓櫓城壁費甚廣請置兵三千屯守公申尚書省曰世乱則守險世治則去險而居平陸守險者所以固強圉居平陸者所以壯觀故前代割據夔州附瞿唐關本朝削平僭亂丁謂薛顔乃移夔居魚腹

以䟽平土今無故勞民費財而起戰爭又屯兵于外太阿倒持若一夫關閤奮臂則夔州無兵可抗非久長之利柬怒欲以他事中公竟不能而罷唐關止因其舊而增葺之卒如公議六年使還入對延和殿首薦寒士上皇領之曰進賢受上賞當路阻格之不報除知蔡州下車去貪暴屛巨猾寛逋負舉下吏可任以事者然後興學校延見儒士有縣令狃舊例獻遺利以入公帑公判其狀付州學養士前守計份議開小河泄積水功大不能就公論其非於部使者曰小河淺狹不足容諸水之入徒費財力有害而無利乃

罷其後八年主管亳州明道宮除知徐州靖康元年近臣薦公材堪出使除京東轉運副使户部尚書聶昌以國用不足諷諸路進羡餘知袞州郭奉世與昌有舊進萬緡昌薦諸朝請賞之以勸天下公劾奉世曰一路財用有餘不足相補設使袞有餘財當具數聞部使者通融計會資兵吏之費安可不恤大計不顧他州進通用之財徼非道之寵不罰奉世無以懲姦而主計近臣首開聚歛之端漫不可長士論韙之於是有旨下京東治其事會昌入副西樞故事不竟奉世罰金而已山東久苦李彦暴虐朝廷初罷深山

灤稅燕山夫錢點興剩之臣民凋瘵未復盜賊相扇

野聚公條具民間利病十餘事上之丁通奉憂解官

與諸弟居淮寧府會蔡州缺守州人邀使者馬首願

得公三年使者上其事而蔡已除新守矣乃起復就

除知淮寧府公三拜章乞終喪不許公視事六月虜

兵至陳公率諸弟城守勵戰士開諭百姓曰汝等墳

墓之國去此何之吾與汝當以死守之虜晝夜攻城

公親擐甲冑冒矢石遣其弟子率赴東京留守司乞

援兵未至虜益其衆城陷公猶率衆巷戰力屈被執

虜坐城欲降之酌酒於前左右按令屈膝公植力不

動手罵之遂見害時年五十實二年二月二十二日也有陳揆默記其處公弟中奉大夫新知唐州事子襄朝請郎子袞廸功郎子基皆見害家已破散揆入其府取公誥勅藏之季子鴻六歲乳母抱去遇虜奪其母棄兒井中有出之者虜又擊之一夕復活他日過復抱藏民家後公子沆奔喪乃得公遺骸并誥勅及鴻以歸後二年子率守儀真遣人至淮寧訪尋得公季女於民家時年十一娶夏侯氏封令人先公八年卒男十人女五人讓將仕郎湜沔及三女早亡護將仕郎溥通仕郎涖溥瀚及洛汝為虜騎所掠未知

所在沈登仕郎鴻以褒典補將仕郎[illegible]女一人諫官
上疏曰臣伏聞去冬夷人入寇諸路守臣或望風逃
遁絛然以忠義自奮誓以死守者陳州之向子韶是
也至城陷猶率衆巷戰與介冑之士同斃于兵革之
下行道之人稱頌咨嗟忠義之士憤發激昂願下 明
詔褒子韶忠義之節優加爵秩以旌顯之摟求其後
而錫賚之天下聞風孰不踴躍奮厲為陛下盡死節
乎五月二十七日有旨贈三官四資本宗有服親將
仕郎時秀州兵亂害武功郎江東西路經制司書寫
機宜文字辛安宗有旨贈五官與六資恩澤諫官再

上疏曰今戎事未息一賞之行萬衆觀聽朝廷出於無心而見聞者妄意輕重又向邇來守土之臣望風奔避者不可一二數如子韶城陷猶能身率餘兵巷戰致死誠可載之信史無愧古人以勵臣節一時恩贈所宜特擧豈當更居安宗之下於是詔增二資恩澤特贈通議大夫之有言用兵以來仗節死義者甚少朝廷所以風勵之有未至也望明詔禮官凡臨難不屈死節昭著者特賜之謚使得垂名不朽亦風勵節義之一端也太常以公名聞有旨賜謚忠毅聞者聳然以為効忠義之勸公為人端慤夷易不事表

慕一言之出洞見心膂通奉公篤於惇族公承其志率諸弟分俸以均給本房之未仕及待闕者遠方珍異必以時至通家有疾衣不解帶與人交主於忠信不為浮文末禮以接衆人耳目書尺不過一幅語嚴而意盡所至必與君子長者之游暇則觀書門無襍賓與人議論乖一然必反復曲折歸於至當發為辭章典雅溫厚有唐詞人之風自始仕由幕職至縣令退為筦庫進而爲刺史二千石一以誠意為主不以色辭假人故居官可紀去必見思至其蹈大難臨大節而不可奪非苟然者蓋其胸中素定也高才遠識

未究其用而遽至此嗚呼命矣夫銘曰厲人侵疆橫流稽天取義含生維公則然秉節不渝幾至覆宗昊天不聞罹此鞠凶季子之幼亡而復存神實相之將大其門襃贈之榮永光窀穸忠毅之名千古無斁

誌銘七

周憲之墓誌銘

公諱某字憲之姓周氏其先本周苗裔平王東遷次子烈封汝墳秦滅周以汝墳為邑子孫因家焉至十八世孫仁為漢太中大夫從家陽陵子孫咸至大官自漢歷唐世有顯人其後緜遠族衆散適他郡有居處之遂昌者公之遠祖避唐亂自遂昌從之浦城故今為浦城人王審知據閩其三世孫璉仕王氏為銀青光祿大夫即公之七世祖也生彥卿為王氏先鋒

將彥卿生文之當闔城入南唐官至殿中丞文之生隆隆生衡即公之曾祖也娶黃氏楊氏生某即公之祖也累舉進士以文學教授鄉里祖妣李氏用猶子禮部侍郎常陳乞推封所生特封昌元縣太君自高祖而下雖隱德不仕而皆以儒學行義稱于鄉邦父諱某仕至宣德郎知廣德軍廣德縣事卒于官以公貴累贈通議大夫前母李氏繼母郭氏俱贈碩人通議公以進士起家事親以孝聞屢為縣令公正豈弟多陰德有識之士知其慶必在後也公生而相貌異常通議公嘗撫之曰大吾門者必此兒也自為兒童

卓犖不群長益明敏年十四作進士詞賦已有可觀乘間更習他文不專為科目計年十七補太學生預廣文薦會改科用經術後進競尚浮華綴緝公獨不追時好況以古文為淡時張公廷堅為博士少許可公贄書見之張展讀大驚曰子妙年之詞若此古人不難到也公之叔父侍郎一日覽公所著唐賛論持以賀通議公曰此已遠過於某其為名公所推重如此紹聖四年登進士第授將仕郎越州諸曁縣尉丁通議憂哀毀骨立通議公仕官二十餘年以廉潔稱捐館之日家惟四壁公扶護歸平江竭力襄大事安

貧守分人無間言服除授青州益都縣主簿到官之初外邑訴水災州檄公檢視通守者吝於稅且少公輒大言曰若多放一粒租稅即當奏劾公正色言惟知盡公而已奚卹其他既而躬行田疇所傷禾稼果可驗訴者不誣公悉准法蠲放之通守雖極怒然無如公何也秩滿用薦者陞從事郎知婺州金華縣丞丁母憂服除授泗州録事參軍鄧䟭李夔改辟公知漸川縣事前政以軟懦去官公事或經歲不決公到迎刃而觧舊事決遣無留凡斷獄片言得其情僞人人心服老胥猾吏屛息聽命邑以大治士民稱頌以

為前後所無也州以公爲不足委五邑賣醋實皆抑勒所得息以十之二嗷縣官諸邑既争奉州且利二分至有月輸六七百緡者公以縣陋民貧度不能盡免所輸才一二而已以其所得二分均之僚佐未嘗受一錢京西漕專領修洛陽大内坑冶使者創行鑄新鐵錢科兩路市彩色鐵炭之屬民不堪命州下諸邑均出所科公言邑有大小難以一槩力争之鄧帥許公光凝之前引春秋平丘之會子産争承以謂鄭伯男也而使從公侯之貢懼弗給也由是更以諸縣户口物力差次之浙川遂減過半許公先以文學易

公至是益加欽嘆以為有古循吏風也初公在任才一考士民競於諸司投牒願留再任而諸司應照列薦守令例公以為首及公得代而歸百姓攀恋號泣遮道絶梁累日不得行乃相率畫公像於浮圖舍歳時祠之焉用薦者改宣教郎授亳州司儀曹事磨勘轉奉議郎政和七年許公召還薦公于朝除武學博士幾歳擢監察御史宣和二年有上封事告淮南連歳荒旱飢民相食常平使者顧彦成坐視不救上大怒詔公察訪亟行賑濟公登對陳八事一乞依法放免租税二乞諸司錢斛並許支用三乞州縣倚閣催民

間積欠四乞常平司錢斛已樁發未行者並截留五豪户有願出粟濟飢民者許保奏推賞六所在官山林塘泊暫弛其禁聽飢民採食七鄰路諸般販米斛入本路者免收沿路力勝庶得商旅輻輳又小民有無業可歸願充軍伍者委漕司多方招刺以消攘奪之患上皇一一開允仍命行訖及奏疏降中書執政頗難之陳所八事從其四而已公行人或謂公曰上慈仁博施固無不可然執政不肯盡用公疏其意可見矣況淮南監司郡守皆出權倖之門凡財用又多供應御前爲名公其慎之公曰吾受命訪察若趣時顧

避則兩路生靈實吾殺之也借使獲罪豈敢愛一御史而輕億萬之命哉即檄監司州縣問百姓疾苦悉推行所以賑濟者宿守吳壽富聞公將至令諸門毋納飢民遂至城外彊屍縱橫悉差公吏穴地藏之乃申以無飢民無可抄録真守蘇之悌夜遣兵挾逼飢民載之江中洲上悉皆致死二守皆宦官腹心專以進奉花石珍禽為務旁連漕使孫默雄視江淮間莫敢誰何公兹劾之由是官吏風靡兩路所養飢民流移僅三十萬賑給關食人一十七萬有奇振糶借貸穀三十餘萬勸誘人戶出糶及借貸七十萬有奇計

甚所全活不知其幾萬也前所劾二守既以罪去遣

爲飛語以動朝廷遂有旨促公疾速赴闕更不賑濟

公既忤宦官之意使還請對閤門百端沮抑公即上

章丐外補除權知常州會常州係高麗使經由郡守

臣例賜對上因問淮南事公從容陳之聖心感悟留

不行除尚書比部員外郎遷右司員外郎假太常少

卿接伴大遼賀正旦使磨勘轉承議郎時遼使耶律

懷義晋嗣卿皆獷虜也公一見即開懷待之然與之

言未嘗少假借舊例國信私覿皆售僞濫物以其價

慮吏請循例公不許其所酬酢物不較其直物皆精

好勇甚悦服及對上喜見于色褒賞再三且諭公將来送伴如有合理會事可一一憑内侍奏来公聞而遅疑上即曰卿識御文誥否公徐奏云臣起自疎賤於今内臣中無有半面之交者上嗟嘆良久翌日加賜茶錦宮花等蓋特恩也使還差殿試初考官進士對策間有言極切直者有例欲指為謗訕取旨公云今盗起東南正是國家開言路之時豈可吾儕先加以此名遂攺謗訕二字為涉異奏之已而降旨皆取于前列宰相王黼建應奉司公知黼不可盡言姑欵以利害警之造黼問焉黼云此以中官領供應者不

一凡物既不可考覈而搔擾已倍多故總以一司公曰相公念應奉無節不嫵以論道之任丨領有司意則美矣第恐外庭既行之北司仍復干預則用度將愈無筭而搔擾又倍前日是使中官得以為辭而相公獨受其弊也黼變色曰理或如此然掌九式九貢正周官冢宰之職由是不悅公磨勘轉朝奉郎是冬復假大常少卿充賀大遼正旦國信使虜人聞公名頗畏服待之禮有加焉公還觀河朔軍政不脩將士驕慢因使畢賜對上疏論之言兵可百世不用不可一日弛備兵當畜銳以待敵不當玩敵而自怠上極

嘉納以公奉使稱職賜五品服擢侍御史厯勘轉朝散郎先是王黼採公察訪淮南之譽俾為都司意欲援之從班其後以公議論不附已又難其應奉事屢奏出公為河朔漕使惟天子察公忠直故任以言責時憲法制委靡士風奔競公上章乞正紀綱崇名節又奏國朝技術雜流命官皆從本色遷轉有正法比來寅緣幸會或有至正任横行者名器不重莫此之甚宜詔有司一遵舊制又奏都水監修立大河堤岸置文武官以催促功料為名凡一百二十餘員類皆權貴親舊受賕家居即日降旨悉罷之徽猷閣直學

士應安道自宮祠起知宣州公言安道昨知平江府
日贓汙罪惡暴著不可爲民師帥其命遂寢公每對
語必款盡既退上常目送之累欲擢公諫議大夫皆
爲王黼所梗四年冬金國遣泛使來上以公前使遼
稱職欲俾館伴復以爲言黼云館伴見宰執議事不
可領諫職更除顯謨閣待制充館伴副使賜三品服
又差報聘充國信使先是政和間遣歸朝官趙良嗣
由海道使金國約共起兵夾攻大遼許其歲賂銀絹
以燕雲地来歸至是金人已盡併契丹故地又西破
雲中而宣撫使童貫蔡攸出師繞至瀘溝百萬之衆

望風奔潰金人遂據燕城志愈驕悍須索無厭上既怒貫攸且疑良嗣故特命公良嗣見公專使懼察其姦力請偕往乃改差公充副使仍賜金帶公到虜營見其酋長諸貴人議事虜恃彊背約曰燕山一道全用大金兵力取到除卻平灤等三洲每歲自出租稅六百萬緡若南宋於歲賂外更增得此數乃可商量公言本朝與貴國元約云何今何故輒生此議況重賦暴斂乃契丹亡國之迹何足稽也某受命而來除許贈二十萬銀絹之外一疋一兩不敢輒專虜大怒曰此事上面商量以定使人乃如此爭不知待望歸

也無公答曰某持節出疆以死報國分也若失辭而歸將何面目以見主上虜拂袖而起遂遣介冑者數十起坐隨公凡十有三日聲言拘留實欲脅公俾許所欲公愈不為之屈談笑如常時與同行圍棊為樂虜日遣親信數輩覘公知其終不可奪因改館遣其酋領來見公譏之曰貴國用兵以來雖號百戰百勝然今深入燕地西有天祚北有四軍東有張覺而本朝大兵又在其南盍思早為定計令行人見留大事未成以某觀之恐非萬全也虜無以應但憑恧公再請于朝廷公回至雄州童貫蔡攸懼公見上發其誕謾

堅留公惟令馳驛具奏取朝廷指揮而已公因上疏歷言金國驕悍貪詐前後背違元約之事本朝初用謀臣言輕與通使實未為得計但累年聘問理雖一旦拒絕令講求無厭傲狠自大釁端漸起必不能久保歡好比詔大臣深講所以禦戎之策仍勑邊將訓兵積粟先為隄備庶幾緩急不失支吾於是大忤宰相王黼之意既而承朝廷指揮前議增二十萬銀絹更不施行令別以中國所出物計直百萬緡為賂報聘禮成與其使揚璞撒母等同至進徽猷閣直學士復差館伴撒母好為大言一日出語尤不遜曰若此

事不了於南宋不便也公正色曰使者勿謂本朝昨瀘溝小失利遂有輕中原心堂堂大國若遇倉猝忠臣義士不爲無人時同館伴盧益恐言太過目公乃止又與公論國書内何不便稱大金皇帝尊號及將雲中別作一事目欲俾公奏改之公曰國書出自聖訓裁定一字不可移易撒母云如此則將去不得公答以本朝今遣使報聘此自是本朝使副將去何預爾事也當公與虜爭聲鬧館外上知之屢降宸翰於王𥳑言周某氣直何不再令報聘𥳑多端沮抑遂差盧益充國信使上以公充送伴公送虜使至燕山當

賜御筵楊璞謂燕地是大金取得將與貴朝少問皇帝公荅云兩朝共取燕地貴國依元約以地未歸却受了本朝歲餉今地已屬本朝御筵又是本朝所賜豈有先北向拜之理璞云如此則御筵也赴不得公責之曰聖上優禮使人不遠二千里遣使錫宴豈可因議事待不赴如此行事於義理上全無一分公得反覆折難十次公知其寘禎莫回但移文照會而已自朝廷與金人結約之後虜勢日彊肆為驕蹇前此漢使例皆莫敢與之校獨公毅然不顧語言未嘗小假借非理之求一切不從虜知無以加之往往辭窮

而退使還除尚書刑部王黼既不喜公又見雄州之
疏明其失計故當國信結局同僚並轉三官進職三
等而公止遷直學士而已上素知公孤立無朋每加
任用在刑部供職纔九日擢御史中丞特封文安縣
開國男食邑三百户初對上宣諭曰比來言官多擠
擠瑣屑卿朕所選用官爲中司當存朝廷事體公見
宣和間朝政極弊邊隙已開知國家久已失計但欲
善後而已首章舉皐陶戒舜屢省乃成大槩謂有虞
之時治功至矣而贊襄之臣尚以是爲戒蓋恃其成
而不加省則其成不能保遂至貽患有不可勝言者

上皇悟其旨因稱公雄州所上疏公奏曰今無如之何惟當脩政事以待之耳上深然之諭公曰觀女眞所爲不如契丹遠甚前此趙良嗣只與朕言此虜有威有信可以永遠爲援賴爲差得卿去不爾朕無緣得知也公因上疏論瀘潰致敗之由皆童貫蔡攸不能節制諸軍而帥官李宗振統制王禀其罪爲大李宗振本曹州一胥吏也致位承宣使爲貫腹心貨賂公行由是賞罰不明將士解體王禀初無武畧惟善附會瀘潰之役其單實先退乞將二人重加竄責章凡三上方施行童貫歸自河朔姦妄盡露上務欲保

全之併以公師致仕貫乃怙權不捨復用太師除豫國公遍撫陝西河東經略司告諭蕃官首領若所在官司擾擾令申貫審復聞奏公上疏論云貫名為致仕乃預軍旅邊務其害政侵官莫此為甚乞令凡事不得干預上即以公疏劄示貫執政以簡貫自居凡國忌行香率多託疾不赴公奏謂大臣如此何以表率百僚宜嚴立法繩之詳定勑令官舊以二員為額後乃增至七員學士待制領在京宮觀者至有三十餘員公奏謂局事不加多而領官數倍前日有職事侍從官總二十九員今不任事者其數乃過之甚失

所輕重宜加裁定又疏國家馭軍之法至爲嚴密承平不試卒惰而驕比陽武縣卒憤坐倉價錢不如所欲乃敢群擊縣丞楊慶諒向使慶諒殞于非命彼知罪大無所容則其爲患甚矣願詔爪牙之臣講明軍法而振起之往者雖不復加誅而來者必可使無犯也上皆行之觀文殿大學士林攄掊克其使臣立大成令陪過錢萬二千餘緡致家計破蕩無力供應則又追捕其家屬繫獄公奏攄身為國執政大臣而乃貪汙害物如此乞委鄰路監司盡公根治攄坐是降秩二等宦官李某之子雍奏乞與某析居某遂奏

雍認姪公謂雍之悖德亂常其罪固不容誅而其為近臣聞其子妄有奏陳不能頓首謝乃敢肆為忿戾上瀆君父故某亦降秩時權要親故官于外者秩將滿多經營再任致使孤寒之士擬官至于三四有未霑寸祿者公云公朝仕進之路豈可使不均如此宜一切杜絕之新法茶塩初行凡獲私販論賞甚重而部使者又起請州縣推勘盡公者許保明推賞朝廷從其請公言自古豈有決獄而立賞格者此法若行則希進之徒歆慕榮寵馴致深刻甚非所以示天下忠厚之意奏罷之楊洪二州闕帥朝廷起孟揆應安

道為之公毁言擠昨任吏部侍郎與鄧之綱有私隙至詐傳命令諷張樸言之坐此貶置安道昨知平江府政以賄成公納貨賂嘗為臣僚論列究觀二人固非忠實靖共廉良愷悌者豈可縣當方面之重皆罷領宮祠宦官李環之子純雅詐為御書寅緣敗露詔開封府獄根治公奏若天府研究純雅等罪狀明白固當正典刑然環為之父恬不覺察奚可逃責鄜延帥薛嗣昌輙執奏所辟司録士曹特免河北京東漕司輙差職罪失官之人俾權親民職事昌樂等縣起免夫錢遣元降指揮恣為侵漁湖北提點刑獄臧時

中在任姦贓狼籍前知泗洲汪希旦以失奉行常平
事抵罪後乃擢為常平使者都水監丞賈鎮嘗為孟
昌齡小吏後乃擢任主客員外郎公悉論列之如此
類甚多上方信用公故言無不從磨勘轉朝請郎差
殿試詳定官除兼侍讀公正色立朝其所彈繫皆將
相權倖或其親客雖寵眷益厚而怨仇多矣乃上疏
乞出降詔不允繼因登對面請上曰朕自用卿為耳
目之官得聞所未聞豈可輕去朝廷非久當別有委
任會上復趣童貫宣撫三路貫偃蹇傾避出不遜語
上再三敦諭乃曰臣昔平燕之時惟不能深取信于

陛下致使周某乘間攻臣今若周某仍任言路臣終不能成功上不得已罷公御史中丞以本官提舉亳州明道宮其制詞云至使功罪不白是非無所辨謂公昔言貫不當也蓋貫總戎一十餘年前後臺諫未嘗敢一言及之獨公上疏廷論故貫之怨公深入骨髓日夜與其黨百端爲計苟可以害公者不遺餘力適當再用故要上以逐公焉遇赦復右文殿修撰貫聞之愈不平必欲致公於死地於是親疏誣公昔使虜時與趙良嗣結爲死黨及爲中司無一言及之上雖深知公然重違貫意復落公職降授宣教郎黄州

居住公聞命即日就道凡在黄州三年日以詩酒自適無漂泊流寓之嘆淵聖宣皇帝登極復朝請郎單恩轉朝奉大夫今上即位首召還公已而除吏部侍郎諫官鄧肅以新進不知前朝事實率爾論公以謂嘗建代燕之謀乞誅殛以謝天下賴上睿明灼見本末又知公嘗諫上皇餙邊備故肅之章留不降公至南京賜對上疏勸上以固結人心為本又言自古輕舉妄動未有不貽悔者當艱難之際尤宜慎之上深以為然因諭公曰卿宿德重望當即輔朕且宜頻對又宣取公雄州之疏翌日徧示大臣曰周某所言甚

有理也大駕南幸公扈從至楊州時選人赴行在磨勘者部吏以文字不圓備百端沮難公建明權宜措置舉狀不到部者依舊例用奏檢照牒其拔下文字並當日上簿若有諸般違礙在上簿日後者並依放散舉主法及今後監司郡守舉官並此上印紙自是孤寒改官不淩留滯而亦無敢偽冒者中外依五月一日赦舉文武材略出倫幾數百員而遷謫之人刑部亦節次檢舉朝廷例皆不行公奏言感人心者必示大信豈可使德音既下而實惠未周乎宜詔大臣亟以勅令從事擢刑部尚書兼侍讀遷吏部尚書用

覃恩轉朝散大夫。是時上初踐祚，鋭意講學，公首在經筵，獻納居多。凡至安危治亂之機，必旁援遠紹，極其規諫。時胡寇稍息，而朝廷上下偷安朝夕，公請對，引孟子之言「國家閒暇，及是時明其政刑，雖大國必畏之」。今不乘時為經窮之計，將何以善其後？願陛下深謀二府大臣，條天下之事其大者有幾，於今者宜何先，人才如何而可得，民力如何而可紓，國用如何而可足，將師如何而可選，兵勢如何而可彊，盜賊如何而可殄，奔兢如何而可息。深謀熟講，果斷而力行之，毋以細務妨日力，毋尚因循度歲月，庶幾日積月累以成中興之功又號令宿將之在者無幾而後來以武略稱者未見其人乞詔武臣知州軍務分以上各舉可以將兵者召赴朝廷量才授職若有小警付以一隊之衆觀其臨敵果能立功則與舉者同加褒賞如其敗衂責罰亦如之疏奏皆降付中書會臣僚上言三省舊未合併為一文書簡徑事無留滯詔侍從臺諫集議公謂方今夷狄尚熾盜賊未靖軍防並政所宜討究者甚多何暇倍費日力請求併省條例且門下中書未可併而為一其利害固自明白至若尚書省六部自更新制其格目皆與往時不同今若

驟復其舊則命官置吏別案分窠條畫纖微其類不一無舊吏類多辭職新吏懵不曉事猝然改更深恐紛擾愈失其緒言者不過欲吏無冗員省無滯事且神宗皇帝分建三省之初人吏員額皆有常數文書行移各有日限比年以來吏多額外而行移者多違日限故中外以爲病今若依官制元立吏額及行遣日限則無冗員滯事而得併省之實効矣公前後爲銓曹長貳究心吏治多所建明時士大夫出身告勅或遭兵火毁失而行在案籍又不全凡參選注擬者胥吏詰難動涉歲月公奏乞召官委保上簿先次施

行續具劾當又奏前朝得罪黨人既依赦復官所有
合得恩數宜行給還公自南京賜對上即有柄用之
意比兩府虛位而公在病告上亟欲用公屢從大臣
詢公動止及勅知閤門事韓恕曰如周某下參假牓
子可先期奏聞虞心倚佇如此而公已不復趨朝矣
公初謁告且滿一月念銓選劇部不可曠職上章乞
罷詔不允更二旬再申前請上謂大臣曰當令人才
如周某者未見其比雖病固當留乃降旨賜寬假將
理而公求去益堅復上章詞極迫切上仍欲畱公樞
臣郭三益為公開陳乃除龍圖閣學士提舉江州太

平觀公既遂所請即欲歸吳中已而疾亟上章乞謝事轉朝請大夫致仕遂薨于揚州官舍實建炎二年八月十六日也享年五十有三天子聞之震悼對宰執大臣傷痛不已特贈大中大夫與所得恩澤公未薨三日前飲食起居無異平日一旦悉召諸子告之曰吾素寡病今病至此殆不復起自念平生行已蒞官無甚可愧今官為常伯終于牖下尚何求哉吾殁棺斂皆當從儉百日之內即營窀穸汝等各勉名節視吾平時所為則吾無憾矣諸子悲不自勝勉公以寛抱公笑曰吾豈畏死者至疾革神氣不亂聞家人

哭泣則正色目之曰慷慨之士豈當如此公為人剛毅端慤粹雅疎通而識量過人喜怒不形于色怡然有常不為事物遷動平生無偽飾其語言行事一出於誠其所施設宏大高遠外視雖如甚略詳覩其中則細故小物莫不悉備當時制詞稱之曰德本天成渾然不見圭角行惟言稱考之皆有宮庭又曰險夷百為信厚一節公謙不以為過也是以屢當國家委寄任言責之重使不測之虜謀畫注措沛然有餘仕宦守節緊未嘗屈己以徇人不為權利所奪宦官梁師成以待士傾一時慕公名德數願結交公確然不

紛梁之志愈堅而公愈不回以梁雖懸街之然迫於公議亦不敢加害也鄭評以公與其表兄焦公衍同僚數憑怒焦以致委曲公亦謝絶之平生喜薦士得人爲多其與人無怨惡雖有仇怨不務報復公爲董貫蔡攸所擠謫居黃州及攸敗妻子過黃中途失船適公有一大舟其子欲求而不敢言公聞即輟以與之自初仕至終不營産業當公爲御史時被旨詣西京點檢諸陵家留京師藏獲不戒于火生生之具一爇而盡既歸視之畧不介意妻孥不與人交利雖親故饋遺亦却之至上有賜予亦麾於所受其使金國也上遣

中使黃琬賜黃金二百兩公殿門外附琬奏辭之上知公特從其請後累差館伴例有支賜銀絹公又以連併受賜爲辭降旨不許乃止公平居雖祁寒盛暑對僮僕亦無怠容待物樂易不爲表襮重然諾敦篤契舊雖貴顯每見故交握手道舊如平昔其官州縣時舉將後多尚在庶僚公過之必執門生之禮每賓客進與之抗聲極談簡直明辯見者莫不愛服居處簡儉無所嗜好獨喜觀書史日夜不倦病甚猶手不釋卷於經術務究大旨雅嫌近代僻儒鑿空臆說至於諸子百家之書莫不該洽而彊記每語及一事輒

[illegible]數百言常病春秋左氏傳叙事隔涉年月學者不得其統於是創新銓次其事各列于諸國俾易覽焉公以文學名于世餘暇留心翰墨得毆陽率更筆法所著春秋右傳編類三十卷史贊論五卷武學講義二卷奏議十卷經筵講義四卷斐然集二十卷冊川集七卷寍一堂雜藁十卷齊安集五卷其遺逸不錄者尚數百篇别爲編集而未及成公初娶楊氏朝奉郎致仕訓之女早亡繼室張氏朝散大夫元衡之女前公十年卒俱贈淑人六男長曰某舉進士早卒次某通仕郎次某次某登承務郎次某通仕郎次某未

仕女一人適廸功郎韓愿曹孫男二人曰可大彌大孫女一人先是公二年前卜地於平江府吳縣太平鄉楞伽山妣淑人墳之左穿爲壽藏張淑人同墳李是某等以建炎二年十二月二十二日壬寅奉公之喪而葬焉承先志也昔公任中司嘗舉余爲代是爲知余者及在維揚同省又同侍經筵故知公爲詳今其孤不遠千里狀其行請銘於余余何可辭乃掇其大槩而爲之銘銘曰在昔有言達德惟三於斯三者公實無慭黠虜驕悍萌芽未熾公策其終宜餝邊備先事而圖惟公之[illegible]知淮南兼[illegible]鐵帝聞其沖命公出使

往撫其民飢羸老穉數十萬人賴以全活惟公之仁

闢寺之梟貫爲擅寵厲皆是生實徼且尰惟其覺纖

衆悚而奉俛然廷擊惟公之勇雄州之言國之蓍龜

處而莫從其悔何追上聖嗣服惟公是思擢長天官

天子是毗方航而濟喪其楫維施而未光爲世所悲

德必有後天固可推琢石幽宫莫有愧辭後歆考者

視此銘詩

龜山先生全集卷之三十七

銘表碣八

張安時墓誌銘

公諱某字安時姓張氏高祖照仕南唐攝汀州幕官遭亂退居沙縣故今爲南劍州沙縣人曾祖某祖某不仕父某以公貴累贈正奉大夫母鄧氏贈碩人公自少力學有文甫冠中熈寧九年進士第調興化司户參軍福州閩縣主簿改江州録事參軍監湖州新市鎮開封府東明縣酒稅務試學官中選除建州教授未赴改宣德郎知德州德平鎮上皇嗣位賜緋衣

銀魚召赴闕除宗子博士通判無爲軍除太常博士賜對稱旨除監察御史遷工部員外郎逾年出知興化軍還朝除知信陽軍入為兵部郎中以郊祀恩賜三品服知廣濟軍初為御史會四郊齋宮以內侍董其役畿邑騷然公請付將作而後民得不擾在京百司皆隷臺察而閤門殿中監多變倖持權者蒞其職獨不與怙寵自肆弊尤甚無敢誰何者公請隷臺察如他司上從之未數月復如舊公由是乞罷臺職章再上遷郎曹其在信陽朝廷下京西市金炭淮康鄰襄也支邑十義陽兩邑而已所數如[illegible] 康十之六民

以倫重訴之而前守不加卹公下車曰守令民之父
母民猶赤子也其可坐視其重困乎即致書漕臺辨
析之甚力卒如所請乃已民賴之不為横斂所困其
去思至于今不忘京東歲薦飢盗賊蜂起民流亡相
屬於道有旨蠲其賦租以賑卹之公既免租而定陶
屯兵逾萬人廪無見糧遂奏乞支降金穀贍軍時相
怒而以二租不當免官言路論之為非辜上悟復官
還舊治已而遇疾遂引年而歸公為人敦樸夷易遇
物無城府洞見心膂一言之出終身可復平居卷不
釋手自六經諸子百氏書一經目輙成誦不忘下至

科舉之文亦無所不記每春宮較藝舉天下士公多與焉晚學無根類以剽截襲前為工公一一燭之皆莫能掩也人服其明其後門生登膴仕居要津者不可勝計而公不一至其門其外勢利恬於進取蓋如是元祐中禮部侍郎楊公畏以賢良方正薦公未及居而科適罷士論惜之歷仕五十餘年以清約自將歸無餘貲而與兄弟同其有無不以一毫私於己為子孫後日計也初右司諫陳公瑩中論蔡氏兄弟忤旨竄嶺南方京下用事之時雖親戚故舊皆諱言其名公獨附置郵通問不絕人皆為公危之而公自若也

非篤於風義不爲刑禍所移寧有是夫故孝弟著於鄉行義信於朋友惠澤加乎民人無賢愚皆知其爲君子也自宣德郎九遷爲朝議大夫以疾終於正寢實建炎二年八月念九日也享年七十有三娶鄧氏先公卒贈宜人子男三人周輔廸功郎亳州城父縣主簿曰周佐曰周後皆將仕郎女三人長適進士羅宋次適進士陳應求次適宣義郎直龍圖閣主管江州太平觀胡寅孫男二人女二人既卒之明年其孤將以十一月初五日葬公於湖山之陽先塋之左以右正言廖公剛之狀來請銘余於公有同年之契朋

友之恩義不得辭乃為之銘銘曰少年逢時歷事二世不比不隨獨行其志儉以持身富以多文瘞銘新阡以示後昆

樞密曹墓誌銘

宋興臣一海內養息天下幾二百年民生戴白不見兵革自三代而下承平之久未有如是之盛也崇寧以來大臣肆為蔽欺盤游無度侈汰日滋諛言盈庭而法家拂士不容於時故上下俱溺於燕安鴆毒而瞑眩之藥弗進天下病之無敢言者是時樞密曹公為祕書省正字獻書盡言犯而無隱上皇優容之初

才加怒有旨赴都堂問狀宰臣王黼詰之意有在焉
而公語不酬黼怒詈曰編管柳州人皆為公危之公
獨怡然自若雖名隸罪籍而清議翕然歸之以為公
輔罷也淵聖嗣位召為御史自御史六遷為延康殿
學士簽書樞密院事從人望也公諱輔字巽德南劍
州沙縣人曾祖暹贈正奉大夫曾祖妣鄧氏咸安郡
夫人林氏齊安郡夫人祖寶臣宣德郎致任贈正奉
大夫祖妣鄧氏高平郡夫人考孚贈宣奉大夫妣羅
氏咸寧郡夫人公幼穎悟絕人大父常奇之謂異日
大吾門者必此兒也元符三年中進士第調福州寧

德縣尉以宣奉公臥病乞侍養丁母夫人憂未除丁宣奉公憂服除調壽州安豐縣主簿改通仕郎試中詞學兼茂科特轉文林郎除一月勅令所刪定官改宣教郎乞補外通判安肅軍用年勞轉奉議郎除主管南外宗室財用未一月除秘書省正字磨勘轉承議郎上書編管郴州坐廢六年量移袁州初在安肅兼權場事得旨市北珠公奏疏其略曰以彼錙銖之物易吾億萬之資彼誠以此養士則士勇以此賞戰則戰勝是借寇兵資盜糧也上悟而罷靖康初召還被旨引對論事畢上曰朕所慮為無將也公曰昔漢

高祖得蕭何為丞相何進韓信為大將軍屬以兵柄卒成帝業相得人則韓信出矣無將亦非所慮他日又論漢用蕭何而得韓信漢王失軍亡衆跳身遁者數矣何嘗從関中遣軍補其處非上所詔令召而數萬之衆會與楚相守滎陽數年軍無見糧何嘗轉漕關中給食不乏夫將與兵食當是時無急於此三者而何獨辦之則天下大計在得一相而已今宰相縱不能如何所為盍亦各輸所長無操衆論夙夜勤畏協心戮力共濟艱難以成中興之業乃因循苟且日復一日無肯以身任責者遂至緩於事機誤國大計

此而不懲後將何悔願正其因循苟且之罪而罷黜之因而奏曰陛下用此數人於艱難之際敗事必矣上曰卿姑待之公曰國家存亡在此一舉不容猶豫上曰朕已有處置次日奏事罷徐進曰臣前論宰執陛下語臣已有處置未見行遣臣言官論列大臣勢不兩立以臣言為是乞早施行不然臣且有罪不復居此職退而居家待罪上手詔褒諭遣中使押令供職又乞以河北河東陝西三路有習知山川險易出入向背繪為三圖以進標揭控扼形勢之地以究知分屯戰守制敵之要遣將出師則按圖指蹤而廟算決

矣又言王雲出使遣人回奏大金意欲得十六字徽號及王輅衮冕儀物之類且云不復索三鎮朝廷釋然解憂欲推尊借大為不可加之語以崇奉之乘輿上服從推挽出境以為屈己愛民社稷大計當如此臣竊以為社稷大計在此一舉誠不可忽然或者寬憂於一時而不知移禍於異日將使天地易位神民失歸逆行倒置有不忍言者為患為辱古未有也何以言之既與之以如是之名彼將緣名而責實既與之以如是之器彼將緣器而致用一二年間或以觀兵較獵或以省方巡狩為名悉其國衆進壓我境脩

辭大意以號令我自謂據域中最大臣妾海宇當是時俛首而聽之乎抑猶有以却之也却之則強弱不敵禍且甚於前俛首聽從則天地安得不易位神民安得不失歸乎又引魯仲連郄帝秦之說以爲鑑累千餘言曲折詳盡此其大畧也公在試院中聞諸奉使討議人並攻爲和議左右一二輔臣議不協遽圖引去公奏疏曰今之議者一於和非也一於戰亦非也一於和則虜勢憑陵國威沮折三鎮之復尋前約一於戰則堂堂二百年基業決成敗於交鋒之間其危甚矣臣願以和爲名以戰爲實二者不可一廢惟

吾先後用之耳上深然之即試院中除諫議大夫及出院又言金使王汭以和為名朝夕到闕恐謀國之臣便以甘言軟語為敵貢情或至緩備墮黠虜詐中則前日之禍踵而至矣因論朝廷宜急而緩者五事以獻如邢洺磁相當虜南衝而不命將分兵團集民伍置屯列寨之類是也皆一時要務未幾遷給事中公言臣章疊疊至數百紙其間施行十未二三陛下雖虛心聽納而人臣置而不用諫臣失職負不知太之罪敢復冒榮而進乎懇辭不允左右或為上言擢曹輔寘諫垣令論事忽有移命得無以為厭聽納乎

上曰曹輔遇事輒發歛怨多矣姑令就閒耳不句浹除御史中丞是時何㮚罷中書侍郎兼領開封府事眷遇猶厚公稱謝中即奏㮚輕儇不可任及虜渡河公即奏曰去歲虜寨城外西北地勢卑下不知決水灌最為失策今分城中兵數萬出據東南劉連珠寨以援外援虜營西北引水灌之必得其利上以為然宰相唐恪曰水可決城中兵留為根本不可出公曰兵晉城中用兵之死汝恪堅持不出兵先決水浸西北東南無兵為虜所據遂絕外援及除簽書樞密院而金虜犯城已三月矣何㮚以宰相領守禦公副之

㮚忌公奏遣鞏謝虜軍公晋虜營七日而歸㮚方信妖
人郭景用六甲兵募市井無賴数千堅将出戰公曰自
古用兵未有以妖術成功者力争不從以病免解机務
凡三章未報京城已失守金人以令上須大元帥握重
兵在外不自安欲令迎還京師朝廷不得已遣公往與
仁府迎之公密啟上曰方今外援獨康王耳不若留在
外使虜猶有所憚上曰卿言盡是但得一公文回報足
矣公至與仁以其情語守遂收公文以歸虜欲邀鑾輿
出郊議未決何㮚奏事出云車駕翌日出郊公遽云虜
意殆不可測此行恐與前日不同㮚厲聲詆公公又率
焉澥共說之澥與㮚同郷齒長冀幸一聽㮚不從及幸

虜營至北狩皆如公所料虜將北去遣使押公還時張邦昌僭立已二十餘日矣既歸私室卧病不出邦昌屢齎公視事卒辭之以死自誓潛以書遣大學生楊愿陳於獻今上會上遣宣贊舍人黃永錫至京師公因具述圖城及遭變始末附以進遂奔濟州迎駕從至南京首陳五事一曰分色要害以整兵伍二曰疆理新都以便公私三曰甄收人材駕御用之共圖勳烈四曰恩威並行叛而誅之服而舍之五曰裂近邊之地為數鎮以謹防狄上嘉納之及上即位赴召立行事畢即奏言臣比備位樞府以至宗社失守乞賜誅殛不許差内侍押赴都堂依舊供職是日得傷暑病告假因上章待

罪明日宣對面諭曰煎執政獨留卿又以疾辭何也
特給假宣醫早晚内侍存問連上三章乞致仕未允
以五月丙申薨于位享年五十有九訃聞上爲之震
悼賜水銀龍腦以歛仍賻恤其家許陳乞恩例外特
與長子改京秩勑有司擇日臨奠夫人張氏一再辭
免從之建炎二年十二月丙辰葬于　縣治東崇
安洲先塋之右初娶鄭氏先公二十四年卒追封和
義郡夫人再娶張氏封永嘉郡夫人長子紳承事郎
次綸綬總補承奉郎女適承事郎羅永二適將仕郎
林次膺次適進士鄧士饒季未笄公天資孝謹仁施

宗族而義著朋友第軏幼鞠於季父後復歸公盡以所得貲產與之不少留士貧歸之解衣推食無吝色自少刻意力學知名於時涖官臨政所至有能稱吏歷縣道救荒賑饑民賴其力多矣然在公爲不足道故不復縷載有籟鳴集十五卷南行集十卷奏議十卷藏於家既葬其孤不遠數舍來請銘乃爲之銘曰曹氏之先仍世不逢潛光于幽公奮自躬位卑志豪言人所難負罪南遷隨遇而安靖康之初方時多虞虜騎憑陵廷論紛如天子念公邦之遺直亟命賜還薦膺顯秩進居宥密知無不爲奉辭于虜全璧而歸

天地易位挺然一節濟流貫河在汚而潔公之清名宜載鼎彝作此銘詩用廣厥垂

樞密鄭公墓誌銘

建炎三年七月戊子樞密鄭公薨于位其子璵將以紹興三年十一月乙巳葬公于建州城衛紫芝山以書屬予銘予與公昆弟游非一日也義不得辭乃序而銘之公諱瑴字致剛姓鄭氏其先光州固始人唐僖宗時避亂從王潮入閩居建城南鄉之龍池故今爲建州人其上世皆晦迹不仕至公之皇考宣奉公始以詞學擅名鄉邦勵諸子呂學相繼登科皆有聞

於時公其季子也政和八年以貢士第除安陸教官待次權尉于信陽用捕盜功改承務郎監南康酒稅中司陸德先侍御史鄭滋薦爲御史臺主簿金人入寇中都失守上以元帥總戎于濟濮公挺身歸之從至南都上即位除監察御史明年被上旨治嘉興獄回稱旨遷司諫累章乞移蹕金陵控大江以爲阻因忤大臣意事雖不行上深知之遷諫議大夫明年金人復犯維揚公扈從渡江上面諭曰不用卿言以至此及駐蹕錢塘苗傅劉正彦逆亂以上爲睿聖皇帝册皇太子即位公庭立面折之不能奪私竊謂逆賊

凶焰熾甚非結外援無可爲者乃上章待罪求去將
北走平江金陵與呂頤浩等議興復討太后降詔不
允遷中司二凶竊威福之柄肆行殺戮日至都堂侵
秉機政　公謂便宜軍法行之所部士卒可也餘當
聞諸朝廷付之有司都堂國論所從出非外遷之臣
可得而與也抗章力言之乞告示傳等宜一遵典法
章留中不下公對懇請降付三省施行亂臣雖以横
逆加臣死職不當避也章下傳等果出怨言然亦少
戢矣又聞以簽書樞密召呂頤浩以禮部尚書召張
浚分張浚兵令以五百人歸陝西而浚不受尚書之

召浚不肯分所部兵遂謫浚以散官居郴州擢俊以節度知鳳翔公知出傳等姦謀假朝命使外無疆兵謀臣內生變亂得以自肆遂具章乞留呂頤浩知金陵浚不當謫降即遣官吏姓名徽服爲賈人徒步如平江見張浚等具言城中事合嚴設兵備張声勢持重緩進使其自遁無致城中之變驚動三宮此爲上策浚等聞知皆感激奮勵爲赴難計又忽宣詔以上爲皇太弟天下兵馬大元帥幼主爲皇太姪監國公震恐不知所爲即與大臣進議以爲在廷公卿百司庶吏皆昔之臣屬也今則與之比肩事主矣稽之於

古則無所取法行之於今則實逆天道或者謂爲大
元帥可以任軍旅之大事臣竊以爲不然昔舜之禪
禹也猶命禹徂征有苗則禹雖受禪而征伐之事舜
猶親之也唐之睿宗傳位皇太子以聽小事自尊爲
太上皇以聽大事如是無不可者則稽之於古爲
有法行之於今爲得宜太后依舊垂簾同聽政以安
人心其命遂已既而義師西向上復位公之力爲多
也遂除簽書樞密院事上降御筆手詔奬諭有景想
節纛之言其事可知矣車駕既還建康留公彈壓謂
左右曰鄭某兵民所信愛故令護太后駕須其至將

國任馬其忠義結二聖之知蓋如此公自春徂夏夙夜盡瘁至忘寢食因感暑濕得腹疾四日上猶令赴省議事疾甚有旨宣醫不效遂不起享年五十訃聞上嗟惜久之前一日皇太子薨上顧謂大臣曰朕罷元子猶能自排遣鄭某訃至殆不能釋也褒贈之典皆度越夷等特賜田十頃居室五十間以撫其孤曾大父諱仁順大父諱嵩以公貴贈正奉大夫父鎮故任登仕郎贈宣奉大夫母游氏贈晉安郡夫人娶張氏朝奉大夫徹之女封齊安郡夫人有賢行配公無違德閨閣之內雍如也公將葬夫人以九月丁卯卒

于建安之私第享年五十有五男二人長曰璵承務郎簽書邵武軍判官廳公事次曰珙承奉郎孫曰繼祖承務郎皆尚幼公於艱危中薦歷臺諫章數十上皆人所難言者非安危所繫皆略而不言著其大節而已事之本末於公自叙之章可以槩見有旨章告中外不可誣也銘曰烈烈鄭公逢時多艱徇國忘身爲世大閑抗言于庭妖凶屏息天位復常繫公之力守節不渝載之宸翰大哉王言炳若星煥弗磨弗切惟石之堅刻銘幽宮萬世之傳

墓表

居士余君墓表

居士余君諱适字永叔南劍州將樂人也祖諱可父諱思世為田家以貲自雄至君始業儒為鄉進士其為人倜儻喜任俠赴人之急惟恐不及雖陷憲綱濱死弛弗顧也四方君子過吾邑者必歸焉有無共之雖倒廩傾囷弗吝也晚益豪放以詩酒自娛尤喜讀列子之書家無留藏悉以資宴游之費歌呼談笑至淋漓顛倒而不厭其自視了然嘗曰人生適意耳何苦以羸虐之生自刑也其為詩初若不用意而語輒號能至今儕類猶能道之熙寧九年五月己巳以疾

經于龍川之滸既其弟館以君之喪歸葬于邑之西山是年六月壬子也享年四十有二君娶廖氏後君百有二日卒無子女一人予之室也是時予方擧進士竊名仕籍而君之葬不得臨穴視窆已游宦四方必數年乃一歸而君之墓有宿草矣荒丘之間馬鬣鱗比幾不可識予竊悲君之無後而歲時展省獨特吾子孫今其若此可不爲之表識乎故特叙其爲人大略揭之墓上雖予言不足以重君尚庶吾後世子孫知其爲君之墓而不忘也

墓碣

范君墓碣

君諱某字濟美姓范氏建州建陽人曾祖某祖某父某皆晦迹不仕君生而有異禀自爲提孩識慮已有過人者閩中地瘠而人貧俗儉陋常以不足爲憂多計至育子雖士人不免者浸而成風恬不以爲怪君時五歲聞之惻然適諸母有娠者乃謂之曰他日所生無問兒女願勿棄之生子而弗舉人理不可爲也我長立當鞠養之不須以貧窶爲念其慈惠蓋天性也六歲即讀書書過目輙成誦日記數千言乘歲薰從師友肄業于郡庠敝衣菲食與貲游子弟居不少屈以

啚舍視膏藥文爛漫如也厥父聞之喜曰吾有子矣復何患既冠入太學與之方軌並馳者皆一時豪士然未能先之也政龢五年登進士第授將仕郎調河南府新安縣尉就除宿州教授官制行改迪功郎君在學聲名籍甚宿之士人獨久矣既蒞職學者造門授經朝暮𨒅相躡皆虛往而實歸秩滿士爭請留不報用薦者改從事郎初右丞薛公某常自負學有師承爲世儒宗聞君名以禮幣延置門下命諸子從游間與之辨析疑義雖逢其族皆迎刃而解由是薛公加敬畏焉自符離罷還會薛公被旨編集荆公

遺文碑為檢討官僅逾月以疾終于京師甘泉坊舍
宣和二年三月二十六日也享年六十有一君為人
夷易不事表襮胸中洞然無城府其事親無違交朋
友有信遇人無賢愚一以誠意故中外無間言博聞
彊記諸子百氏之書無所不究如歉然常自以為不
足雖晚暮而志學不衰初娶胡氏故贈朝請大夫某
之女生一男長曰某從事郎武安軍節度推官次某

龜山先生全集卷第三十七終　十五代孫忠信督刊

龜山先生全集卷之三十八

詩一

五言古風

此日不再得示同學

此日不再得頹波注扶桑躚躚黄小群毛髮忽已蒼
願言媚學子共惜此日光術業貴及時勉之在青陽
行已慎所之戒哉畏迷方舜跖善利間所差亦毫芒
富貴如浮雲苟得非所臧貧賤豈吾羞逐物乃自戕
胼胝奏艱食一瓢甘糟糠所逢義適然未殊行與藏
斯人已云沒簡編有遺芳希顔亦顔徒要在用心剛

譬猶適千里，駕言勿徊徨。驅馬日云遠，誰謂阻且長。末流學多岐，倚門誦韓莊。出入四寸間，雕鐫事辭章。學成欲何用，奔趨利名場。挾策博塞游，異趣均亡羊。我懶心意衰，撫事多遺忘。念兹方妙齡，壯圖安自遑。至寶在高溪，不憚勤梯航。茫茫定何求，所得安能嘗。萬物備吾身，求得舍即亡。雞犬猶知尋，自棄良可傷。歆為君子儒，勿謂予言狂。

嚴陵釣臺

漢綱久陵遲，國柄授權室。中興得英主，威明戒前失。三公經邦手，吏事困精覈。功臣欲圖全，猶不任以職。

矜茲故人分義等天倫戚卓哉子陵心秉哲固前識
投身忝名爵豈將狂尋尺萬鍾雖云富樊雉非子匹
石瀨清且泚蒼崖聳而直揭竿事幽尋釣水鮮可食
羊裘御冬温袞繡未云益三旌屠羊肆義在不吾易
用舍各有趣高風亘今昔

冬至日聞雷

土圭日巳南百年生有期新陽潛地脉慘慘群陰徵
尚覺雲氣昏嚴飈弄寒威狂雷與驟雨奔逐如喧轟
百虫誤驚蟄生理亦巳虧向晚怒声息霰雪交餘輝
發寒山驛孤持盃空自疑

土屋

土屋梳荒陂周回僅容席環堵異營窟猶遺古風質功雖勞版築身自有餘力依户鑿圓竇寒光度如劈户開迎温風冬墐可栖息胡為棟宇麗但免風雨阨安居自寬暇見著徒逼仄寄言鄰舍翁各自遷迹適慎勿慕華屋澆漓非至德

久不得家書

鴥彼晨風飛日暮歸鬱林游子尚何得但寄千里心庭闈斑白親憶念我亦深云何彼無耗徒役夢寐尋有如在空谷歲久[illegible][illegible][illegible][illegible][illegible]一行書貴可抵萬金

跌蹋步前庭復坐口欬瘖涕墮不自知何覺盈衣襟
人生本無待豈受外物侵歸當卧半衣竹鞾橫荆簪

藏春峽 六水有序

國華先生得幽谷於劍水之東去其所居僅一里餘負山之巔闢地西向為堂名曰咏歸堂堂下有亭曰老圃亭之前有蹊穿數畦其南北有二茅亭南植梅數株名曰暗香北種紫竹數竿名曰虛心又其南有一石竇其下可容數人名曰容照巖合而名之藏春峽其暗香亭以下咏見七言絕句四類

結廬東山阿屹然俯全閩下有黃龍淵浮光抱層雲

彼美谷口翁，扶策來往頻。明月自爲友，顧影相爲鄰。擷芷佩芳蘭，不與麋鹿群。虛堂發輝素，黃卷日相親。秉薇筆晨羹，弋鳧侑清樽。曝日負岩竇，爲董浴溪濆。微吟曳雙屐，踏破青苔紋。歸與自樂只，此意將誰論。黜狂聖所與，聊歆繼餘芬。

右詠歸堂

昔君居隱鱗，投竿拂珊瑚。國華故居有隱鱗洞，洞前有釣臺。今來寓谷口，結亭事春鋤。亭下十餘畦，蔚蔚富嘉蔬。野果銜朱纍，蔓實垂青桴。纍根有蹲鴟，晨炊勝彫胡。豈惟充君腹，鄰里亦厭餘。疏泉動地脈，磽确成膏腴。諒彼溪陰人，假俑賦吾徒。避俗業樵採，不渡嘆荒蕪。卷懷經

[illegible]手治平聲此一觚居知予非隱淪聊以寓壯圖人生
出處分禮義安可踰兹謀畢樊須甘事小人儒

右老圃亭

送虞守楚大夫 元祐戊辰

象緯辰心次雄都水濁時經天浮瑞彩絶代出英姿
厚德千金璧虛懷萬頃陂霜蹄來漢苑雲翮上天池
籍籍才猷美皇皇使節馳飛書騰衆吻横穽寘通逵
剖竹章流遠還車蜀道巇除成都憲以臺章罷得虞守秦庭徒破
措趙璧本無玼黄霸初勤細裴公可範規惠流三郡
俗名擁四賢祠大厦資梁棟承祧賴鼎彝會須紆衮

繡寧久駐旌麾晝航行空挽甘棠去益思烟波迎棹急江柳拂墻低賤士行藏拙參軍秩序卑生涯惟蠹簡事業付毛錐懶惰文園病伶仃曼倩飢自甘同駁驚未忍舍霜龜朽資難雕繪餘生辱品題寒菱田畯律陰壑得晴曦終愧塵顰頭賤難酬國士知兩行淵客淚感激自沾頤

縣齋書事寄張世賢

朝衙群吏集戢戢同隊魚暮衙群吏散翩翩若驚鳧歸來坐虛室開編對璠璵啓户闃無人清風入吾廬侍盃邀明月大嚼時與俱蹁躚步松陰對影聊相娛

嗟予懶惰久濶略與世疎故人隔清湘懷抱何由舒
為問魯山翁此意今何如

黄彥昭時思閣 前有連理櫧

狐丘鎻千岑層閣跨雲起永懷霜露思時未薦醪醴
欽宗貴收族蟄蟄神亦喜故令傲霜根駢枝復連理
黄侯渥洼種一躍不容擬慶源如歸墟萬壑自奔止
終見君子鄉乃是鳴珂里

江陵令張景常萬卷堂

民生結繩初異字本同體誰令四目翁破肉作瘡痏
龍龜出河洛玆理固天啓張侯瑚璉姿高步軼前軌

買書費千金充屋未云已六經溜溟渤百家褋原委
中流湧千波舉体惟一水參前有真趣萬古一憑几
毫端吐奇芬溢目麗紈綺微言窺聖域妙應期得髓
默坐荃蹄忘斯文亦糠粃

送蔡安禮

眷言與君達寤寐念往昔結歡自童稚分比膠投漆
乖離成參商出沒俱齊汨羲和鞭日御過眼飛鳥疾
五載一相逢俯仰如昨日論情方繾綣念子又何適
行矣不可留惝恍心若失人生惟所遇行止或使尼
况復各宦遊聚散何可一嚶嚶黃鳥声上下求其匹

俛首聽遺音飄零淚橫臆

題愚齋 溪東 與室

結廬依林丘回峰平盤紆下闞清池淵憑軒數游魚飛閣出雲表浮烟襲簷裾中有傲世士脫畧自謂愚高義輕贏金貽謀有詩書青編富充宇散秩羅璦琚鱗匕櫛間題一一露珊瑚嗟予久昏塞蕪蹊少耘鋤昌黎已隔世將焉問夷塗道逢北山公荷鋤時與俱皎皎河曲叟朋儕共歔歔高坐一来遊豁然心神舒籬東有餘址誰能薙榛蕪結茅可容席一瓢来此居寄謝陶彭澤何必愛吾廬

童氏必大亭 生前作此亭

超遥武夷翁霞衣爛朝日作亭依雲根望壙茲焉息仙游去不返孤丘已陳迹身雖隸編齊貽謀有遺則慶流終必大名亭以為識伊昔晉公堂三槐手親植扶疎淪庭陰貂蟬映圭璧黙視天人際召應齊律呂閭門容軒車茲理固可必終見童氏里鳴珂聲赫奕

江上晚步 赴荊南詩

鏡潭磨青空璧月浸江滦攬衣弄清泚烱烱月在掬泠然遺我口肝膈貯氷〻流光頃百變一玩不可復歸來盡餘樽醉臥媚幽[illegible]羲娥偶相憐歲往如破竹

餘生枕中忖勿問黃粱熟

荆州偶作

鄭公稽阮流野性本孱踈平生傲羲皇白首就羈束
大寒客無氊官冷飯不足頓予支離人攘臂受餘粟
江魚尾盈尺飽食勝粱肉荆山富樵蘇丈室有餘燠
頑踈愧前哲所得踰徃躅談經追時好俯仰負愧忸
流光逝不反愁鬓日改緑世道劫火燃不爐乃良玉
晚交定難恃雲雨手翻覆官居真蘧廬東擔聊託宿
求田意雖鄙此計正宜速歸尋谷口耕勝賣成都卜
坐想帶經鋤倚耒聽布谷

送鄭季常赴大學正脩

驅車出西城眷言與君違北顧臨康衢問予將焉之
赤驥度渥洼終當飲瑤池成都九軌道一躍不可追
浮塵暗荆棘捷徑行多迷長風戰秋林零露沾人衣
青松不改柯期予清霜時

次韻何吉老遊金鑾寺　一

榮名嗟何為病木自生癭彭殤一夢覺烏用論久頃
寄身淵明廬翛然在人境衛生鄙樊雉放浪任流梗
相忘到形影世累不須屏斗鍼聊自營寧復事干請
負暄有餘樂蓬鬢亂垂頸客來坐無氊誰顧負文欲

忽聞過吾門冠屨不暇整邀我招提游並轡相與騁
僧閑叩禪寂未語心已領並游皆韓徒辭丹濟鋒穎
多聞富如坻吾方拾遺秉顧慙管窺陋未覩豹文炳
謬追後游後如渴得甘井願從借金篦為割眼中眚
鼻端堊漫久遂質愧非郢賡酬困詩律恐坐杜陵[illegible]
相携上層巒出户畏溪穽每虞參也魯蹞步輒三省
遲田月初上雲間掛金餅昏鴉鳴相呼更覺林逾靜
湖光湛星漢渺渺天水永歸蹊暗塵土回首失清景
角声下譙門歸步怯脩嶺晚市人迹稀青燈耿疎影

金鑾有退之題名故有韓徒之句

送趙循道赴瀏講 南陵人

鳳山欝崔嵬下有千頃陂南陵鳳凰山大陂極農陂溉田千頃不可攀浮光亘長髮晦冥滴風雨澄淡含環奇吸呼入君懷萬態羅心脚吐辭麗金臒煥若星斗垂碣来荊渚游紅蕖照清濟故宮久零落一洒增余輝惇族貴老成堯言下冊揮浮驂駕雲帆脊然成仳離長裾曳王門豈比困鹽蘼驊騮蹈長板萬里誰鈇羈

送胡康侯使湖南

北溟有潛鱗其廣數千里揚鬐屬東海汎汎笑蜉蟻百川競奔注漫不見涯涘寄之天地間大澤罍空耳

胡侯荆山姿妙質久韞砥飛声動旟晃持節照湘水功名與時會事道從此始驛騮駕輕車夷路道九軌朝燕暮騰越快意未為喜聖門學須彊一簣虧可恥擴之天地寬於道乃云邇為士貴弘毅無忘味斯旨

寄題趙貫道後樂亭 亭在沂州新泰縣

叢祠有狐鳴群雛滿東州彬彬齊魯郊不復論軻丘皷刀販繒翁袞袞封公侯風流日凋弊世久俗益偷昔時戴經人輟耕仍佩牛椎埋晝行盜閭里更相讎趙子尉平陽始止惟民憂百花爛成圖幽禽哢春柔問予胡不樂我心殊未休威明揉彊梗驕鷹化為鳩

買犢解吳鉤束身自鋤耰田廬户無拒長物棄不收
結亭自樂只關編玩前脩誰云酸寒吏憂樂非身謀
乃知君子懷與世異沉浮嗟予一漫叟放浪猶虛舟
舞雩有清風遺迹今在不君乎去此矣歌往將誰傳
寄言春服成尚覬一來游

謝詹司業送酒

鄭公負才名流落四十年高視隘八荒天寒坐無氈
忘形賴司業時與送酒錢嗟予樗櫟材臃腫世所捐
云何附青雲拜賜追前賢開壺對青樽内愧顏靦然
公乎廊廟姿直幹上參天袨服群娃宮不虞姑爭妍

驊騮誤一蹶，萬里終騰騫。朝燕暮刷越，駑馬安能先。
王瑩本無瑕，寧須事磨鑴。宣室久虛席，茲行定詳延。
陋儒氣塡臆，感槩聊自宣。辱惠不知報，强歌成短篇。

戲贈詹安世 喜談兵寨耿弁之為人故有虎牙之句

絲弁駐閩門，初與子相識。長空矗秋隼，爽氣橫八極。
摛辭鏤圭章，吐論森劍戟。鄧侯不顧仕，志在著竹帛。
長纓係單于，落落藴奇策。氣吞流沙外，意無燕然北。
虎牙有餘勇，戎虜非彊敵。會當朔風勁，使鐵控鳴鏑。
老夫懃衰謝，見子徒感激。平生謬經綸，此意已寥寂。
信哉功名會，事適古難必。窮通付時命，未足為悅戚。

餘生如鼴鼠滿腹微分畢行矣脫簪纓脩然適吾適

安世乃司業之子年少未受官

隱几

上天不殞霜萬木正鮮澤青蒿與長松各挺歲寒節
朔風吹沙寒高嶺凍積雪萬木已摧落長松獨清潔
人生無艱危君子竟何別隱几試澄思行藏易差轍

留別富宣德

富侯荆山姿落落混燕石鐫磨經世故不磷乃天質
軒裳儻來寄既去寧須慼驊騮走長坂一跌未為失
秦庭謬瑕疵睨柱終完璧君子有遠懷事道先器識

千鈞等鴻毛始見烏獲力行矣各勉旃他時賴三益

別西齋諸友

浮雲如積酥凉飆勁絃疾溶溶渺天末飄忽易相失
懸弧四方志匏繫非予匹平生結歡久始覿膠投漆
别離傷素懷此身任萍迹

遣懷

君子雖自嚴至潔宜若汙昭昭揭日月所向將蝟如
天地一穽中逼亥身亦狐游世在虛已浩蕩與時俱
靈府有天游環中真道樞

元豐壬戌歲暮書事

閩陬地力盡種藝被山谷瀰濡一兩潤藹之原野綠
春風忽云徂舒景變炎燠涼飇動地軸揫斂何神速
坐愁林巒空俯視萬木禿凝霜借風力摧折到松竹
嗟予閑門人感此亦愁蹙幽庭有萱草采采不盈掬
如聞糟牀註取醉須百斛沉酣樂時運天開不須觸
萬物一芻狗倉蒼自高日

綠漪軒

閑池傍清軒環除種蘭芷虛明淡星漢踈影薦鳧鷖
君乎試憑軒鑑此亭下水盪風生微瀾風定還泚泚
悠然得真趣吉祥来止止

迂踈堂

終南有捷徑屢躡終當伸君獨耻不蹈安得與世齗
結廬寄人寰獨往寧問津形影屢酬贈相忘譏與嚬
寄謝漢陰叟抱甕良非真

鄱陽湖觀打魚

小龍廟在湖上崇禎壬午

秋高水初落鱗介蒲沙春浩如太倉粟寧復數以粒
紛紛漁舟子疑者儼可拾橫湖泥密經脫漏百無十
虫鰕雜魴鯉騈首吐微濕小人利口實冗杌汙鱗鬣
鯤鯨亦狼狽風雨移窟宅玉淵有神祠變化在噓吸
胡寧飽饘香忍視萬魚急幽潛不足恃感嘆有憂集

寄謝滁園吏於許未爲得

送嚴尉

世路久艱棘青冥騎妖氛張烏叢祠中豺虎塡城闉
君能擿姦伏竭澤無潛鱗勿云功未酬蹭蹬終當伸
飛黃架輕車一躍窮無垠

檢田

尋崙上層崗隨衛出高原烟火一里餘雞犬遙相聞
瘠壤僅容席訟牒徒紛綸齊魏兩蝸角況復三家村
舉世競豪末淳俗寧足論吾衰過元亮欲辨已忘言

洪向和卿還京予韶

江湖多秋風惝怳夜不眠念予將北歸起視明星懸
君平翠斗姿聳身蒼梧澗高步隘八區凌風上青天
妙質藴荆璞衛須事磨鐫贈言以為别妄意追前賢
聖言乃常珍含咀真味全膏辭暫時好過眼如飛烟
潔身忌麄潔觸物宜虛船吾方病羸薾市藥還自憐
明日隔長陂相望空惘然

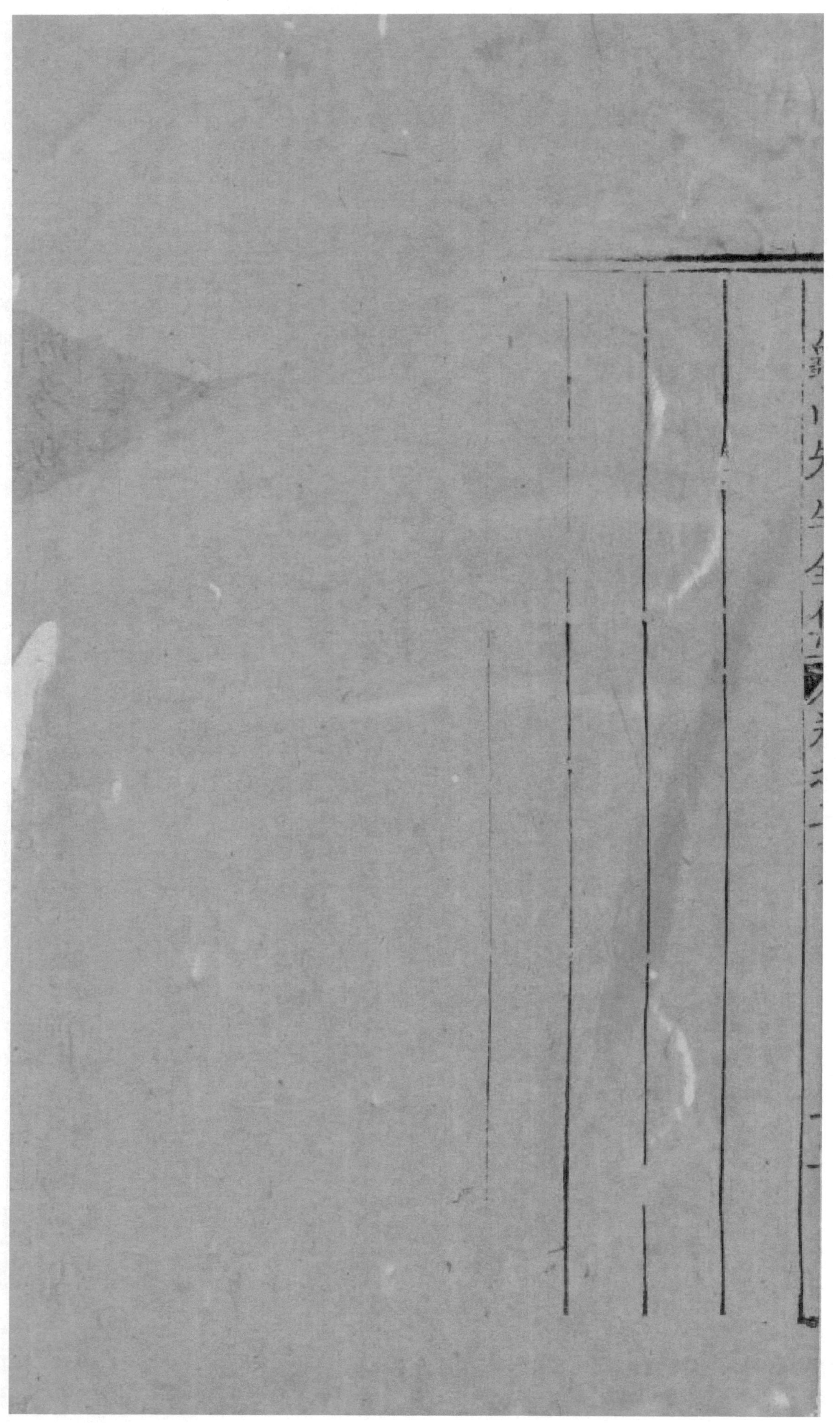

詩二

七言古風 附長短句

酬林志寧 志寧從學河南二程先生

君不見昔時卜年公折龜食墨瀍澗東伊流洛水環紫宮廣輪千里天地中真人一徃不復見鼎湖弓劍空遺蹤陰陽所交風雨會和氣自古生英雄邇來百千歲零落多奇窮鳴皐少室峥嶸倚天闕下有田淵萬仞蟠夔龍蒸雲結雨氣濛濛惟有蒼髯紫頷色玄珠時發光燄凌烟虹成周太平鬱餘策但令洙泗生

清風羨君妙齡有儒骨，乘槎暗與天漢通萬里不一
息去若孤征鴻决開銀河浪分出一派懸秋空領子
山野姿未老心已慵謬從君子游營道術偶同有如
退之與東野自慙青蒿倚長松感君惠然抵山谷開
談氷雪清吾胸高堂黑髮顏如童未須念此心忡忡
幸有山前清泉冷可酌與君啜甘茹草忘春冬

題贈吴國華釣臺國華自作記不取嚴陵

君不見釣璜溪上白髮翁一竿西去追宾鴻田車同
載非羆熊鷹揚烈飛如飄風又不見羊裘石瀨垂綸
叟奕槩凌天動星斗萬乘故人親訪求卧對鸞輿忍

面首聖賢遇合自有時累身亂倫非所知高風寔參寥
古已往較然得失知者誰君有釣臺臨橘水橘溪不
與桐溪比收身歛攝渭老蹤笑撫長髯照清沚澄潭
夜月秋光浮撇波短艇沿汀州長繩巨石不能繫飛
帆片席歸蓬丘巨鉤沉餌牽九牛一鈞直掣金鰲頭
脩鱗擺鬣亂浪山起雲鵬飛翻忽千里跨雲馮翼上青
冥一點孤光則箕尾

贈別蔡武子被誣得釋赴泉州錄參

君不見馬伏波後車薏苡珠璣多又不見章臺秦璧
非有疵相如謬使秦人疑匡章不孝通國非世無孟

子知者誰惜君高材兼衆美完德從來速招毁含沙怒欲陰中之剛引涇流汙清泚輕雲捲盡天日明容光竅穴無潛形刮磨玉瑩冰雪凝楚人讒費塗冊青齊庭有鳥又不鳴會須一舉天衢亨北冥欻起風雷驚修鱗巨鬣亂隨波輕不須回首顧潛鯨好乘扶搖九萬里奮迅六翮飛南冥

入山行

蒼崖峭立青天涯古徑蕪沒泌清溪深林四合晝亦暝寂寞惟有哀猿啼野人心形灰死如槁木山禽見之猶驚飛因嗟太古不可復我無機械胡相疑

假山

衡湘側南二千里清淑之氣常蜿蟺丹沙玉石氣所感融結萬伏非磨鐫窮源荒蹊異狀不途禹績經棄捐皆封土蝕誰復問嶙峋僵卧當市屢龜山老叟見之喜鳩徒輦置羅前軒岧嶤孤峰露仙掌有一石如掌屹若太華青摩天傾崖斷壑坐中見葱蒨似玉生雲烟初疑社龍未死日浮梁擬跨咸池淵神號鬼怒驅不前摧繫刓礴成研圖又疑巨人出龍伯揭竿来自崑崙巔連鼇合負雲濤翻蓬壺簸蕩留平川緊予竟日倚欄檻矯首便欲追霧仙虎輪神馬自足駕已覺

两腋風冷然瓊臺浮游與世隔醉傲笑拊洪崖肩山
間草木即靈餌含英茹實資長年悠悠廣息變今古
坐看溟渤成桑田

寄練子安教授

憶昨吾子客上都我獨奔走天南隅各年未壯已多
累誤揆世經身攣拘飄零今日偶相植乃復咫尺不
得與子俱人生委質金在爐大冶鼓鑄誰號呼惟愁
蹉跎走塵土舊業已廢成荒蕪惜君高才卓犖與世
畸椎文洒落珠陸離雷驚電赫轉坤軸風號浪擊飛
天池珊瑚挺幹滄海碣騏驎超軼不可羈經綸有道

世莫知櫝中良璧始自奇　君不見扶藜隘巷蓬蓽屋短褐甕牖桑為樞擁門軒蓋何所慕藜羹自飽非癯如又不見揚雄寂寞守太玄弃捐覆瓿真可憐折腰小吏昔所耻田園須賦歸來篇終當結屋蒼崖顛期子相與臨清泉投簪解帶謝人世拂塵披蠹親遺編松皺檜老生青烟雨餘風弄鳴哀絃低回野興有真意浮名鶴雀過吾前結歡膠漆常連連從遊麋豕終長年

送富朝奉還闕　紹榮字國華

君不見慶曆承平道如砥馳車八荒同一軌膚人鴟

張怒螳臂百萬雲屯若封豕又不見翔方横流漲天起腐麥蛾飛木生耳扶携道路雜老幼操鍬溝中半為鬼闌河日夜刀斗驚婸書乘駟來渝平兵間持節得英傑談笑坐使覊長纓青社環城萬區壓發廩分曹具饘粥饑羸枯頬陡生光叢塚不聞新鬼哭臧孫有後天匪親閭門客車何足論竭來灘上見猶子雄姿宛有典刑存驊騮已度渥洼水朝燕暮越應千里行看玉勒駕鑾輿濯足瑶池從此始

南康值雨 庐山卧龍菴有劉道人自云百餘歲碧眼不粒食惟食栢飲水每客至必先知之欸往見之不果故并記之

平沙漲雪清江瀆水花照日紅生鱗軒然五老出巘表雕玉萬仞窺長身雲巾星弁覆華頂飛泉漱瀑垂天紳平生未識廬山面碧巘橫雲望中見江頭一趄雨衝天奔浪號風作悲健朝來淤泥沒半馬咫尺坐論千里遠芒鞋拄杖掛壁屋神馬虎輪欻飛轉臥龍庵前碧眼翁日飲山渌飡溪松神融氣合八荒外此心烱烱空先通未須勤移却俗駕會應一洗塵寰空寄言歸侍壷丘子他日來游當圖御風

遊武夷 是日從小舟至幽巢岩還遊沖佑觀

毉閭嶠嶔走秦鹿天下並逐名千群雄挾雲翻空鰲足

析黟黎竄伏如寒蛩武夷山深水清泚避世猶有高
人縱龍泓東注海波涌（嶺有棱龍池世傳與海通）玉女翠擁秋雲
鬆峰（玉女）赤霄真骨寫虛壁逼泉凡筆慙非工（魏王峯前有畫）
鶴藏舟浮梁跨絶壑（山間有小橋橋西有一小舟皆仄跡不可到）隱見似
與天潢通當時雞犬不復見蜜巖依舊烟霞籠我來
秋杪月既望尚有幽菊埋榛叢取天容洗淨雨新霽雲
幕四卷清無風撇蓬進棹窮異境注目想見流殘紅
回船杖屨躡幽徑松竹窈窕琳宮翠琬溫鱗耀華
衮（褒詔有石刻）金榜大字纏交龍自憐病骨掛塵網幔亭
高會何由逢解衣歸臥玉瑣碎仰看明月穿疎蓬

向和卿覧余詩見贈次韻奉酬

杜陵頭白長昏昏海圖舊繡冬不温更遭惡卧布衾裂盡室受凍憂黎元詩人窮愁自古爾豈若穉藝懷青門嗟予老懶世不用窮巷久雨無高軒虫鳴鳥噪感時卽嫠不恤緯羞前言殘章斷簡棄不録自愧潢潦無根源君胡衮字富褒飾三復妙語將誰論知君獨負青雲罷欵使飢着名長存

贈程舍人近侍入閤

路公溪上鶴法翁眼光照日顔如童厖眉垂髪有仙骨騈集五福天所鍾螭頭暫輟三長手杖節扶輿入

◎

閬嶠張南一夜晶輝浮海隅草木俱榮耀朱金拜後古所稀繡綉全勝衣綵衣玉觴薦壽須臾更待蟠桃結子時

岳陽書事

洞庭水落洲渚出疊翠蹊峰遠烟沒重樓百尺壓高城畫棟沉沉倚天闕湖光上下天水融中以日月分西東氣凌雲夢吞八九欲與溟渤爭雌雄澄瀾無風雨新霽一日萬頃磨青銅琉璃夜影貯星藻騎鯨已在銀河中湘妃帝子昔何許但有林巒青浮空（君山世傳湘君居此因以得名）蒼梧雲深不可見遺恨千古嗟何窮須臾

海冥忽異色風怒濤翻際天黑來陵瀨鑿走魑魅濟
滄百怪誰能測忽看舟子玩行險更欲飛帆借風力
安待晴雲萬里開依舊寒光浸虛碧

遣興

嵩華千仞立不礙天地寬涇渭清濁流不離海波瀾
人生過眼萬事後記憶細故真童顏

寄游定夫

憶昨相逢鳳山址駒隙駸駸餘半紀君翅鳥府近清
光陸海驚濤漲天起雲帆大舸半摧溺艤岸得全誠
偶爾我時棒檄赴京諸放浪江湖一浮蟻談書考古

老無用哺啜糟醨咀糠粃東歸雖復有民社為米折
腰良可恥市朝紛紛真羿轂朔幹燕弧不容擬投身
中地竟誰免未信棘端能捍矢重樓百尺卧玄德問
舍求田不須鄙早歲結鄰初有約齒豁頭童今老矣
築田須想傍田廬負耒耦耕何日始

過錢塘江迎潮

銀漢翻空際天白鯢怒鵬騫海波擊湧雲噫怒氣聲怒
號萬馬馳車隨霹靂低昂上下如桔槹頃刻性命輕
鴻毛賈囊負笈有夷踣一日何事常千般因思羊腸
盤九坂攀援蜀道愁猿猱人生觸處有萬險豈必與

地多風濤頗言夷險不須問莫負對酒持霜螯

觀獵

貂裘白馬誰家子擁戟弦弧囊勁矢褰身欲與鳥爭飛觸處塵埃雲四起長繩驅逐狐兔驚驕鷹掣臂流雙睛飛揚雲間電光閃旋復草際無遺生鷙腸久厭鮮肥餌頤眝方能伺人意但矜咼俎有餘甘貪飧誰憐殄生類安得淑氣回嚴秋徐令困拙同鳴鳩林間百鳥恣孳乳雖欲鷙搏無知由

寄范正甫 時討西夏

羈窮莫厭如牢圈從古功名出屠販男兒不負懸弧

心馬革裹尸猶足顚君不見淮陰寄食飢貧叟一作竊斥寄食淮陰叟胯下英風亦何有逢時吐氣雷電奔金印纍纍二大如斗王門晝夜羽檄驚睥睨欻塹天都城叩閽虎士欝餘怒科頭奮戟如鵰鷹君從壯年蘊奇策未穵縮首藏紫荆昔人投筆眞豪英慨然萬里終成名南山白額雖欻老百獸遭之猶裂腦

吳子正招飲時權酒局不赴作詩戲之

寒爐火冷浮青烟勁風刮面如戈鋋凝陰不動天欲雪竟日兀兀成拘攣廣文才名四十年天寒坐客猶無氊參軍官小技能薄寂寞冷坐誠宜然忘形杜老

偶相覓傳呼歌舞開筵嗟予簡書固可畏不汻[illegible]

飲簷花前謾有糟漿逆人鼻汝陽口角空流涎可[illegible]

更似蘇司業只與持々送酒錢

寄題瓌翠樓 記云唐君作此樓以奉親

方壺七萬神鼇連瓊臺縹緲居靈仙鯨翻海運滄桑

田異境誰使夸娥遷銛鋒四面蒼圭圓巨靈巧以青

瑶鐫搡風洗雨淨娟娟脩眉浮空秀爭妍清溪回旋

瀉幽泉下有澄瀾湛洄淵繡楣雕欄歌飛翻凌切漢

道摩星躔恍如直跨須彌巔瑠璃凝光圍四天喜君

妙齡謝世喧萱堂慈顔白盈顛兒童牽衣戲蹁躚僊

哉此樂誰與先嗟予昔以三釜懸掇身世網百慮煎熬
今乎老矣誠可憐狙猿何用簪纓纏子雲終須守一
廛誅茅結屋繞數椽薜衣離佩紉蘭荃手披白蟫玩
青編春暉不報常欿然雖有至樂安能全

晩雨

斷霞明滅天日黝雨意晴暉爭好醜浮雲冉冉無定
姿白衣忽变如蒼狗悲風激烈河漢翻雨脚如麻飛
霰寒山溪氣腥犲虎亂乾坤四合誰云寬將溪溪上
野客懶成癖怯寒手攣面如墨把盃強呑儃立歌闋
門獨愁天已黑

贈醫者鄧獻臣

天池一氣猶冶甄埏埴萬彙隨方圓神形九藏通九野八風中物如戈鋋天元玉冊有遺義探索始自三皇前枽君越人不世出鑱石鍼灸誰能傳賤工增餘損不足往往横夭殘天年羨君妙齡踵其學至理隱微常精研闡陰得陽以神遇反視方術猶蹄筌道隅笄簦即為餌車上已有長蛇懸嗟予羸薾苦多病維摩丈室方蕭然願君速已天下疾為予一洗沉痾痊

與將樂令會飲揖仙亭

灘流斗落惟璠璵雕欄照水光如濡層巒疊巘爭蟠

紆翠岩百尺蹲於菟何年巨人出歸墟揭竿合負神鼇趨飄流人間峙蓬壼至今猶爲僊聖居飛軿往来誰與俱下有馴雉隨雙鳬英風爽氣淩清虛楣間新詩露珊瑚碩余老懶與世踈欲往勾漏嗟無徒會須策鑾追雲車無使吃口嗤癯儒

離家作二首 庚申歲作

敗葉辭故枝鷩飈送徽雨田廬向收穫城中亟完補游子欲何之道路修且阻俛首謝田父予生厭覊旅

又

胡鴈依朔風群飛逐南翔遊子方北征朔風吹我裳

攬轡望雲間夜色正蒼〻空羨南歸翼幽懷增感傷

過漢江

西極鰲足折東南地維傾衆流競趨下滔滔歸滄溟
誰能躋明河挽此經天行世雖乘槎翁此意終冥冥

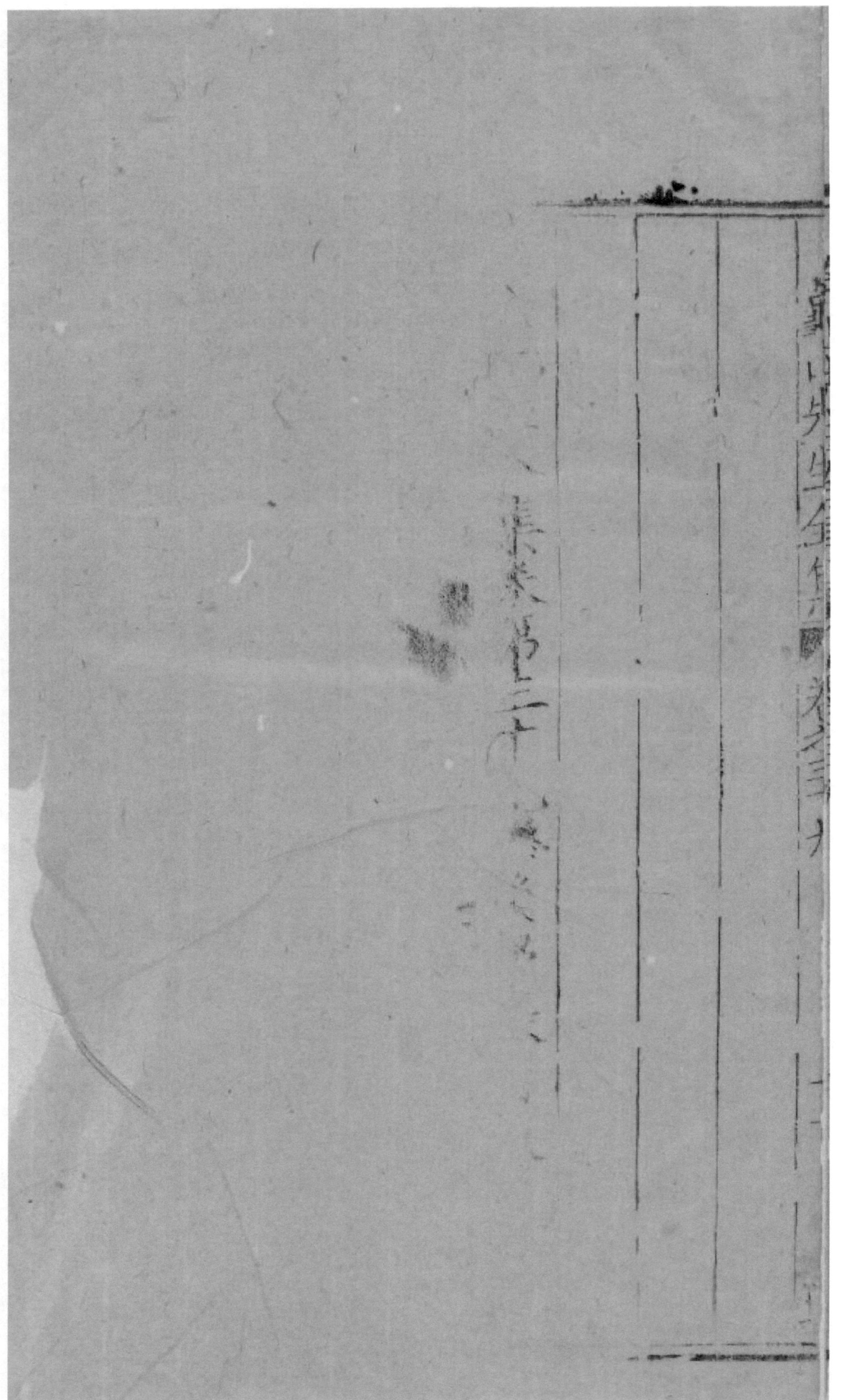

龜山先生全集卷第四十

詩三

五言律

別游定夫

龜勉吾將仕謀身力已分漆雕慙未信子夏又離羣慘淡交情重間關道路勤至言空遠寄孤陋願頻聞

過金山

環望荆吾折清江日夜流飛騰潮汐浪漂泊利名舟山湧鰲番出樓嘘蜃氣浮僧窓千古意出沒看輕漚

枕上

小智好自私小德常自足自私開人賊自足心有目
瑕瑜不相掩君子比良玉默默桃上思戒之在溪篤

雨寒

天幕陰雲積蕭蕭雨正霪泥汚關市寂水入御溝深
破屋寒侵骨哀絃凍絶音更愁風力健瘦怯不能禁

歸雁

天末驚風急江湖夜思長悲鳴愁絶塞接翼冒清霜
澤岸多繒弋雲間乏稻粱蕊然栖息地飲啄歎何傷

感事

世事浮雲薄勞生一夢長散材依櫟社幽意慕豪梁

風激鷹鸇迅霜殘草木衰稜關如月約早晚問耕[illegible]

過關山

牢落關山路年來倦往還長隨流梗泛有愧白雲閑
親遠江天外魂勞夢想間泫然遊子淚搵盡復汍瀾

又

歲律行將暮颷風凌九坂山深人寂寞路遠馬虺隤
幽意從誰展愁懷帶酒開衰遲仍惜日投晚獨徘徊

晚泊遇雪

向曉驚風急飄零雪滿烱氣升雲幕冪天遠月冥冥
寒色終無賴豐年謾寄聲餔糟吾不慣殭醉復還醒

又

寒逼歸鴻急悲鳴聲更哀舞風斜翳日帶月暗欺梅
平野光初合陰雲凍不開無聊還殢酒顛倒盡餘盃

偶成

天遠何須問勞生聽若何犂鋤三畝足栖息一枝多
白雪寧堪冒清時只浪過好尋明月影醉舞自婆娑

臨川驛偶成

冉冉朝仍暮蕭條官舍幽閑門三尺雪觸物一虛舟
出處生涯盡萍漂世事浮尚思方技學多病未能休

除夜感懷臨川驛

歲律已云盡思家日日深二年為客恨千里倚門心
節物羅罇俎兒童學語音眩然如在目恍惚夢難尋

又

愛日乖予願親顏長在心遠遊仍換歲華髮想盈簪
永夜誰同席殘盃憶共斟相思空有淚揮洒滿衣襟

臨川道上

風雨離山驛斷橋危欲顛去心奔逸驟行路上青天
鴈序江湖樂雲歸島嶼連悠悠遠征客千里獨茫然

旅舍書事

懶拙乖時尚支離與世殊餚漿驚御寇避席愧陽居

觸事紛難解忘形色易動不須修混沌機械本來無

過清溪渡

天闊江銜雨冥冥上客衣潭清魚可數沙晚鴈爭飛
川谷留雲氣鵜鶘傍釣磯飄零滄海客欺到一帆歸

泛江至土坊

萬頃江湖遠孤乘一葉船雁飛雲外字蓬掩水中天
波靜櫓声息風微帆影偏回環聊注目浩蕩接清烟

秋日有懷寄從弟表民　丁伯父憂

羈旅吾方困哀思汝正煩望雲愁鴈序回首憶鴒原
圯圃蔬還盛東軒菊想繁飄零不相見沾灑獨忘言

和譚倅張朝請行縣言懷

夾道旌麾動陰霾萬里開霜迎威令肅春逐馬蹄來

幽蟄光初滿寒荄暖自回仰窺嵩華質曾未施纖埃

又用前韻和早梅二首

楚國春歸早寒梅處〻開月和清艷冷天與靚粧来

東閣詩魂動南枝歲律回蕭然氷雪態無處覔輕埃

又

星馳經行處梅花忽已開只疑春信早先擁使旌来

嫩蕚紅初破寒柯緑未回凌霜半含月皎〻絶纖埃

感事

邊徼無虞皇師討弗庭收功誇廟算行險毒生靈
川谷旌旄暗風塵戰血腥寂寞歸馬日目斷華陽坰

又

虎士氷河側日聞刀斗驚氣呑沙漠盡風蕩賊巢傾
關塞長年戍邊塵幾日清太平陳朽富一旅百夫耕

泗上聞將閑沐口

淮口平沙漲檣烏向日斜微雲變蒼狗輕浪蹙浮花
風勁回飛鴈林喧集暝鴉河流應未閑遲我到京華

又

鬢蓬凋欲盡岸幘任歌斜瘦怯重裘重慵看細字花

凍雲穿曉日晴樹繞飛鴉老大驚遲暮飄零惜歲華

又

聞道河流閉逢人每問津天高雲冪冪風細水鱗鱗

未種江陵橘空思千里蓴且邀明月伴相對觧綸巾

出京 己卯歲九月

旅泊驚秋意塵沙變客衣明星爛河漢殘月暗簾帷

風柳斜斜轉雲帆片片飛窮愁添別病衰晚意多違

言溪早起

短日催征轡聽雞踏曉霜遠山頻入望薄酒謾搜腸

湘浦蓴絲滑吴松鱠縷長何時一踈放把釣臥滄浪

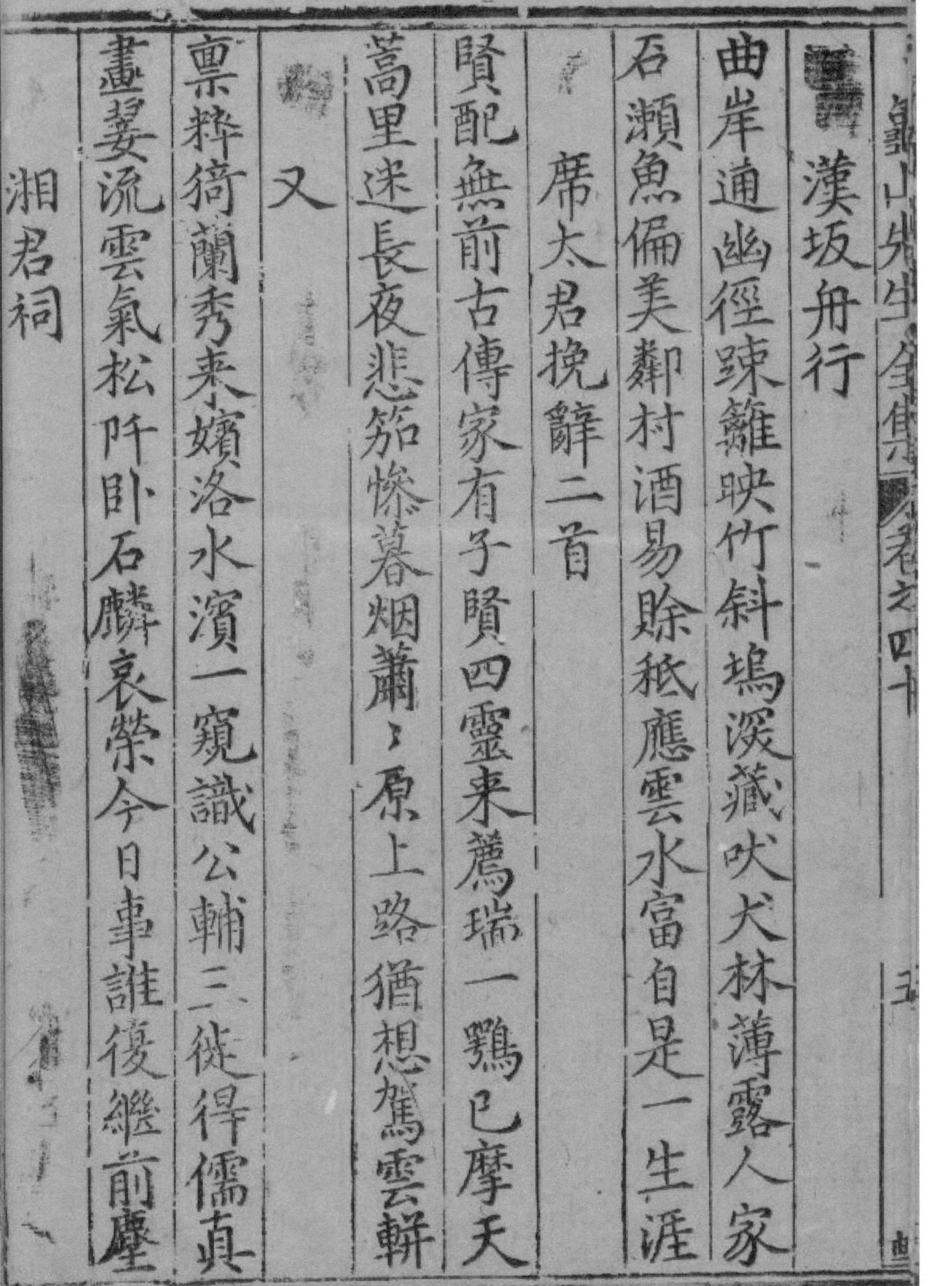

漢坂舟行

曲岸通幽徑踈籬映竹斜塢深藏吠犬林薄露人家
石瀨魚偏美鄰村酒易賒秪應雲水富自是一生涯

席太君挽辭二首

賢配無前古傳家有子賢四靈來薦瑞一鶚已摩天
蒿里迷長夜悲笳慘暮烟蕭蕭原上路猶想駕雲軿

又

禀粹猗蘭秀来嬪洛水濱一窺識公輔三徙得儒真
畫翣流雲氣松阡卧石麟哀榮今日事誰復繼前塵

湘君祠

烏鼠荒庭暮秋花覆短墻蒼梧雲不斷湘水意何長
澤岸蘪蕪綠籬根草樹黄蕭蕭竹間淚千古一悲傷

新湖夜行

平湖淨無瀾天容水中煥浮舟蹂雲行冉冉躐星漢
烟昏山光淡橈動林鵶散夜深宿荒陂獨與雁爲伴

哀鴻

哀鴻常苦飢悲鳴垂其翼朔漠曉霜寒江湖晚烟暮
乾坤一網罟高飛亦何益日暮無與群驚風暗沙磧

鄒公輓辭二首

一伏青蒲上三年瘴海濱泉甘不出户公謫南方所居無水庭中

切□湧甘泉客醉豈無神（公在謫所忽有醉客公將歸蜀日赦至果得歸）報國心長在知恩志未伸（公所居堂名知恩）追懷甚絕語空有淚盈巾

又

舊德今誰在雕零已不多雲天開日月陸海自風波空嘆與齡夢難畱曳杖歌生平濟川意無處問施羅（公嘗有與齡之夢）

冬曉

着屐霜華冷瞋空曉霧均氣昏難見日風過易生塵洗硯冰紋破憑爐火色春莫嫌寒尚薄雨雪更愁人

龜山先生全集卷第四十終　後學徐孟麟贇刊

龜山先生全集卷第四十一

詩四

七言律

登桐君祠堂

昔有隱者結廬於此人問其姓指桐樹示之故號桐君

霜染溪楓葉葉丹，翠鱗浮動汐波閑。盤盤路轉千峰表，冉冉雲扶两腋間。掠水輕鷗晴自戲，凌風飛鴈暮爭還。結廬姓字無人會，静對庭陰一解顔。

巖松

婆娑千尺倚巖巔，隱隱虬姿拂遠烟。尤喜地靈泉脉潤，獨愁天濶晝陰偏。孤根礙石盤彌固，直幹凌霜老

盌堅臃腫不須逢匠伯散材終得盡天年

和鄭商老下第

雨餘新惹一番愁展轉衾寒客思悠獻璞又添今日恨登科空負昔人羞林泉水石君先到京國風塵我尚留若為浮名苦憔悴前春行釣巨鼇頭

潁昌西湖泛舟　游賈丞相曲水園

扁舟乘興謾追尋蹉轉河回入柳陰拂面落花春意盡避人幽鳥野情深慚無健思供吟筆賴有寒光映客心日暮倚風歸棹急一鈎新月掛瑶岑

春過鶯花無處尋移舟行近古城陰裹衣水上收殘

片傾耳枝間覓好音山隅曲堤逶迤近魚跳文藻
浮沉飄然自得江湖趣陡起歸與萬里心

送丁季深

烟含綠柳綠蒙茸杏頰桃英入眼紅邂逅與君逢臘雪飄零獨我過春風空愁轉轂音塵遠且寄離懷笑語中後夜月明人寂寂相思那復一樽同

蘄州早起

城頭雷動角声哀似共行人怨落梅欲報晨炊粱未熟喚回殘夢眼驚開霜清暗覺貂裘冷月淡空令邑犬猜倚杖起肩風正慘紫微繚繞俯三台

合江亭晚眺

倚杖鈎簾兩水間晴光飛影上雕欄帆催畫鷁搏風去霅吐銛鋒作劍攢平野烟浮迷遠目晚溪潮漲失前灘騎鯨一往扶桑近休問人間行路難

含雲晚歸寄真師

每扣禪關即晚歸塵中回首萬緣非不愁幻翳迷心地且聽潮音振祖衣歸路往來無別徑夜光清徹有餘輝虎溪舊社知重約陶令如今已息機

遊玉華洞

蒼藤秀木遶空庭疊石層巒擁畫屏混沌鑿開幽竅

遠巨盤分破兩峰，青雲藏野色春長在，風入潭

易醒。搽玉遺蹤無處問，擬投簪紱學僊經。

次韻思睿見寄

聖賢千古愧難攀，力學方憂敲自閑。頤我久拋聲迹

外，斷君猶掛齒牙間。平生拙計心長在，解帶高風志

未還。捧檄于今非得已，謗勞魂夢遶溪山。

次韻蔡武子書懷

放形鋤色恐成光，斲堊能令鼻不傷。自信放魚真得

計，卻憐挾策亦亡羊。刃投有間多餘地，語到無言輒

自忘。擾擾世紛何足問，松窗終日獨徊徨。

感懷寄鄉友　時在虔州

漫浪人間已十年薄書擾擾日羈纏朱公讓有千金璧季子初無二頃田籬下蹲鴟餘晚實雲間紫鼇會新拳淹留寸禄空回首一望鄉關一悵然

贈致政楊孟堅宣德　孟堅歷三世不改官知諸子各有第宅故以楊陸爲

子雲論薦有王音　孟堅累爲達官所薦　陸賈年來老境侵自守一官歷三世退令諸子分千金平生器業成幽夢白首功名負壯心頼有新詩輕萬戶未須援綬嘆堙沉

廣文官冷竟誰憐空負才名四十年　孟堅及第已四十年　蕭散欲尋濠上侶飛揚還作酒中仙龍章黼紱榮何在鶴

髽綸巾静自便遥憶瀨溪風物好勝遊應不愧斜川

寄湘鄉令張世賢

身游羿彀偶相逢安得初終若駏蛩道學未容窺閫奧吏師應許叩隣封蕭條此意君誰問落托微官我更慵盧白田菰眞戲事傍觀無用氣塡胸

縣齋書事

朱顔凋盡鬢鬖鬖世路低回老益慙偶影獨游聊自遣談書不輟竟何堪神爐默默金徒蛹一作天君默默情何在畏蝗蛭紛紛夢正酣誤把此身攖世網自纏徽纆信如蠶

次韻錢帳計

駸〻羲馭定難羈過隙跳丸日夜馳但見光陰如掣電却尋稽覽已當朞飛黄汗血空千里秋鶚乘風此一時芝草鳳凰真美瑞清名應有退之知

和張倅行縣

江浮疊巘弄清輝雲外冥鴻江上歸擊目自多幽興在揮毫時見彩牋飛應愁零雨侵星駕好為援戈郄晚暉帝室正須調鼎鼐動移寄語不須譏

沿幹游光大示羣老

山横杳靄有無中疊觀層臺一梵宫萬岫眼函分一作軺

杜口數聲啼鳥正談空溪雲抱影侵行屐香篆飛烟襲晚風薄宦羈人如接褶有慙來往苦匆匆

王簿清輝亭

黛染烟鬟拂檻低抱城流水繞逶迤澄瀾碎影搖青鏡斜日流蜂隱半規坐上盈樽無俗客壁間照夜有新詩登臨已動忘歸興況復清談足解頤

寄長沙簿孫昭遠時似不催積欠被劾

陽城哀晚拙催科闒寢空慙罪亦多祭竈請憐君台遣載醪祛惑我誰過猗猗庭有蘭堪佩寂寞門無雀可羅歸去好尋溪上侶為將纓綬換漁簑

安禮以宏詞見勉奉寄

吏部文章世所珍終慙無補費精神浮名膺外增飾菲薄官戈頭寄此身養志吾方同邴曼談書誰復詞山賓自憐坐頃二遺矢衰晚那餘用楚人

秋晚偶成二首

纖纖晚雨洗秋容庭樹蕭然策策風萬籟自鳴[illegible]物外四時長在不言中坐臨流水襟懷冷卧對浮雲世慮空寂寞一廛吾自遣客嘲從更議揚雄

風𩖸淅瀝鬧諸鄰却掃衡門謝世塵天氣清明秋意態夜光浮動月精神流年漸覺侵雙鬢生理從來討

大鈞臨水便同濠濮趣翛然魚鳥自親人

席上别蔡安禮予方赴調安禮赴傅維任

故里相看眼暫明一尊聊此話平生杜陵蚕被徵官縛元亮今爲世網攖長路關山吾北去春風梅嶺子南征結鄰一作廬莫負當時約早晚滄浪共濯纓

次韻安禮見寄

末俗相看老尚新交游千里更誰親蕭條身世聊安分迁闊行藏懶狗人宦路競羞關析吏勞生誰息利名身我慙抱甕無機械幽興惟思水石濱

冬寒兩齒忽覺動揺因成書懷

未年三十髮先彫，歲晚俄驚兩齒搖。都爲疎慵成計拙，直緣衰病覺形焦。連經宿雨重衾冷，旋煑藜羹野興饒。擺脫塵樊猶未得，不堪回首問漁樵。

書懷

駸駸塵土久方還，直道謀身力愈難。靖節每嗟嬰世網，曼卿何意出人間。風驚駭浪潛鱗伏，竹隱灣磯翠羽閑。好去荻藜穿蠟屐，伴雲隨月弄潺湲。

汴上閒開月堤

天上行雲曳白衣，半銜晴日在林扉。盤花落雁驚還起，啄食饑烏逝不飛。榆莢青錢飄已盡，月堤流水濟

栖園征途處處塵隨眼多病長年與世違

陳留書事

鳥檣風纜欹飛翮拍岸驚濤挽不前曲浦漲沙仍積凍跡林斜日自生烟崎嶇道路真堪笑放浪江湖已判年一枕晝眠無好夢空懸邊老腹便便

予自長沙還植蘭竹於東西軒調官京師逾年而歸蘭竹皆衰悴感而成詩已卯

榮棄衰晚愛吾廬三徑歸來手自鋤但得叔卿長飽飯不妨孝若老談書蘭因採佩枝先瘁竹為凌霜葉小自疎留骨廟堂寧曳尾魯門無用祀爰居

和李倅游武夷

濃淡烟鬟半雨（一作雨半）晴溪光初借晚霞明鼇頭湧出三峰秀（三層峯寂為秀拔）天漢融成一鑑清（魏王峰頂有天鑒池）粉社有誰藏舊諜賓雲無處問遺聲幔亭寂寞仙何在勾漏丹砂早晚成

荊州書事二首

江湖泛泛一虛舟去作人間浪漫游歲晚光陰雲冉冉畏途風雨日浮浮萬鍾信是樊中雉一棹聊同水上鷗投老虀塩（一作簿書）成底事憑誰為種橘千頭

千里瀕江地可毛結廬何必故山椒載醪不過斜川

醉飲水誰同陋巷瓢勿問雞虫閒得失但知鵬鷃各逍遙黄塵滿眼傳窓静坐對風花意已消

天壽節

祥開若水射瑶光淑氣先春景自長玉陛風閑飛綵綬獸爐烟暖襲珠囊千秋節賜綵絞珠囊民間以此相饋遺雲門羽戲儀仙仗天上蟠桃薦壽觴已見晶輝環帝座定應長照紫宫傍嵩宫鬱一星人主壽星也

閒居書事

虚庭幽草翠相環默坐頹然草色閒玩意詩書千古近放懷天地一身閒睡窓風度聊欹枕永巷人稀獨

掩閲誰信紅塵隨處凈不論城郭與青山

直舍大風書事寄循道

枕書無寐首空搔萬籟呼風正怒號雪意浮空迷遠日月林梳影見秋毫幽迹所藉惟荒草妙理應憑須付濁醪誰念維舟江上客落帆千里壓雲濤

和席季成遊金鑾寺

朱甍碧瓦照孤城枕麓翛然野色清縠捲水風輕蕩漾珠翻荷雨自戲盈勝遊已覺非人境妙語寧須本王英願借金篦聊刮目不容幻翳有纖萌

送王充道遊三茅廬阜

荆吳相望各天涯千里柴車鹿自隨解轡定應春晝日及歸宜待鶴来時三茅中峯每歲八月十七日鶴至克道當候見物乃可回

聖賢只負樽中渌日月长為物外遅若過匡廬訪真隱卧龍菴下有期顺卧龍庵有劉道人人言百歲壽

春日有懷諸友

悶几無聊晝掩扉芬〻晴氣減春衣隔簾相應鶯初語背日連飛鴈北歸莫逆交游千里别遠来音信兩年稀追尋舊事成幽夢觸物心行事〻非

望湖樓晚眺

斜日侵簾上玉鈎簷花飛動錦文浮湖光篇出千峯

秀天影融成十里秋翠鷁翻風窺淺水片雲隨意入滄洲留連更待東窓月注目晴空獨倚樓

次韻晁以道 庚寅年出京

誰能載酒尋元亮共寄 一作把 無何作醉鄉便好收身事農圃不須驚世露文章壺中日月春長在塞上烟塵客自忙千里同風無遠近木分秦隴與瀟湘

和錢濟明游官園 常州

虛舟觸物本無意看花得句慚非才名園古寺尋春色不暈勿卻雙魚鰓 是日與濟明遍遊諸平諸院觀雙魚花抵暮至官園 木奴千頭比封戶秋實付與江風催因思萬點愁人處何

似洞庭金作堆蘇子美詩洞庭柑熟客分金

過吳江

天水相涵翠有餘玻璃萬頃接方壺山浮晚照清如洗風送飛帆細欲無漫叟未應甘皂櫪散人終欲傲江湖維舟況值鱸魚美鱠疊銀絲飫腹腴

南歸書事

浪漫人間壓客塵衡門長憶鎖榆枌忘言擬盡輪人妙陳迹慵尋史籀文萬里功名心獨冷一犂耕鑿力能勤舊遊欲問南歸趣寂寞吾今過子雲

寸碧軒

隱〻遥山列畫屏簷間寸碧與雲平低回席上遺簪露彷彿墻東翠黛横虛景遠遥千里色晚暉仍借一溪清春風景物知多少可稱收身樂此生

冬旱書事

紛寘誰為牢爐鎚榮謝唯知歲序催臘日未經梅已綻春風尚遠凍先開愁無潤澤歸芳樹獨有餘寒着死荄收盡浮雲天愈淨夜深猶起望三台

齒落書懷

身上蕭條事〻空齒牙凋落勝衰翁渴心尚欠冰凌牂病骨長思藥力攻文几倦親塵土暗斷編慵理蠹魚

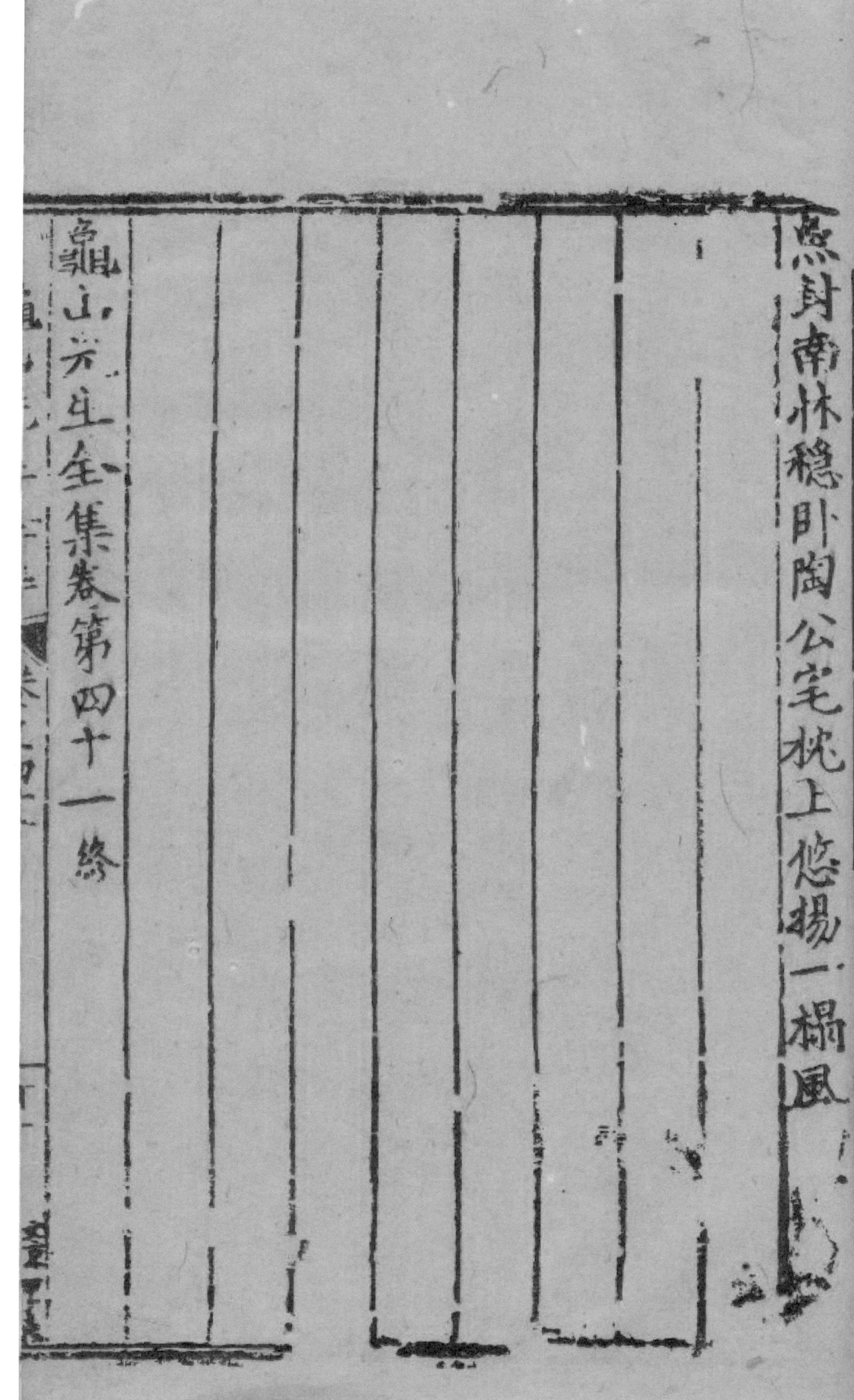
點身南林穩臥陶公宅枕上悠揚一榻風

龜山先生全集卷第四十一終

◎

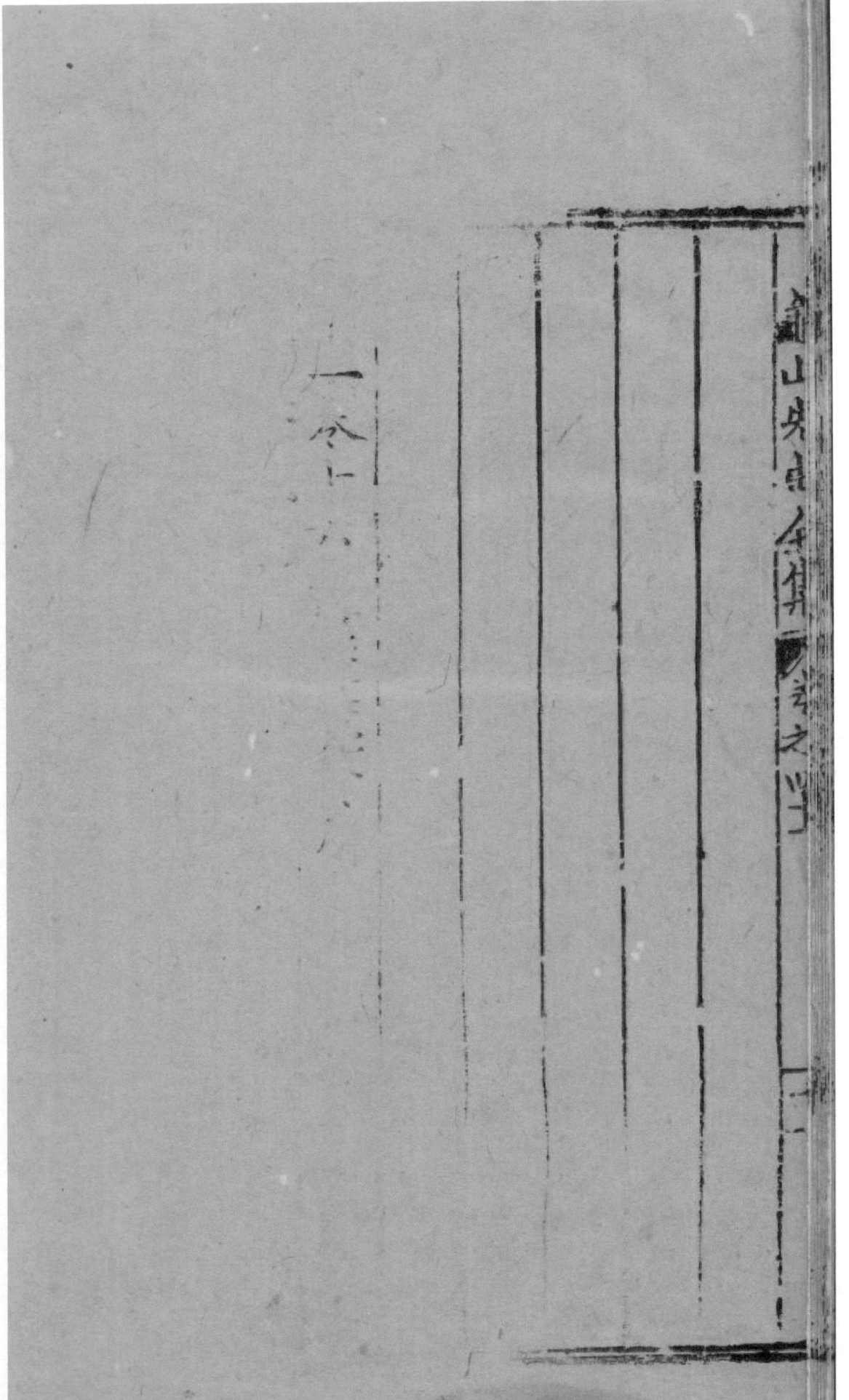

龜山先生全集卷第四十二

詩五

七言絶句

書懷 少作

敝裘千里北風寒還憶簞瓢陋巷安位重金多非

慕直緣三釜慰親歡

端午日 少作

悠悠南北各天涯欲望鄉關眼已花憶得親庭

語應憐遊子未還家

諸宮觀梅寄康侯

欲驅殘臘變春風只有寒梅作選鋒莫把跡窮[illegible]

雪好藏清艷月明中

勉謝自明

少年力學志須彊得失由来一夢長試問邯鄲歌枕

客人間幾度熟黄粱

臘月見桃花

粧臉輕勻作艷粧未應潔白似梅香夭紅不見凌霜

襟讓向春前取次芳

過蘭溪

紛紛朝市競秋毫江上霜風正怒號不問[illegible][illegible]與[illegible]

浪翻然東下日千艘

夜雨

似聞疎雨打蓬声枕上悠揚夢半醒明日覺来渾不記隔船相語過前汀

重經烏石舖

夾屋青松羣籟中去年經此亦匆匆重来烏石岡頭路依舊松聲帶曉風

江上

寒雲冪冪結秋陰月淺霜娥冷不禁更視江波休蕩漾莫令清影碎浮金

淮上獨酌

麋纖晚雨洗輕塵天淡雲浮夜色新賴有麴生風味好不須邀月作三人

吳國華瘖香亭

謾愁青女妬新粧已有風傳處處香試問隱鱗溪上客欲將春色若為藏

虛心亭

山橫鰲背碧巑岏亭對浮筠綠緲間拾遺記蓬萊山有浮筠之榦葉靖蕭散誰為三徑侶秖應長共白雲閑

容照巖

靖特按迹在欽崟一穴睛光破晩陰剩草未容忘
闕故應長有子年心

藏春峽

山衘幽徑碧如環一壑風烟自往還不似武陵流出
水殘紅那得到人間

緑陰亭上　吴先生家

沙邊幽鳥傍清漪瀧下漁船逆浪歸身在輞川圖畫
裏晴空惟欠雪花飛

病中作

通衢隔轍斷經過門巷空無雀可羅驅去兒童卧虗

室蕭然惟一病維摩

春波亭上

城頭飛蓋映朝暉，向晚遊人興未移。安得魯陽酣戰手，爲留羲馭更遲遲。

安禮以宏詞見勉因成絶句奉寄

萬鍾身外一牛毛，斗祿紛紛漫自勞。窮酒空爲犢犢笑，未容仰首試鳴號。

感事

築麻腴地想榛荊，驕士西來劒戟腥。蒭藿陋儒心更鄙，但思干羽舞虞廷。

藍田溪上

夾籬桃李並溪斜淺淺清流映落花欲問武陵源上路度雲穿石認胡麻

白公草堂

爐峰裊裊曉烟輕雲入虛幃一枕清高興自應無世累獨於妾馬未忘情

久旱

農郊阡陌起黃塵望斷天涯絕點雲踈懶無情訟風伯幽窓時讀退之文

過七里瀨

拂雲高鴈背風摶下視平湖萬里寬搔首扁舟又東去錢塘江上看波瀾

扁舟東下幾時還一席飛帆插羽翰囬首嚴陵臺上月清風千古逼人寒

勉懷

紛紛於我未忘情跌頓多應捨怨憎便好世間師栁惠不須巖下問孫登

後山候潮十一日潮起信是日潮小不到

向晚牛羊沙岸歸落帆烟浦候潮時誰言江上須忠信潮到于今自失期

徐郎廟

古廟靈場枕碧巔松楸依約鎖風烟羽毛一去無消息隨落人間幾百年

送陳幾叟南歸 三首丙戌年

連墻東郭倦追尋高卧毗耶老病侵自愧屠龍真拙技謾令吾子費千金

飄風霹雨濕征裾隔雨樓臺半有無南去定逢韓闊老歸應當見問夷塗是時幾叟過四明見了翁

幾年夢想到親闈身逐行雲萬里飛茗水未殊沂上樂春風無負舞雩歸切授餘杭

和陳瑩中了齋自警六絶

畫前有易方知易，曆上求玄恐未玄。白首紛如成底事，蠹魚從自老青編。

八荒同宇混車書，一視那知更有渠。憑拭自應由秖道，徑蹊無處問歸歟。

行藏須信執中難，時措應容道屢遷。一日全牛無肯綮，騞然投刃用方安。

造次致安嗟孰是，參前無物若爲書。蕭條此意人誰問，與廢由來命也歟。

聖門事業學須彊，俚耳從來笑折揚。詭遇得禽非我

爭但知無有是吾鄉

盈科日進幾時休到海方能止衆流只恐遠多狂未

敬坐馳還愛鏡中頭

附了翁自警

本無一字堯夫易八十一篇楊子玄今古是非那

復辨仲尼杝不磨韋編

文章雖寫伏羲書字外成篇始見渠賜也缺分可

不可一瓢居士只如愚

過時不易始爲難執處那知是變遷度盡千山無

鳥迹不勞傳語報平安

手在何憂考力彊巧竆那得兇穿楊太和有味人人飲誰識醒時是醉鄉

仲由行行終身誦師也堂堂帶上書五柳却能知此意無弦琴上賦歸歟

只說為山不說休山成丘夜水横流惜哉覆簣成迷復只欠當初一棹頭

閑居書事

輕風拂拂撼孤檉庭户蕭然一室清隔葉蟬鳴微欲斷又聞餘韻續殘聲

送席二伊川壻

摳衣丈席想多聞，高節應能與俗分。不用早飛入幽谷，定知喬木在青雲。

寄游定夫 在潁昌從明道先生

絳帷燕侍每從容，一聽微言萬慮空。却愧猶懸三釜樂，未能終此挹清風。

蕭條清潁一茅廬，魂夢長懷與子俱。五里橋西楊柳路，可能騎馬復來無。

含雲寺書事六絕句

獸駭禽鳴翳蔚中，難將此意問鴻濛。而小徑蒼苔滑汰，屨從今恐不通。

北山山下一漁翁形解心凝骨已融支枕曉餘人寐
寂一軒明月滿窓風
山前咫尺市朝賒垣屋蕭條似隱家過客不須攜鼓
吵吵野塘終日有鳴蛙
夾屋青松長數圍午風搖影舞傲傲幽禽葉底鳴相
應時引曳一作殘声過別枝
竹間幽徑草成圖藜杖穿雲翠濕衣石上坐忘驚覺
晚山前明月伴人歸
蝶夢輕揚一室空夢回誰識此身同窓前月冷松陰
碎一枕溪声半夜風

荷花

照眼紅雲鬪晚霞重〻青盖半傾斜會須直跨三千
伊移取峰頭十丈花

宜春溪

斜〻疎柳照清漪籍〻殘紅自滿蹊刺眼藤梢牽不
斷歆尋流水路還迷

宜春道上

艷杏夭桃日日稀空餘淑氣尚遲〻誰人為作留春
計莫放風花自在飛

過豐城

清江渺渺綠浮天博物無人繼昔賢應消斗間靈氣
在誰能更與斸龍泉

劉陽五咏

洄渕浩蕩白鷗飛老懶時來坐釣磯岸幘行人聊自
遣不應憔悴似湘纍　右渭水

籬捲晴空獨倚欄賓鴻點點有無間秋風注目無人
會時與白雲相對閒　右歸鴻閣

芙蓉彫盡蕙蘭芳秋穫倏然一曼即鳧鷖短長盈適
一作無足問但知鵰鷄兩相忘　右飛鷄亭

柔條疎蔓綠交加烟鎖雲迷去路賒繡綴貂纓無處

問空餘雞犬兩三家　右相公臺

聖童去後水雲閑陳迹難尋草木間獨有微言傳野史洞天寂寐一作從此在人寰　右洞陽孫思邈修真所

縣齋書事

簿書投老豈身謀朱墨紛紛晚即休平世功名歸稷禹一瓢吾欲慕巢由

一去人間二十年空餘飛雪上華顛清時最有求田樂未愧陳登榻上眠

身名於我兩悠悠形影相忘懶贈酬擬把一竿滄海去漫然清世一虛舟一作不應沙上有鷺鷗

醴陵丁君[illegible]洋亭

依蒲泳藻兩相忘宛有江湖氣味長凭檻儵然真得計秪應幽興在濠梁

安西聞捷 三首 呂吉甫持節

鷹揚塞外得非熊萬里金城一箭通玉帳投壺隨燕豆坐看飛將縛驍戎

將軍新擁節旄閑紫塞雲浮豹尾班白首邊城休帳望馬蹄未出玉門關

雅歌不待来天馬謝質今應閑玉門早鞚勳名上麟閣放回春色滿乾坤

出尉氏

隔林殘雪弄輕風日射晴光玉縷紅桃杏渾如梅欲綻直疑身在故園中

感事

權門車馬日紛紛寂寞多應笑子雲玄白定知非世尚解嘲那復彊云云

過盧山遇雨

江風吹雨逐人來行過山前首重回絕頂隔雲看不見石稜崖角獨崔嵬

題詩長老壁

維摩病士意超然，邊腹便便但晝眠。共説平時忙底事，烹茶煮藥過残年。

東林道上閒步三首

寂寞蓮塘七百秋，溪雲庭月兩悠悠。我来欲問林間道，萬疊松声自唱酬。

百年陳迹水溶溶，尚憶高人寄此中。晉代衣冠誰復在，虎溪長有白蓮風。

碧眼龐眉老比丘，雲根高卧語難酬。蕭然丈室無人問，一炷爐峰頂上浮。

江上夜行趁荆南道

氷壺歛灩接天浮月色雲光寸寸秋古詞鮭云碧輿斷之一寸寸秋色

不用乘槎厲東海一江星漢擁行舟

過石首謁縣官回有作壬午十二月

萬事紛紛醉即休無功可作酒泉侯誰能載取千缸

去且向舟中打柏浮

直舍書事

鱗鱗池面水初生萍底青蛙自在鳴誰使幽庭當鼓

吹雨餘時聽作新聲

登峴首阻雨時自荊南入京

羊公風績幾經秋獨遶龜趺為少留歇問荊人尋舊

事一江清洸自東流

江浮雲影抱層欄雲外青山一水間盡日倚闌看不

足杖藜欲去更回還

江風飛雨上雕欄庭樹蕭蕭景自閒向晚微雲遮不

盡好山渾在有無間

庭前古木已經秋天外行雲暝不收倚杖却尋山下

路一川風雨濕征輈

春早

雲天冪冪滿微光蹀躞幃添暝思長枕上陽雛聞鳥

語半殘春夢更悠揚

出郊

雲根修蔓綠成陰風雨園林頼重尋春自去來人不問碧桃朱李付幽禽

春日五首

春溪不見鷓鴣声百舌時鬧自在鳴獨歩移床卧屋細看新燕巧経營

薔薇正好結花棚擬爲幽軒作錦屛竄巷寂寥人来到空藏春色鎖溪扃

一番微雨一番晴淡淡一作點點春容照眼明庭外幽蹊自開落飛揚無處覓殘英一作[illegible][illegible]蜂蝶謾多情

睛明百鳥囀新声推啄幽花折紛英玲坐隔叢[illegible][illegible]

泥惜春無計若為情一作奥意情[illegible]

雨餘残日照窓明風弄一作收怜行雲點點輕坐對庭[illegible]

一作獨倚春風人間寂時聞蛛繂掛虫聲

春曉

雲靄浮空一作雲淡烟輕半雨晴茅簷未忍捨殘英多[illegible]

物飄零盡只有黃鸝一兩聲

浮花浪蘂自紛紛點綴梅苔作繡茵獨有猗蘭香下[illegible]

歌可紉幽佩繫餘春

病中作南京

此身如幻病何傷白日無人景自長寄傲南窗容膝地時時飛夢一作清夢到羲皇

過簷赫日晝如燔睡轉庭陰始一反縱有諸人來問疾毘耶居士已忘言

寄形一榻日蘧然倚枕支頤髻指天莫逆過門無子祀時亦鑑井自跰躚

古椿朝菌已忘年貧病當須更問天石彈不妨隨物化自求鴞炙自應便

病起

竹風帶雨作秋聲半曉惟聞鳥雀爭老病衰殘惟骨

立白頭看鏡不須驚

題陳宣事烟波泛宅

忘懷纓綬寄浮居來泛烟波擬釣徒我欲他時清洛
上爲君正櫓作鰡鰡

偶成

綠鬓潛驚老境催更憐衰晚困低徊但知周道平如
砥莫問瞿唐灩滪堆

悠揚春夢成幽興冷落溪光醒酒魂天濶雲浮遮不
盡浪平風過杳無痕　右溪上

逍遙先生全集卷之四十二終　後學宮[illegible]肯賢刊

跋

龜山先生文集後語

後學豐城李瑄譔

東南理學倡之有宋者龜山楊先生倡之哉

朝者康齋吳先生二先生之學大畧尚躬行而寡著述而出處一節則有就

有不就焉余以二先生皆誦法孔子
龜山先生當徽欽積弱之時國勢不
振凡在忠臣義士孰無尊主庇國之
以苟可以就當委曲以赴功名之會
此以可而學孔子者也康齋吳先生
當
英廟復辟之初

剛明在御即石亨寵任方隆亦逆知城
狐社鼠終無能為故堅去以全晚節
此以不可而學孔子者也易曰或出
或處二人同心此之謂矣龜山先生
固已從祀孔廟而康齋先生猶然宮
墻外望誠
昭代一缺典也且白沙敬齋二先生俱

康齋先生高弟白沙敬齋以言官與識
祀而康齋先生之祀獨缺焉弗講豈
事固有待歟余嘗謂康齋先生以布
衣興起斯文其精神氣力當不在孟
子下龜山先生之集得林令之刻而
全林令行有省臺之[illegible]者將無意于
康齋先生乎余因跋龜山先生之集

而儕及康齋先生之出處以俟夫知
言者

明萬曆十九年歲在辛卯閏二月朔日